Treasures for Scholars Worldwide

"十二五"國家重點圖書出版規劃項目

馬月華　編著

美國斯坦福大學圖書館藏中文古籍善本書志

A Descriptive Catalog of Chinese Rare Books in the Stanford University Libraries

GUANGXI NORMAL UNIVERSITY PRESS
广西师范大学出版社
·桂林·

本書出版得到國家古籍整理出版專項經費資助

圖書在版編目（CIP）數據

美國斯坦福大學圖書館藏中文古籍善本書志 / 馬月華編著. —桂林：廣西師範大學出版社，2013.7
ISBN 978-7-5495-3637-5

Ⅰ. ①美… Ⅱ. ①馬… Ⅲ. ①斯坦福大學－漢語－古籍－善本－圖書館目録 Ⅳ. ①Z838

中國版本圖書館 CIP 數據核字（2013）第 074192 號

廣西師範大學出版社出版發行
（廣西桂林市中華路 22 號　郵政編碼：541001
網址：http://www.bbtpress.com）
出版人：何林夏
全國新華書店經銷
廣西大華印刷有限公司
(廣西南寧市高新區科園大道62號　郵政編碼：530007)
開本：787 mm ×1 092 mm　1/16
印張：17.5　　字數：400 千字
2013 年 7 月第 1 版　　2013 年 7 月第 1 次印刷
定價：168.00 元

序

美國斯坦福大學是享譽世界的著名學府，又因爲有胡佛研究所，而爲世界範圍内研究中國的重鎮。自東亞圖書館於 1945 年建立之後，文獻積累更加迅速，至今已經依據收藏規模，被稱爲北美十大東亞圖書館之一。

然而在斯坦福大學以外的人，對於東亞圖書館收藏的中國古籍，迄今瞭解得還不多。爲此，時任館長、今任美國國會圖書館亞洲部主任的邵東方博士於 2011 年初，決定編寫《美國斯坦福大學圖書館藏中文古籍善本書志》，並組織人員開始工作。至 2012 年中，確定收入善本書 154 種。

雖然從現存數量來説，善本書的規模不算大，但是按照中國傳統的評判標準，已經稱得起是一家收藏。就是説，是經、史、子、集、叢書五部俱全的，而不是只針對某些研究課題所搜集的專題資料。其中，經部有易類 1 部、詩類 1 部、春秋類 2 部、群經類 1 部、小學類 8 部。史部有紀傳類 4 部、編年類 3 部、紀事類 1 部、雜史類 2 部、傳記類 3 部、史鈔類 3 部、地理類 16 部、政書類 8 部、目録類 2 部、金石類 1 部、史評類 2 部。子部有儒家類 8 部、法家類 1 部、農家類 1 部、醫家類 1 部、藝術類 12 部、譜録類 1 部、雜家類 6 部、小説家類 4 部、類書類 8 部、釋家類 1 部、道家類 1 部。集部别集類中有唐别集 1 部、宋别集 3 部、元别集 3 部、明别集 11 部、清别集 10 部，另有總集類 9 部、詩文評類 2 部、曲類 4 部。叢書部有 9 部。總起來看，各門類中以地理、藝術、明别集、清别集的書最多，以總集、叢書、小學、儒家、政書、類書的書居次，大體與傳統讀書人家的藏書結構相一致。

同時，善本書中包括了歷代的衆多版本。其中，有宋版 1 部。有明版 36 部，包括嘉靖版 2 部、萬曆版 12 部、天啓版 4 部、崇禎版 11 部、明末版 7 部。有清版 110 部，包括順治版 4 部、康熙版 43 部、雍正版 6 部、乾隆版 49 部、稿鈔本 6 部、活字本 1 部、清版小説 1 部。還有朝鮮版 1 部、日本版 5 部、日本抄本 1 部。總起來看，以康熙和乾隆版本最多，反映出康乾盛世的出版規模遠邁他朝。在各書版本的確定中，對通行意見有少量改動。如 5101/7221《六書正譌》，通作明崇禎十竹齋刻清古香閣印本，今據版刻與十竹齋本不同，定爲清刻古香閣藏板本。又如 2512/6182《甲子會紀》，《中國古籍善本書目》作明陳仁錫刻本，今據《資治通鑑目録》封面刊記，定作明崇禎二年(1629)金閶大歡堂刻《資治通鑑大全》本。些微有所進步。个别版本仍存疑點，有待今後繼續研究。

若論這些善本書的與衆不同之處，或者説是獨具的特點，那就是棲身於海外。中國傳統文章慣以文學語彙形容，少不得要説是跨越了千山萬水。更有相當多的書籍曾經旅居日本，再跨過太平洋，聚集到美國。它們分别從哪裡來？如何到得斯坦福大學？今天僅以鈐在書上的藏書印來追索，部部經歷不凡，堪稱傳奇。姑分八段，略依藏主的年代先後，簡敘如下：

一、曾經中國清代藏書家收藏的書

1060/4494　《御纂性理精義》，清康熙五十六年(1717)武英殿初刻本。康熙帝晚年特地選派李光地等人，精選以程朱爲主的理學著作彙編爲此書。參與編書的蔡世遠於雍正元年(1723)奉特詔爲乾隆帝的老師，此書即爲乾隆帝自幼誦習的課本之一。此本不特以開化紙精刊精印，書品精整如新，且換裝有明黄色的雲霞織錦書衣，一望而知非出尋常人家。

卷端鈐朱文方印：顯親王府圖書之印。清太宗皇太極的長子豪格於崇德元年(1636)被封爲八大鐵帽子王之一，號肅親王。豪格傳子富綬，改號顯親王。富綬傳子丹臻。丹臻於康熙四十一年(1702)傳子衍潢。衍潢於乾隆三十七年(1772)傳富綬之孫蘊著，蘊著於四十三年(1778)復號肅親王。則此本當於衍潢生前入顯親王府。王府於光緒二十七年(1901)淪爲日本使館，庚子事變中毁於戰火。府址位於今天北京東城區正義路東側，現爲北京市政府。末代肅親王善耆於1912年後移居旅順，1922年去世。此本當於善耆晚年後散出，輾轉踏上赴美國的漫長旅途。

5237.7/8508　清錢謙益輯《列朝詩集》，清順治九年(1652)常熟毛氏汲古閣刻本。此版爲今存唯一刻本。

卷端鈐白文方印：四明盧氏抱經樓藏書印。抱經樓主人盧址(1725—1794)是著名藏書家。寧波爲藏書之鄉，乾隆間明嘉靖范欽天一閣、清初鄭性二老閣與盧氏抱經樓鼎足而三，爲一時佳話。盧址有感於唐朝韓愈寄盧仝詩："春秋三傳束高閣，獨抱遺經救終始。"遂以詩意名樓，不想恰好與同時同族的會稽藏書家盧文弨也取此詩之意顔其藏書處爲抱經堂而撞個正着，遂成東西兩抱經的又一佳話。葉昌熾《藏書紀事詩》並題云："月蝕盧仝認舊題，抱經分峙浙東西。金峨玉几青崖宅，學士姚江近會稽。"不過盧文弨去官之後居杭州，當年的浙西應指杭州才是。抱經樓藏書至道光元年(1821)仍然完整，見姚椿《樗寮日記》。咸豐間遭奸匪盡掠所有，幸爲同邑楊憩棠以二千六百金購下，無償奉還，再傳佳話，見黃家鼎《抱經樓藏書顛末考》。而傳説藏書最終於 1916 年以五萬元售予上海古書流通處，令人惋歎。時謂多歸吴興劉氏嘉業堂，見王欣夫《藏書紀事詩補正》。那麼少數即四海爲家，此本遠赴大洋彼岸，爲其中之一。

3056.11/2928　清朱彝尊、朱昆田父子編《日下舊聞》，清康熙二十七年（1688）朱氏刻後印本。

卷三端鈐朱文圓印：金克誠印；白文方印：金紹綸印、金茗之印。卷四十二末鈐朱文長印：大興金氏繩齋藏書之印。大興金氏是從江寧遷到順天府的回民望族。金克誠於乾隆三十八至四十三年間（1773—1778）任瑞金知縣。祖金懷瑋是康熙四十二年（1703）武進士。父金溶（1705—1778）是雍正八年（1730）進士，任福建臺灣道、浙江糧儲道。子金紹綸名茗，以字行，號繩齋，嘉慶二十三年（1818）刻《孟子外書》自署星帶草堂。可知此本自乾隆之後爲金克誠、金紹綸父子遞藏。

目録端又鈐白文方印：慈谿馮可鏞藏書。卷二末鈐朱文長印：舸月讀書記。慈谿馮氏同様是世代藏書的望族。馮可鏞（1831—1890），原名可鉞，字佐君，號舸月，校刻《慈湖遺書》自署毋自欺齋。咸豐元年（1851）舉人，講學於德潤書院，著《匏繫齋詩抄》，有匏繫齋藏書。從祖馮雲濠（1807—1855）是道光十四年（1834）舉人，曾捐建德潤、慈湖兩書院。有醉經閣藏書，傳説於 1930 年代由後人售出，部分歸同邑秦潤卿（1877—1966）抹雲樓。從父馮汝霖（1794—1837）曾捐建慈湖書院，有寄月樓藏書。父馮汝霆（1809—1864）係汝霖弟，著《循陔書屋吟稿》，有循陔書屋藏書。此本離開金家之後，歸馮可鏞，可鏞藏書如何散出不詳。復旦大學圖書館藏《義烏縣誌》康熙刻本、哈佛燕京圖書館藏《全修海塘録》明刻清修補印本、上海博古齋 2010 年秋季拍賣《事物原會》清刻本，皆鈐印：慈溪馮可鏞藏書、蛟川方義路正甫氏所藏金石書畫之印。復旦藏本另鈐印：吴興劉氏嘉業堂藏書印、劉承幹字貞一號翰怡。方義路與劉承幹時代近同，劉氏收書在 1910 至 1933 年間，則此本當於清末散出馮家，再經輾轉後，遠渡重洋。

5449/2322　清吴綺著《林蕙堂全集》，清康熙三十九年（1700）吴壽潛刻本。

卷端鈐朱文方印：馮氏辨齋藏書；白文長印：慈谿畊餘樓。耕餘樓主人馮祖憲，字辨齋，咸豐至光緒時人，與上條之馮可鏞同族。其孫馮德祖於光緒六年（1880）作《耕餘樓藏書記》，謂其祖："辟其塾爲書藏，頗師范氏天一閣意。"傳説耕餘樓藏書於光緒六年之後四、五年，即橐載之滬，付諸書賈。然而耕餘樓於光緒十年（1884）尚以耕餘樓書局名義鉛印汪輝祖輯《史姓韻編》六十四卷，當在上海。又於光緒十一年（1885）刻馮世瀛輯《雪樵經解》三十卷附録三卷。故疑鬻書傳聞或不確。北大圖書館今存耕餘樓舊藏

《函海》，有藏印：武昌柯逢時收藏圖記。柯逢時卒於1912年，則耕餘樓藏書流散至晚亦不過清末。此本散出後，再經曲折，終至美國。

5463/0244　《高江邨集》，清康熙錢塘高氏刻本。

《經進文稿》卷端鈐白文方印：蔣詩庭印；朱文方印：露蘭；及朱文方印：伯英珍藏。《隨輦集》卷端鈐朱文長印：行素堂。扉葉鈐朱文方印：曾藏沈燕謀家。《扈從東巡附録》卷端鈐朱文隨形印：沈。朱文方印：南邨珍藏。《宛西集》卷端鈐白文方印：南通沈燕謀印。目録端鈐朱文方印：南通沈氏藏書。白文方印：沈燕謀以字行。及朱文長印：金匱室。

5463/3995　清宋犖撰《西陂類稿》，清康熙五十年（1711）常熟汲古閣毛扆刻宋至等增補本。

舊刻序端鈐朱文方印：疏野堂藏書；白文方印：白茆世家。卷端鈐朱文長印：行素堂藏書記。目録端鈐白文方印：沈燕謀藏書記。陳廷敬序末鈐朱文長印：金匱室。

5399/2118.24　元倪瓚著《清閟閣全集》，清康熙五十二年（1713）曹培廉城書室刻本。

卷十二末鈐朱文長印：行素堂藏書記。目録端鈐朱文方印：曾藏沈燕謀家。卷端鈐朱文方印：南通沈氏藏書；白文方印：沈燕謀以字行；另鈐朱文長印：金匱室。

以上三部書於道光之前分别流傳：

《高江邨集》先藏於蔣詩庭家。蔣氏係吴縣人，就學於紫陽書院，乾隆四十四年（1779）舉人。後歸伯英，未悉何許人。

《西陂類稿》藏於疏野堂。白茆於清初有著名的半野堂，此疏野堂主人歸令瑜（1798—1849）字蘿汀，道光十四年（1834）舉人，二十四年（1844）入都應大挑，以知縣發甘肅回鄉候諮，二十七年（1847）報罷，購雍正間大學士蔣廷錫四代所居之燕園，疏野堂即園中舊額。今通傳其曾任常熟知縣，應係訛傳。

《清閟閣全集》存藏不詳。

道光之後三部書同入行素堂。行素堂主人朱記榮，字懋之，號槐廬，吴縣人。既藏書，著《行素草堂目睹書目》、《國朝未刊遺書志略》。又刻書，光緒間居上海刊行《槐廬叢書》、《校經山房叢書》、《行素草堂金石叢書》等。光绪三十三年（1907）以孫谿朱氏校經山房名義刊行《大清律例增修統纂集成》，其中光绪元年至三十三年（1875—1907）内容爲朱記榮補輯，則行素堂藏書當於此後若干年散出。

三部書後歸沈燕謀。沈氏名南邨，以字行，南通人，是蘇曼殊之友。任教於安徽高等學堂，1939、1940年負擔南通中學經費並任校長。巧的是，上述沈燕謀藏書記、南邨珍藏兩印實物尚存至今，前印邊款鐫：擬漢印之純正者，大年。後印邊款鐫：上章執徐穀雨節，大年篆。童大年（1873—1954）係崇明人，擅書畫治印，爲西泠印社中堅。兩印既刻於1940年，藏書亦當大體同期，越數年後散出。

三部書再歸陳仁濤。陳氏生於1900年代，鎮海人，上海富商。金匱室是著名收藏，不過以古泉爲主，並以所藏新莽幣之國寶金匱直萬顔之。陳氏1949年去香港，1950年代初將古幣一萬七千餘件以港幣七十萬元售予國家文物局，入藏北京中國歷史博物館。1950年代末於香港逝世。三部書當於陳氏身後遠赴美國。

9115/4464　《李竹嬾先生説部》，明天啓崇禎間刻清康熙乾隆遞修本。

曹秉鈞序端鈐朱文大方印：衡陽常氏潭印閣藏書之圖記。潭印閣主人常大淳（1792—1853），字蘭陔，號南陔，衡陽人。父常英瑚是嘉慶十四年（1809）恩科進士，本人是道光三年（1823）進士，三十年（1850）任湖北布政使，升浙江巡撫。咸豐二年（1852）調湖北巡撫，十二月武昌城爲太平軍石達開部所破，與妻劉氏、子集松、子婦馬氏、孫女淑英等自殺殉難。傳説其衡陽故居瑞芝堂建於道光年間，意想潭印閣亦當建於同時，所藏舊刻精本、碑刻研石，時稱湖南之冠。民國初年其藏書屢現於北平琉璃廠書肆，見《藏園群書經眼録》、《來燕榭讀書記》。如今則國家圖書館、北大圖書館、首都圖書館、湖南省圖書館、臺北傅斯年圖書館、美國國會圖書館、日本國會圖書館俱存，更見諸近年拍場，星散若此，令後人惋叹。此本散出潭印閣，亦當於民國初年。

卷端鈐白文方印：林熊光印；朱文方印：朗闇；别鈐白文印：朗庵大利、晉安郡王之裔、曾藏寶宋室。林熊光（1898—1974），字朗庵，號磊齋。所謂晉安郡王之裔，係自稱率林姓家族遷閩，輔佐東晉五帝，得追封晉安郡王的林禄（274—357）之後。1923年畢業於東京帝國大學經濟系，1930年代居日本經商，1945年後回中國臺灣從事文物收藏，著《寶宋室筆記》。寶宋室主要收藏字畫硯石，近年投拍其舊藏字畫者甚多。吴昌碩於1924年所篆寶宋室之額，亦見於北京匡時公司2010年秋季拍場。此本入寶宋室在1930至1945年間，散出後仍滯留東瀛。

譚貞然序末有墨筆題記："一九五六年六月得於日本京都，時爲藏畫展覽會事東遊，陳仁濤記。"則此本於1956年歸陳氏金匱室，随返香港，當於陳氏身後，與上條三書一起赴美，同入斯坦福大學。

9301/1594　清莊親王允禄、内閣學士吴襄等奉旨編《子史精華》，清雍正翻刻本。此書於雍正五年（1727）經武英殿刊行後，即許各地翻刻，今存以乾隆翻刻本爲多。此本早出，宜予留意。

目録端鈐白文方印：芸香精舍珍藏；朱文方印：子子孫孫永保用之。芸香精舍主人陳瑋(1807—1885),原名熙春,榜名瑋,浙江樂清人,咸豐八年(1858)歲貢生。與弟陳垕石皆癡迷藏書,減衣損食以購書,力有不及,則出子母蚨以貸於人。所編《芸香經舍書目》録書近六百種。同治元年(1862)太平軍入境,家中蕩焉一空,惟書十餘櫃完好,爲書壇掌故,見自著《芸香精舍藏書記》。1944 年日寇入境,精舍毁於掠劫之中。此本當於陳瑋辭世至 1944 年間流散,如何漂至北美不詳。

9561/1100　清沈初編《浙江採集遺書總録》,清乾隆三十九年(1774)刻本。此書爲《欽定四庫全書總目》先聲,由浙江布政使王亶望在浙江刊刻發行。僅此一刻,至今已不多見。

上諭之端鈐朱文方印:唐棲朱氏結一廬圖書記。塘棲在杭州北,結一廬主人朱學勤(1823—1875),字修伯,咸豐三年(1853)進士,入直軍機章京,官宗人府丞,著《結一廬遺文》。咸豐十年(1860)英法聯軍侵京,參與策劃九月十八日抓捕英國談判代表巴夏禮(Harry Smith Parkes,1828—1885)。十一年(1861)祺祥政變,於京師得怡親王府散出藏書,又於家鄉得長洲顧沅藝海樓和同邑勞氏丹鉛精舍散出藏書,職此得與丁日昌、袁芳瑛稱東南士大夫三藏家,見葉德輝《結一廬書目序》。結一廬書爲父子兩代遞藏,《藏書紀事詩》結一廬條附注:"咸豐庚申(十年,1860),英人焚淀園,京師戒嚴,持朱提一笏至廠肆,即可載書兼兩,仁和朱修伯先生得之最多。長子澂,字子清,次子溍,字子安,先後以道員需次江寧。子清亦好聚書,家藏既富,又裒益之,精本充牣,著《結一廬書目》。庚寅(光緒十六,1890)子清歿,遺書八十櫃,盡歸張幼樵副憲。幼公,朱氏婿也。"

張幼樵即張佩綸(1848—1903),字幼樵、繩庵、簣齋,直隸豐潤人,同治十年(1872)進士。任侍講學士,署左副都御史,褫職戍邊,後入李鴻章幕,著《澗於集》。歿於南京後,藏書大部由其孫張子美秘存於上海,小部散出,1950 年代又有散出,最終於 1979 年以二十萬元歸上海圖書館。張佩綸又爲李鴻章婿,後嗣孫女張愛玲名聲雖高,卻無涉於藏書。此本當於張氏身後散出,繆荃孫《藝風藏書續記》曾感歎:"辛亥金陵失守,革黨踞張氏園,書籍狼藉,流出東洋猶其幸者。"倘若老人聞悉還有流出西洋者,未知感慨又當如何?

9299/1471　《江南省翻刻武英殿聚珍版叢書》,清乾隆江南省翻刻本。

《易緯乾坤鑿度》提要端鈐朱文方印:若波又號雲壺;白文方印:雲壺臨古。若波即上海畫派名家顧澐(1835—1896),字若波,號雲壺,吴縣人,流寓上海。光緒十四年(1888)曾北遊京畿,東遊扶桑。工山水,且擅經營園林,參與設計蘇州怡園、藕園。前印實物亦存至今,壽山石質,昆蟲鈕,爲私人收藏。製印者陸泰(1835—1886),字岱生,長洲人，係吴中治印名手。此本何時散出？如何赴美？則未詳。

二、曾經中國當代藏書家收藏的書

4262　明茅國縉撰《晉史删》，明末刻本。此本稀見。

卷一端鈐朱文長印：盧弼；朱文方印：眘始基齋。盧弼（1876—1967），字慎之，沔陽人。光緒三十四年（1908）畢業於日本早稻田大學經濟科，任黑龍江檢察廳檢察長、國務院秘書長、平政院院長，1930年代退隱天津，有慎始基齋藏書。順便説，盧弼之兄盧靖（1856—1948），字勉之，號木齋，光緒十一年（1885）以數學舉於鄉。任直隸、奉天提學使，有知止樓藏書。退隱後創辦天津、保定、奉天圖書館。1928年捐款及知止樓藏書爲南開大學建木齋圖書館。1936年在北京創辦私立木齋圖書館，藏書後贈清華大學。輯刊《慎始基齋叢書》、《湖北先正遺書》、《沔陽叢書》，書名或刊行者署慎始基齋，編者署盧靖，可見兄弟情篤。盧弼後因生活之需而變賣藏書，同時有書二百餘種贈木齋圖書館，1955年以明嘉靖版《沔陽州志》等贈沔陽縣政府。此本應係1930、1940年代零星售出者，後輾轉赴美。

5463/4494　清李光地撰《榕村語録》，清雍正十一年（1733）李清植刻嘉慶彙印《李文貞公集》本。

卷端鈐白文方印：江天鐸。卷十七末鈐朱文方印：江天鐸印。江天鐸（1880—1940），字競庵、靳盦，廣東花縣人。光緒三十三年（1907）畢業於日本早稻田大學，宣統二年（1910）任京師高等警察學堂教習，1912年後任衆議院議員、徐世昌總統法律顧問、代理農商部長、水利局總裁、私立北京民國大學校長、内務部次長。有藏書，倫明《辛亥以來藏書紀事詩》云："競公中歲研書法，餘事論文語語精。近得張儲二家集，爲言風格壓元明。"附注："花縣江競庵天鐸，專法學，書法勁絶，其詩文委抑深奥，自成一派。近居滬上，喜搜求集部，每遇佳本，輒書來相炫。近得張來儀、儲柴墟二文集，言來儀文爲元文第一，柴墟爲唐順之師，順之不能出藍，皆其獨到之見。余愧未讀二家專集，無以復之也。"張敘序端另鈐朱文方印：有所棄室。鈐印方式與前印同，原委待後考。此本赴美，當在江氏歿後未久。

5500/1134　清王澍著《竹雲題跋》，清乾隆三十二年（1767）錢人龍刻本。

卷端鈐朱文方印：吴興周越然藏書之印。扉葉盖朱戳：言言齋善本圖書。周越然（1885—1962），原名之彦，清光緒三十年（1904）諸生。1915年後任商務印書館編輯。精於鑒别，1923年云："世有研究一生而誤認者，今試説兩事：（一）葉德輝舊藏《韋蘇州集》，彼讀書志中稱爲北宋膠泥活字本。後此書歸我，細細審察，知爲明本。（二）近來四川重刻《唐詩紀事》，斷定原本爲宋刊，因字之缺筆，統與其他宋版書相同之故。實則原書係明嘉靖乙巳（二十四年，1545）張子立刻本，重刻者不見子立原序，遂有此妄斷。我有明刊本，且原序未失，故知其誤。同時深知研究版本，實是一件不容易的事。”見《書書書》（香港漢學圖書供應社 1966 年版）。言言齋爲民國著名藏書，先在上海閘北天通庵路三省里。1932 年上海一・二八事變中，日軍從天通庵路偷襲十九路軍，言言齋遭焚毁，後遷至西摩路復聚藏書。1957 年將古籍珍本數百種捐獻上海市文物保管委員會。此本當係自西摩路散出者，後出洋赴美。

9112/1201.1　宋邵雍撰《伊川擊壤集》，明末清初刻本。此係《郡齋讀書志》、《直齋書録解題》著録書，宋元刻本均存，此爲傳刻本之一。

各册首葉鈐白文大方印：江風海濤之廔。廔主楊仲子（1885—1962），原名祖錫，以字行，號粟翁，南京人。畢業於南京江南格致書院、法國士魯斯大學理學院化學工程系、瑞士日内瓦音樂學院。1932 年任北平藝術學院院長。1938 年在重慶任國立女子師範學院教授、國立音樂院院長、教育部音樂教育委員會主任。1947 年於南京任全國音樂學會理事長、禮樂館編纂、國立戲劇專科學校教務主任。1949 年後任南京市文物保管委員會主任。醉心篆刻，專攻古璽。有《漂泊西南印集》、《哀哀集印存》及《楊仲子金石遺稿》。徐悲鴻所用印章多出其手。1931 年齊白石作見賢思齊印，題款：“仲子先生之刻，古工秀勁，殊能絶倫，其人品亦駕人上，余所佩仰。”此本當於 1940、1950 年代散出，遂赴美國。

NK1068.T736　明曹昭撰《新刻格古論要》，明萬曆二十四年（1596）胡文煥杭州文會堂刻《格致叢書》本。

目録端鈐朱文長印：山陰汪氏之田。傳説山陰汪氏於元末明初從徽州遷至紹興，又在清乾隆之後有遷至廣東番禺者，後署籍貫遂山陰汪氏與番禺汪氏互見。此印不知誰屬。北京泰和嘉成公司 2011 年春季拍賣，有《楚辭》之明萬曆二十八年（1600）淩毓枬刊朱墨套印本，鈐上海圖書館退還圖書章，亦鈐此印。約略可見汪氏藏書水準之一斑。

卷二末鈐半白半朱文印：嚴西鳳印。卷三端鈐朱文方印：嚴西鳳；白文方印：譚經廬藏。卷五末鈐白文長印：子陵後人；朱文方印：小閣家藏。胡文煥序端鈐白文方印：嚴氏譚經廬藏。嚴西鳳即嚴雲，字西鳳，號小庵，浙江嘉善西塘人，傳説著有《譚經草堂初稿》。嚴氏爲今人，辭世未久，此本何時如何赴美？迄於迷霧之中。

三、曾經中國藏書家收藏，再經西方學者收藏的書

1920.9/1532 《性命雙脩萬神圭旨》，清康熙八年(1669)錢羽振刻本。此係明代全真教導引之書，萬曆間以四方大版刊行。此本爲後來翻刻，仍爲四方大版。

鄒元標序及目録端鈐白文方印：姚氏收藏；朱文方印：小紅鵝館。姚氏是桐城巨族。小紅鵝館主人姚元之(1773—1852)，字伯昂，嘉慶十年(1805)進士。任翰林院侍講學士、工部右侍郎、左都御史等，著《小紅鵝館集》、《竹葉亭雜記》。七世祖姚文燮，字經三，順治十六年(1659)進士，擅書畫，與王漁洋友。曾祖姚興滇，字介石，任山東曹州太守。父姚原綬，任六安州學正。族祖姚鼐爲其老師。《天咫偶聞》卷二記載，小紅鵝館在京師東鐵匠胡同。今天胡同仍在，位於北京民族文化宫以南，東西向。《竹葉亭雜記》卷六云：京師"小絨線胡同某家有舊書兩架，急欲售。余聞之往，以錢五千得《管子》、《莊子》、初印《韻府》及《類函》、《事文類聚》、《六臣注文選》、元刻《楚詞》、《北堂書鈔》、《四庫總目》等書。但其直咄嗟而辦，殊不易易，因借張表弟相如衣裘質以予之。"自謂："借當買書，亦可留爲異日佳話。"此本於元之以衰邁致仕時，當未共返桐城。

首册書衣墨筆題："光緒庚子儀仲購藏。"光緒庚子年(1900)八國聯軍入侵京師，慈禧太后與光緒帝倉徨西狩。儀仲其人不詳。此本自書攤被購歸，其後未久，復回書攤。

函套内粘藏書票以硬筆寫："Gift of C. D. Tenney。"Tenney Charles Daniel(1857—1930)，中文名丁家立，是英國血統的美國人，美國公理會傳教士。光緒八年(1882)來華，十二年(1886)在天津任李鴻章家庭教師，二十一年(1895)任天津北洋西學學堂總教習，二十九年(1903)學堂易名爲北洋大學堂，仍任總教習，等於今天的校長。三十四年(1908)任美國駐華公使館秘書，1919 年升任美國駐華公使館代理公使，1921 年退休回美國，1923 年來華訪問北洋大學，1930 年在美國加州去世。此本當爲丁家立購自中國，1921 年攜回加州後，捐贈給斯坦福大學。

四、曾經中國藏書家收藏，再經日本藏書家收藏的書

1342/3377 《濂洛關閩書》，清康熙四十八年(1709)福州正誼堂初刻本。編纂者是康熙年間被稱爲天下第一清官的張伯行。此本雖係後印，但書品典雅，而今難得。

總序端鈐白文方印：檇李錢氏延澤堂藏書。檇李錢氏爲名門，延澤堂主人錢福胙(1763—1802)，字爾受、錫嘉，號雲岩、訒庵、竹房，乾隆五十五年(1790)進士，嘉慶四年(1799)以編修任臺灣提督學正，著《竹房遺稿》。祖錢陳群，康熙六十年(1721)進士，任《大清會典》副總纂官，久督順天學政，紀昀、錢大昕、劉墉、翁方綱皆出其門下。大伯錢

汝誠,乾隆十三年(1748)進士,任《四庫全書》館副總纂、《三通》館副總裁。父錢汝恭,舉人,知沭陽縣。子錢儀吉(1783—1850)字藹人,號新梧、衎石、心壺,嘉慶十三年(1808)進士。任工科給事中,主講粵東學海堂、河南大梁書院,也是著名藏書家。儀吉從弟錢泰吉(1791—1863),任海寧訓導,有冷齋藏書,著《曝書雜記》。《藏書紀事詩》記錢泰吉云:"穎上蘭亭内景經,青花蕉葉製爲銘。學官充棟吴橋本,龠舞歌鐘共一庭。"儀吉之子錢寶惠,著《説文義緯》,且擅字畫。可知此本出於五代藏書之家,以清末時從錢寶惠手上散出的可能性大。

總序端還鈐朱文長印:岩佐氏圖書印。岩佐氏不知何許人,今日本中央大學御橋悳言(1876—1950)舊藏 222.036－I11《國語》,文化元年(1804)江户葛氏上善堂據清嘉慶五年(1800)吴門黄丕烈讀未見書齋覆宋天聖明道間刊本重刻本,亦鈐此印,則岩佐氏藏書當散出於 1950 年前。此本自岩佐氏散出後,遂赴美國。

5237.6/3860　清顧嗣立輯《元詩選》,清康熙三十三至五十九年(1694—1720)蘇州顧嗣立秀野草堂刻本。此係清初著名刻本,可惜印次較晚,紙墨欠佳。

凡例端鈐朱文長印:木樨香館范氏藏書;朱文方印:仕隱;白文方印:石湖詩孫。木樨香館主人范志熙(1815—1889),字月槎,號仕隱、石湖詩孫,武昌人。咸豐十一年(1861)舉人,授國子監助教,改揚州府河務同知,調淮北監製司同知,擢江蘇補用道,著《退思存稿》五種。木樨香館藏書因其四子范德培負公帑,於宣統二年(1910)售予江南圖書館,共 4557 種,其中集部書達 3745 種,爲今天南京圖書館藏書基础之一。傳説當年藏書悉征送江南圖書館,或不儘然。上海朵雲軒 2003 年春季拍賣有木樨香館舊藏之《温飛卿詩集》清康熙秀野草堂寫刻本,與此本同出一門。北大亦存木樨香館藏書數種,半係范氏搜集的故家舊藏。可知范氏收藏雖以通行版本爲多,但確是着意收藏人家。不過在最終拋售之前,藏書已有散失,此本爲其中之一。

目録端鈐白文方印:伊藤文吉。伊藤家族是日本新潟縣沢海村的豪農,從江户中期的寶曆六年(1756)至今,族長已傳到第八代,每一代都稱文吉。最重要的是第七代文吉名淳夫,明治三十六年(1903)繼任,大正七年(1918)畢業於慶應義塾大學,十四年(1925)畢業於美國賓夕法尼亞大學。1946 年將總占地八千八百坪,其中鎌倉室町時代的建築占地一千二百坪,其餘爲精美庭園的伊藤莊園,改建爲北方文化博物館,即日本第一家民間博物館,自任初代館長,從而將莊園保存下來。此本應於此期東渡而入莊園,曾否棲身於莊園北側廣場内之茶室兼書房的三樂亭,則未可知。目録端另鈐朱文方印:孚遠文庫。孚遠文庫與伊藤家的關係尚不能確定,俟後考。

順便説,哈佛燕京圖書館藏《謏觴隨筆》明刻本,既是《四庫全書》未收的稀見本,又是木樨香館舊藏，與此本殊途而同歸北美，亦宜留意。

5108/2363　清吴照輯《説文字原考略》，清乾隆五十七年（1792）吴照南昌寓館刻本。此書係吴照以舊作《説文偏旁考》增補重編而成，舊作自刊於六年之前，與此本寫刻俱稱精緻，具清中江西雕版風貌，今存尚多。

自序端鈐朱文長印：三山陳氏居敬堂圖書。三山陳氏是清末福建閩縣名門。居敬堂主人陳承裘（1827—1895），字孝錫，號子良，咸豐二年（1852）進士。祖陳若霖（1759—1832），乾隆五十二年（1787）進士，參與校勘《四庫全書》，嘉慶間任雲南、廣東、河南、浙江巡撫，道光間任湖廣、四川總督，及工部、刑部尚書，有賜書軒藏書。閩劇甚至有清官戲《陳若霖斬皇子》，劇情雖屬虚構，卻可見當年聲名之顯赫。父陳景亮（1810—1884）任陝西糧道、雲南藩司。子陳寶琛（1848—1935），同治七年（1868）進士，任内閣學士兼禮部侍郎，中法戰争後遭部議薦人失察降級。宣統三年（1911）任毓慶宫行走、溥儀老師。1932 年赴長春，拒受僞職，卒於京寓。有賜書樓藏書，後來分贈烏山圖書館、福建師範大學圖書館、福建省圖書館等處。另外，同邑謝章鋌（1820—1903）是光緒三年（1877）進士，主講廬山白鹿洞書院、福州致用書院，有賭棋山莊藏書，傳説達萬卷。謝氏外祖丁鑄亦藏書，且好搜集四庫未收書。綜上，陳若霖賜書軒藏書與謝章鋌賭棋山莊藏書，包括丁鑄若干藏書，基本歸入陳承裘居敬堂。今從福建師大圖書館有謝章鋌稿本來看，居敬堂藏書基本歸入陳寶琛賜書樓。此本離開陳家，大約在陳寶琛身後。

自序端還鈐朱文方印：樂只園。卷一末鈐朱文長印：遠賀文庫。樂只園、遠賀文庫主人岡不崩（1869—1940），原名名和吉壽，日本福井縣人，山水花鳥畫家。此本離開陳家後渡海赴日入遠賀文庫時，岡不崩已年逾花甲，故當於不久後散出，再渡海而遠赴美國。

3025/1144　宋王存等撰《元豐九域志》，清乾隆四十九年（1784）馮集梧校訂刻本。《九域志》初刊於北宋，至清初僅存抄本，此本以明末清初毛晉影抄宋元豐經進原本爲底本，向爲讀者所重。

目録端鈐朱文方印：秀水王景曾所藏金石書籍印。黄裳先生《來燕榭讀書記》載，所藏《漢口叢談》道光壬午（二年，1822）刻本，亦鈐此印。且有王氏手跋，謂祖父、外祖父皆於漢口經營貿易，至予兄弟則從事佔畢云云。落款：光緒丁亥年（十三年 1887）重九後一日複庵漫志。複庵當爲景曾之號。此本或於清末民初散出王家。

書衣、目録等處鈐朱文長印：内ヶ崎藏書。内ヶ崎作三郎（1877—1947），日本宫城縣人，東京帝國大學英文科卒業，早稻田大學教授。大正十三年（1924）當選衆議院議員，連任七屆。昭和十四年(1939)任立憲民政黨幹事長。十六年(1941)任衆議院副議長。此本至東瀛歸内ヶ崎氏，當於其身後散出赴美，與他書自日赴美時間大體一致。

五、中國收藏情況不詳，經日本藏書家、藩學、寺廟收藏的書

2521/8528.85　明鍾惺閱《竹書紀年》、《穆天子傳》，明末刻本。

書末鈐白文方印：柳里恭字公美。鍾惺序端鈐朱文方印：淇園。柳里恭(1704—1758)，原名柳沢氏，本姓曾禰，名貞貴，後改名里恭，號淇園。日本花鳥人物畫家，其畫作畫册近年屢現於中國，爲中土畫界與藏界所熟悉。柳氏相當於康熙乾隆間人，故知此本傳至東瀛甚早。

扉葉背面鈐朱文長印：蒹葭堂藏書印。蒹葭堂主人木村孔恭(1736—1802)，字世肅，號巽齋，日本大阪人。十三歲向柳里恭學生池大雅學畫，是山水人物畫家和收藏家。蒹葭堂藏書珍本頗負盛名，如《髹飾録》的傳世唯一抄本，直到1927年朱啟鈐得到複本，方再印行於中國。又如《天工開物》的自抄本，明和八年(1771)大阪菅生堂主柏原屋左兵衛據之翻刻印行於日本。再如《鉅宋廣韻》的宋乾道五年(1169)黄三八郎刊本。順便説，是本鈐印：徐乃昌(1868—1943)讀。《日藏漢籍善本書録》(中華書局2007年版)云：此本原係徐乃昌舊藏，後歸日人木村孔恭(蒹葭堂)。然據木村氏、徐氏時代，蒹葭堂必不能收積學齋舊藏。蒹葭堂藏書大部分於文化元年(1804)歸昌平阪學問所。明治五年(1872)昌平阪學問所藏書與紅葉山文庫合併於東京淺草文庫，十四年(1881)淺草文庫藏書歸内閣文庫，今稱公文書館。因柳里恭與木村孔恭之情誼，此本轉藏時間難以判斷，散出蒹葭堂則約在1804年後。

扉葉背面鈐朱文方印：壽脩館圖書記。佳士得(香港)有限公司2004年春季拍賣有明王逢元作《寒江獨釣圖》，包首鈐印：藤井氏壽脩館鑒藏印。佳士得公司注：日本藤井有鄰氏藏印。藤井有鄰氏爲藤井善助(1873—1943)，號静堂，日本滋賀縣人。上海東亞同文書院大學畢業。明治四十一年(1908)當選爲衆議院議員，延續三屆。大正十五年(1926)在京都成立藤井有鄰館，爲著名博物館。此本至晚於1926年前歸藤井善助，又大約於1943年後散出赴美，再入斯坦福大學。

120/2928057　清朱彝尊撰《經義考》，清康熙朱彝尊刻乾隆十八至二十年(1753—1755)盧見曾續刻乾隆四十二年(1777)後汪汝瑮印本。

2515/1165060　清王鳴盛撰《十七史商榷》，清乾隆五十二年(1787)洞涇草堂刻乾隆五十四年(1789)增補本。

2720/1132016　清王鴻緒撰《明史稿》，清雍正敬慎堂刻本。

9100/0122　明陶宗儀纂，明陶珽重輯，清李際期重定《説郛》，明末刻清初修補印本。

9100/0122.1　明陶珽纂，清李際期重定《説郛續》，明末刻清初修補印本。

以上五部書皆鈐朱文方印：曳尾堂圖書印、半澤文庫。

曳尾堂是熊阪邦(1739—1803)及其父覇陵(1709—1764)、其子盤穀(1767—1830)三代藏書之處。熊阪邦字子彦，號台州，日本陸奥人，著《白雲館文罫》、《文章緒論》。

曳尾堂藏書於文久間(1861—1863)幕末動亂中，歸山形縣豪農半澤久次郎，1950年再售予書商而流散。有《曳尾堂藏書目録》，又稱《半澤久次郎藏書目録・熊阪台州舊藏書目録》。

今知日本國會圖書館藏《唐類函》，關西大學圖書館藏《金峨先生經義折衷》、《舊注蒙求攷異提要》，皆鈐此二印。《美國哈佛大學哈佛燕京圖書館藏中文善本書志》(廣西師範大學出版社 2011 年版)著録：T883/4932《四書圖史合攷》，钤印有：東尾堂圖書印、半澤文庫。前印釋文當誤，應亦此兩印。則曳尾堂藏書經半澤文庫遞藏後，於1950年流散，部分留日本，另部分至美國。此五部書與哈佛燕京圖書館一部書，同赴美國而分藏東西海岸，其间故事，宜予留意。順帶説，關西大學藏《金峨先生經義折衷》係自青柳文庫(見後敘)於1868年散出，鈐印：青柳館文庫、勿折角……、市井臣文藏獻仙臺府書。而哈佛燕京圖書館《四書圖史合攷》係自仙臺府學散出，鈐印：仙臺府學圖書。二者歸曳尾堂的前後經歷，亦宜留意。

2662/7292　明張光啓撰，明劉剡編輯《四明先生續資治通鑑節要》，明嘉靖二十八年(1549)建陽劉氏安正堂刻本。

張光啓序端鈐朱文長印：佐伯文庫。佐伯文庫爲日本德川幕府時期豐後第八代佐伯藩主毛利高標(1755—1801)於天明元年(1781)所設藏書處。時凡唐船舶書至長崎，即入港直接收購，不過二十年，傳説已達八萬册。今天北京大學收藏的佐伯文庫舊藏，三分之二爲明刻本，可以推想其所藏明末以前版本之多，即在中土亦是頂級藏家。佐伯文庫藏書於文政十一年(1828)由十代藩主毛利高翰獻給幕府，最終轉歸内閣文庫，但只是一半。另外一半應該流散於明治四年(1871)廢藩之後。北大藏本爲巴陵方功惠於光緒初年得自日本，此本則不知由何人攜去美國。

N8217.F3Y8/1696F　清焦秉貞畫《御製耕織全圖》，清翻刻康熙内府本。

扉葉背面鈐朱文方印：春帆細雨樓圖書印；朱文小方印：永存珍秘。可知此本赴日後，先藏春帆細雨樓，惜不知樓主爲誰。

扉葉背面又鈐朱文方印：富岡氏之印。正面鈐朱文長印：畫禪盦。富岡氏爲富岡百鍊(1837—1924),原名猷輔,更名道節、百煉,字無倦,號鐵齋、鐵崖、鐵齋外史、裕軒、鐵史,日本京都人。書法家,風俗畫、南宗畫家,書畫風格皆粗獷雄渾。與羅振玉、王國維、吴昌碩友好。畫禪盦爲其藏書畫之室。此本離春帆細雨樓後,歸富岡百鍊,當於富岡氏身後赴美。

5461/5349　清惠棟撰《漁洋山人精華録訓纂》,清乾隆惠氏紅豆齋刻本。

凡例、卷端鈐朱文方印:今關天彭之印。今關天彭名壽麿,號天彭,日本千葉縣人。1907年做記者,後任職朝鮮總督府,再後於中國北平成立今關研究室,研究中國文化、社會現狀與中日關係史。九一八事變後往來中日之間,後任北京日本三井洋行顧問及日本駐華使館顧問。擅吟詩填詞,著作很多,熟知者有1919年版《宋元明清儒學年表》等。1923至1936年間交往胡適、魯迅等衆多時賢。1946年後回日本研究中國古代文化,1970年去世於東京。此本保存甚好,當係今關氏攜歸日本,於1946年後散出,流至北美。

9111/3412　《二程全書》,清康熙禦兒吕氏寶誥堂刻本。此書源出朱子手定,宋建寧刊本失傳,元明刊本改動不一。此本沿襲明弘治本,清初以後最爲通行,也流行於明治之前的日本。

卷端鈐朱文方印:習教館藏書。習教館係日本德川幕府時期九州人吉藩於天明六年(1786)所設藩學,創始人爲初代教授東善次郎(白髪),教讀書習字與四書五經,此本爲當時教學用書。習教館於明治四年(1871)終止,改辦爲新式學校。此本當自是時前後散出,漂洋赴美。

9117/2142　清毛奇齡撰《西河合集》,清康熙中李塨等刻乾隆陸體元修補嘉慶元年(1796)蕭山陸凝瑞堂補刊本。

此本原始首册不存,首册是否鈐有中土藏印已不可知。次册卷端鈐朱文方印:日知館圖書;白文方印:明德館圖書章。日知館係日本江户末期駿河田中藩的藩學,名稱取自顧炎武《日知録》,開設於天保八年(1837),明治五年(1872)改爲新式學校。明德館係日本同期東北部久保田藩的藩學,始於文化八年(1811),前身是御學館(1790)和明道館(1793),明治五年後改爲新式學校。此本不知何時東渡。先歸日知館,再轉明德館,爲兩校研讀儒學的課本,當於明治五年後散出。次册卷端鈐朱文長印:稼軒進藤氏圖書記。進藤氏不悉何許人,容後考。此本出洋赴美則爲後話。

1805.4/2332　《憨山老人夢遊集》,清順治十七年(1660)常熟毛褒等刻本。

卷端鈐朱文長印:山門常樂院亮海藏。《授法日記》(《大正藏》本第七十七卷)録亮海題識云:慶應二年丙寅二月十四日得件御本畢,比睿西塔常樂院沙門亮海金剛記。

可知在慶應二年(当清同治五年,1866)前後期間,此本藏於京都市東北之比睿山延曆寺西塔的常樂院亮海和尚處。卷端另鈐朱文長印:海印藏。海印俟後考。

六、中國收藏情況多不詳,經日本藏書家、軍校、機構收藏的書

4726.9/4322 《大清仕籍全編》,清乾隆三十二年(1767)京都琉璃廠觀光閣刻本。爲清代全部職官的名録,今天已不多見。

扉葉鈐朱文長印:青柳館文庫。青柳文藏(1761—1839),初爲仙台藩士,少隨自立學派且有孝槊堂藏書的井上金峨(1732—1784)學習,後經商,亦有藏書。最出名的一枚藏書印云:勿折角、勿卷腦、勿令墨汙、勿令鼠齩、勿唾幅揭。天保元年(1830)以藏書及建設資金獻仙台藩,建成青柳文庫,爲日本最早的民間公共圖書館。戊辰(慶應四年/明治元年,1868)戰争後,青柳文庫書多散逸,剩餘部分今存宫城縣立圖書館。此本印行後不久即至日本,爲青柳文藏所藏,1830 年入青柳文庫,1868 年後散出。

目次端鈐朱文橢圓印:勝安芳。勝安芳(1823—1899),本名義邦,明治維新後改名安芳,號海舟。德川幕府末期任陸軍總裁,以同討幕軍西鄉隆盛議和,立下江户和平開城之功。明治府政任海軍大臣、樞密顧問官等,封一等伯爵,是創建日本海軍的人物。有海舟書屋,但從勝氏名章皆斜鈐於此本天頭來看,尚非藏書人士。

書衣與内封貼籤鈐朱文方印:海軍兵學校藏書之印。蓋扁方戳:供用年月/昭和三年四月十八日/圖書類番號/20975。另籤蓋方戳:3690K/海軍兵學校圖書館藏書。封面蓋圓戳:照合濟/18. 11. 29/海軍兵學校圖書館。海軍兵學校開學於明治三年(1870),時稱海軍操練所,後改稱海軍兵學寮,至九年(1876)改此稱。二十一年(1888)遷往廣島縣江田島。1945 年撤銷。此本或係勝氏後人於 1928 年轉送海軍兵學校者,赴美則在 1945 年之後。

1060/4208 明胡廣等輯,明李廷機纂訂《性理大全書》,明萬曆二十五年(1597)吴勉學師古齋刻周氏博古齋藏板本。

御製序端鈐朱文方印:海軍機關學校藏書。蓋朱戳:昭和 16 年 9 月入/第 14757 號。明治七年(1874)爲培養海軍輪機科軍官,設海軍兵學寮分校於横須賀。十一年(1878)改爲海軍兵學校附屬機關學校。十四年(1881)再改爲海軍機關學校。二十年(1887)廢除,學生編入海軍兵學校。二十六年(1893)重設,大正十二年(1923)横須賀校舍毀於關東大地震,遂遷往江田島借用海軍兵學校校舍。1925 年遷校至京都府舞鶴地區。1944 年 10 月再廢,改爲海軍兵學校舞鶴分校。1945 年 11 月因戰敗停辦。此本於 1941 年入藏京都府舞鶴校址,於 1945 年後散出赴美。

2700/1231 清邵遠平編《元史類編》,清乾隆六十年(1795)席世臣掃葉山房校刻《四朝別史》本。洞庭席氏自明代後期經商與刻書並舉,至乾隆後期嘉慶前期席世臣掃葉山房時期極刻書之盛,書坊在蘇州閶門之内,此本即當時刊行者之一。

席世臣敘端鈐朱文方印:河間裘氏藏書之印;朱文方印:夢詔。惜無全名印章,夢詔不知爲誰。河間在乾隆之前選舉、人物皆無裘氏,乾隆之後裘氏成望族。有裘寶善,直隸舉人,咸豐元年(1851)任宿州知州。子裘曉華(1803—1893),字德俊,道光五年(1825)解元,同治間任浙江道監察御史,曾主持治黄,有鐵面御史之譽。孫裘祖誥(1844—1934),舉人,任山東萊州知府。此本約於民國前期自裘氏家族散出。

席世臣敘端還鈐朱文方印:財團法人善鄰協會藏書之印。善鄰協會爲日本軍部於1934年1月成立,在中國内蒙古地區活動,對外稱文化組織,對内稱遠征蒙疆的尖兵。1938年2月在張家口設立在外本部。1945年8月張家口本部解散,1947年7月東京總部解散。此本爲研究蒙古之要籍,當於善鄰協會解散之後,輾轉遠徙美國。

七、曾經日本藏書家、機構收藏的朝鮮刻本和日本刻本

3482/5602 《東國文獻録》、《俎豆録》,朝鮮高宗間刻本。此本不多見,文字略異於常見本。

《東國文獻録》卷端鈐朱文長印:渡邊千秋藏書。《俎豆録》卷端鈐朱文方印:渡邊千秋清觀。渡邊氏爲日本长野縣望族,封爵者甚多。渡邊千秋(1843—1921),諏訪高島藩士,明治十年(1877)任鹿兒島縣大書記官,二十五年(1892)任内務次官,二十七年(1894)任貴族院議員、京都府知事,四十三年(1910)任宫内大臣,次年封伯爵,再次年辭歸。生平覧書甚多,但藏書不出名。此本當於1896年後至日本,於渡邊千秋身後散出,再後赴美。

3482/4256 《朝鮮史略》,日本文政五年(1822)刻本。翻刻雖晚,但是底本爲明萬曆四十五年(1617)趙宧光校刻本,係今存明代唯一刻本,已稀見。

卷端鈐朱文圓印:黑川真賴;朱文長印:黑川真賴藏書。黑川真賴(1829—1906),係帝國大學文科大學博言科教授,有《黑川真頼全集》。卷端又鈐朱文長印:黑川真道藏書。黑川真道(1866—1925)编刊書籍甚多,有《黑川真頼遺稿》,以《江户風俗圖繪》最爲人熟知。兩人藏書印不僅同形同大,且皆並排鈐蓋,可知係一家人。卷端另鈐朱文方印:祖光文庫。未悉誰是。書衣鈐朱文小圓印:外交。則知此本朝鮮歷史之書後爲日本外交機構收藏,當於1945年後散出赴美。

5212/7925 明陳絳著,明陶望齡編次,明李維楨批點《新刻批點金罍子》,日本抄

本。此本以明泰昌元年(1620)陳志潤刻本爲底本。

扉葉鈐朱文圓印:三輪田;朱文方印:三輪田藏書。卷末墨筆題:明治十五年(1882)七月上旬京都ニテ得之,三輪田高房。三輪田氏是江户末期明治初期伊予國久米郡的著名家族,日尾八幡神社神官三輪田清敏有三子,時稱三輪田之三兄弟。長子三輪田米山(1821—1908)繼承父業任日尾八幡社宮司,精書法、和歌、漢學。次子三輪田高房(1823—1910),通稱恒次郎,是松山藩士、儒者,任藩校明教館教授,維新後亦任神職。三子三輪田元綱(1828—1879),通稱綱一郎,是幕末尊攘運動的志士,維新後任外務權大丞,夫人三輪田真佐子是女子教育家。今天知道的三輪田家族藏書,如東京都圖書館的明隆慶刊本《純陽吕真人文集》等都是三輪田高房所藏,此本亦爲其一。此本赴美前後過程不詳。

八、曾經西方學者收藏的日本刻本

3027/4478 明李賢等撰,日本陰山元質訓點《大明一統志》,日本正德三年(1713)京師弘章堂刻本。

書衣粘藏書票云:PRESENTED ANONYMOUSLY IN HONOR OF SIR GEORGE SANSOM ON THE OCCASION OF HIS VISIT TO STANFORD UNIVERSTY MCMLI。Sir George Bailey Sansom(1883—1965),中文譯名喬治·貝利桑塞姆,生於英國倫敦,在法國讀中學和大學,從1904年開始爲英國駐日使館工作,1941年被派到華盛頓和新加坡,1947年任美國哥倫比亞大學日本研究教授,1953年任東亞研究所第一任主任,退休後居加州,曾在斯坦福大學任教,一些有關日本的重要著作也在斯坦福大學出版社出版,卒於亞利桑那。此本隨桑塞姆自日赴美,捐贈斯坦福大學。桑塞姆爵士在日搜集其他漢籍否?引人關注。

上述八段只説到四十種書,多數已歷世二三百載,少數逾四百載。在如此漫長的歲月中,凝聚於書上的收藏經歷,特别是跨國收藏的經歷,大大增加了書的歷史文化價值。雖然從性質來説是藏書史,概括地反映了清乾隆至1950年代之間,古籍在中國和日本的收藏、流傳狀況,以及後期流傳美國的大致軌跡。但是同時也折射出了這一時代中國、日本,以至美國社會歷史的諸多側面。

上述提到的書及藏家只是簡略敘及,還有鈐蓋了印章的書和藏家未及説到。同時在書上鈐蓋印章者,並非全部的藏家。而且今存古籍係以全無印章者爲絶大多數。總之,漏萬之譏,殆不免矣。然而儘管如此,仍然可以從中領悟到:中國傳統社會係以家族爲基礎,藏書也深受家族之影響。社會動盪是藏書變遷的主要動因,而在清末民國初年,則相當多的藏書變遷係由家族經營工商失敗所致。另外從明末至清代的日本江户時期,雖然只開放長崎一個口岸,但是古籍在日本的流傳收藏尚屬穩定,兩次大的流散是在明治維新及 1945 年二戰之後,後一次有相當一部分書去了當時佔領日本的美國,以至今天美國所藏古籍大約近半來自日本,而具體經過則待細考。等等,等等。

此序係前年 9 月受邵東方前館長委託,去年 12 月審稿事畢,見書志體例未及收藏,遂欲略發其幽光,以期引起更多青年讀者對於善本書的興趣。雖然局於見聞,表述難克盡致,或未盡符初衷,然而多年積習已深,以致有不能自已者如此。

斯坦福大學創建於 1891 年,北京大學的前身京師大學堂創建於 1898 年,雖年齡近同,卻遠隔東西,可喜的是近年來交流日益密切。希望書志中著録的這些遠離家鄉的善本遊子,能夠在斯坦福大學與北京大學的友好交流中,在東西方文化的友好交流中,成爲一座小小的橋樑,發揮積極而又長久的促進作用。

書志之成,良亦學林快事。謹向邵東方前館長、邱頎代館長、本書編著者馬月華博士、撰稿人之一郭愷淳先生、斯坦福大學參與人員、廣西師範大學出版社,表示欽佩和敬意。是爲序。

沈乃文
2013 年 4 月於北京大學

凡例

1.本書志所收爲斯坦福大學藏中文古籍善本，凡154種，以清乾隆六十年(1795)前刻本爲主，間收個别比較特殊的版本，如抄本、較少見的和刻本與朝鮮刻本等等，拓片、輿圖等未予收録。

2.斯坦福大學中文古籍善本主要收藏機構爲東亞圖書館，此外，斯坦福大學圖書館特藏部、藝術圖書館等也收藏有一小部分，具體收藏單位見各篇書志。

3.書志按經、史、子、集、叢五部分類，部下又分小目，順序大致依《中國古籍善本書目》爲準。

4.書志中文部分使用繁體字，但引用序跋、刻工名、鈐印等文字時，原字如相當於今簡體字，則采用照録原則。引用序跋和印文中殘泐不清之字用“□”表示。《説郛》與《説郛續》之“弓”爲排印方便，均改作“卷”。

5.各書配有書影，書影的選擇以正文卷端葉爲主，如其爲抄配葉或補刻葉則選擇某一原刻葉。

6.書志著録内容有：一、書的客觀著録，包括：書名、卷數、本館索書號、責任者、版本、册數、裝訂、行款、板框尺寸、牌記、序跋、版心；二、責任者介紹：包括字號、爵里、生平主要事跡、著作、史料來源等；三、書内容介紹；四、版本考訂，指出版本確定依據；五、書中鈐印、批語題跋、現收藏單位等；六、同版書著録；七、英文簡介。

7.書名如無特别説明，皆據卷端題名。

8.板框尺寸測量以正文卷端葉爲準，首葉如爲抄配或有殘缺，則以下一葉爲準。框高爲上下邊框外沿距離，框寬爲右側邊框外沿至書側距離。

9.責任者及責任方式多據卷端下題，如卷端下無題或個别有問題者，則視各書具體情況自擬。

10.内容介紹一般僅作客觀描述，不作主觀評價。

11.版本考訂項爲本書志重點，各書版本判定皆明確指出依據，或由字體，或由牌記、序跋，或由與北京大學圖書館等機構收藏版本及各種影印本古籍比較而得，往往兼而綜之。凡内封題“某某藏板”者，一般皆據原書著録爲“某某藏板本”。

12. 有些書其始爲單行印本，後收入某叢書，與他書彙印。單行印本與彙印本往往不好區分，如無特殊情況，本書志一般注爲某叢書本。

13. 本書志同版書著録以版刻爲準。前後刷印各本文字常有增損改字之異，如有較爲明確的刷印時間，則予以説明。如有相同版本之影印本，亦予説明。古籍書目與影印本之主要引據者如下：

《中國古籍善本書目》，顧廷龍主編，上海古籍出版社，1986 年至 1998 年；

《續修四庫全書》，顧廷龍主編，上海古籍出版社，1995 年至 2002 年；

《四庫全書存目叢書》及《補編》，季羨林主編，齊魯書社，1995 年至 2001 年；

《四庫禁燬書叢刊》及《補編》，王鍾翰主編，北京出版社，2000 年至 2005 年；

《四庫未收書輯刊》，羅琳主編，北京出版社，2000 年；

《中國叢書綜録》，上海圖書館編，上海古籍出版社，1982 年至 1983 年；

《中國地方志聯合目録》，中國科學院北京天文臺主編，北京中華書局，1985 年；

《北京大學圖書館藏古籍善本書目》，北京大學圖書館編，北京大學出版社，1999 年；

《柏克萊加州大學東亞圖書館中文古籍善本書志》，陳先行主編，上海古籍出版社，2005 年；

《美國哈佛大學哈佛燕京圖書館藏中文善本書志》，沈津主編，廣西師範大學出版社，2011 年。

14. 英文簡介包括三項：題名、責任者、出版（包括出版地、出版者和出版時間）。題名與責任者所用皆爲現代漢語拼音。出版一項，除稿抄本單獨説明外，刻本不再另外標明。出版地所用爲今地名，刻本的出版時間一般僅列其刊刻時間。

15. 書志末附書名索引。

目録

分類目録

經部

史部

子部

集部

叢部

書影目録

經部

史部

子部

集部

叢部

經　部

001　葉太史參補古今大方詩經大全十五卷綱領一卷圖一卷(經部/詩類)

434 4920

明葉向高編纂,明張以誠校正,明萬曆閩芝城建邑書林余氏刻樹駿堂藏板本,一函八册,綫裝。半葉大字七行,行十六字,中字十一行,行二十字,小字雙行同中字,白口,單黑魚尾,四周雙邊,無直格,分上下兩欄。框高二十三點八釐米,寬十四釐米。書衣題名"詩經大全"。内封題"葉臺山先生較/詩經大全/樹駿堂發行",並蓋"樹駿堂藏板"朱戳。卷前有宋淳熙四年(1177)朱熹《大方詩經大全序》、《詩經大全凡例》、《詩經序》、《詩經大全綱領》一卷、《詩經大全圖》一卷。卷端下題"禮部左侍郎臺山葉向高編纂/翰林太史瀛海張以誠校正/閩芝城建邑書林余氏仝梓"三行。版心上鐫"詩經大全",中鐫篇名及卷次,下鐫葉數。

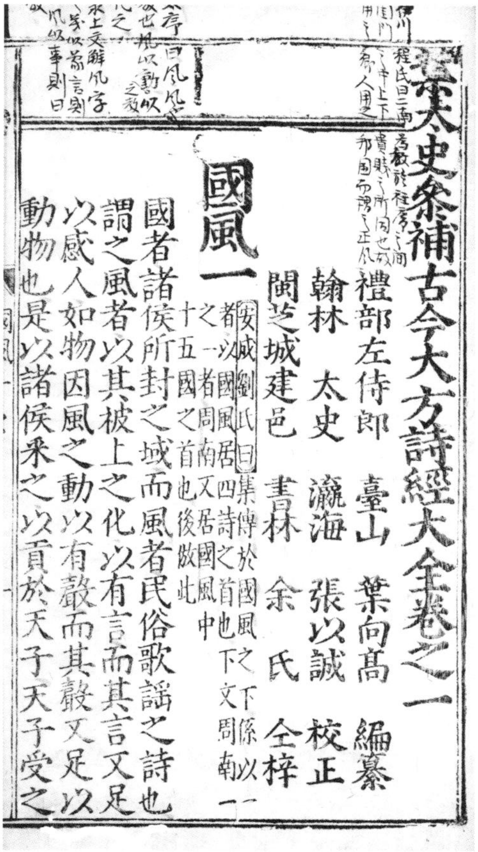

001　詩經大全

葉向高(1559—1627),字進卿,號臺山,福清(今屬福建)人。萬曆十一年(1583)進士,授庶吉士,進編修。官至禮部尚書兼東閣大學士,三任首輔。工書法,於草書尤爲專精。著作頗豐,有《説類》、《葉臺山全集》等。《明史》卷二百四十有傳。

此書實即明永樂間胡廣所修《五經大全》之《詩經大全》,卷首《凡例》後有胡廣等奉勅纂脩銜名。明代科舉,考試内容以朱熹學爲主。爲給士子們提供統一的經學文本,永樂間明成祖朱棣命胡廣等編纂《五經大全》,其中《詩經大全》即以闡釋朱熹《詩集傳》旨意的元代劉瑾《詩傳通釋》爲藍本。《凡例》稱:"是經一以朱子《集傳》爲主,《通釋》所采諸家之説與朱《傳》相矛盾者去之,庶無惑於學者。其《朱子語類》、《文集》暨諸家之論有所發明者今皆增入。"書成之後,明内府予以刊刻。

此本爲萬曆間福建建安書林余氏翻刻明内府本。建安書林余氏爲刻書世家，自北宋直至清初，代有傳人，明末時極爲興盛。余氏刻本上欄原刻有詩評，此本刷印之時皆已鏟去。由内封所題可知，此本爲板歸樹駿堂後之印本，鏟去詩評或即樹駿堂所爲。又，此本“較”字爲避明熹宗朱由校名諱，當印於天啟之後。

鈐“平田文庫”朱文印、“文埜庫”白文印等。書中多墨筆日文假名注音。書眉、行間亦多漢文墨筆批語，可惜書眉靠近頂端之墨筆批語多被裁去。該書五眼綫裝，高麗裝幀。函套内粘“THE HOOVER LIBRARY ACQUIRED THROUGH THE STANFORD UNIVERSITY LIBRARIES”藏書票。今藏斯坦福大學東亞圖書館。

著録：

《中國古籍善本書目》經部/詩類 1295 葉太史參補古今大方詩經大全十五卷綱領一卷圖一卷　明葉向高輯　明芝城建邑書林余氏刻本

《北京大學圖書館藏古籍善本書目》經部/詩類　葉太史參補古今大方詩經大全十五卷綱領一卷詩圖一卷　題明葉向高編纂　張以誠校正　明萬曆間閩中書林余氏刻本

《美國哈佛大學哈佛燕京圖書館藏中文善本書志》0009 五經大全一百二十七卷　明胡廣等輯　明萬曆閩芝城建邑書林余氏刻本(其中包括葉太史參補古今大方詩經大全十五卷首一卷綱領一卷圖一卷)

Title：Ye tai shi can bu gu jin da fang Shi jing da quan：15 juan；Gang Ling：1 juan；Tu：1 juan

Author：Ye Xianggao bian zuan；Zhang Yicheng jiao zheng

Imprint：[China] Fujian Jianyang：Shu lin Yu shi，1573—1620

（馬月華）

002　御纂周易折中二十二卷卷首一卷(經部/易類)

清李光地等編纂，清翻刻武英殿本，二函十册，綫裝。半葉八行，行十八字，小字雙行二十二字，白口，單黑魚尾，四周雙邊。框高二十二點一釐米，寬十六點二釐米。卷前有康熙五十四年(1715)御製序、目録、總裁校對分脩校録監造諸臣職名、凡例、引用姓氏等。卷首一卷包括綱領三篇及義例。版心上鎸書名，中鎸卷次、篇名，下鎸葉次。

李光地(1642—1718)，字晉卿，號厚菴，安溪(今屬福建)人。康熙九年(1670)進士，選庶吉士，授編修。官至直隸巡撫、吏部尚書、文淵閣大學士。著《曆象本要》、《紀四分術》、《紀太初術》、《紀渾儀》、《榕村語録》等。《清史稿》列傳四十九、《清史列傳》卷十有傳。

《御纂周易折中》爲康熙時“御纂七經”之一。康熙御製序稱：“朕自弱齡留心經義，五十餘年未嘗少輟，但知諸書大全之駁雜，奈非專經之純熟。深知大學士李光地素學有本，《易》理精詳，特命脩《周易折中》。上律河洛之本末，下及衆儒之考定，與通經之不可易者，折中而取之。”該書集古今義理解說《周易》之大成，於各卦卦爻辭下引朱熹《本義》、程頤《程傳》、俞琰《集説》，並加編者“案”語，卦後或有編者總論。《凡例》稱：“《大全》書所采諸家之説，惟宋元爲多。今所收，上自漢晉，下迄元明，使二千年易道淵源，皆可覽見。列朱《義》於前者，易之本義，朱子獨得也。程《傳》次之者，易之義理，程子爲詳也。二子實繼四聖而有作，故以其書系經後。其餘漢晉唐宋元明諸儒，所得有淺深，所言有粹駁，並采其有益於經者，又系朱程之後；其或所言與朱程判然不合，而亦可以備一説、廣多聞者，别標爲附録以終之。”

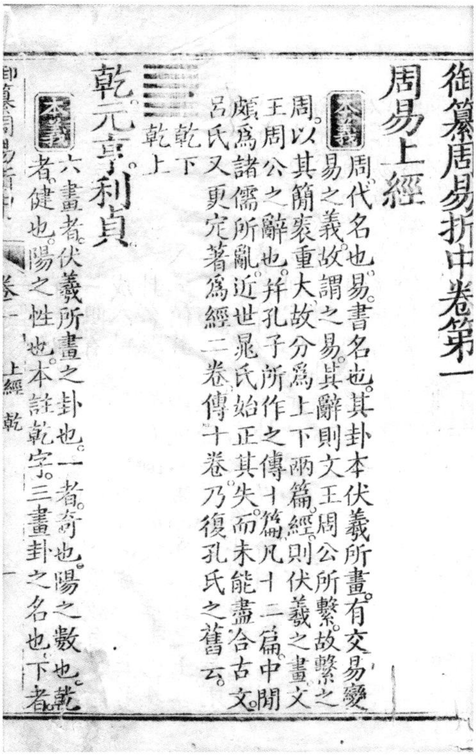
御纂周易折中卷第一
周易上經
本義 周代名也。易。書名也。其卦本伏羲所畫。有交易變易之義。故謂之易。其辭則文王周公所繫。故繫之周。以其簡袠重大。故分爲上下兩篇。經則伏羲之畫。文王周公之辭也。并孔子所作之傳十篇。凡十二篇。中間頗爲諸儒所亂。近世晁氏始正其失。而未能盡合古文。呂氏又更定著爲經二卷。傳十卷。乃復孔氏之舊云。
乾下乾上
乾。元亨。利貞。
本義 六畫者。伏羲所畫之卦也。一者。奇也。陽之數也。乾者。健也。陽之性也。本註乾字。三畫卦之名也。下者。
御纂周易折中 卷一 上經 乾 一

002　周易折中

書成後，於康熙五十四年交武英殿刊刻流傳。此本爲翻刻武英殿本，寫刻幾可亂真。

函套内粘“THE HOOVER LIBRARY ACQUIRED THROUGH THE STANFORD UNIVERSITY LIBRARIES”藏書票，並蓋“HOOVER LIBRARY”墨戳。今藏斯坦福大學東亞圖書館。

Title：Yu zuan Zhou yi zhe zhong：22 juan；juan shou：1 juan

Author：Li Guangdi [et al.] bian zuan

Imprint：[China]，1715—1795

（郭愷淳）

003　春秋大全三十卷附録三卷（經部/春秋類）

683 4470

明馮夢龍輯，明張我城參，明天啟五年（1625）吴縣葉昆池刻本，二函十二册，綫裝。半葉十行，行二十字，白口，四周單邊，單白魚尾。框高十九點七釐米，寬十三點四釐米。内封題“馮猶龍先生訂/春秋大全/本衙藏板”，並鈐“寶翰樓藏書記”朱戳。卷前有天啓五年李長庚《春秋大全序》，馮夢龍述《發凡》十則，及附録三卷。卷端下題“馮夢龍輯/張我城参”二行。版心上鎸書名，中鎸卷次，下鎸葉數。書眉鎸音釋校注等。

馮夢龍(1574—1646)，字猶龍，又字子龍，號龍子猶、墨憨齋主人、顧曲散人、吴下詞奴、前周柱史等，長洲(今江蘇蘇州)人。馮氏一生科舉仕途不順，五十七歲補貢生，六十一歲始任福建壽寧知縣。《明史》無傳，《(同治)蘇州府志》卷八十一、福建《壽寧府志》等載其生平概況。馮夢龍爲通俗文學大家，代表作有《三言》(《警世通言》、《醒世恒言》、《喻世明言》)、《新列國志》、《平妖傳》等，編有《壽寧待志》。此外，馮氏編選大量筆記小品，蒐集並創作傳奇劇本，並整理民歌集等等，成就斐然。

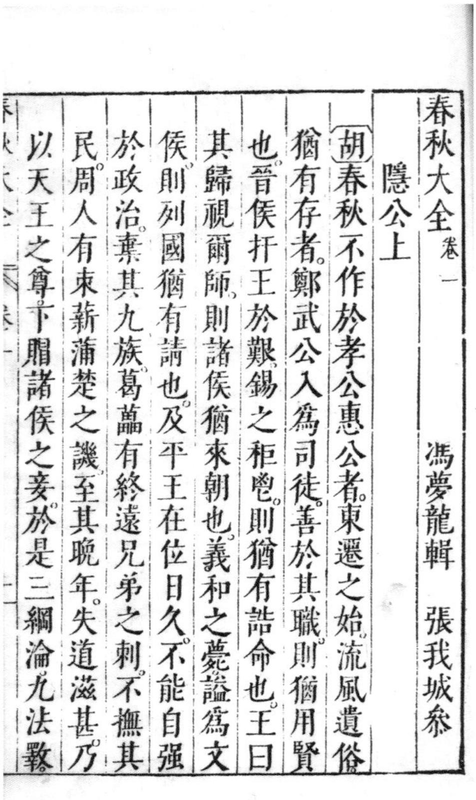
春秋大全卷一　馮夢龍輯　張我城叅
隱公上
胡春秋不作於孝公惠公者東遷之始流風遺俗猶有存者鄭武公入爲司徒善於其職則猶用賢也晉侯扞王於艱錫之秬鬯則猶有誥命也王曰其歸視爾師則諸侯猶來朝也義和之薨謚爲文侯則列國猶有請也及平王在位日久不能自强於政治棄其九族葛藟有終遠兄弟之刺不撫其民周人有束薪蒲楚之譏至其晚年失道滋甚乃以天王之尊下賵諸侯之妾於是三綱淪九法斁

003　春秋大全

此書是馮夢龍所編《春秋》教科書。各卷卷端、版心以及内封題名均作“春秋大全”，但實際與天啓五年刻本《春秋衡庫》爲同版書。哈佛燕京圖書館藏有一部同版《春秋大全》，沈津先生主編的哈佛書志指出：“據艾思仁告知，北京大學圖書館藏《春秋衡庫》(明天啟五年葉昆池能遠居刻本)與此同板，乃坊賈篡改書名而成。”(《美國哈佛大學哈佛燕京圖書館藏中文善本書志》第133葉)艾先生所言北大藏本，《四庫全書存目叢書》經部第123册已經影印，讀者可參看。坊賈將原版卷端及版心“衡庫”諸題均剜改爲“大全”，書前李長庚序中所題及之“衡庫”，亦盡數改成“大全”。

《四庫全書總目・春秋類》“存目一”列有兩種馮夢龍《春秋》著作：

“《春秋衡庫》三十卷(浙江吴玉墀家藏本)。明馮夢龍撰。夢龍字猶龍，吴縣人，崇禎中由貢生官壽寧縣知縣。其書爲科舉而作，故惟以胡《傳》爲主，雜引諸説發明之。所列《春秋前事》、《後事》，欲於《經》所未書、《傳》所未盡者，原其始末，亦殊沓雜。”

“别本《春秋大全》三十卷(内府藏本)。明馮夢龍撰。是書雖以《春秋大全》爲名，而非永樂中官修之原本。其體例，惟胡安國《傳》全録，亦閒附《左傳》事蹟，以備時文捃摭之用。諸家之説，則僅略存數條。其《凡例》有云：‘《大全》中諸儒議論，儘有勝胡氏者。然業已宗胡，自難竝收以亂耳目。’是不亦明知其謬而爲之歟?”

四庫僅將之列於“存目”,並未收入原書。今由斯坦福本觀之,“存目”所列以上二書很可能實爲同一書。館臣所謂“永樂中官修之原本”指明永樂間胡廣等奉命所編明代科舉取士用書《五經大全》之一《春秋大全》,收於《四庫全書》。馮夢龍此書與胡廣等編《春秋大全》性質相近,坊賈將馮氏原書名“春秋衡庫”改爲“春秋大全”,係爲招攬舉子購買而已。而四庫具體修書之館臣,因未能同時並見兩書,故而將兩書分列。

此本各册首葉鈐“芝田白勢氏緑樹館圖書”朱文印,函套内粘“THE HOOVER LIBRARY ACQUIRED THROUGH THE STANFORD UNIVERSITY LIBRARIES”藏書票,並蓋“HOOVER LIBRARY”墨戳。今藏斯坦福大學東亞圖書館。

著録:

《中國古籍善本書目》經部/春秋類/春秋總義 2933 春秋衡庫三十卷附録三卷備録一卷　明馮夢龍撰　明天啟五年刻本

《四庫全書存目叢書》經部第 123 册影印北京大學圖書館藏明天啟五年刻春秋衡庫三十卷附録三卷備録一卷

《北京大學圖書館藏古籍善本書目》經部/春秋類 春秋衡庫三十卷備録一卷　明馮夢龍輯　明天啟五年(序)吴縣葉昆池刻本(有朱筆眉批)(按,《四庫全書存目叢書》經部第 123 册影印者即此本。該本内封題“馮猶龍先生春秋衡庫”,並蓋“能遠居”朱戳。旁有葉昆池題記:“自《指月》既出,海内麟經家人人誦法猶龍先生矣。《衡庫》一書,則先生篋藏以便記誦者也。先生嘗謂《春秋》該五經、貫子史,不止三傳及諸儒註疏而已。而纂述家非繁則簡,鮮得其要求,其文質俱備、繁簡得宜無若茲編。此先生二十年來苦心,當與《指月》相輔而行者,直以嘉惠海内於無窮矣,豈惟本坊之賜。閶門葉昆池白。”又,此書書眉原有墨筆、朱筆批語,並鈐“安政七改”朱文印、“明倫館印”朱文印等,影印時皆去之。今附記於此,供讀者參考。)

《美國哈佛大學哈佛燕京圖書館藏中文善本書志》0176 春秋大全三十卷附録三卷　明馮夢龍撰　明刻本

Title: Chun qiu da quan: 30 juan; Fu Lu: 3 juan

Author: Feng Menglong ji; Zhang Wocheng can

Imprint: [China] Suzhou: Ye Kunchi, 1625

(馬月華)

004　春秋屬辭十五卷 存卷一至卷二 卷六至卷十二(經部/春秋類)

PL2470 .Z61

元趙汸撰,清納蘭成德校訂,清康熙刻《通志堂經解》本,一函四册,綫裝。半葉十一行,行二十字,白口,單黑魚尾,左右雙邊。框高十九點七釐米,寬十五釐米。卷前有宋濂《春秋屬辭序》、趙汸《春秋屬辭序》、《春秋屬辭目録》(後有趙汸識語)、金居敬題

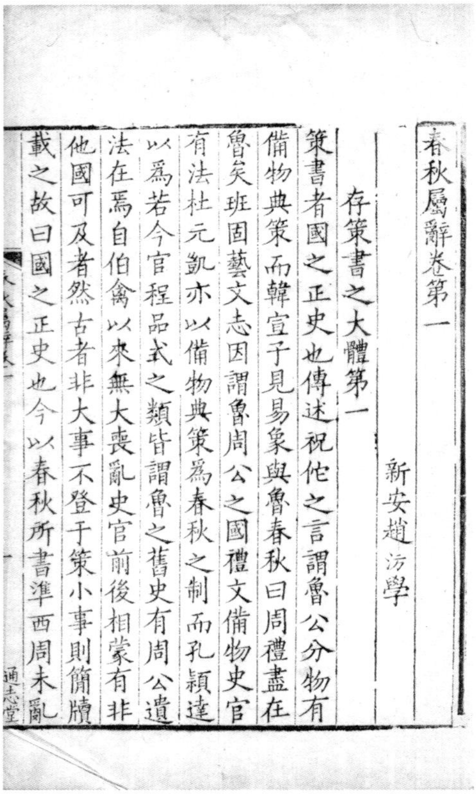

004 春秋屬辭

跋。卷端下題"新安趙汸學"一行，各卷末鐫"後學成德校訂"。版心上鐫字數，中鐫書名、卷次、葉數，下方正面鐫"通志堂"，背面印刻工名，如"君仁"、"栢臣"、"周文啟"、"王順"、"史子弘"等。

趙汸（1319—1369），字子常，休寧縣（今屬安徽）人。終生未仕。曾從九江黄澤、臨川虞集遊，潛心爲學。後於家鄉築東山精舍，讀書著述其中，人稱"東山先生"。入明，應詔赴南京修《元史》，初稿完成後不久即去世。著《東山存稿》、《周易文詮》、《春秋集傳》、《春秋屬辭》等。《明史》卷二百八十二有傳。

《春秋屬辭》一書通過"比事屬辭"總結歸納《春秋》孔子筆削之法，兼引春秋三傳。全書分"八體"，即筆削之八條原則，包括：存策書之大體；假筆削以行權；變文以示義；辨名實之際；謹内外之辨；特筆以正名；因日月以明類；辭從主人。八篇之下各有序，釋每篇之義，篇下各有小目。

此本版心下方所鐫"通志堂"，爲清納蘭成德書屋名。康熙朝前期由崑山徐乾學輯、其弟子納蘭成德出資刊刻的《通志堂經解》是清代一部重要的經學叢書，輯録各代解經著作一百四十種，主要收宋元人之作，間及漢唐並明儒經注。此本爲《通志堂經解》零種，缺卷三至卷五、卷十三至卷十五，僅存八卷。

今藏斯坦福大學東亞圖書館。

著録：

《中國古籍善本書目》經部/總類 00036 通志堂經解一百四十種一千八百六十卷　清成德編　清康熙通志堂刻本(其中包括春秋屬辭十五卷)

《北京大學圖書館藏古籍善本書目》經部/詩類　通志堂經解　清徐乾學輯　清康熙十二年至十四年(1673—1675)納蘭成德通志堂刻本(其中包括春秋屬辭十五卷)

《美國哈佛大學哈佛燕京圖書館藏中文善本書志》0005 通志堂經解一百四十種一千八百六十卷　清成德編　清康熙十二年(1673)通志堂刻本(其中包括春秋屬辭十五卷)

Title：Chun qiu shu ci：15 juan (missing juan 3—5 and 13—15)

Author: Zhao Fang zhuan; Nalan Chengde jiao ding
Imprint: [China]: Tong zhi tang, 1662—1722

（馬月華）

005　石齋先生經傳九種（經部/群經總義）

152 4837

明黄道周輯，清鄭開極重訂，清康熙三十二年（1693）鄭開極刻芥舟藏板本，六函三十六册，綫裝。半葉九行，行十八字，小字雙行同，白口，單黑魚尾，左右雙邊。框高二十點三釐米，寬十四點八釐米。函套墨筆籤題“石齋經傳九種”。内封題“晉安鄭肇修訂/石齋先生經傳九種/孝經集傳 易象正 三易洞璣 洪範明義 表記集傳 坊記集傳 月令明義 緇衣集傳 儒行集傳”。書名據内封題名。各卷端下多題“漳浦黄道周輯/晉安鄭開極重訂”。版心上鐫子目書名，中鐫卷次，下鐫葉次。

黄道周（1585—1646），字幼玄，又字螭若、螭平，號石齋，漳浦（今屬福建）人。天啓二年（1622）進士，選庶吉士，歷官翰林院修撰、詹事府少詹事。南明隆武時，任吏部兼兵部尚書、武英殿大學士。抗清失敗，被俘殉國。《明史》卷二百五十五有傳。

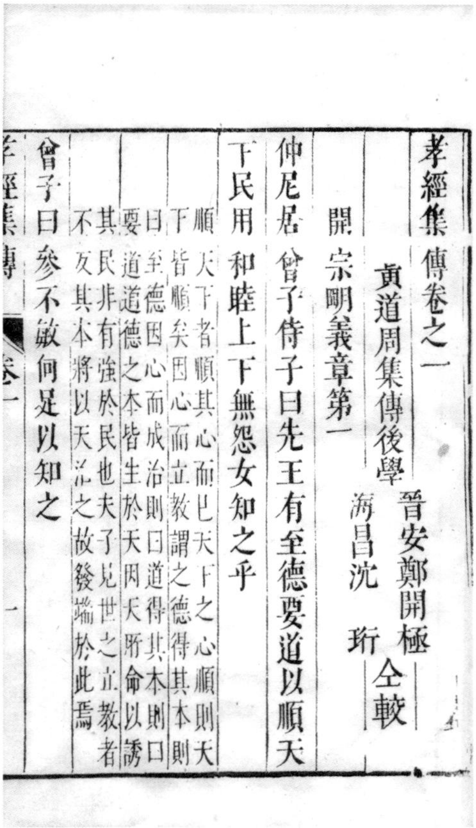
孝經集傳卷之一
黃道周集傳後學　晉安鄭開極　仝較
海昌沈　珩
開宗明義章第一
仲尼居曾子侍子曰先王有至德要道以順天下民用和睦上下無怨女知之乎
順天下者順其心而已天下之心順則天下皆順矣因心而立教謂之德得其本則曰至德因心而成治則曰道得其本則要道道德之本皆生於天因天所命以誘其民非有強於民也夫子見世之立教者不反其本將以天治之故發端於此焉
曾子曰參不敏何足以知之
孝經集傳　卷一　一

005　石齋先生經傳九種

鄭開極（1638—1717），字肇修，號幾亭，侯官縣（今屬福建）人。清順治十八年（1661）進士，選庶吉士，授翰林院編修。康熙八年（1669），典試雲南。康熙三十年（1691）以左春坊左諭德督學浙江。主纂《（康熙）福建通志》。《（乾隆）福州府志》卷五十有傳。

該書子目：

孝經集傳四卷。卷前有康熙三十一年（1692）張鵬翮譔《孝經集傳序》、康熙三十二年鄭開極《孝經集傳序》、康熙三十年沈珩《孝經集傳序》、目録。共四册。

易象正十二卷初二卷終二卷。内封題“黄石齋先生原本/易象正/芥舟藏版”，卷前有康熙三十二年鄭開極撰《易象正序》、目次、《春秋説象凡例十八條》並序述。共十一册。

三易洞璣。内封題“新鐫黄石齋先生原本/晉安鄭肇修訂/三易洞璣/芥舟藏版”，卷前有康熙三十一年鄭開極《三易洞璣序》、《三易略例》。包括宓圖經緯三卷、文圖經緯三卷、孔圖經緯三卷、雜圖經緯三卷、餘圖總經緯一卷、貞圖經緯三卷。共六册。

洪範明義四卷。内封題“新鐫黄石齋先生原本/晉安鄭肇修訂/洪範明義/芥舟藏版”，卷前有康熙三十二年鄭開極撰《洪範明義序》、黄道周《洪範明義原序》、目録。共三册。

表記集傳二卷附録春秋表記問業一卷。内封題“新鐫黄石齋先生原本/晉安鄭肇修訂/禮記集傳/坊記 表記 緇衣 儒行 芥舟藏版”，卷前有康熙三十二年鄭開極《表記坊記緇衣儒行集傳序》、黄道周《表記集傳原序》、目録。共二册。（附録《春秋表記問業》一卷裝訂在《洪範明義》第三册末。）

坊記集傳二卷附録春秋坊記問業一卷。卷前有黄道周《坊記集傳原序》、目録。共二册。（附録《坊記春秋問業》一卷裝訂在《洪範明義》第三册末）

月令明義四卷。内封題“新鐫黄石齋先生原本/晉安鄭肇修訂/月令明義/芥舟藏版”，卷前有康熙三十二年鄭開極《月令明義序》、目録、《月令明義圖》十三幅。共二册。

緇衣集傳四卷。卷前有目録。共四册。

儒行集傳二卷。卷前有目録。共二册。

據各書卷前序，此本爲清康熙三十二年鄭開極刻本。雖然尚未見書中有明顯補刻葉，但版葉已多漫漶，爲清代後印本，據内封，爲“芥舟藏版”印本。

函套内粘“THE HOOVER LIBRARY ACQUIRED THROUGH THE STANFORD UNIVERSITY LIBRARIES”藏書票。今藏斯坦福大學東亞圖書館。

著録：

《中國叢書綜録》石齋先生經傳九種　清康熙三十二年晉安鄭肇刊道光二十八年(1848)長洲彭藴章補刊印本（按，“鄭肇”實爲“鄭肇修”之誤。且“肇修”爲其字，宜用其名“鄭開極”）。

《美國哈佛大學哈佛燕京圖書館藏中文善本書志》0276 石齋先生經傳九種五十六卷　明黄道周撰　清鄭開極訂　清康熙三十二年鄭開極刻清修補印本

Title：Shizhai xian sheng jing zhuan jiu zhong

Author：Huang Daozhou zhuan；Zheng Kaiji chong ding

Imprint：[China]：Zheng Kaiji，1693

（馬月華）

006 汗簡七卷(經部/小學類)

5105 0254

宋郭忠恕集,清康熙四十二年(1703)錢塘汪立名一隅草堂刻本,一册,西式裝訂。半葉八行,行字不等,小字雙行,白口,無魚尾,左右雙邊。框高二十一點三釐米,寬十五點六釐米。卷前有康熙四十二年汪立名序(版心下刻"一隅艸堂")、郭忠恕序、《郭忠恕脩汗簡所得凡七十一家事蹟》、後序(包括天禧二年[1018]李直方序以及郭忠恕小傳、碧落碑、郭忠恕論書及"汗簡"名之由來等摘録文字)、目録,卷末有庚寅(元至元二十七年,1290)鄭思肖跋。版心中鐫卷次,下鐫葉數。

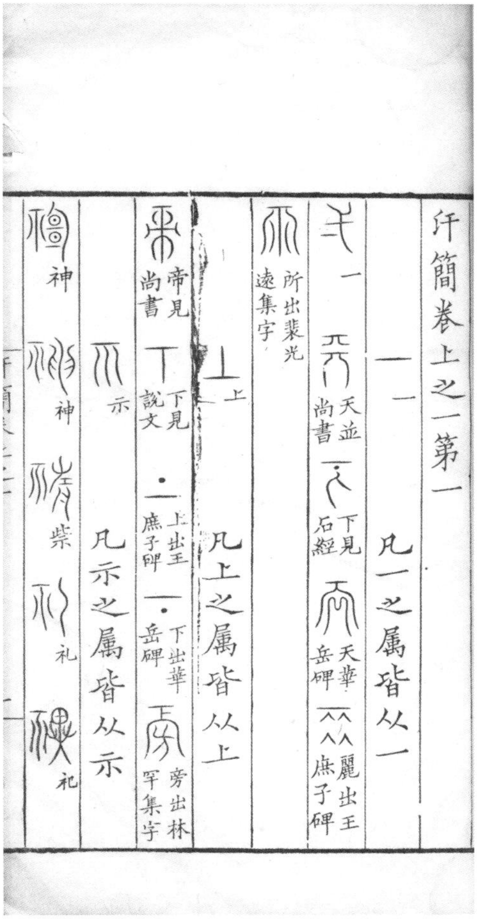

006 汗簡

郭忠恕(? —977),字恕先,洛陽(今屬河南)人。後周廣順中召爲宗正丞兼國子監書學博士,後改周易博士,人稱"郭宗正"。由於争忿朝政,不久被貶爲崖州司户。宋太宗時召授國子監主簿,參加校刻石經和整理歷代字書。後又因譏諷時政,遭流配登州而卒。工畫善書,精通古文字學,是宋初博通小學之大家。《宋史》卷四百四十二有傳。

《汗簡》爲郭忠恕集録當時所見古文字體的一部字書。以《説文解字》和魏正始石經作基礎,彙輯存世字書、寫本和石刻中的古文字體編寫而成。其集録之所謂"古文",本是對小篆之前古文字的籠統稱謂,以今天的眼光看實多爲戰國時東方六國所用文字。《汗簡》一書現成爲研究戰國文字的重要資料。

《汗簡》成書後,一直以抄本形式流傳,直至清康熙四十二年始有錢塘汪氏刻本。汪刻本所用底本爲朱彝尊潛采堂舊抄本,康熙四十二年汪序稱:"近從秀水潛采堂朱氏獲見舊抄本,凡六卷,後有序目一卷,編次古雅,不改許叔重始一終亥之序……錢唐汪立名梓諸家塾而幟厥緣起於端。因其謄寫工善,遂用原本鏤版。卷末有鄭所南跋尾一篇,並仍之。"朱彝尊藏舊抄本《汗簡》之事見《曝書亭集》卷四十三《汗簡跋》。

此本卷次分别爲:

汗簡卷上之一第一
汗簡卷上之二第二
汗簡卷中之一第三
汗簡卷中之二第四
汗簡卷下之一第五
汗簡卷下之二第六
汗簡卷第七，包括略敘和目録

其卷數已標至“卷第七”，故一般多稱作“汗簡七卷”。《四庫全書總目》有“汗簡三卷略敘目録一卷”，是將“卷上”、“卷中”、“卷下”計爲“三卷”，同時將“略敘目録”單獨列爲一卷，並非别有卷次不同之本。此本卷七卷端下雖亦並署“略敘”“目録”，但“目録”部分實置於“汗簡卷上之一第一”前。

書衣内粘“HOOVER INSTITUTION on War, Revolution, and Peace FOUNDED BY HERBERT HOOVER, 1919”藏書票，並蓋“HOOVER LIBRARY”墨戳。今藏斯坦福大學東亞圖書館。

著録：

《北京大學圖書館藏古籍善本書目》經部/小學類　漢簡六卷略敘目録一卷　清康熙汪立名一隅草堂刻本

《美國哈佛大學哈佛燕京圖書館藏中文善本書志》0311 漢簡七卷　清康熙四十二年汪立名一隅草堂刻本

Title: Han jian: 7 juan

Author: Guo Zhongshu ji

Imprint: [China]: Wang Liming Yi yu cao tang, 1703

（馬月華）

007　六書正譌五卷(經部/小學類)

5101 7221

元周伯琦編注，明胡正言訂篆，清刻古香閣藏板本，五册合訂，西式裝。半葉大字五行，字數不等，小字雙行，行十八字，白口，單白魚尾，四周單邊。框高二十點五釐米，寬十四點四釐米。内封題“古香閣藏板”。卷前有元至正十一年(1351)周伯琦《六書正譌敘》。卷端下題“元鄱陽周伯琦編注/明海陽胡正言訂篆”。版心上鐫書名及卷次，中鐫韻部，下鐫“十竹齋”。

周伯琦(1298—1369)，字伯温，號玉雪坡真逸，鄱陽(今屬江西)人。以父蔭授將仕郎、南海縣主簿，後轉爲翰林修撰。周氏博學多才，對小學頗有造詣，而尤以擅長篆、隸、草書，顯名當時。著有《六書正譌》、《説文字原》、《近光集》、《扈從詩》等。《元史》卷一百八十七有傳。

胡正言(1584—1674),字曰從,號十竹,齋名"十竹齋",海陽(今屬安徽)人。曾任武英殿中書舍人。胡家爲行醫世家,胡正言隨父行醫的同時,對書法、繪畫、篆刻亦頗爲精通。明末胡氏辭官隱居在南京雞籠山,潛心研究造紙、造墨、雕版、印刷等技術,主持刊印了著名的《十竹齋書畫譜》、《十竹齋箋譜》,創"餖版"、"拱花"套印技法,首開中國套色版畫先河,在版畫史和印刷史上皆具重要意義。

《六書正譌》是一部補訂《説文解字》、辨析俗字的字書,全書依韻編排,分爲平聲上、平聲下、上聲、去聲、入聲五卷。《四庫全書總目》稱其"推衍《説文》者半,參以己見者亦半,瑕瑜互見,通蔽相仿,不及張有《復古編》之精密,而亦不至如楊桓《六書統》之糅雜。"該書元代就有刻本。明崇禎甲戌(七年,1634)胡正言訂正了原書中的篆字,並將該書重新刊刻流傳,即十竹齋刻本。

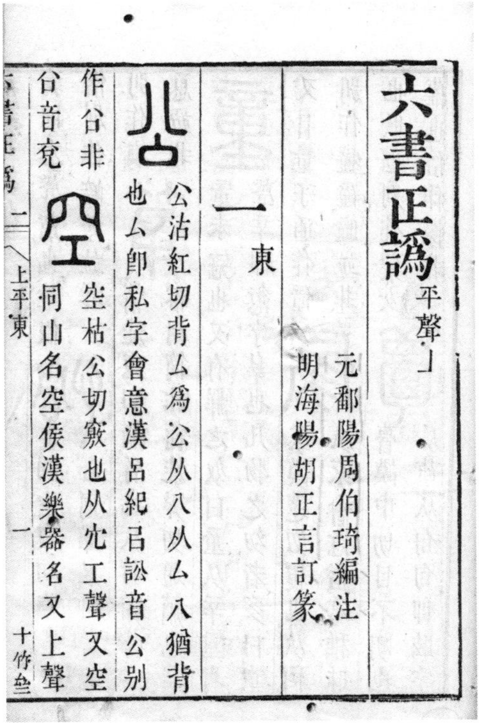
六書正譌平聲上
元鄱陽周伯琦編注
明海陽胡正言訂篆
一東
公 沽紅切背厶爲公从八从厶八猶背也厶即私字會意漢呂紀呂諮音公別作㕣非
空 枯公切竅也从穴工聲又空谷音窾同山名空侯漢樂器名又上聲
六書正譌 二 上平東 一 十竹齋

007　六書正譌

"古香閣藏板"的《六書正譌》多被認爲是明崇禎十竹齋刻清初古香閣後印本。但由此本來看,古香閣本與十竹齋本不同版,是十竹齋刻本之翻刻本。中國國家圖書館藏有兩部崇禎十竹齋原刻本《六書正譌》,皆與《説文字原》合刻,一部索書號 16473,鈐"长乐郑振鐸西諦藏書"朱文印,爲鄭振鐸舊藏,另一部索書號 16473,鈐"激素飛清閣藏書記"朱文印等,爲楊守敬舊藏。將兩書與此本比較,雖然版式相同、字體亦十分相近,但是各字筆劃有不小差别,翻刻與原刻氣韻相差甚遠。

此本書衣内粘"HOOVER INSTITUTION on War, Revolution, and Peace FOUNDED BY HERBERT HOOVER, 1919"藏書票。今藏斯坦福大學東亞圖書館。

著録:

《北京大學圖書館藏古籍善本書目》經部/小學類　六書正訛五卷　明崇禎十竹齋刻古香閣印本

《柏克萊加州大學東亞圖書館中文古籍善本書志》068 六書正譌五卷　元周伯琦撰　明崇禎七年胡正言十竹齋刻清古香閣印本

《美國哈佛大學哈佛燕京圖書館藏中文善本書志》0315 六書正譌五卷　元周伯琦

撰明崇禎七年胡正言十竹齋刻清印本

Title：Liu shu zheng e：5 juan

Author：Zhou Boqi bian zhu；Hu Zhengyan ding zhuan

Imprint：[China]：Gu xiang ge cang ban，1634—1722

（馬月華）

008　六書通十卷（經部/小學類）

5175 7402

明閔齊伋撰，清畢弘述篆訂，清康熙五十九年（1720）海鹽畢氏基聞堂刻乾隆後印本，一函十册，綫裝。半葉八行，行十二字，小字雙行二十四字，白口，無魚尾，四周雙邊。框高二十一點二釐米，寬十五點三釐米。内封題“基聞堂篆訂”。卷前有順治辛丑（十八年，1661）閔齊伋序、康熙五十九年畢弘述序、凡例。卷端下題“海鹽畢弘述既明篆訂　苕溪閔章含貞/程昌煒赤文同校”一行。版心上鐫書名，中鐫韻目及調類，下鐫葉次。

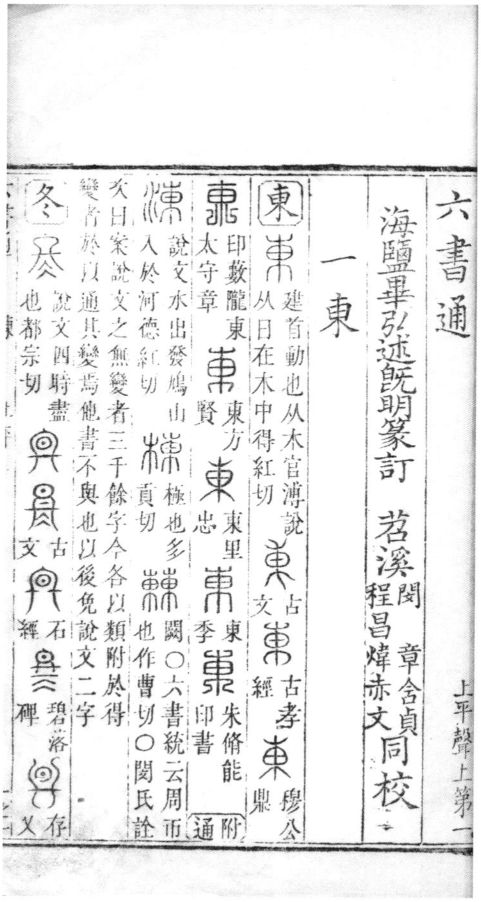

六書通

海鹽畢弘述既明篆訂　苕溪閔章含貞　程昌煒赤文同校

上平聲上第一

一東

008　六書通

閔齊伋，生卒年無明確記載，《六書通》卷前自序末署清順治十八年時年八十二歲，則其生年約當明萬曆八年（1580），烏程（今屬浙江）人。精通文字學，以刻書爲事。《碑傳集補》中有《閔齊伋傳》：“閔齊伋，字及武，號寓五，烏程人。明諸生，不求進取，耽著述，批校《國語》、《國策》、《檀弓》、《孟子》等書，彙刻十種，士人能讎一字之訛者，即贈書全帙，展轉傳較，悉成善本。著有《六書通》，盛行於世。”其刻書採用分色套印法，將套印技術發展至成熟，與著名刻書家凌濛初齊名。

《六書通》爲一部古文字字書，依《洪武正韻》韻部排序。各字首列楷書字形，次列《説文》小篆字形及訓解、反切，再列《説文》古文、籀文以及金石符印等材料中的各種古文字形。該書成書於順治十八年，但刊刻行世卻至康熙五十九年，其間經過程煒序文言：“是書流傳散失，幾付之荒煙，而又六十餘年，煒得之。煒交于畢殿揚先生，先生弟既明先生工文詞、善書，尤精篆籀諸法，余因殿揚先生以《六書通》請正焉。先生……爲之加參考篆訂。閱四載，書成，且付之梓人，以傳於後。"（該序斯坦福本缺）

《四庫全書存目叢書》影印中國人民大學圖書館藏清康熙五十九年刻本《六書通》，與斯坦福本同版。《存目》較斯坦福本卷前多張涵《附徵客小啟》、康熙庚子（五十九年）程煒序（上文引程煒序文即本此）、康熙五十九年張涵序等三篇序，且《存目》影印底本"弘"字尚不缺筆，此本已剜去末筆，如各卷端下所題"畢弘述"之"弘"字，皆缺末筆。斯坦福本當爲乾隆之後印本。

鈐"西亭蓤鼎所藏"朱文印。首册書衣内粘"本鄉帝大正門前井上書店"小票，各册書衣末均鈐"昭和 17.10.30 營繕管財局購入圖書"藍色橢圓小印。函套内粘"THE HOOVER LIBRARY ACQUIRED THROUGH THE STANFORD UNIVERSITY LIBRARIES"藏書票。今藏斯坦福大學東亞圖書館。

著録：

《四庫全書存目叢書》經部第 200 册影印中國人民大學圖書館藏清康熙五十九年刻本六書通十卷

《美國哈佛大學哈佛燕京圖書館藏中文善本書志》0330 六書通十卷　明閔齊伋撰　清畢弘述篆訂　清康熙刻乾隆印本

Title: Liu shu tong: 10 juan

Author: Min Qiji zhuan; Bi Hongshu zhuan ding

Imprint: [China]: Bi shi Ji wen tang, 1720

（馬月華）

009　通雅五十二卷首三卷（經部/小學類）

9301 0228

明方以智輯著，清姚文燮校訂，清康熙五年（1666）姚文燮福建刻本，二函十四册，綫裝。半葉十行，行二十四字，白口，單黑魚尾，四周單邊。框高二十一點三釐米，寬十三點六釐米。内封題"方密之先生手輯/姚經三先生較定/通雅/本衙藏板"。卷前有辛巳（崇禎十四年，1641）方以智《自序》、壬午（崇禎十五年，1642）方以智又序、康熙丙午（五年）姚文燮《通雅序》、崇禎癸未（十六年，1643）方以智撰《通雅凡例》、《通雅總目録》。卷端下題"桐山方以智密之輯著/同里姚文燮經三校訂"，版心上鐫書名，中鐫卷數、篇名，下鐫葉次並"浮山此藏軒"五字。

方以智（1611—1671），字密之，號曼公，桐城（今屬安徽）人。明崇禎十三年（1640）進士，官翰林院檢討。永曆時任左中允，遭誣劾。清兵入粵後，在梧州出家，名弘智，字無可，別號藥枕、藥地和尚、愚者大師等。方氏融匯東西，於禮樂律數、聲音文字、書畫醫卜等皆精通。著《通雅》、《藥地炮庄》、《東西均》、《浮山文集》、《浮山此藏軒別集》等。

《清史稿》列傳二百八十七、《清史列傳》卷六十八有傳。

《通雅》一書，方以智弟子黄虞稷《千頃堂書目》將其歸入經部小學類訓詁之屬，《四庫全書總目》歸入子部雜家類。由内容觀之，前者更爲妥當。方氏將所訓釋和考辨之詞，按其所屬分爲各門：疑始、釋詁、天文、地輿、身體、稱謂、姓名、器用、植物、動物等等，體例類《爾雅》而内容更爲詳盡。其凡例自稱“此書主於折衷音義”、“主於辨當名物”，頗具小學本色。

此本爲康熙五年姚文燮刻本。卷前康熙五年姚文燮序稱：“書成三十餘年矣，凡天人經制之學無所不該，其大旨尤在乎辨點畫、審音義，因而攷方域之異同，訂古今之疑譌，……先生之土苴，實後學之津梁也。爰蠲資付梓，用公海内。”北京大學圖書館收藏有三部同版書，其中一部内封鐫“皖桐姚三餘堂藏板”。北大本卷前尚有錢澄之序、姚氏撰凡例六則。姚氏凡例末兩條有助了解此本刊刻經過，茲録之於下：“是書初爲盱江何印尼、徐仲光諸公領袖募梓，已得十之一二。或人刻數卷，或數人共刻一卷，陸續成編，多不合式。燮未敢因以爲功，獨力搠舉，特選善手逐字較訂，點畫悉依正韻，剞劂頗稱精良，庶令觀者心目朗然。”“是書係先生門人廣昌揭子宣攜至建溪，會吾鄉西頑道人極歎其佳，因同吾師陳二如先生、吾友吴炎牧慫慂行世。遂竭力付梓，幸爾告成。至於曉夜校讎，一字無譌，則子宣之勞，不可誣也。”可知此本刻於福建建溪。北大圖書館另藏有兩部與此本版式行款相同、字體相似之本，内封皆鐫“浮山此藏軒藏板”，版心下方亦皆鐫“浮山此藏軒”，實爲姚文燮本之翻刻本。

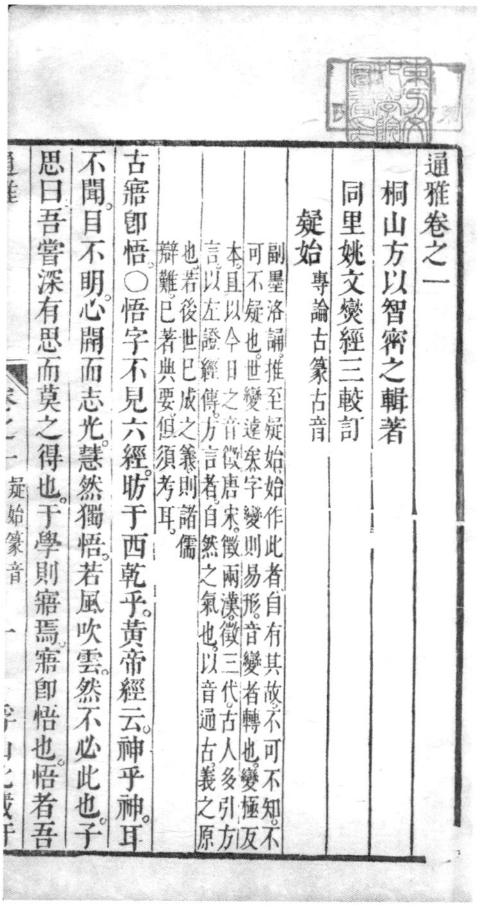
通雅卷之一
桐山方以智密之輯著
同里姚文燮經三較訂
疑始 專論古篆古音
副墨洛誦推至疑始始作此者自有其故不可不知不可不疑也世變遠來字變則易形音變者轉也變極反本且以今日之音徵唐宋徵兩漢徵三代古人多引方言以左證經傳方言者自然之氣也以音通古義之原也若後世已成之篆則諸儒辯難已著典要但須考耳
古篘卽悟〇悟字不見六經昉于西乾乎黃帝經云神乎神耳不聞目不明心開而志光慧然獨悟若風吹雲然不必此也子思曰吾嘗深有思而莫之得也于學則篘焉篘卽悟也悟者吾

009 通雅

鈐“東方文化學院圖書印”朱文印，此印上又蓋“消印東方文化學院”朱文印。函套内粘“THE HOOVER LIBRARY ACQUIRED THROUGH THE STANFORD UNIVERSITY LIBRARIES”藏書票。今藏斯坦福大學東亞圖書館。

著録：

《中華再造善本》"清代編"經部影印中國國家圖書館藏清康熙五年浮山此藏軒刻本通雅(中國國家圖書館出版社,2009 年 9 月)按,似稱"姚文燮刻本"爲宜,"浮山此藏軒"爲方以智齋名,方氏並非刻書者。

Title: Tong ya: 52 juan; shou: 3 juan

Author: Fang Yizhi ji zhu; Yao Wenxie jiao ding

Imprint: [China] Jianxi: Yao Wenxie, 1666

(馬月華)

010　説文字原考略六卷(經部/小學類)

5108 2363

清吴照輯,清乾隆五十七年(1792)吴氏南昌刻本,一函四册,綫裝。行款不一,白口,單黑魚尾,左右雙邊。框高二十點五釐米,寬十六釐米。内封題"説文字原考略/乾隆五十七年壬子冬十一月鋟于南昌寓館/凡六卷南城吴照手輯"。卷前附乾隆五十七年吴照自序、總目。目録末亦題"乾隆五十七年歲在壬子冬十/一月南城吴氏鋟板南昌寓館"。卷端下題"南城吴照照南輯"一行。版心上鐫"字原考略",中鐫篇名卷數,下鐫葉次。

吴照(1755—1811),字照南,號白庵,江西南城人。乾隆五十四年(1789)拔貢,任大庾縣教諭。後辭官鬻畫爲生。詩書畫俱佳。所著還有《聽雨樓集》等。生平見《(同治)南城縣志》卷八。

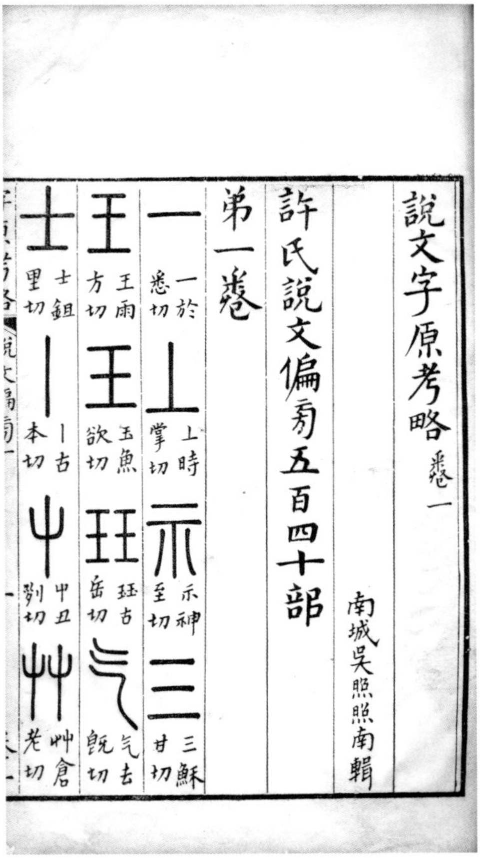

010　説文字原考略

《説文字原考略》一書據吴氏舊作《説文偏旁考》二卷重新排纂而成,主旨仍爲考訂《説文》五百四十部部首。吴照自序指出:"乃取曩者所輯《説文偏旁考》重加排纂,自《玉篇》、夢英、忠恕以及伯琦、南原所訂偏旁五百四十之文,皆合而參之。而南原《隸辨》昔所依據者,删十之七八,存篆隸相承之由而已。其諸家分部升降損益,細加考訂,綴詞篇末。既列許氏五百四十字解,而楚金《部敘》固許氏之羽翼也,統名之曰《字原考略》。至於五經異字及漢制,雖與字原無涉，以其爲《説文》所引，摘録以資檢閲。而史游《急就篇》、洪适《擬急就篇》，有裨於小學者，咸附録焉。”

據内封和目録末題，可知此本即乾隆五十七年吴氏自刻本。

鈐“三山陳氏居敬堂圖書”朱文印、“樂只園”朱文印、“遠加文庫”朱文印等。函套内粘“THE HOOVER LIBRARY ACQUIRED THROUGH THE STANFORD UNIVERSITY LIBRARIES”藏書票。今藏斯坦福大學東亞圖書館。

著録：

《四庫未收書輯刊》第三輯經部第10册影印清乾隆五十七年自刻本説文字原考略六卷

《北京大學圖書館藏古籍善本書目》經部/小學類　説文字原考略六卷　清乾隆五十七年吴照南昌刻本

《美國哈佛大學哈佛燕京圖書館藏中文善本書志》0308 説文字原考略六卷　清乾隆五十七年吴氏南昌寓館刻本

Title：Shuo wen zi yuan kao lüe：6 juan

Author：Wu Zhao ji

Imprint：[China]Nanchang：Wu shi Nanchang yu guan，1792

（郭愷淳）

011　助字辨略五卷（經部/小學類）

清劉淇撰，清乾隆四十四年（1779）國泰刻福源堂藏板本，一函五册，綫裝。半葉十行，行二十字，白口，單黑魚尾，左右雙邊，分上下兩欄。框高二十點九釐米，寬十五點三釐米。内封題“大中丞國鑒定/助字辨略/福源堂藏板”。卷前有清乾隆己亥（四十四年）國泰敘、康熙五十年（1711）盧承琰序、劉淇自序，卷末附乾隆戊戌（四十三年，1778）盛百二識語。卷端下題“確山劉淇武仲”一行。版心上鐫書名，中鐫聲部及卷次，下鐫葉次。

劉淇，生卒年不詳，字武仲，祖籍河南確山，清隸漢軍鑲白旗人，居濟寧（今屬山東）。與弟汶受知雍正。著有《周易通説》、《禹貢説》、《助字辨略》、《堂邑志》、《衛園集》等。《清史稿》列傳二百七十一有傳。

該書爲解析虛詞專著。全書收單字虛詞四百七十六字。所引古籍上自秦漢古文，下至唐宋詩詞，旁及唐宋俗語。所收虛詞以上平、下平、上聲、去聲、入聲分爲五卷。又將各詞歸納爲重言、省文、助語、斷辭、疑辭、詠歎辭、急辭、緩辭、發語辭、語已辭、設辭、别異之辭、繼事之辭、或然之辭、原起之辭、終竟之辭、頓挫之辭、承上、轉下、語辭、通用、專辭、僅辭、歎辭、幾辭、極辭、總括之辭、方言、倒文、實字虛用凡三十類。盧承琰序中讚譽劉淇該書“不惟辨析秋毫，亦且晦義誤讀舉正不少，實爾雅之功臣、藻林之金鑑也”。

海城盧承琰於康熙四十四年爲堂邑知縣，延致劉淇編纂《堂邑縣志》，四十九年(1710)書成獲得好評，遂於康熙五十年爲劉淇刊行《助字辨略》五卷。盧承琰序謂：劉淇尚有《周易通説》、《禹貢説》之屬若干卷，並宜急梓，衣被來學，而力有未逮，俟諸他日云云。似皆未果。

盧承琰離開堂邑時，將所刻書版攜去，以致後來印本難得(見乾隆戊戌盛百二識語)。至乾隆四十三年夏，歷城書院山長盛百二向山東巡撫長白國泰推薦重新刊行《助字辨略》，署福源堂藏板，即爲此本。

此本刊成四年後，國泰因巨額貪污罪，被乾隆帝賜獄中自裁，此本遂爲國泰所刊的唯一刻本，寫刻精致，至今流傳尚多。

《欽定四庫全書》當年未收此書，今《續修四庫全書》經部第195册收入此書的清康熙五十九年(1720)盧承琰刻本。《中國古籍善本書目》亦收入清康熙五十九年盧承琰刻本，然而未收此本。

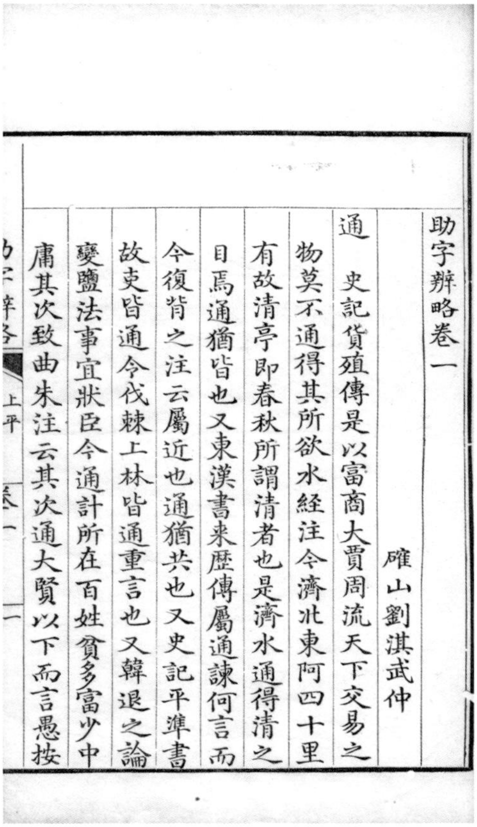
助字辨略卷一
確山劉淇武仲
通　史記貨殖傳是以富商大賈周流天下交易之物莫不通得其所欲水經注今濟北東阿四十里有故清亭即春秋所謂清者也是濟水通得清之目焉通猶皆也又東漢書來歷傳屬通諫何言而今復背之注云屬近也通猶共也又史記平準書故吏皆通令伐棘上林皆通重言也又韓退之論變鹽法事宜狀臣今通計所在百姓貧多富少中庸其次致曲朱注云其次通大賢以下而言愚按
助字辨略　上平　卷一　一

011　助字辨略

函套内粘“THE HOOVER LIBRARY ON WAR, REVOLUTION, AND PEACE”藏書票，並蓋“HOOVER LIBRARY”墨戳。今藏斯坦福大學東亞圖書館。

著録：

《北京師範大學圖書館古籍善本書目》(北京圖書館出版社，2002年)0265 助字辨略五卷　清劉淇撰　清乾隆四十四年福源堂刻本

《北京大學圖書館藏古籍善本書目》經部/小學類　助字辨略五卷　清劉淇撰　清乾隆四十三年刻本

Title: Zhu zi bian lüe: 5 juan

Author: Liu Qi zhuan

Imprint: [China]: Fu yuan tang cang ban, 1779

(郭愷淳)

012　韻學五卷(經部/小學類)

清王植著,清雍正八年(1730)王氏崇德堂刻乾隆印本,一函五册,綫裝。卷一至卷三,半葉行數不等,行字不等;卷四至卷五,半葉八行,行二十二字,小字雙行,白口,單黑魚尾,四周單邊。框高十九釐米,寬十五釐米。内封題"乾隆壬戌年新□/深澤王甗思先生手著　崇德堂藏板/韻學/益儒齋發兑",並鈐"益儒齋"白文朱戳。卷前有雍正庚戌(八年)王植自序及目録。版心上鐫書名,中鐫卷數,下鐫葉次。天頭鐫聲調及韻字。

王植,生卒年不詳,字懷三,號甗思,直隸深澤(今屬河北)人。清康熙六十年(1721)進士,授廣東和平縣知縣,擢羅定州知州。後歷署平遠、海豐、新會、香山及德慶州、欽州等地,任職山東時以老病乞休。著有《濂關三書》、《皇極經世全書》、《道學淵源録》、《四書參注》、《讀史綱要》、《權衡》、《韻學》、《崇德堂集》等。《清史列傳》卷六十七有傳。

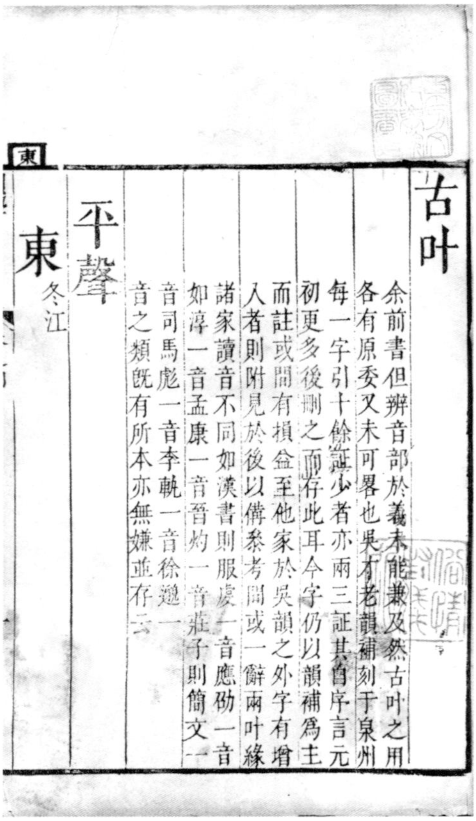
東

古叶

余前書但辨音部於義未能兼及然古叶之用各有原委又未可畧也吳才老韻補刻于泉州每一字引十餘証少者亦兩三証其自序言元初更多後刪之而存此耳今字仍以韻補爲主而註或間有損益至他家於吳韻之外字有增入者則附見於後以備參考間或一辭兩叶緣諸家讀音不同如漢書則服虔一音應劭一音如淳一音孟康一音晉灼一音莊子則簡文一音司馬彪一音李軌一音徐邈一音之類既有所本亦無嫌並存云

平聲

東 冬江

012　韻學

此書受《康熙字典》和《音韻闡微》等正音著作影響,亦以"正音"爲宗旨。據王植自序,書成於其羅定任上。王氏自認"審聲韻以一方言,固司牧責也",是以審"閩粵鄉音",辯正聲韻,以期"化鴃曲而歸于大雅"。全書分"律韻分部"、"古韻通轉"、"四聲分韻"、"五音字首"、"三十二母"、"一百六部等音"及"古叶音注"七部分。

内封所題之"崇德堂"爲王植堂號,此本爲雍正八年王氏家刻本。《四庫全書存目叢書》經部第219册影印中國科學院圖書館藏清雍正八年刻本《韻學》,與此本同版。然此本"弘"字末筆有缺有不缺,不避"琰"字,當印於乾隆間。

鈐"俗情封淺近"朱文印、"天滄一簾秋"白文印、"東方文化學院圖書印"朱文印等。函套内粘"THE HOOVER LIBRARY ACQUIRED THROUGH THE STANFORD UNIVERSITY LIBRARIES"藏書票,並蓋"HOOVER LIBRARY"墨戳。今藏斯坦福大學東亞圖書館。

著録:

《中國古籍善本書目》經部/小學類 5164 韻學五卷　清王植撰　清雍正八年刻本

《四庫全書存目叢書》經部第 219 册影印中國科學院圖書館藏清雍正八年刻本韻學五卷

Title：Yun xue：5 juan

Author：Wang Zhi zhu

Imprint：[China]：Wang shi Chong de tang，1730

（郭愷淳）

史　部

013　東都事略一百三十卷（史部/紀傳類）

2665 1124

宋王稱撰，清康熙振鷺堂刻寶華堂印本，二函十六册，綫裝。半葉十二行，行二十四字，白口，雙魚尾，左右雙邊。框高十八點六釐米，寬十三釐米。内封題“宋人原本/東都事略/寶華堂梓行”，目録後有“眉山程舍人宅刊行已申上司不許覆板”翻宋牌記。卷前有洪邁劄、王稱上表、目録。卷端下題“承議郎新權知龍州軍州兼管内勸農事管界沿邊都巡檢使借紫臣王稱上進”。版心上鐫字數，中鐫“東”字及卷次、葉數。卷端葉版心下方鐫刻工名“高大全”。

此書作者“王稱”，《四庫全書總目》提要誤改爲“王偁”，余嘉錫《四庫提要辨證》已詳辨之。王稱，生卒年不詳，字季平，眉山（今屬四川）人。淳熙十四年（1187）以承議郎出知龍州，特授直秘閣，後爲吏部郎中。其父王賞，南宋紹興間任實録修撰官。王稱秉承家學，采輯宋太祖、太宗、真宗、仁宗、英宗五朝史傳及神宗、哲宗、徽宗、欽宗四朝實録，修成《東都事略》一書。清陸心源《宋史翼》卷二十九有其傳（“稱”亦誤作“偁”）。

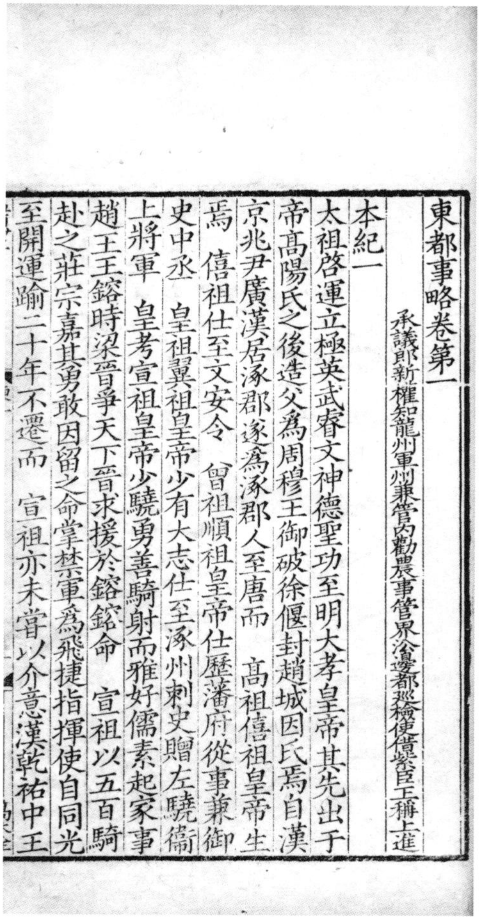
東都事略卷第一
承議郎新權知龍州軍州兼管内勸農事管界沿邊都巡檢使借紫臣王稱上進
本紀一
太祖啓運立極英武睿文神德聖功至明大孝皇帝其先出于
帝高陽氏之後造父為周穆王御破徐偃封趙城因氏焉自漢
京兆尹廣漢居涿郡遂為涿郡人至唐而　高祖僖祖皇帝生
焉　僖祖仕至文安令　曾祖順祖皇帝仕歷藩府從事兼御
史中丞　皇祖翼祖皇帝少有大志仕至涿州刺史贈左驍衛
上將軍　皇考宣祖皇帝少驍勇善騎射而雅好儒素起家事
趙王王鎔時梁晉爭天下晉求援於鎔鎔命　宣祖以五百騎
赴之莊宗嘉其勇敢因留之命掌禁軍為飛捷指揮使自同光
至開運踰二十年不遷而　宣祖亦未嘗以介意漢乾祐中王

013　東都事略

《東都事略》采用紀傳體方式記載北宋太祖至欽宗九朝一百六十餘年的歷史，因開封當時亦稱東都而名。全書共一百三十卷，分本紀十二卷、世家五卷、列傳一百零五卷、附録八卷（包括遼國二卷、金國二卷、西夏二卷，西蕃及交趾各一卷）。王稱撰此書有深厚的家學背景，多據國史實録，比較可信。《四庫全書總目》提要稱其“敘事約而該，議論亦皆持平”，爲“宋人私史卓然可傳者”。

此書宋本尚存，今臺北、東京皆藏有宋紹熙眉山程舍人宅所刊十二行二十四字本。明代未聞翻版，清代則有振鷺堂、埽葉山房翻刻本。振鷺堂於康熙年間補刻過萬曆本《稗海》，翻刻此書的行格與程舍人刊本相同，故通稱影刻宋本，然而寫刻已是清初風格。振鷺堂本自乾隆以後，先後經吴騫、錢綺、繆荃孫以影宋抄本校勘，知文字與宋本有所出入，並非完全等同。今見振鷺堂本的流傳本皆印於乾隆之後，封面鎸"五峯閣藏板"者稍早，鎸"寶華堂梓行"者較晚。此本即寶華堂印本，因其原始刻於康熙，故仍以善本視之。

函套内粘"THE HOOVER LIBRARY ACQUIRED THROUGH THE STANFORD UNIVERSITY LIBRARIES"藏書票。今藏斯坦福大學東亞圖書館。

著録：

《北京大學圖書館藏古籍善本書目》史部/紀傳類　東都事略百三十卷　宋王偁撰　清振鷺堂翻宋眉山程氏刻本

Title：Dong du shi lüe：130 juan

Author：Wang Cheng zhuan

Imprint：[China]：Bao hua tang，1736—1795

（馬月華）

014　元史類編四十二卷(史部/紀傳類)

清邵遠平編，清席世臣校刊，清乾隆六十年(1795)席氏掃葉山房刻本《四朝别史》本，二函十二册，綫裝。半葉十二行，行二十五字，小字雙行三十七字，白口，單黑魚尾，左右雙邊。框高二十一點三釐米，寬十四點九釐米。卷首有乾隆乙卯(六十年)席世臣敘、康熙三十八年(1699)《進呈元史類編表》、《朔漠圖考》及圖、《海運圖考》及圖、凡例、總目。卷端題名下鎸"仁和邵遠平戒山學 南沙席世臣郢客氏校刊"。版心上鐫書名，中鐫卷次及小目，下鐫葉次，並"掃葉山房"四字。

邵遠平，初名吴遠，字戒山(《清史列傳》作"戒三")，仁和(今屬浙江)人。康熙三年(1664)進士，改翰林院庶吉士，散館授户部主事。後歷任户部郎中、江西學政、光禄寺少卿等職。十八年(1679)，試博學鴻儒，授翰林院侍讀，至詹事府少詹事，與修《明史》。著《史學辨誤》、《戒三文存》、《河工聞見録》、《京邸集》、《粤行集》等。《清史稿》列傳二百七十一、《清史列傳》卷七十有傳。

《元史類編》，又名《續弘簡録》，爲邵遠平續其祖邵經邦《弘簡録》所編的一部紀傳體元史。《弘簡録》爲删述唐、五代、宋、遼、金諸史而成，《續弘簡録》則爲芟訂改編宋濂等撰《元史》而成。席世臣敘指出："戒山之高祖名經邦，明嘉靖時郎官。嘗取唐宋諸史删爲《宏簡録》(按，此避乾隆名諱，改原書"弘"爲"宏"字)，惟《元史》不敢議。此書乃戒山述祖志而續成之者也。嘗攷明修《元史》，刻期告竣，故多牴牾複沓。戒山芟其繁蕪，理其棼亂，皆有法度可觀，而其增補之功，尤爲完備。”該書包括世紀（元太祖至憲宗四朝）一卷，天王（世祖以下諸帝）九卷，宰輔、功臣、侍從、台諫、直諫、庶官、皇后公主、系屬、儒學、文翰、旌德、雜行、附載諸傳三十二卷。書首另附《朔漠圖考》、《海運圖考》。

此本卷前席世臣敘指出：“舊與《宏簡録》並行，今重梓之，以爲《别史》之殿云。”爲清乾隆六十年席世臣掃葉山房刻《四朝别史》本。當時席氏將此書與宋王稱《東都事略》、明錢士升《南宋書》、宋葉隆禮《契丹國志》、宋宇文懋《大金國志》等合刻爲《宋遼金元别史》五種（又名《四朝别史》），此本即五種之一。

鈐“夢詔”朱文印、“河間裘氏藏書之印”朱文印、“財團法人善鄰協會藏書之印”朱文印等。函套内粘“THE HOOVER LIBRARY ACQUIRED THROUGH THE STANFORD UNIVERSITY LIBRARIES”藏書票。今藏斯坦福大學東亞圖書館。

元史類編卷之一
仁和邵遠平戒山學　南沙席世臣郢客氏校刊
世紀一
太祖皇帝諱鐵木眞姓奇渥溫氏蒙古部人其先世有曰脫奔咩哩犍妻曰阿蘭果火夜寢帳中夢白光自天而下化金色神人趨臥榻遂驚覺有娠生子曰孛端乂兒大方通鑑云阿蘭夜寢屢有光明照其腹一乳三子長曰孛完合答吉次曰孛合撒赤孛端乂兒其季也狀貌奇異沉默寡言家人謂之癡阿蘭獨曰此兒非癡後世子孫當有大貴者歷四世曰海都家爲押刺伊兒部所破止海都存其季父納眞率八剌忽怯谷諸氏共立爲君長海都既立轉攻押刺伊兒部役屬之形勢寖大列營帳于八剌合黑河上跨河爲粱以便往來由是隣部歸者漸衆其後子孫蕃衍各自爲族曰哈答吉曰散只兒曰吉押又謂之札即刺氏彼此不相統屬傳五世

014　元史類編

著録：

《柏克萊加州大學東亞圖書館中文古籍善本書志》108 元史類編四十二卷　清邵遠平撰　清乾隆六十年蘇州席氏掃葉山房刻本

《美國哈佛大學哈佛燕京圖書館藏中文善本書志》0420 元史類編四十二卷　清邵遠平撰　清乾隆六十年席氏掃葉山房刻《宋遼金元别史》五種本

Title: Yuan shi lei bian: 42 juan

Author: Shao Yuanping bian; Xi Shichen jiao kan

Imprint: [China]Suzhou: Sao ye shan fang, 1795

（馬月華）

015　明史藁三百十卷目録三卷(史部/紀傳類)

清王鴻緒撰,清雍正間敬慎堂刻本,十函一百册,綫裝。半葉十一行,行二十三字,白口,單黑魚尾,左右雙邊。框高十九點八釐米,寬十四點六釐米。卷前有朱印康熙三十六年(1697)敕命、康熙五十三年(1714)王鴻緒進呈明史藁奏疏、雍正元年(1723)《明史藁》告竣奏疏及目録。版心中鐫"橫雲山人集史藁"及篇目,下鐫"敬慎堂"。

王鴻緒(1645－1723),初名度心,字季友,號儼齋、橫雲山人等。婁縣(今屬上海)人。康熙十二年(1673)進士,二十一年(1682)任《明史》總裁官,編撰列傳。康熙四十八年(1709)初攜萬斯同審定的《明史藁》致仕,康熙五十三年進呈重新改定的《明史列傳》,復於雍正元年六月進呈重新改定的《明史》全稿,同時以敬慎堂名義刻爲此書,又稱《橫雲山人明史藁》。同年八月病卒。王氏工書通醫,著有《王鴻緒外科》、《橫雲山人集》、《賜金園文集》等。《清史稿》列傳五十八、《清史列傳》卷十有傳。

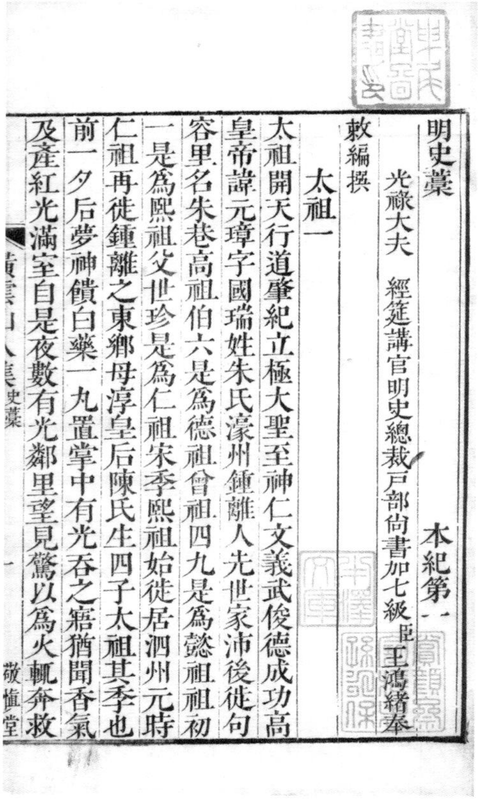
明史藁　本紀第一
光祿大夫 經筵講官明史總裁戶部尚書加七級臣王鴻緒奉
敕編撰
太祖一
太祖開天行道肇紀立極大聖至神仁文義武俊德成功高
皇帝諱元璋字國瑞姓朱氏濠州鍾離人先世家沛後徙句
容里名朱巷高祖伯六是爲德祖曾祖四九是爲懿祖祖初
一是爲熙祖父世珍是爲仁祖宋季熙祖始徙居泗州元時
仁祖再徙鍾離之東鄉母淳皇后陳氏生四子太祖其季也
前一夕后夢神饋白藥一丸置掌中有光吞之寤猶聞香氣
及產紅光滿室自是夜數有光鄰里望見驚以爲火輒奔救
橫雲山人集史藁　一　敬慎堂

015　明史藁

此書爲記述明代歷史的紀傳體史書。全書共三百一十卷,分本紀十九卷、志十七卷、表九卷、列傳二百零五卷。此書多得益於萬斯同(1683—1702),據《清史稿》載,實"大半出斯同手也"。而成稿付梓,王氏獨具己名,多爲後人詬病。乾隆朝張廷玉所編修之《明史》即以此書爲基礎,增損而成。

此本寫刻紙墨俱臻上乘,"胤"、"慎"字俱缺末筆,爲雍正敬慎堂刻本。

各册首葉鈐"賞顔齋寶藏子孫永保"朱文印、"曳尾堂圖書印"朱文印、"半澤文庫"朱文印等。函套内粘"THE HOOVER LIBRARY ACQUIRED THROUGH THE STANFORD UNIVERSITY LIBRARIES"藏書票。今藏斯坦福大學東亞圖書館。

著録:

《伯克萊加州大學東亞圖書館中文古籍善本書志》109 明史藁三百十卷目録三卷　清王鴻緒撰　清雍正間敬慎堂刻本

《美國哈佛大學哈佛燕京圖書館藏中文善本書志》0421 明史藁三百十卷目録三卷 清王鴻緒撰　清雍正敬慎堂刻本

Title: Ming shi gao: 310 juan; mu lu: 3 juan

Author: Wang Hongxu zhuan

Imprint: [China]: Jing shen tang, 1723—1735

（郭愷淳）

016　南疆繹史勘本三十卷卷首二卷 繹史摭遺十八卷(史部/紀傳類)

2738 3127

南疆繹史勘本三十卷、卷首二卷，清温睿臨撰，清李瑤勘補。繹史摭遺十八卷，清李瑤纂。清道光十年(1830)李瑤泥活字印本，四函二十四册，綫裝。有大、中、小三種字號：大字半葉七行，行十三字；中字半葉九行，行二十字，小字雙行同。黑口，單黑魚尾，左右雙邊。框高二十點八釐米，寬十五點二釐米。内封題“南疆繹史勘本三十卷”，背面牌記題“七寶轉輪藏定本仿宋膠泥版印法”。卷前有《都目》，末題“道光十年庚寅閏夏七寶轉輪藏勘補定本蕭山蔡氏城南艸堂仿宋膠泥法排版”。卷首二卷包括《聖諭》、《御製書事》、《楊氏跋語》、道光十年李瑤《勘本自序》、道光十年蔡聘珍《補勘序》、《凡例》、《引用書目》(後附李瑤識語)、《補勘書目》(後附李瑤識語)、《南疆繹史勘本目録》(後附李瑤識語)、温氏原序、原例、原目、坿温氏佚史攷等。卷端下題“雪川温氏原本/古高昜氏勘定”。所附《繹史摭遺》，内封題“繹史摭遺十八卷”，背面牌記題“道光庚寅閏月古高陽氏補勘於蕭山蔡氏之城南艸堂”。卷一目録下題“吴郡李瑤子玉纂”。版心中鐫小目，下鐫葉數。

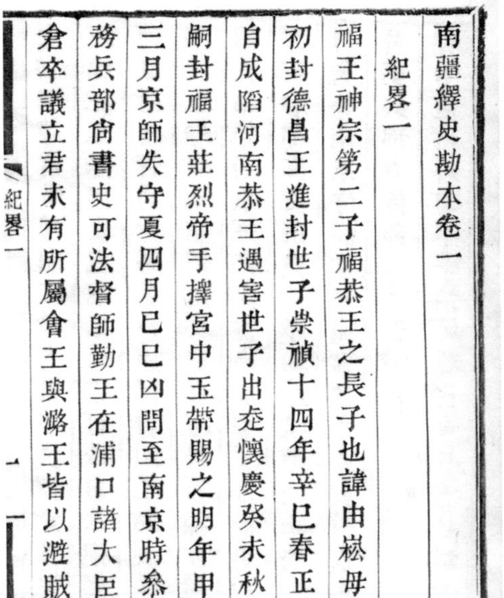
南疆繹史勘本卷一
紀畧一
福王神宗第二子福恭王之長子也諱由崧母鄒氏
初封德昌王進封世子崇禎十四年辛巳春正月李
自成陷河南恭王遇害世子出走懷慶癸未秋七月
嗣封福王莊烈帝手擇宮中玉帶賜之明年甲申春
三月京師失守夏四月己巳凶問至南京時叅贊機
務兵部尙書史可法督師勤王在浦口諸大臣聞變
倉卒議立君未有所屬會王與潞王皆以避賊至淮
紀畧一　一

016　南疆繹史勘本

温睿臨，生卒不詳，字鄰翼，號哂園，烏程(今屬浙江)人。康熙四十四年(1705)舉人，官至内閣中書。性伉直，好面折人過，以詩古文雄於時。好友萬斯同主持明史局時，睿臨因應禮部試到京，萬斯同鼓勵他趁當時南明遺老猶存、遺文尚在，及時纂輯南明史事。在萬氏支持下，温氏蒐集野史四十餘種，於萬斯同去世十餘年後終於撰成《南疆逸史》一書。温氏所著他書如《吾征録》、《均役全書》、《遊西山吟稿》等，均不傳。生平事跡見此本卷前所附《温氏佚史攷》等。

李瑤，生卒不詳，字子玉，號七寶生，蘇州人。

《南疆逸史》爲紀傳體南明史，記南明弘光、隆武、永曆三朝二十多年的歷史。此書爲清代禁書，成書後很長時間一直以抄本形式流傳。由於輾轉傳抄，卷次有分合，内容也有佚脱。據《中國古籍善本書目》，其所傳抄本有二十卷本、二十八卷本、四十四卷本、五十六卷本等不同。

清道光年間，蘇州人李瑤在杭州以二十卷抄本爲底本，對《南疆逸史》進行校勘增補，不久用泥活字排印，成爲該書的最早印本，排印時將原書名之"逸"改爲"繹"。李瑤《勘本自序》稱此書"用畢昇活字法排印成編"，内封背面牌記稱"仿宋膠泥版印法"，該本成爲迄今所知最早的泥活字實物印本。李瑤泥活字印本有兩次：第一次爲道光九年(1829)，在杭州借吴山廟開局，印《南疆繹史勘本》三十卷(包括紀略六卷、列傳二十四卷)及《繹史摭遺》十卷；第二次爲道光十年，在蕭山由蔡聘珍主持印於城南草堂，印《南疆繹史勘本》三十卷及《繹史摭遺》十八卷《繹史邺謚攷》八卷。此本卷前有道光十年李瑤《勘本自序》、蔡聘珍《補勘序》等，爲道光十年排印本。且《繹史摭遺》爲十八卷，其目録後李瑤題記云："右繹史列傳摭遺目録都十八卷，己丑所定者十卷，先曾刊坿以行。庚寅勘補者曰宫壼妃御……，道光十年重午七寶生並記。"

李瑤校勘並出版這部書十分不易，其《引用書目》後記中敘述成書經過："夫是書之初，助我借書考鏡者，苕上坊友吴壽昌；助我貸泉始事於梓者，磐石九品官周劍堂。既而我子辛生來自蕪湖，命之校字。楮本不足，則罄我行裝，投諸質庫；又不足，則乞貸市儈，耐盡誹嘲。自夏歷秋，工徒百有餘指，岌岌欲潰，亦不啻爾時江上之防。獨守我心，散而復振。先嘗馳書吴門幕中舊雨，翻以危言相恐；間詣鹺政偕事諸人，甚至敂關弗納。竭智盡力，而書迺有成。……是書初印凡八十部，已糜用平泉三十餘萬。"蔡聘珍《補勘序》云："吾友中吴李子玉負才多藝，好古而好游，游倦輒擁書坐，雖客中，亦至忘有寢食事。戊子冬，以訪舊來浙，寓吴山。偶得温氏《佚史》舊鈔本如干卷，窮力刊謬，通其例，於闕者轃益之，質疑者作書後坿之。歷春而秋，鳩工治版，部不滿百，已極旅人之困，而子玉不邺也，余則因是得與之交。且嘗聞子玉者，亦曾手散萬金，於此而獨安其困，以守竟成之志，則尤爲人之所難能。歲暮，因促之渡江，葺一樓與居。中夜勿息，敂之，則復從事於勘補之文。……於是知子玉於此事則顓且善也，遂復爲之構所謂聚珍版者，以輔其志。"

此本函套内粘"THE HOOVER LIBRARY ACQUIRED THROUGH THE STANFORD UNIVERSITY LIBRARIES"藏書票，並蓋 HOOVER LIBRARY 墨戳。

今藏斯坦福大學東亞圖書館。

著録：

《北京大學圖書館藏古籍善本書目》史部/雜史類　南疆繹史五十八卷（卷首二卷勘本三十卷摭遺十八卷卹謚考八卷）　清温睿臨撰　清李瑤勘補　清道光十年李瑤泥活字本（按，“卹謚考”之“卹”字原書排印時誤作“鋮”）

Title：Nan jiang yi shi kan ben：30 juan；juan shou：2 juan

Author：Wen Ruilin zhuan；Li Yao kan bu

Title：Yi shi zhi yi：18 juan

Author：Li Yao zuan

Imprint：[China]Xiaoshan：Li Yao，1830

（馬月華）

017　竹書紀年一卷（史部/編年類）穆天子傳六卷（子部/小説家類）

《竹書紀年》一卷，梁沈約註，明鍾惺閲。《穆天子傳》六卷，晉郭璞註，明鍾惺閲，明末刻本，合一册，西式裝訂。半葉九行，行二十四字，白口，四周單邊，無直格。框高十九點一釐米，寬十一點三釐米。《竹書紀年》卷前有鍾惺《汲塚遺書序》、《竹書紀年小引》，卷端下題“梁沈約註明鍾惺閲”。《穆天子傳》卷前有晉荀勖序，卷端下題“晉河東郭璞注明竟陵鍾惺閲”。書眉皆刻鍾惺閲語，版心但刻葉次。

晉武帝太康二年（281），汲縣人不準盜掘戰國魏襄王墓，發現大批戰國竹簡。這些竹簡經過當時學者荀勖、和嶠、束皙等整理成書十六部七十五篇，其中包括《竹書紀年》、《穆天子傳》。

《竹書紀年》爲戰國時魏國史官所編的一部編年體史書，記載自黄帝軒轅氏至戰國魏襄王時期的歷史，所記與傳統正史多有不同，對研究先秦史有很高的史料價值。汲縣竹簡出土後不久就亡佚，而荀勖、和嶠、束皙等的整理傳抄本至唐末五代也逐漸失傳。清嘉慶間朱右曾始輯録晉以後類書古注中所引《竹書紀年》佚文爲《汲冢紀年存真》一書，此後王國維在朱書基礎上作《古本竹書紀年輯校》、范祥雍又有《古本竹書紀年輯校訂補》，這種輯佚而成的本子即所謂《古本竹書紀年》。此外，宋以後亦繼有刻本《竹書紀年》流傳，至今尚有不少明刻本存世。這些傳世刻本描述堯舜禪讓等事蹟與傳統正史同，而與《古本竹書紀年》中堯爲舜囚等的敘述大相徑庭，且周平王東遷之後均以周王紀年而不以晉國紀年（三家分晉後以魏國紀年）來記事，這就是所謂《今本竹書紀年》。經過清代學者的研究，尤其在王國維《今本竹書紀年疏證》之後，一般多認爲《今本竹書紀年》是僞書。

《穆天子傳》是一部記録周穆王巡遊經歷而帶有虛構成分的傳記作品，以往多將其當作神話傳説看待，現則認爲其基本史實應該肯定。前五卷主要記述穆王西遊和東遊經歷，第六卷記周穆王美人盛姬卒於途中而返葬之事。竹簡出土以後，荀勖考釋整理爲《穆天子傳》五篇，後衛恒、束皙等人重加考定增補成爲一種新本子，名爲《周王遊行》，兩本並行於世。東晉初年，郭璞收集《穆天子傳》的不同傳抄本，編輯整理並爲之作注。郭璞之後，有人將汲冢同出的《周穆王美人盛姬死事》一篇併入《穆天子傳》中，成爲六卷本，《隋書・經籍志》、《舊唐書・經籍志》、《新唐書・藝文志》等所録皆爲六卷本。自元代起，《周王遊行》本逐漸失傳，而《穆天子傳》傳本也日益稀見。元至正年間，南台都事劉貞命金陵學官重刊《穆天子傳》，成爲最早明確有記載的《穆天子傳》刻本，後世所傳《穆天子傳》多本此。

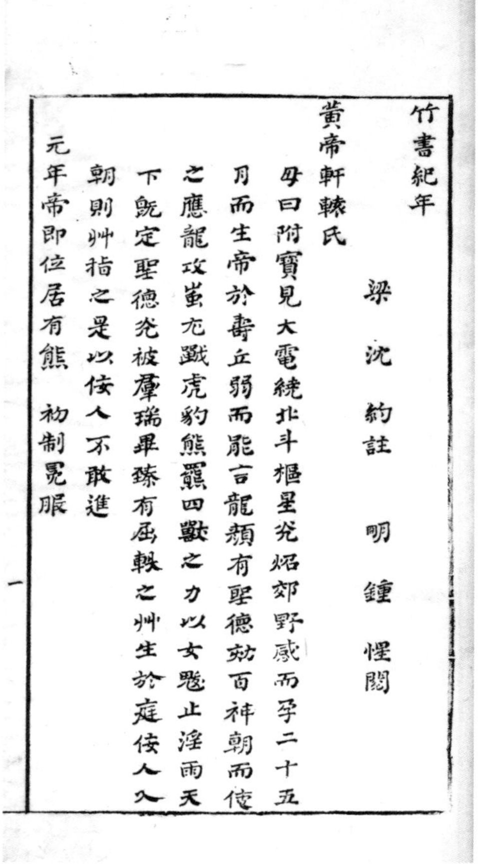
竹書紀年
梁　沈約註　明　鍾惺閲
黄帝軒轅氏
母曰附寶見大電繞北斗樞星光炤郊野感而孕二十五月而生帝於壽丘弱而能言龍顔有聖德劾百神朝而使之應龍攻蚩尤戮虎豹熊羆四獸之力以女魃止淫雨天下旣定聖德光被羣瑞畢臻有屈軼之艸生於庭佞人入朝則艸指之是以佞人不敢進
元年帝即位居有熊　初制冕服

017　竹書紀年

此本《竹書紀年》、《穆天子傳》合册，鍾惺序題作“汲塚遺書”，爲鍾氏對兩書的評閲本。鍾惺（1574—1625），字伯敬，一作景伯，號退穀、止公居士，竟陵（今屬湖北）人。萬曆三十八年（1610）進士，授行人，後歷任工部主事、南京禮部祭祠司主事、南京禮部儀制司郎中、福建提學僉事等職。他在閩中倡幽峭詩風，並且參以禪，後人將他的詩文輯爲《隱秀軒集》。與同里譚元春作《唐詩歸》、《古詩歸》，號爲“竟陵派”，世稱“鍾譚”。《明史》卷二百八十八有傳，附載袁宏道傳後。

此本之《竹書紀年》屬《今本竹書紀年》一系。與一般《今本竹書紀年》爲二卷本不同，該本並不分卷。在存世明刻本《今本竹書紀年》中，一卷本之著録僅見於《采昭堂秘書史拾九種》叢書中，經與此本比較，兩者不同版。由避諱來看，此本避明光宗朱常洛之“常”字，如“帝堯陶唐氏”下，“常有黄雲覆其上，及長，觀于三河，常有龍隨之。”兩“常”字均作“甞”。“帝舜有虞氏”下“日月有常，星辰有行”一句中“常”字亦作“甞”。不避明思宗朱由檢之“檢”字，亦不避康熙“玄”字。此本之《穆天子傳》爲六卷本，不避“檢”字，“常”字亦不避，如卷一末“民共利以爲常也”，“常”字不避。該本字體比較特殊，多用古字、異體字，頗有明末文人習氣。綜上所述，此本爲明末刻本，很可能爲明光宗泰昌元年（1620）以後刻。

鈐"兼葭堂藏書印"朱文印、"壽條館圖書記"朱文印、"淇園"朱文印、"柳里共字公美"白文印等。書衣内粘"HOOVER INSTITUTION on War, Revolution, and Peace FOUNDED BY HERBERT HOOVER, 1919"藏書票。今藏斯坦福大學東亞圖書館。

未見著録，但日本公文書館藏有一部同版書，亦收《竹書紀年》和《穆天子傳》兩種。

Title：Zhu shu ji nian：1 juan

Author：Shen Yue zhu；Zhong Xing yue

Title：Mu tian zi zhuan：6 juan

Author：Guo Pu zhu；Zhong Xing yue

Imprint：[China]，1620—1644

（馬月華）

018　甲子會紀五卷（史部/編年類）

明薛應旂編集，明陳仁錫評閱，明天啟崇禎間陳仁錫刻本，一函四册，綫裝。半葉八行，行十八字，小字雙行同，白口，單黑魚尾，四周單邊。框高二十一點六釐米，寬十四點七釐米。卷前有嘉靖己未（三十八年，1559）許穀《甲子會紀序》、目録，卷末有《附録邵康節先生觀化詩》。首卷卷端下題"明賜進士前中憲大夫浙江按察司提學副使兩京吏禮郎中武進薛應旂編集/史官長洲陳仁錫評閱"二行。版心上鐫書名，中記卷數，下鐫葉數和甲子數。書眉鐫評及各帝王紀年，可惜裝訂時首行字多被裁去。

薛應旂（1500—1574），字仲常，號方山，武進（今屬江蘇）人。嘉靖十四年（1535）進士，授慈溪知縣，屢遷南京考功郎中。因對嚴嵩不滿，被貶爲建昌通判。後任浙江提學副使。歸居後，專事著述。家富圖籍，據清初姜紹書《韻石齋筆談》稱，他

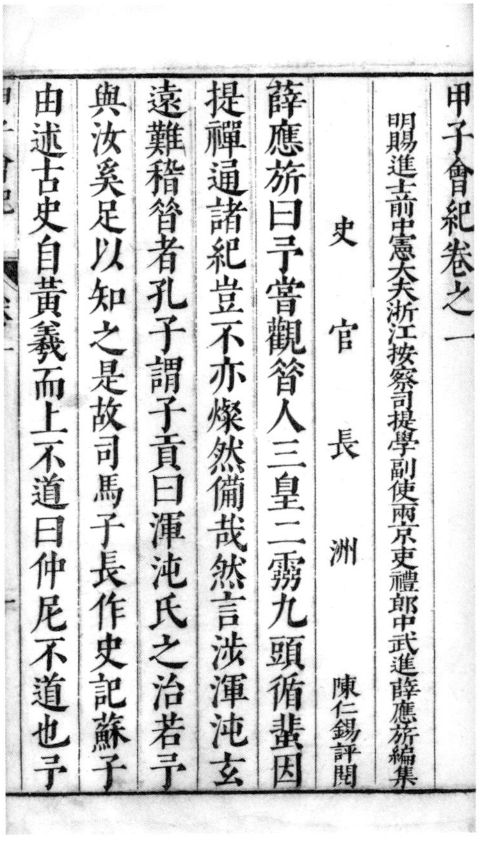
甲子會紀卷之一
明賜進士前中憲大夫浙江按察司提學副使兩京吏禮郎中武進薛應旂編集
史官長洲　陳仁錫評閱
薛應旂曰予嘗觀笥人三皇二霧九頭循蜚因提禪通諸紀豈不亦燦然備哉然言涉渾沌玄遠難稽笞者孔子謂子貢曰渾沌氏之治若予與汝奚足以知之是故司馬子長作史記蘇子由述古史自黃義而上不道曰仲尼不道也子

018　甲子會紀

的藏書可與吴寬、茅坤、王守仁等人並論。曾就學於王守仁,主"良知"説,晚年研究宋代理學。著述還有《考亭淵源録》、《憲章録》、《宋元資治通鑒》、《四書人物考》、《高士傳》等。清張夏撰《雒閩源流録》卷九、《(乾隆)江南通志》卷一百六十三《人物志》有傳。

陳仁錫,生平介紹見本書志所收《諸子奇賞》。

《甲子會紀》一書共五卷。前四卷以六十甲子紀年,上自黄帝八年,下至嘉靖四十二年,爲七十一甲子。每年之下紀重大歷史事件。第五卷取邵子以元經會之語,略論洪荒以來,末附邵雍《觀化詩》。

此本爲陳仁錫刻本。書中"校"字作"較",避明熹宗朱由校名諱,當爲天啟以後刻。又,據《明史》陳仁錫傳,陳氏卒於崇禎間,此本應即天啟崇禎間刻本。

函套内粘"THE HOOVER LIBRARY ACQUIRED THROUGH THE STANFORD UNIVERSITY LIBRARIES"藏書票,並蓋"HOOVER LIBRARY"墨戳。今藏斯坦福大學東亞圖書館。

著録:

《中國古籍善本書目》史部/編年類 1417 甲子會紀五卷　明薛應旂撰　明陳仁錫評　明陳仁錫刻本

《美國哈佛大學哈佛燕京圖書館藏中文善本書志》0454 甲子會紀五卷　明薛應旂編　明陳仁錫評　明陳仁錫刻本

Title: Jia zi hui ji: 5 juan

Author: Xue Yingqi bian ji; Chen Renxi ping yue

Imprint:[China]: Chen Renxi, 1621—1644

(馬月華)

019　四明先生續資治通鑑節要二十卷(史部/編年類)

2662 7292

明張光啓撰,明劉剡編輯,明嘉靖二十八年(1549)建陽劉氏安正堂刻本,二函八册,綫裝。半葉十二行,行二十七字,小字雙行同,白口,無魚尾,四周雙邊。框高十九點六釐米,寬十三點一釐米。卷前有宣德己酉(四年,1429)張光啟《通鑑節要宋元續編敘》、《宋朝傳授之圖》、《元朝傳授之圖》、《四明先生續資治通鑑凡例》、目録(末題"宋元通鑑目録")等。卷端下題"京兆安正堂劉氏校刊"一行。版心上鐫"續通鑑"及卷次,中鐫小目,下鐫葉次。書末牌記題"嘉靖己酉歲孟冬/月吉安正堂校刊"。

張光啟,生卒不詳,《(萬曆)建陽縣誌》卷四"知縣"下簡介:"張光啟,建昌人,進士,宣德己酉任。"又,"名宦"下簡傳:"張光啟在任,禁奸禮賢,吏不敢欺,而人心悦服,公署學校搆繕一新。"此書正成於其建陽知縣任上。

劉剡,生卒不詳,《(嘉靖)建陽縣誌》卷十一有其傳:"劉剡,字祖章,自號仁齋,崇化人。世居書坊，博學不仕。凡書坊刊行書籍，多剡校正。嘗編輯《宋元資治通鑑節要》等書，行於世。卒年七十。”

此書又名《資治通鑑節要續编》、《續資治通鑑節要》等，爲在明初四明先生陳桱所撰《通鑑續編》（即此本書名中“四明先生續資治通鑑”）基礎上縮編而成的節要體著作。宋代江贄（字少微）撰《資治通鑑節要》，最早縮寫《資治通鑑》，因簡明扼要的特點大受歡迎，此書即繼其志之作。卷前張光啟《敘》中述此書編纂經過：“少微先生《通鑑詳節》因之有作。近又增入鄱陽王氏釋義，事理曉然，後學多便，獨宋遼金元史實竟有未爲之纂録者。予昔家食，切有此志，今幸作宰東陽，公隙即與仁齋居士劉剡取四代史所載君臣行事功蹟，歲月日時，先後精詳，斂博合一，覈略致詳。以宋爲統，遼金分書之，元則直續宋統。纂集校訂，附《通鑑詳節》之末，名曰《增脩附註通鑑節要續編》。”該書紀年自宋太祖建隆元年（960）至元順宗至正二十八年（即明太祖洪武元年，1368），凡四百餘年。

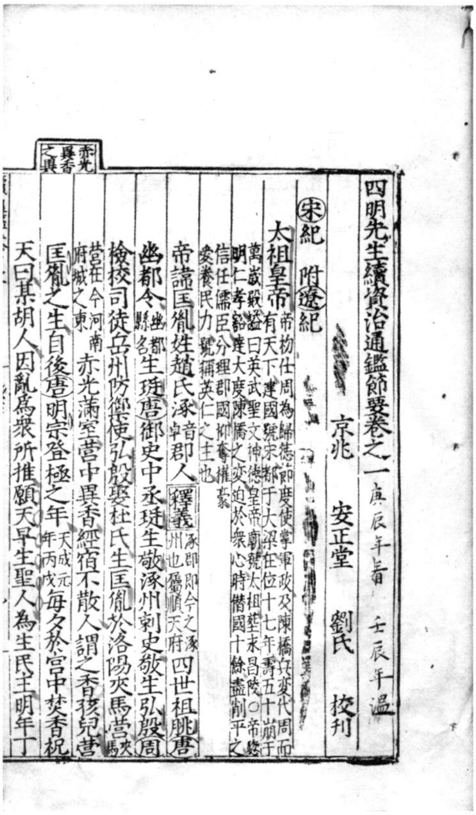
四明先生續資治通鑑節要卷之一 庚辰年看 壬辰年温
京兆 安正堂 劉氏 校刊
宋紀 附遼紀
太祖皇帝 帝初仕周為歸德節度使掌軍政及陳橋兵變代周而有天下建國號宋都于大梁在位十七年壽五十崩于
萬歲殿謚曰英武聖文神德皇帝廟號太祖葬永昌陵〇帝聰
明仁孝豁達大度陳橋之變迫於衆心時僭國十餘盡削平之
信任儒臣分理郡國抑奪權豪
愛養民力號稱英仁之主也
帝諱匡胤姓趙氏涿音卓郡人 釋義 涿郡即今之涿州也屬順天府 四世祖朓唐
幽都令 幽都縣名 生珽唐御史中丞珽生敬涿州刺史敬生弘殷周
檢校司徒岳州防禦使弘殷娶杜氏生匡胤於洛陽夾馬營 夾馬
營在今河南府城之東 赤光滿室營中異香經宿不散人謂之香孩兒營
匡胤之生自後唐明宗登極之年 天成元年丙戌 每夕於宮中焚香祝
天曰某胡人因亂爲衆所推願天早生聖人為生民主明年丁
赤光 異香 之異

019　四明先生續資治通鑑節要

宣德間此書書成後不久，劉文壽即進行刊刻。張光啟宣德《敘》指出：“書成，義士劉文壽請壽諸梓以廣其傳，並求言題諸端。”劉文壽與劉剡，皆爲福建建陽刻書世家劉氏後人。劉文壽於明景泰七年（1456）曾刻《史鉞》二十卷，今尚存，卷端下題“松塢門人京兆劉剡校，翠巖後人京兆劉文壽刊”，劉剡、劉文壽皆自稱“京兆”，此因建陽劉氏之始祖爲唐末京兆萬年人劉翱之故。

由卷末牌記與卷端下題可知，此本爲明嘉靖二十八年劉氏安正堂刻本。“安正堂”爲明代建陽劉氏著名刻書堂號之一，刻書甚多。此嘉靖建陽劉氏安正堂刻本，蓋即宣德劉文壽刻本之翻本。

首葉鈐“佐伯文庫”朱文長方印。卷端下墨筆題：“庚辰年看，壬辰年温。”書眉有墨筆、朱筆批語，行間多朱筆句讀、圈點及校正補漏之字。函套内粘“THE HOOVER LIBRARY ACQUIRED THROUGH THE STANFORD UNIVERSITY LIBRARIES”藏書票。今藏斯坦福大學東亞圖書館。

著録：

《中國古籍善本書目》史部/編年類/通代 1278 四明先生續資治通鑑節要二十卷　明張光啓撰　明劉剡編輯　明嘉靖二十八年劉氏安正堂刻本

《第二批國家古籍珍貴名録》03717—03719 四明先生續資治通鑑節要二十卷　明張光啓撰　明劉剡編輯　明嘉靖二十八年劉氏安正堂刻本

Title: Si ming xian sheng xu zi zhi tong jian jie yao: 20 juan

Author: Zhang Guangqi zhuan; Liu Yan bian ji

Imprint: [China] Fujian Jianyang: Liu shi An zheng tang, 1549

（馬月華）

020　明朝紀事本末八十卷（史部/紀事本末類）

2720.3 8605

清谷應泰編著，明谷際科、谷際第訂，清順治十五年（1658）刻清代修補印本，二函二十四册，綫裝。半葉九行，行二十字。白口，單黑魚尾，左右雙邊。框高十八點一釐米，寬十四釐米。卷前有順治戊戌（十五年）傅以漸《明朝紀事本末序》、同年谷應泰《自序》及《明朝紀事本末目録》。首卷卷端題名"紀事本末"，卷端下題"提督浙江學政僉事豐潤谷應泰編著/男際科/際第訂"，此書書名據目録題名。版心上鐫"紀事本末"或"通鑑紀事本末"或"通鑑紀事"，中鐫卷次，下鐫葉數。

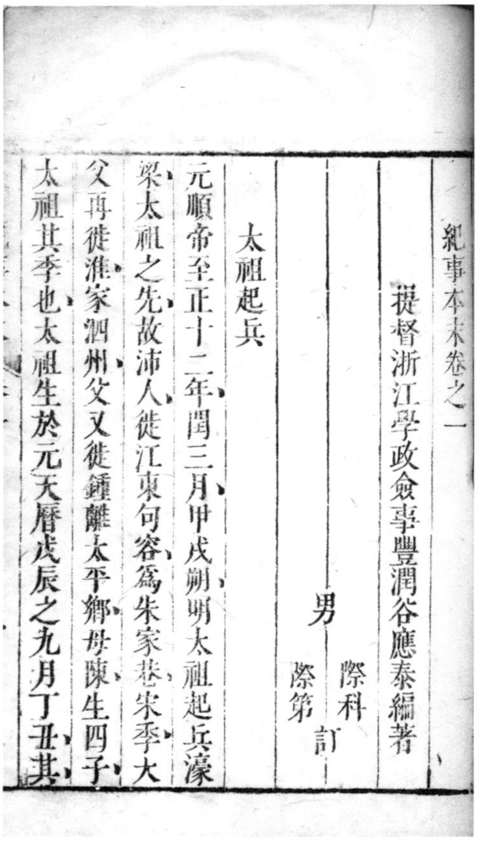
紀事本末卷之一
提督浙江學政僉事豐潤谷應泰編著
男　際科　際第　訂
太祖起兵
元順帝至正十二年閏三月甲戌朔明太祖起兵濠
梁太祖之先故沛人徙江東句容爲朱家巷宋季大
父再徙淮家泗州父又徙鍾離太平鄉母陳生四子
太祖其季也太祖生於元天曆戊辰之九月丁丑其

020　明朝紀事本末

谷應泰（1620—1690），字賡虞，别號霖蒼，直隸豐潤（今屬河北）人。順治四年（1647）進士，歷任户部主事、員外郎、浙江提學僉事等職。谷氏博覽多識，工於文章，著作有《築益堂集》、《博物要覽》等。《清史列傳》卷七十有傳。

該書又名《明史紀事本末》，谷應泰仿宋袁樞《通鑑紀事本末》體例，以事爲綱，記述有明一代政治、經濟以及典章制度等概況。該書紀事始於元至正十二年（1352）"太祖起兵"，終於明崇禎十七年（1644）"甲申殉難”。選録其中八十個事件或專題，按時間順序編排，分八十卷，每卷一目，末各附谷氏史論。《四庫全書總目》指出：“其排比纂次，詳略得中，首尾秩然。於一代事實，極爲淹貫。每篇後各附論斷，皆仿《晉書》之體，以駢偶行文，而遣詞抑揚，隸事親切，尤爲曲折詳盡。”該書成書較早，又綜合多種明代史料編纂而成，有些史料今已難見。

此本爲清順治十五年刻本，不過刷印年代較晚，内多補刻葉，有些葉版面模糊，文字已多漫漶。北京大學圖書館藏有兩部同版書，補刻葉較少，印年均早於此本，其中一部内封題“築益堂藏板”。此本版心題名作“紀事本末”者，“明朝”二字均爲挖去，各卷卷端題名亦多挖去“明朝”字。此外，卷五、卷七、卷八、卷九、卷十一、卷十二、卷十三、卷二十三、卷二十四、卷三十一、卷三十五、卷四十一、卷四十二、卷四十五、卷五十六、卷五十七、卷六十一、卷六十二、卷六十三、卷六十四、卷六十五、卷六十七、卷七十二、卷七十七、卷七十八、卷七十九等共計二十六卷的卷端題名作“通鑑紀事本末”，這些卷端刻葉均爲清末補刻葉。

各册首葉鈐“源仲淵印”白文印，函套内粘“THE HOOVER LIBRARY ACQUIRED THROUGH THE STANFORD UNIVERSITY LIBRARIES”藏書票。今藏斯坦福大學東亞圖書館。

著録：

《中國古籍善本書目》史部/紀事本末類 1983 明朝紀事本末八十卷　清谷應泰撰　清順治十五年刻本

《北京大學圖書館藏古籍善本書目》史部/紀事本末類 明紀事本末八十卷　清谷應泰撰　清順治刻本

Title：Ming chao ji shi ben mo：80 juan

Author：Gu Yingtai bian zhu；Gu Jike and Gu Jidi ding

Imprint：[China]，1658

（馬月華）

021　平叛記二卷(史部/雜史類)

2737 2112

清毛霦編，清毛賀等校字，清康熙五十五年(1716)毛貢刻本，一函二册，綫裝。半葉九行，行二十字，小字雙行同，白口，單黑魚尾，左右雙邊。框高十七點九釐米，寬十三點六釐米。内封題“平叛記”。卷前有康熙五十五年金以成序、康熙五十五年宰光旦序、康熙重光單閼(辛卯，五十年，1711)毛霦自序。卷端下題“東萊毛霦荊石甫編 男賀九師/貢九來/贊師陸/賡歌起校字”。版心上鐫書名，中鐫卷次，下鐫葉數。

毛霦，生卒不詳，康熙間在世，字荊石，號秋圃，萊州(今屬山東)人。

《平叛記》一書記述崇禎間叛將李九成等圍攻萊州始末，始於崇禎四年(1631)閏十

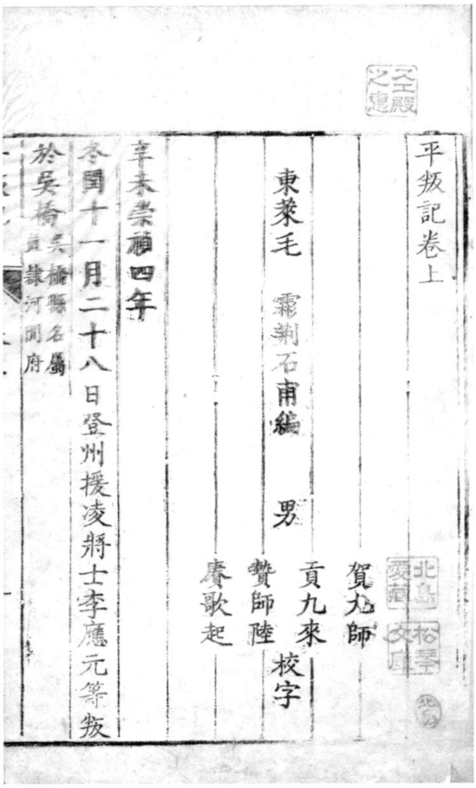
平叛記卷上
東萊毛　霦荊石甫編　男
貢九來
贊師陸
賡歌起
賀九師
校字
辛未崇禎四年
冬閏十一月二十八日登州援遼將士李應元等叛
於吴橋

021　平叛記

一月二十八日，終於崇禎六年(1633)四月十七日，分日記載，有綱有目。因内容涉及明清之際史事，爲清廷所忌，"此書敘論孔有德叛降事，記載失實，且涉明代野史，應請銷毁。"(雷夢辰《清代各省禁書考》"平叛記"下)乾隆修《四庫全書》時被摒入存目。

卷前辛光旦序指出："長公九來來遊西江，校讎浹月，付之開雕。"卷端下題"貢九來"，"九來"爲毛貢之字。可見此本爲康熙五十五年毛貢刻本。《四庫全書存目叢書》史部第55册影印北京師範大學圖書館藏清康熙五十五年毛貢刻本《平叛記》二卷，與此本同版。此本爲後印本，凡涉及清廷違碍處多被改削。

鈐"北島"橢圓朱文小印、"松琴文庫"朱文印、"北島愛藏"朱文印、"丕殿之惠"朱文印等。函套内粘"THE HOOVER LIBRARY ON WAR, REVOLUTION, AND PEACE"藏書票，並蓋"HOOVER LIBRARY"墨戳。今藏斯坦福大學東亞圖書館。

著録：

《四庫全書存目叢書》史部第55册影印北京師範大學圖書館藏清康熙五十五年毛貢刻本平叛記二卷

《北京大學圖書館藏古籍善本書目》史部/雜史類　平叛記二卷　清毛霦撰　清康熙刻本

Title：Ping pan ji：2 juan

Author：Mao Bin bian；Mao He [et al.] jiao zi

Imprint：[China]：Mao Gong，1716

（馬月華）

022　東國文獻録二卷附俎豆録一卷(史部/雜史類)

3482 5602

未署撰者，朝鮮高宗間刻本，一函三册，綫裝。半葉十行，行二十三字，白口，單黑魚尾，四周單邊。框高十六點五釐米，寬十點九釐米。書衣附有標籤列明部類、函號、書名、册數。三册書衣有墨筆題名“東國文獻録”，下各題“天”、“地”、“人”以别册次，册次下朱筆書“朝鲜本”無序跋。版心上鐫“文獻録”，中鐫篇名，下鐫葉次。

《東國文獻録》分上、下二卷：上卷録“黄閣”、“文衡”、“儒林”、“筆花”、“都元”、“副元”、“登壇”諸篇；下卷録“君封”；後附《俎豆録》。該書所記上自太祖大王，下迄哲宗。所記者，君主譜系、生卒年月、陵號；宰輔、名臣、鴻儒之字、號、籍貫、官職、謚號等。《俎豆録》録朝鲜書院及祠宇，及所祀先賢。

該書記述内容止於哲宗朝，而又提及高宗，稱之爲“主上殿下”。1896 年高宗始稱“大君主陛下”，故該書當爲 1896 前刻本。

各册首葉鈐“渡邊千秋清觀”朱文方印、“渡邊千秋藏書”朱文長方印。函套内粘“THE HOOVER LIBRARY ACQUIRED THROUGH THE STANFORD UNIVERSITY LIBRARIES”藏書票，並蓋“HOOVER LIBRARY”墨戳。今藏斯坦福大學東亞圖書館。

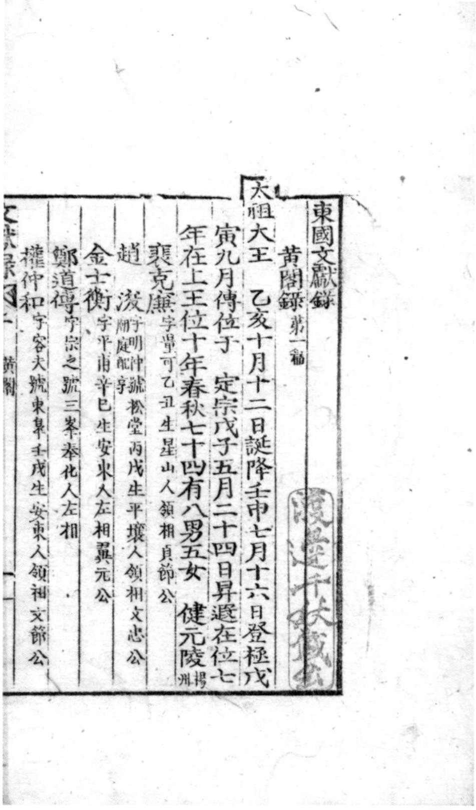
東國文獻録
黄閣録 第一編
太祖大王 乙亥十月十二日誕降壬申七月十六日登極戊寅九月傳位于 定宗戊子五月二十四日昇遐在位七年在上王位十年春秋七十四有八男五女 健元陵 楊州
裵克廉 字量可乙丑生星山人領相貞節公
趙浚 字明仲號松堂廟庭配享丙戌生平壤人領相文忠公
金士衡 字平甫辛巳生安東人左相翼元公
鄭道傳 字宗之號三峯奉化人左相
權仲和 字容夫號東臯壬戌生安東人領相文節公

022　東國文獻録

Title：Dong guo wen xian lu：2 juan；Cu dou lu：1 juan

Imprint：[Korea]，1863—1896

（郭愷淳）

023　明儒學案六十二卷師説一卷（史部/傳記類）

清黄宗羲輯著，清賈潤參閲，清康熙三十二年(1693)賈樸刻紫筠齋藏板本，二函十六册，綫裝。半葉十二行，行二十四字，上下黑口，雙黑魚尾，左右雙邊。框高十八點五釐米，寬十四釐米。内封題“黄黎洲先生輯著/賈若水先生參閲/明儒學案/紫筠齋藏板”，鈐“紫筠齋藏板”朱戳。卷前有康熙癸酉（三十二年）仇兆鰲《明儒學案序》、黄宗羲《明儒學案序》（末署“康熙三十二年癸酉歲德輝堂謹梓”）、康熙辛未（三十年，1691）賈潤《明儒學案序》、黄宗羲《明儒學案發凡》、黄宗羲《師説》、賈潤《明儒學案總評》、《明儒學案總目》，卷末有癸酉（康熙三十二年）賈樸《明儒學案跋》。各卷卷端題“姚江黄宗羲輯著/故城賈潤參閲”。版心中鐫書名及卷次，下鐫葉數。

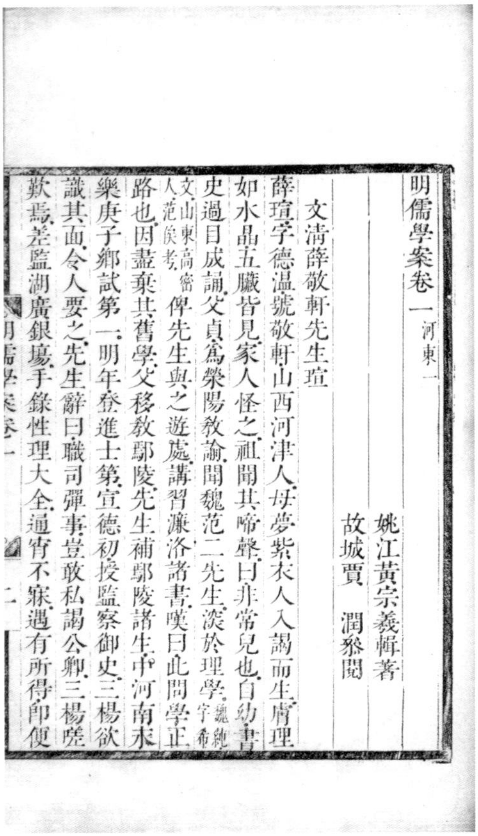

023　明儒學案

黄宗羲（1610—1695），字太沖，號南雷，又號梨洲，餘姚（今屬浙江）人。清軍入關，黄宗羲在浙江組織抗清鬥争，不久兵敗，被懸賞緝捕，隱居山林。後清政府放松禁令，黄氏回到家鄉，著書講學。黄宗羲與顧炎武、王夫之被並稱爲清初三大思想家。清廷詔徵博學鴻儒，又開設明史館，黄氏屢次被薦，皆以老病辭。著《明夷待訪録》、《明儒學案》等。《清史稿》列傳二百六十七有傳。

《明儒學案》爲明代學術思想史專著。黄氏以王守仁心學爲中心，記載有明一代二百多位學者的生平、語録、學派主張等，“分其宗旨，别其源流”（黄宗羲自序）。首篇《師説》爲總綱，之後依學術流派傳承情況分爲十七個學案。各學案先概説本學派基本情況，隨後分列本案各學者，介紹各人生平、主要學術觀點並加以評析，同時節録各學者的重要著作或語録原文附後。

《明儒學案》較早時許西山、萬貞一刻過數卷，未成。後故城賈氏得《明儒學案》抄本，始刻成此書。此本卷前康熙三十二年黄宗羲自序指出：“書成於丙辰之後，許西山刻數卷而止，萬貞一又刻之而未畢。壬申七月，余病幾革，文字因緣一切屏除。仇滄柱都中寓書，言北地賈若水見《學案》而歎曰：‘此明室數百歲之書也，可聽之埋没乎？’亡何，賈君亡，其子醇庵承遺命刻之。”康熙三十二年賈樸跋稱：“先君……遂命樸等朝夕校讎，授諸梓以廣其傳。工起於辛未春，竣於癸酉之孟春。”受父親賈潤遺命，賈樸刊刻《明儒學案》一書，起自康熙辛未（三十年），至康熙癸酉（三十二年）竣工。

雍正十三年（1735），賈潤之孫賈念祖據家藏舊板修補重印《明儒學案》。北京大學圖書館藏有賈念祖印本，卷末有賈念祖雍正十三年跋文，稱：“先大夫承命授梓，自康熙癸酉書成，垂四十餘年，四方篤學力行之士來索是書者踵相接也。念祖敬凜先志，嘗手一編，爲訂正其魯魚之謬者百有餘字，命兒裕昆延泰修補舊帙，公諸海内，亦以景仰先賢，不敢有墜家訓云爾。”賈念祖印本卷前有康熙癸酉仇兆鰲《明儒學案序》、康熙丁亥（三十六年，1697）于準《明儒學案序》、黄宗羲《明儒學案序》（末署“康熙三十二年癸酉歲德輝堂謹梓”）、黄宗羲《黄梨洲先生原序》（末署“康熙癸酉歲紫筠齋謹”）、康熙辛未賈潤《明儒學案序》、康熙癸酉賈樸《明儒學案跋》。此本卷末無雍正十三年賈念祖跋，且卷前黄宗羲序僅收一篇，從版面刷印情況看，其年代比賈念祖印本明顯要早，似即康熙三十二年賈樸初刻印本。

函套内粘“THE HOOVER LIBRARY ACQUIRED THROUGH THE STANFORD UNIVERSITY LIBRARIES”藏書票。今藏斯坦福大學東亞圖書館。

著録：

《中國古籍善本書目》史部/傳記類 4735 明儒學案六十二卷師説一卷　清黄宗羲撰　清康熙三十二年賈樸刻本

《北京大學圖書館藏古籍善本書目》史部/傳記類 4735 明儒學案六十二卷　清黄宗羲輯　清雍正賈氏刻本（按，“賈”字原書誤排作“霓”。）

Title：Ming ru xue an：62 juan；Shi shuo：1 juan

Author：Huang Zongxi ji zhu；Jia Run can yue

Imprint：[China]：Jia Pu，1693

（馬月華）

024　大清仕籍全編不分卷（殘）（史部/傳記類）

4726.9 4322

清乾隆三十二年（1767）京都琉璃廠觀光閣刻本，一函存三册，缺第四册，綫裝。半葉十四行，行字不等，白口，雙黑魚尾，四周雙邊。框高二十釐米，寬十四點二釐米。各册書籤題“大清仕籍全編/觀光閣梓”。内封題“呈憲頒發翻刻必究/大清仕籍全編/京都琉璃廠觀光閣（下缺）”，並蓋“丁亥夏季”、“按日校對/隨到隨補”朱戳，此書書名據此内封題名。卷前附乾隆元年上諭（朱印）、目次、凡例。版心上鐫省名、府名，下鐫葉次。書眉朱印諸字，《凡例》指出：“京官滿漢各缺，並出差官員，及加銜暨各道、府、州、縣、請旨調各缺，俱用紅印籤出。”

此書收録至清乾隆三十二年之全國職官名録，並附方輿、直隸及諸省全圖。據目録：第一册録品級缺數、加級紀録、例給封典、終養守制、儀注文移、京外俸額、冠服儀衛、選例、憑限、方輿總圖、京官、户工各差、直隸、盛京等項資料；第二册録江蘇、安徽、江西、福建、浙江、湖北諸省職官；第三册録湖南、河南、山東、山西、陝西、甘肅諸省職官；第四册録四川、廣東、廣西、雲南、貴州諸省職官。所録職官自京城至各省依次分列，列明官職、出缺與否、品級、姓名、籍貫、功名；各縣亦附記風俗、土産、學校。此本缺第四册。

該書所録官員發往日期止於乾隆三十二年，且"琰"字不避，依内封印戳，定爲乾隆三十二年觀光閣刻本。

書衣與内封蓋"海軍兵學校藏書之印"、"貴重圖書"、"漢文"、"借用年月/昭和三年四月十八日/圖書類番號/20975"、"3690K/海軍兵學校圖書館藏書"、"照合濟/18. 11. 29/海軍兵學校圖書館"等印戳，書中鈐"青柳館文庫"、"勝安芳"等朱文印，似曾爲德川幕府末期政治家勝海舟(1823—1899)所藏。函套内粘"THE HOOVER LIBRARY ON WAR, REVOLUTION, AND PEACE"藏書票，並蓋"HOOVER LIBRARY"墨戳。今藏斯坦福大學東亞圖書館。

Title: Da Qing shi ji quan bian

Imprint: [China] Beijign: Guan guang ge, 1767

（郭愷淳）

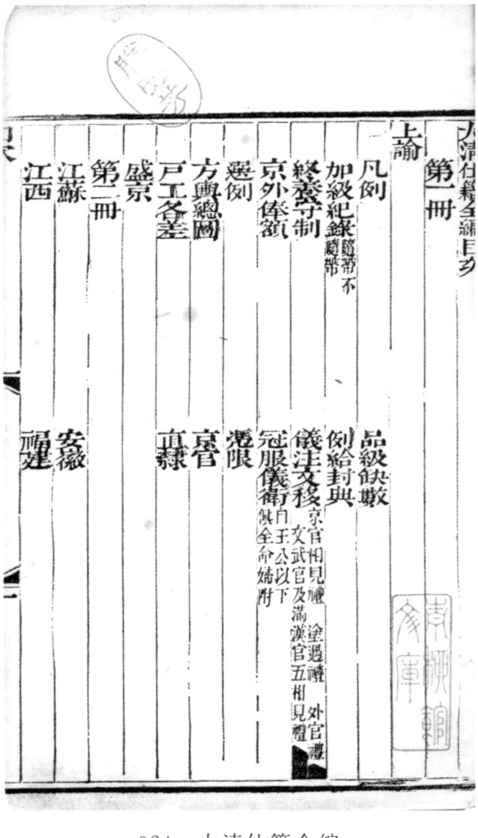
大清仕籍全編卷之一
第一册
上諭
凡例　品級缺數
加級紀錄　例給封典
終養守制　儀注文移
京外俸額　冠服儀衛
選例　選限
方輿總圖　京官
戶工各差　直隸
盛京
第二册
江蘇　安徽
江西　福建

024　大清仕籍全編

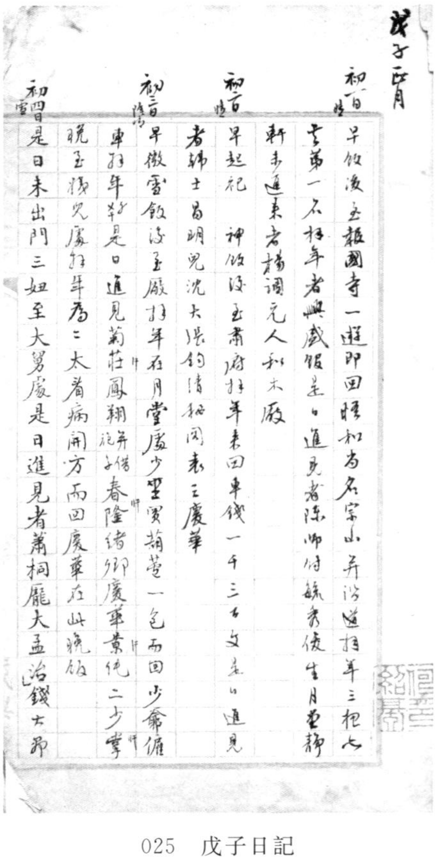
戊子正月

025　戊子日記

025　戊子日記(史部/傳記類)

5784 5212

撰者佚名,清光緒稿本,一册,綫裝。半葉九行,行二十五格,所寫行字不一。册高二十四點五釐米,框高十九點七釐米釐米,寬十一點四釐米。版心下印“成興齋”。

所記日記自戊子(光緒十四年,1888)正月起,至己丑(光緒十五年,1889)四月卅日止。日記以行草記録,所記皆爲日常瑣事。作者善書,篆隸楷行草俱精,多記爲人寫對聯扇面,刻印事。作者似與清秘閣多有來往,日記有甚多清秘嘱書記録。

鈐“馬鑑之印”白文方印、“何紹基印”朱文方印。清末著名書法家何紹基歿於光緒四年(1878),而該日記所記爲光緒十四年至十五年事,兩“何紹基”應非同一人,或爲僞印。

函套内粘“THE HOOVER LIBRARY ON WAR, REVOLUTION, AND PEACE”藏書票,並蓋“HOOVER LIBRARY”墨戳。今藏斯坦福大學東亞圖書館。

Title: Wu zi ri ji

Imprint:[China]: Manuscript, 1888—1889

(郭愷淳)

026　晉史删四十卷(史部/史抄類)

2570 4262

明茅國縉删次,明末刻本,一函八册,綫裝。半葉十行,行二十字,小字雙行同,白口,單黑魚尾,左右雙邊。框高十九點八釐米,寬十三點一釐米。卷前有目録。首卷卷端下題“唐文皇御撰　明吴興茅國縉薦卿甫删次”。版心上鐫書名,中鐫卷次、小目及葉數,版心下或鐫字數及刻工名如“沖”、“思”、“几”、“刘”等。

茅國縉,字薦卿,號二岑,歸安(今屬浙江)人。茅坤仲子,茅坤生平介紹見本書志所收《茅鹿門先生文集》。明萬曆十一年(1583)進士,歷任監察御史、淅川縣知縣、南京工部郎中等職。著《荍園詩草》,編《東漢史删》、《晉史删》、《南史删》等。明過庭訓撰《本朝分省人物考》卷四十六有傳。

房玄齡等所撰《晉書》原本繁冗,茅國縉對之加以删削,以存其要,全書仍爲紀傳

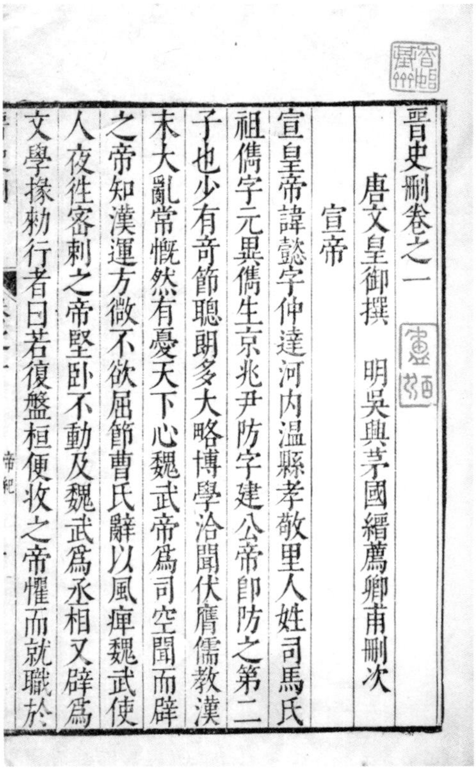
晉史删卷之一
唐文皇御撰　明吳興茅國縉薦卿甫删次
宣帝
宣皇帝諱懿字仲達河内温縣孝敬里人姓司馬氏
祖儁字元異儁生京兆尹防字建公帝即防之第二
子也少有奇節聰朗多大略博學洽聞伏膺儒教漢
末大亂常慨然有憂天下心魏武帝爲司空聞而辟
之帝知漢運方微不欲屈節曹氏辭以風痺魏武使
人夜往密刺之帝堅卧不動及魏武爲丞相又辟爲
文學掾勑行者曰若復盤桓便收之帝懼而就職於

026　晉史删

體。《四庫全書總目》指出:“然不深知史例,刊削者多不甚當,如諸志槩行删去,使一朝制度典章無可考證……至所併紀傳,尤往往乖於體例……以是而改晉書恐無以服修晉書者之心也。”列於史部别史類“存目”。

該本前後無序跋,據字體定爲明刻本。《晉史删》刻本很少,《中國古籍善本書目》僅著録明刻一種。北京師範大學圖書館藏有一部明刻本《晉史删》,已收入《四庫全書存目叢書》,與斯坦福本同版。

此本卷端鈐“盧弼”朱文印、“旮始基齋”朱文印。函套内粘“HOOVER INSTITUTION on War, Revolution, and Peace FOUNDED BY HERBERT HOOVER, 1919 ACQUIRED THROUGH THE EAST ASIAN RESEARCH COMMITTEE”藏書票。各册書衣蓋“LIBRARY OF THE UNIVERSITY OF CALIFORNIA”、“HOOVER LIBRARY”墨戳。今藏斯坦福大學東亞圖書館。

著録:

《中國古籍善本書目》史部/史抄類 7937 晉史删四十卷　明茅國縉輯　明刻本

《四庫全書存目叢書》史部第 30—31 册影印北京師範大學圖書館藏明刻本晉史删四十卷

Title: Jin shi shan: 40 juan

Author: Mao Guojin shan ci

Imprint:[China], 1573—1644

(馬月華)

027　二十一史論贊輯要三十六卷(史部/史抄類)

明彭以明輯,明彭惟成校,明劉伸重校,明萬曆吴洵美刻本,一函十册,綫裝。半葉十行,行二十字,白口,單白魚尾,四周單邊。框高二十一點四釐米,寬十五釐米。卷前有明吴道南序、萬曆庚戌(三十八年,1610)史學遷序、劉伸序(吴洵美書)、萬曆己酉(三十七年,1609)彭惟成撰《二十一史論贊輯要述》、《輯要起凡》及目録。卷端下題“皇明贈中書舍人廬陵文學彭以明輯 男惟成校/鄉後學劉伸重校”二行。版心上鐫書名,中鐫卷數、葉次,下鐫刻工名,如“黄一木刊”、“黄應淳刊”、“黄應彬”、“黄應椿”、“黄應弘”等。

彭以明,廬陵(今屬江西)人,萬曆中諸生。有子彭惟成。

此書摘録二十一史中的“論贊”部分而成。所謂“論贊”,泛指附於史傳後之評語,如《史記》之“太史公曰”,《漢書》、《後漢書》之“贊”,《三國志》之“評”等等。唐劉知幾《史通·論贊》:“其名萬殊,其義一揆。必取便於時者,則總歸論贊焉。”

明人甚重史抄,此書輯成之後,頗爲時人所重,萬曆間即有多種刻本,此本卷前劉伸序指出："長公元性先生闡繹庭訓，梓於金臺，卿士大夫愛之如拱璧，於是三吴、閩越、豫章之間在在重刻。今新都吴秘書雲將令子太學洵美，文獻之家也，余以此屬之。遂慨然校梓，克承厥功。"爲萬曆吴洵美刻本。

各册書衣皆粘"牧野藏書"藍色書簽，鈐"笠間文庫"朱文印、"牧護"朱文印。函套内粘"THE HOOVER LIBRARY ACQUIRED THROUGH THE STANFORD UNIVERSITY LIBRARIES"藏書票。今藏斯坦福大學東亞圖書館。

著録：

《中國古籍善本書目》史部/史抄類 7725 二十一史論贊輯要三十六卷　明彭以明輯　明萬曆吴洵美刻本

Title: Er shi yi shi lun zan ji yao: 36 juan

Author: Peng Yiming ji; Peng Weicheng jiao; Liu Shen chong jiao

Imprint: [China]: Wu Xunmei, 1610—1620

（馬月華）

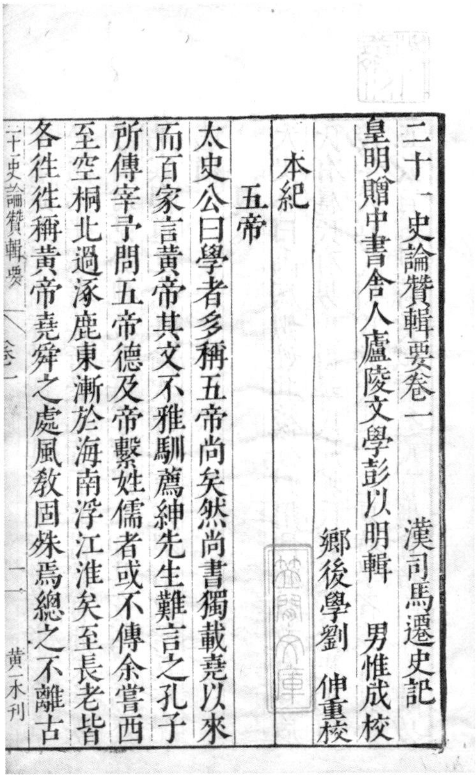

二十一史論贊輯要卷一　漢司馬遷史記
皇明贈中書舍人廬陵文學彭以明輯　男惟成校
鄉後學劉　伸重校
本紀
五帝
太史公曰學者多稱五帝尚矣然尚書獨載堯以來
而百家言黃帝其文不雅馴薦紳先生難言之孔子
所傳宰予問五帝德及帝繫姓儒者或不傳余嘗西
至空桐北過涿鹿東漸於海南浮江淮矣至長老皆
各往往稱黃帝堯舜之處風教固殊焉總之不離古
二十一史論贊輯要　卷一　一　黃一木刊

027　二十一史論贊輯要

028　廿二史紀事提要八卷（史部/史抄類）

清吴綏纂，清吴培源校刊，清乾隆十一年（1746）吴培源刻本，一函五册，綫裝。半葉十行，行二十四字，小字雙行同，白口，單黑魚尾，四周單邊。框高十九點九釐米，寬十三點七釐米。内封題"廿二史紀事提要"。卷前有乾隆丙寅（十一年）王步青序、汪學迴敘、凡例、歷代國號圖、目録。卷端下題"無錫吴綏韓章纂/孫培源蒙泉校刊/孫婿陸錦澹庵/曾孫承烈兼山仝訂"。函套書籤上蓋"蘇州閶門水閏橋斯雅堂書坊黃經排"朱戳。版心上鐫書名，中鐫卷次、帝號，下鐫葉次。

吴綏，生卒年不詳，字韓章，明末清初無錫人。

該書原名《通鑑摘錦》。全書所記上自盤古氏，下至明崇禎帝，以歷代帝王在位事蹟先後順序編輯。據汪學廻敘,"古今文體近百,皆聽天下文士臆爲之。獨史置專官,編年法《春秋》,紀事法《尚書》。參互考訂,以備後人觀省,靳於展卷,便得其要領,無取乎繁重破碎,不易洞悉而必遲之,窮年累月,綜見績聞之餘者也。金匱吴韓章先生《通鑑摘錦》,一代、一朝、一人、一事,摘字標題,文言製錦,便人誦習。其似蒙泉先生,以其歷代事實,依次編紀,易名《廿二史紀事提要》"。王步青序中亦讚此書:"錫山吴韓章先生,爲國初名宿,著述甚富。今提要一書,《通鑑》中擇其事之有關治亂興亡,以及民彝物則、人品心術之大者,以數字爲標題,而檃括其本事,以爲之註。其卷帙既不多,而歷代兵、刑、禮、樂、制度、文章,亦于是而略備,誠史學之津梁,而《通鑑綱目》之羽翼也。……然則一書而可以考古今、証得失,富詞翰之英華,標論策之題識,孰有便于此者,其傳世行遠,又何疑焉?"

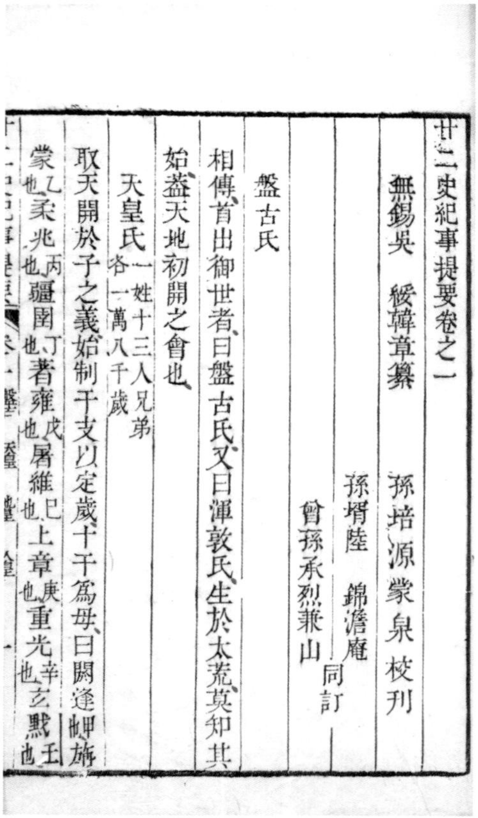
廿二史紀事提要卷之一
無錫吴　綏韓章纂　孫培源蒙泉校刊
孫婿陸　錦澹庵
曾孫承烈兼山　同訂
盤古氏
相傳首出御世者曰盤古氏又曰渾敦氏生於太荒莫知其
始蓋天地初開之會也
天皇氏一姓十三人兄弟各一萬八千歲
取天開於子之義始制干支以定歲十干爲母曰閼逢甲旃
蒙乙柔兆丙彊圉丁著雍戊屠維己上章庚重光辛玄默壬

028　廿二史紀事提要

據序,此本爲清乾隆十一年刻本,與《四庫全書存目》史部第40册影印清華大學圖書館藏清乾隆十一年刻本《廿二史紀事提要》同版。

鈐"黄泉道人"白文方印。函套内粘"THE HOOVER LIBRARY ACQUIRED THROUGH THE STANFORD UNIVERSITY LIBRARIES"藏書票。今藏斯坦福大學東亞圖書館。

著録:

《四庫全書存目叢書》史部第40册影印清華大學圖書館藏清乾隆十一年刻本廿二史紀事提要二卷

《美國哈佛大學哈佛燕京圖書館藏中文善本書志》1032廿二史紀事提要八卷　清吴綏撰　清乾隆十一年吴培源刻本

Title:Nian er shi ji shi ti yao:8 juan

Author:Wu Sui zuan

Imprint:[China]: Wu peiyuan, 1746

（郭愷淳）

029 元豐九域志十卷(史部/地理類)

宋王存等撰，清乾隆四十九年(1784)馮集梧刻本，一函五册，綫裝。半葉十一行，行二十一字，小字雙行同，白口，單黑魚尾，左右雙邊。框高十八點九釐米，寬十四釐米。卷前附王存序、目録、乾隆四十九年馮集梧識。卷端題"九域志"，下題"承議郎知制誥同脩國史同判太常寺兼禮儀事判祕閣祕書省兼詳定郊廟/奉祀禮文上騎都尉丹陽縣開國子食邑三百户賜紫金魚袋臣王存等奉/聖旨删定"。版心上鐫"元豐九域志"，中鐫卷次，下鐫葉次。此書書名據版心題名。

王存(1023—1101)，字正仲，潤州丹陽(今屬江蘇)人。慶曆六年(1046)進士，調嘉興主簿，擢上虞縣令。治平中，歷任秘書省著作佐郎、史館檢討、知太常禮院。元豐五年遷龍圖閣直學士、知開封府。元祐三年(1088)遷尚書左丞。紹聖初致仕。著有《元豐九域志》、《王正仲集》、《樞密院諸房例册》。《宋史》卷三百四十一有傳。

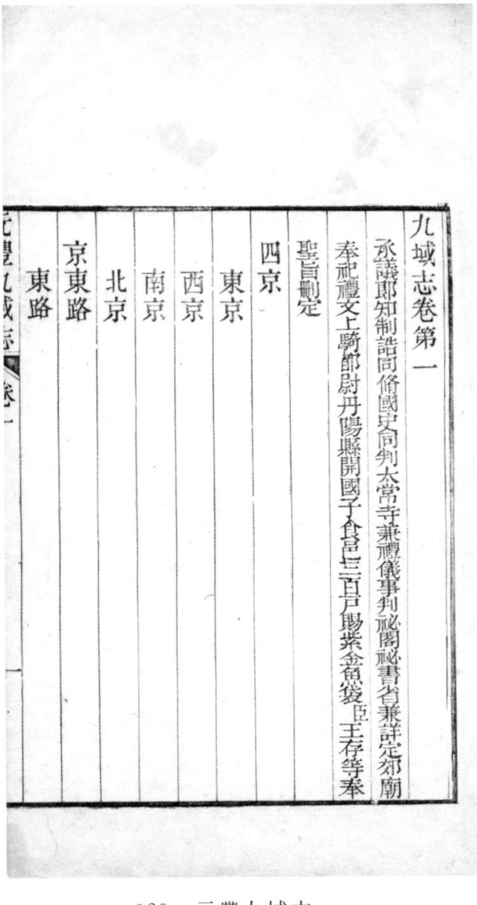
九域志卷第一
承議郎知制誥同脩國史同判太常寺兼禮儀事判祕閣祕書省兼詳定郊廟
奉祀禮文上騎都尉丹陽縣開國子食邑三百戶賜紫金魚袋臣王存等奉
聖旨刪定
四京
東京
西京
南京
北京
京東路
東路

029 元豐九域志

全書依次記述四京、二十三路、並省廢州軍、化外州、羈縻州。所記區域總二十三路、京府四、次府十、州二百四十二、軍三十七、監四、縣一千二百三十五。府、州、軍、監依路分述，記建置沿革、距京城里程、户數、土貢、所轄縣。縣下又記距州府里程、所轄鄉鎮、山川等。記載極詳盡，爲研究北宋政治、經濟、地理之重要史書。

據馮集梧識，此本爲"從宋刻摹本抄得"，所缺文字，取各本參校。因該書"流傳頗罕"，"乃付之梓人以廣其傳"。此本爲乾隆四十九年馮集梧刻本。馮集梧，字軒圃，號鷺亭，馮浩之子，桐鄉人。乾隆辛丑進士。家多藏書，精校勘。乾隆五十三年(1788)，馮集梧以海寧陳鱣藏影宋刻抄本和海豐查氏所藏抄本重校原本，增補刻入原板，北大圖書館即藏有一部，其内封題“德聚堂藏板”。

此本鈐“内ヶ崎藏書”長方印、“秀水王景曾所藏金石書籍印”朱文印。函套内粘“THE HOOVER LIBRARY ACQUIRED THROUGH THE STANFORD UNIVERSITY LIBRARIES”藏書票。今藏斯坦福大學東亞圖書館。

著録：

《北京大學圖書館藏古籍善本書目》史部/地理類 元豐九域志十卷　宋王存等撰　清乾隆馮集梧刻本

《美國哈佛大學哈佛燕京圖書館藏中文善本書志》0723 元豐九域志十卷　宋王存等奉敕撰　清馮集梧校訂　清乾隆四十九年馮集梧刻本

Title：Yuan feng jiu yu zhi：10 juan

Author：Wang Cun [et al.] zhuan

Imprint：[China]：Feng Jiwu，1784

（郭愷淳）

030　大明一統志九十卷圖一卷（史部/地理類）

3027 4478

明李賢等撰，日本陰山元質訓點，日本正德三年（1713）京師弘章堂刻本，五函六十册，綫裝。半葉十行，行二十二字，小字雙行同，白口，雙黑魚尾，四周單邊。框高二十點六釐米，寬十四點四釐米。版心上鐫書名，中鐫卷數，下鐫葉次。各卷首葉版心下方多鐫“弘章堂刊”。内封題“御製新頒/大明一統志/日東京師書林弘章堂”，下有“山本氏”方戳。卷前有日本元禄十二年（1699）陰山元質《刻大明一統志序》、明天順五年（1461）英宗御製序、大明一統志圖敘、李賢等進表、勅脩大明一統志官員職名、目録、圖一卷。卷末有刊記“正德三年癸巳仲春版梓/京師二條通書林弘章堂 山本長兵衛”。

李賢（1408—1466），字原德，鄧州（今屬河南）人。明宣德八年（1433）進士。歷

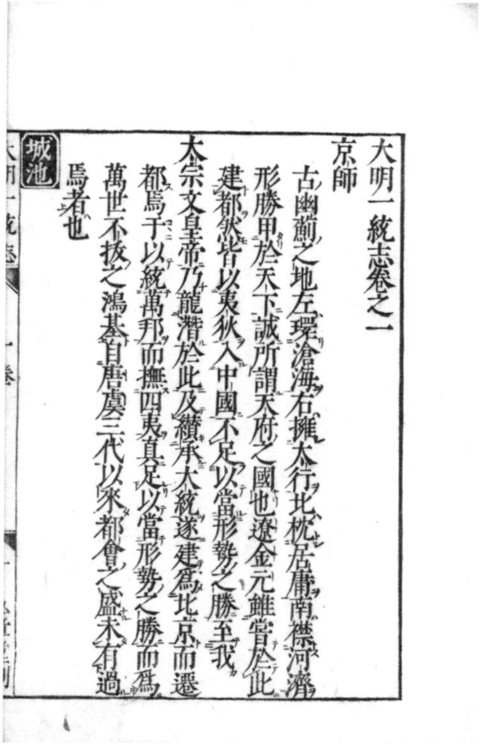
大明一統志卷之一
京師
古幽薊之地左環滄海右擁太行北枕居庸南襟河濟形勝甲於天下誠所謂天府之國也遼金元雖嘗於此建都然皆以夷狄入中國不足以當形勢之勝至我
太宗文皇帝乃龍潛於此及纘承大統遂建爲北京而遷都焉于以統萬邦而撫四夷眞足以當形勢之勝而爲萬世不拔之鴻基自唐虞三代以來都會之盛未有過焉者也
城池

030　大明一統志

任驗封主事、考功郎中、文選郎中、户部侍郎等。英宗復辟，升翰林學士，入内閣，任吏部尚書。從政三十餘年，政績卓著。著有《天順日録》、《古穰文集》等。《明史》卷一百七十六有傳。

陰山元質(? —1732)，又作蔭山元質，元質爲其名，字淳夫，號東門，紀伊人。受業於伊藤仁齋，博學强記。著有《井田圖説》、《武家職役配當鈔》、《排釋篇》、《東門篇》等。《大日本人名辭書》等有傳。

《大明一統志》爲明代官修地理總志。明景泰年間，編成《寰宇通志》。英宗復辟，天順二年(1458)，以其"簡繁失宜，去取未當"爲由，令李賢、彭時等重修，於天順五年成書，英宗賜名《大明一統志》並作序。該書以當時兩京十三布政使司以及所屬一百四十九府爲綱，下分列建置沿革、郡名、形勝、風俗、山川、土産、公署、學校、書院、宫室、關津、寺觀、祠廟、陵墓、古跡、名宦、流寓、人物、列女、仙釋等目，説明各府情況。兩京下又增城池、壇廟、山陵、苑囿等目。書末記述鄰近國家或地區的地理形勢。

此書明天順内府刊刻之後，屢有翻刻本。入清，因該書涉及女真的地理位置等情況，爲清廷所忌，故有清一代無翻刻本行世。據牌記可知，此本爲日本正德三年京師弘章堂刻本。卷前陰山元質序稱："近雒陽坊肆欲刻余點本，爲之請言。"書中已刻陰山元質日文訓點。其翻刻底本爲明刻本。

函套内粘"THE HOOVER LIBRARY ACQUIRED THROUGH THE STANFORD UNIVERSITY LIBRARIES"藏書票。各册書衣内粘"Stanford University Library"藏書票，上印"PRESENTED ANONYMOUSLY IN HONOR OF SIR GEORGE SANSOM ON THE OCCASION OF HIS VISIT TO STANFORD UNIVERSTY MCMLI"。今藏斯坦福大學東亞圖書館。

著録：

《中國科學院圖書館藏中文古籍善本書目》(中國科學院圖書館編，科學出版社，1994年)史570/013 大明一統志九十卷　明李賢、萬安等纂修　日本正德三年弘章堂刻本

Title: Da Ming yi tong zhi: 90 juan; tu: 1 juan

Author: Li Xianet al. zhuan; [Japanese] Kageyama Tomon xun dian

Imprint:[Japan] Kyoto: Hong zhang tang, 1713

(馬月華)

031　[乾隆]盛京通志四十八卷首一卷(史部/地理類)

3116 0.83

清吕耀曾等修，清魏樞等纂，清乾隆元年(1736)奉天府刻本。原二十册，今重訂爲五册，西式裝。半葉十行，行二十一字，白口，單黑魚尾，四周雙邊。框高十九點二釐

米，寬十四釐米。卷前有乾隆元年前署奉天府府尹奉天府府丞王河自序、凡例、纂修職名、前通志纂修姓氏、前通志續修姓氏、圖目、圖十四幀、目録等。版心上鐫書名，中鐫卷次、篇目，下鐫葉次。

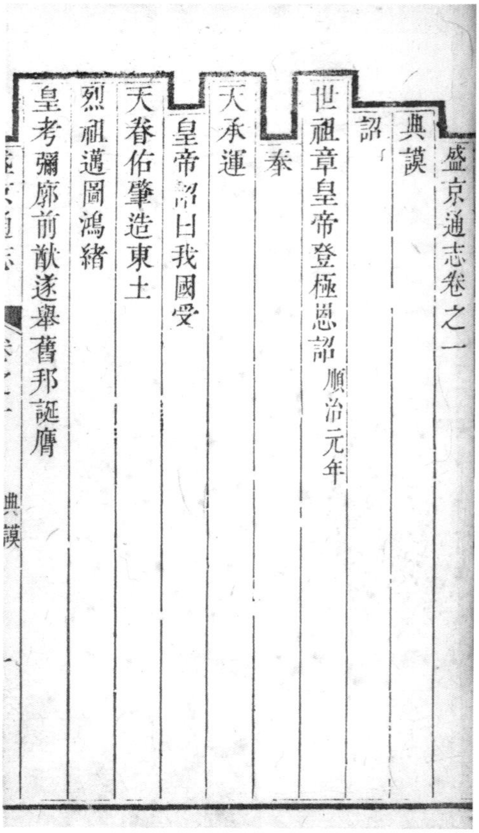

031　盛京通志

吕耀曾（1679—1743），字宗華，號樸岩，河南府新安（今河南省新安縣）人。康熙四十五年（1706）進士，授内閣中書。歷任户部郎中、四川按察使、鴻臚寺卿、奉天府府尹、户部侍郎等職。著有《横山詩草》、《使黔草》等。《國朝耆獻類徵初編》卷六十五有傳。

魏樞，生卒年不詳。據杭世駿之《詞科掌録》，魏氏係奉天承德（今屬遼寧）人，雍正庚戌年（八年，1730）進士。曾任直隸永平府教授。

此志始修於康熙二十三年（1684），奉天府尹董秉忠奉旨修纂刊行，至五十年（1711）府尹廖騰煃重新校刻再印，皆爲三十二卷本。雍正末年府尹吕耀曾開館再修，中途擢卿班而去，繼任府尹王河接手，延請魏樞校訂，編成四十八卷本，新刊於乾隆元年，此本即其一。另外，乾隆後期以阿桂、董誥等爲總裁，重編一百三十卷本，稱《欽定盛京通志》，爲此本後話。

此本卷一至四爲典謨志；卷五至九分别記京城、壇廟、山陵、宫殿、苑囿；卷十至十四記建置沿革、星野、疆域，山川；卷十五至十七記城池、關隘、驛站；卷十八至二十二記公署、職官、學校、選舉；卷二十三至二十八記户口、田賦、風俗、祠祀、物産、古蹟；卷二十九記帝王后妃，卷三十至三十七記名宦、人物；卷三十五至四十一記孝義、列女、隱逸、流寓、方伎、仙釋；卷四十二至四十八録藝文志。爲貫徹朝廷增訂《一統志》之旨意，增補較輯舊志，並旁搜博訪，“用揚盛美”。

此本爲乾隆元年刻本，但板框、字跡多有漶漫，修補葉甚多。

鈐“子雲行一”朱印。各册粘“Columbia University in the City of New York LIBRARY”及“THE HOOVER LIBRARY ACQUIRED THROUGH THE STANFORD UNIVERSITY LIBRARIES”藏書票。今藏斯坦福大學東亞圖書館。

著録：

《中國地方志聯合目録》128 左［乾隆］盛京通志四十八卷首一卷　清吕耀曾、王河、宋筠修　清魏樞等纂　清乾隆元年刻本

《北京大學圖書館藏古籍善本書目》史部/地理類　盛京通志四十八卷　清吕耀曾修　魏樞纂　清乾隆元年刻本

Title：Shengjing tong zhi：48 juan；Juan shou：1 juan

Author：Lü Yaozeng [et al.] xiu；Wei Shu [et al.] zuan

Imprint：[China]，1736

（郭愷淳）

032　［乾隆］盛京通志四十八卷首一卷（史部/地理類）

清吕耀曾等修，魏樞等纂，清乾隆元年（1736）奉天府刻咸豐二年（1852）雷以誠校補重印本。三册，西式裝訂。半葉十行，行二十一字。白口，單黑魚尾，四周雙邊，框高十九點三釐米，寬十四點二釐米。内封題“盛京輿地全圖”。卷前有乾隆元年王河自序、凡例、纂修職名，前通志纂修姓氏、前通志續修姓氏、補修職名、咸豐二年奉天府府丞兼學政雷以誠跋、圖目、圖十四幀、目録等。版心上鐫書名，中鐫卷次、篇目，下鐫葉數。

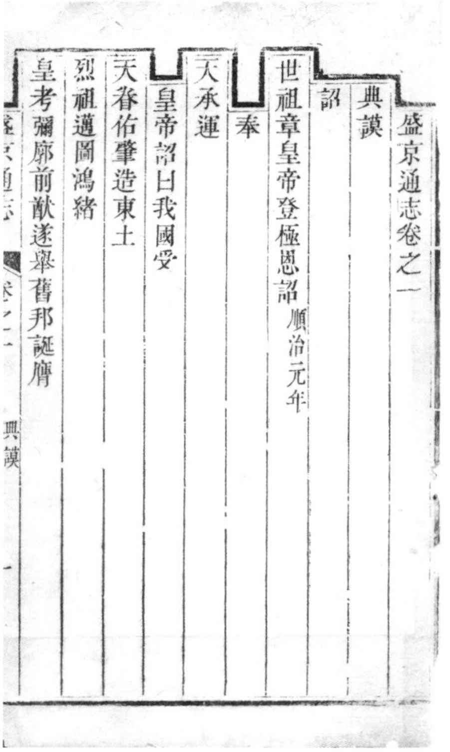

盛京通志卷之一

典謨

詔

世祖章皇帝登極恩詔 順治元年

奉

天承運

皇帝詔曰我國受

天眷佑肇造東土

烈祖遹圖鴻緒

皇考彌廓前猷遂舉舊邦誕膺

032　盛京通志（修版）

吕耀曾及魏樞事蹟見前篇。

雷以誠跋文指出：“《盛京通志》始於雍正末年，蕆事於乾隆初，攷核精詳，胥臻美備。乃歲月深久，版刊字跡脱落彌多，若不及時修補，將必等諸無用，甚且委棄塵埃，大有銅駝荊棘之懼。道光庚戌，余視學來瀋，與署承德令蔚堂興司馬、署府學裕三綱司鐸合議此舉，均慨然有同志。奈此地藏書家迄無善本，靡所遵循，幾至中止。裕三乃命其子於京師世家覓見昔年初印原本，而其人珍如珠寶，不獲出假。因就近另購一舊本，與所藏初本對核照鈔，票籤明晰，於咸豐元年（1851）冬由驛賚到。余竊喜裕三之力果而心精也，即以現存新本與舊本親加校

核，計共籤出約七千數百餘字。又經蔚堂司馬取出原版，逐加洗刷，偕各官合相重校，總計應行修補並全换葉者，共三萬餘字。爰合力捐貲，鳩工付剞，兩閱月而事竣。"可見此本爲雷以誠等在乾隆舊版基礎上修補而成，如卷十三第二葉，即爲重刻葉。

此本已被收藏者以西式裝訂爲三册，三册各粘"EX LIBRIS J. F. ROCK/駱博士印"及"THE HOOVER LIBRARY ON WAR, REVOLUTION, AND PEACE"藏書票，並蓋"HOOVER LIBRARY"墨戳。今藏斯坦福大學東亞圖書館。

著録：

《中國地方志聯合目録》128 左 [乾隆]盛京通志四十八卷首一卷　清咸豐二年雷以誠校補重印本

Title: Shengjing tong zhi: 48 juan; Juan shou: 1 juan

Author: Lü Yaozeng [et al.] xiu; Wei Shu [et al.] zuan; Lei Yicheng jiao bu

Imprint: [China], 1736; Lei Yicheng; 1852

（郭愷淳）

033　[乾隆]天津縣志二十四卷（史部/地理類）

3134 1335.83

清張志奇、朱奎揚修，清吴廷華等纂，清乾隆四年（1739）天津縣署刻同治九年（1870）補版印本，原二十四册，合訂爲二册，西式裝訂。半葉十行，行二十一字，白口，單黑魚尾，四周雙邊。框高十九釐米，寬十四點四釐米。各册書衣上有標籤，列明書名、册數、目録。卷前有乾隆四年陳弘謀序、程鳳文序、張文炳序、朱奎揚序、凡例、纂修職名、目録、天津縣境輿圖三幀。卷二十四後有乾隆四年吴廷華後序。版心上鐫書名，中鐫卷次、篇名，下鐫葉次。

張志奇，生卒年不詳，字鴻儒，山東利津（今屬山東東營）人。雍正八年（1730）進士。乾隆間前後兩次任天津知縣。事蹟見於《（同治）續天津縣志》、《（光緒）重修天津府志》。

朱奎揚，生卒年不詳，字南湖，浙江山陰（今屬浙江紹興）人。監生。歷任天津知縣、通州知府、江寧知府、江蘇按察使、蘇淞糧道等職。事蹟見於《（同治）續天津縣志》、《（光緒）重修天津府志》。

天津一地，明永樂間設衛，今存清康熙十四年（1675）薛柱斗修《天津衛志》四卷。雍正間升爲州，乾隆元年（1736）再升爲府，知府程鳳文始修《天津府志》四十卷。同年，下屬天津縣知縣張志奇始修《天津縣志》，次年以憂去，繼任朱奎揚再延碩彦，於乾隆四年成書二十四卷。

全志分紀、星土、地輿、形勝疆域、山川、古蹟、城池公署、學校、鹽法、海防、河渠、田賦、風俗物産、職官、名宦、選舉、人物、列女、藝文、雜記凡二十類。程鳳文序中讚揚道：

“卷首恭刊紀恩，昭王澤也；紀聖制，焕王章也。志海防以詳兵制，重設險之義也；志鹽筴以考方輸，表物土之宜也；志河渠以察疏浚，著平成之績也。他若風土之剛柔，物力之豐耗，民俗之淳漓，建置之因革，滌其綱紀，靡有闕失。至人物列女，更詳加諮訪，不虚美、不泯善，以求無負乎撰述之旨，洵可云典而且實、贍而不蕪者矣。”爲研究天津建制、文化及歷史之重要資料。另，同治九年崇厚修，吴惠元、俞樾、蔣玉虹纂，成《續天津縣志》二十卷首一卷，有天津縣署刻本，爲此書續篇。

此版由天津縣署刻成初印於乾隆四年，復於同治九年將舊版整修再印，即爲此本。一九二八年後，天津縣長水鈞韶捐貲再次補版，使此版歷經近二百年仍印書行世，是爲後話。

鈐“日本蠔山木亭寓架”朱文隨形印。函套内粘“HOOVER INSTITUTION on War, Revolution, and Peace FOUNDED BY HERBERT HOOVER, 1919”藏書票，並蓋“HOOVER LIBRARY”墨戳。今藏斯坦福大學東亞圖書館。

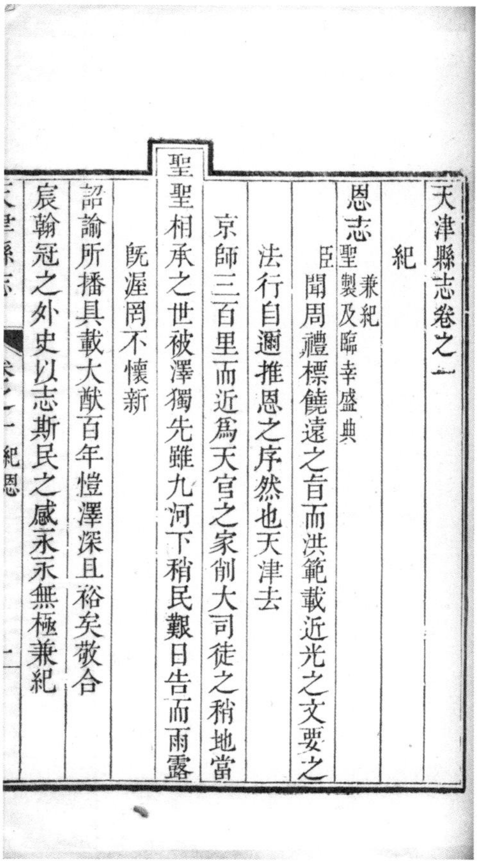
天津縣志卷之一
紀
恩志聖製兼紀及臨幸盛典
臣聞周禮標饒遠之旨而洪範載近光之文要之
法行自邇推恩之序然也天津去
京師三百里而近爲天官之家制大司徒之稍地當
聖聖相承之世被澤獨先雖九河下稍民艱日告而雨露
旣渥罔不懷新
詔諭所播具載大猷百年愷澤深且裕矣敬合
宸翰冠之外史以志斯民之感永永無極兼紀
天津縣志　卷之一　紀恩

033　天津縣志

著録：

《中國地方志聯合目録》23 右［乾隆］天津縣志二十四卷　清朱奎揚、張志奇修　清吴廷華等纂　清乾隆四年刻本(下註“有同治九年重印本”)

《北京大學圖書館藏古籍善本書目》史部/地理類 天津縣志二十四卷　清朱奎揚修　吴廷華、江沆纂　清乾隆四年刻本

《伯克萊加州大學東亞圖書館中文古籍善本書志》164［乾隆］天津縣志二十四卷　清朱奎揚修　清吴廷華、汪沆等纂　清乾隆四年刻本

Title: Tianjin xian zhi: 24 juan

Author: Zhu Kuiyang [et al.] xiu; Wu Tinghua [et al.] zuan

Imprint: [China] Tianjing Xian Shu, 1739

（郭愷淳）

034 [乾隆]口北三廳志十六卷首一卷(史部/地理類)

清金志章纂修,清黄可潤增修,清乾隆二十三年(1758)刻本,一函六册,綫裝。半葉十行,行二十二字,小字雙行同,白口,單黑魚尾,左右雙邊。框高十七點五釐米,寬十四點七釐米。卷首有乾隆二十三年黄可潤序、口北三廳全圖、目録及制敕。版心上鐫書名,中鐫卷次並附小字篇名,下鐫葉次。

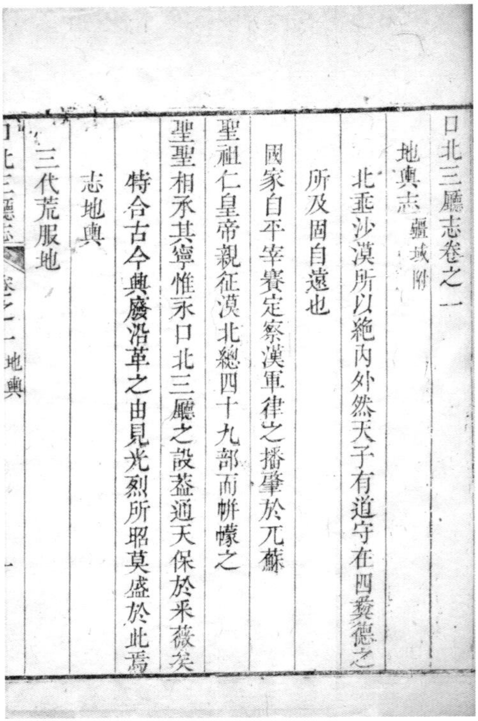
口北三廳志卷之一
地輿志 疆域附
北垂沙漠所以絕內外然天子有道守在四夷德之
所及罔自遠也
國家自平宰賽定察漢軍律之播聲於兀蘇
聖祖仁皇帝親征漢北總四十九部而帡幪之
聖聖相承其寧惟永口北三廳之設蓋通天保於采薇矣
特合古今興廢沿革之由見光烈所昭莫盛於此焉
志地輿
三代荒服地
口北三廳志 卷之一 地輿

034 口北三廳志

金志章,生卒年不詳,初名士奇,字繪卣,號江聲,錢塘(今屬浙江杭州)人。雍正元年(1723)舉人。由内閣中書遷侍讀。乾隆四年(1739)出爲直隸口北道,駐宣化府,七年(1742)離任。在任期間,纂修《口北三廳志》,爲内蒙古地區修志之始。亦有詩名,存《江聲草堂詩集》八卷。《清史列傳》卷七十一有傳。

黄可潤(1708—1764),字澤夫,號壶溪,龍溪(今屬福建)人。乾隆四年進士,十一年(1746)任宣化縣令。二十三年,增校金志章所修《口北三廳志》並刊印。

本志記載張家口、獨石口及多倫諾爾三廳(今河北省張家口地區與与内蒙古錫林郭勒盟所轄之張北、沽源、多倫三縣)之山川、古蹟、職官、官署、壇廟、經費、地糧、村窯户口、風俗物産、臺站、考牧、蕃衛、人物、列女、世紀、藝文、雜志等資料。每篇以三廳依次記述,博引歷代史料,地方政制沿革,民情、風俗,文化無不詳加記述,爲研究三廳地域歷史之珍貴史料。

據乾隆二十三年黄序,"可潤來尹宣邑,適郡志毁於火,因續刊之。三廳毗於宣,其事通宫保制府桐城方公,發前口北道錢唐金副使所創《三廳志》,畀增校而梓以傳焉",爲乾隆二十三年刻本。

函套内粘"HOOVER INSTITUTION on War, Revolution, and peace FOUNDED BY HERBERT HOOVER, 1919"藏書票及"GIFT OF HORACE W. CARPENTIER"籤。並蓋"LIBRARY OF THE UNIVERSITY OF CALIFORNIA"、"HOOVER LIBRARY"墨戳。今藏斯坦福大學東亞圖書館。

著録:

《中國地方志聯合目録》36 右［乾隆］口北三廳志十六卷首一卷　清黄可潤纂修　清乾隆二十三年刻本

《北京大學圖書館藏古籍善本書目》史部/地理類　口北三廳志十六卷　清黄可潤纂修　清乾隆刻本

《伯克萊加州大學東亞圖書館中文古籍善本書志》197［乾隆］口北三廳志十六卷首一卷　清金志章纂修　清黄可潤增校　清乾隆二十三年刻本

Title：Koubei san ting zhi：16 juan；Juan shou：1 juan

Author：Jin Zhizhang zuan xiu；Huang Kerun zeng xiu

Imprint：［China］，1758

（郭愷淳）

035　［乾隆］皋蘭縣志二十卷（史部/地理類）

清吴鼎新修，清黄建中纂，清乾隆四十三年（1778）刻本，一函四册，綫裝。半葉九行，行二十二字，白口，單黑魚尾，四周雙邊。框高十八點二釐米，寬十三點八釐米。卷前附乾隆三十九年（1774）勒爾序、乾隆四十三年梁濟瀌序、康熙二十五年（1686）郭景昌原序、王聘賢原序、萬曆王道成原序、凡例、目録。版心上鐫書名，中鐫卷次、篇名，下鐫葉次。

吴鼎新，生卒年不詳，如皋（今屬江蘇）人。乾隆間任皋蘭知縣、涼州知府。（據梁濟瀌序）

黄建中，生卒年不詳，字西圃，皋蘭縣（今屬甘肅）人。乾隆二十五年（1760）舉人，受命編纂《皋蘭縣志》。（據梁濟瀌序）

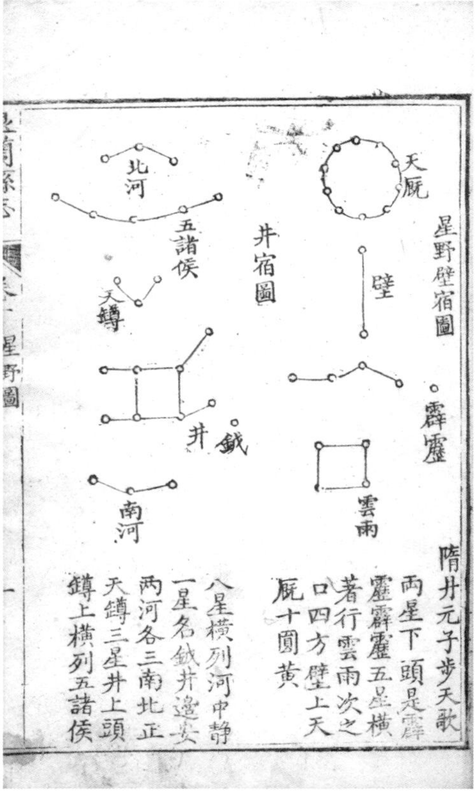

035　皋蘭縣志

皋蘭縣即蘭州，乾隆三年（1738）置縣。是志爲皋蘭置縣後首部方志。據梁濟瀌序："如皋吴明府撫字三年，教養備舉。甲午冬，慨然脩縣志屬余，余以疾固辭，委其事於孝廉黄西圃。先是，武邑孫君仲山粗定規模，西圃因之，復本王道成舊志詳加考訂。凡建置、賦役、文教、武衛以及風俗人物，綱舉目張,依類編次,彙爲二十卷,閱朞年而始成。時明府陞任涼州牧,猶眷眷舊治,不吝清俸,捐貲付梓。"全書分圖、表、星野、建置、疆域、官署、學校、風俗、賦稅、祠祀、武衛、古蹟、人物、藝文及雜録諸類,記述頗詳,爲研究清代皋蘭縣建置、文化、歷史之重要史料。

據卷前序,此本爲乾隆四十三年刻本。

書衣籤題上鈐"立雪草堂"朱文小方印。函套内粘"THE HOOVER LIBRARY ON WAR, REVOLUTION, AND PEACE"藏書票,並蓋"HOOVER LIBRARY"墨戳。今藏斯坦福大學東亞圖書館。

著録:

《中國地方志聯合目録》208 左 [乾隆]皋蘭縣志二十卷 清吴鼎新修 清黄建中纂清乾隆四十三年刻本

《北京大學圖書館藏古籍善本書目》史部/地理類 皋蘭縣志二十卷 清吴鼎新纂修清乾隆四十三年刻本

Title: Gaolan xian zhi: 20 juan

Author: Wu Dingxin xiu; Huang Jianzhong zuan

Imprint:[China], 1778

(郭愷淳)

036 [康熙]汝陽縣志十卷(史部/地理類)

清邱天英等修,清康熙二十九年(1690)刻乾隆後印本,一函八册,綫裝。半葉八行,行二十字,白口,單黑魚尾,四周單邊。框高十九釐米,寬十三釐米。卷前附舊志諸序跋(有缺葉)。卷一包括康熙二十九年九月院檄、續修縣志姓氏、原修舊志姓氏、原修舊志邑人姓氏、汝陽縣志總目、汝陽縣圖、邱天英《汝陽縣志敘》、沿革、星野、疆域、形勝、山川等。《總目》下署"汝陽縣知縣渭南邱天英續修"一行。版心上鐫書名,中鐫卷次及小目,下鐫葉數。

邱天英,生卒不詳,渭南(今屬陝西)人,監貢生。康熙二十九年,時任汝陽知縣。

汝陽,隋大業初割上蔡縣置,轄今汝南、平輿兩邑之域。清以前汝陽縣無單獨縣志,多附於郡志、州志或府乘之中。清順治年間,始修《汝陽縣志》。康熙二十九年,知縣邱天英又據順治本續修縣志。此後終有清一代,未再有續修。

此本卷前康熙二十九年九月《院檄》述續修《汝陽縣志》事,即康熙二十九年刻本。台灣成文出版社《中國方志叢書》影印所謂"清康熙二十九年刊本"《汝陽縣志》,與此不同版,其影印底本實非康熙二十九年刻本,而爲民國間石印本。

斯坦福本卷中已挖改乾隆諱字,爲乾隆之後印本。

函套内粘“THE HOOVER LIBRARY ACQUIRED THROUGH THE STANFORD UNIVERSITY LIBRARIES”藏書票。並蓋“HOOVER LIBRARY”墨戳。今藏斯坦福大學東亞圖書館。

著録：

《中國地方志聯合目録》591 左［康熙］汝陽縣志十卷　清邱天英修　清李根茂纂　清康熙二十九年刻本

Title：Ruyang xian zhi：10 juan

Author：Qiu Tianying[et al.] xiu

Imprint：[China]，1690

（馬月華）

河南汝寧府汝陽縣為重修省志以昭文治事
康熙二十九年六月二十二日蒙
巡撫河南等處地方提督軍務兼理河道都察院右副都御史加四級閻
憲票前事照得詩書雖缺必取信於師儒典禮
不亡幸取徵於文獻故國有史邑有志所以辨
風俗稽戶口崇懿徽示法守也矧豫州居天下
之中四方道里所均而可殘佚不補哉本都院
下車以來即檄取各府州縣志細加繙閱其志
汝陽縣志　卷之一　院檄

036　汝陽縣志

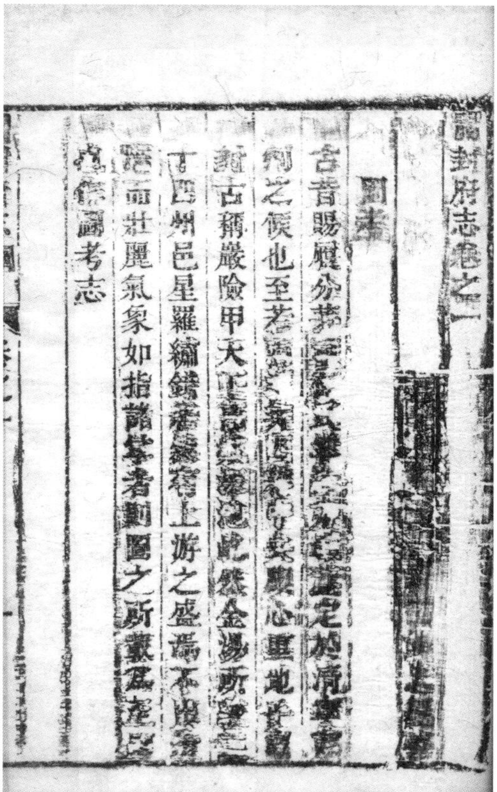
開封府志卷之一
圖考
古昔賜履分封[illegible]
[illegible]
封古稱巖險甲天下[illegible]
十四州邑星羅[illegible]上游之盛[illegible]
[illegible]而壯麗氣象如指諸掌者圖之所[illegible]
[illegible]圖考志

037　開封府志

037　[康熙]開封府志四十卷(史部/地理類)

清管竭忠修,清張沐纂,清康熙三十四年(1695)開封府署刻後印本,二函二十二册,綫裝。半葉十行,行二十字,白口,單黑魚尾,四周單邊。框高二十二點四釐米,寬十六點五釐米。卷前有康熙三十四年河南等處承宣布政使司布政使李國亮撰《開封府志敘》、康熙乙亥(三十四年)胡介祉《開封府志序》、康熙乙亥祖文明《開封府志序》、康熙三十四年管竭忠撰《開封府志序》,以及沈荃、錢綸等撰舊序,修志姓氏、舊修志姓氏及目録等。版心上鐫書名,中鐫卷次,下鐫葉數。

管竭忠,字蘊赤,奉天(今屬瀋陽)人,廕生。曾兩知開封府,前爲康熙二十五年(1686),再爲康熙三十二年(1693)。《(雍正)河南通志》卷三十六有載。

張沐,字仲誠,號起庵,上蔡(今屬河南)人,順治十五年(1658)進士,曾任四川成都府資縣知縣。《清史稿》列傳二百六十三有傳。

此書爲記述康熙間開封府轄域的地方志文獻,共四十卷。據卷前序,此本爲康熙三十四年開封府署刻本。然板片已多漫漶,"丘"字多改刻爲"邱",又挖改乾隆諱字"弘"作"宏",但不避"寧"字,或爲乾嘉間印本。

函套内粘"THE HOOVER LIBRARY ACQUIRED THROUGH THE STANFORD UNIVERSITY LIBRARIES"藏書票。今藏斯坦福大學東亞圖書館。

著録:

《中國地方志聯合目録》558左［康熙］開封府志四十卷　清管竭忠修　清張沐纂　清康熙三十四年刻本

《北京大學圖書館藏古籍善本書目》史部/地理類 開封府志四十卷　清管竭忠修　張沐纂　清康熙三十四年刻本

Title：Kaifeng fu zhi：40 juan

Author：Guan Jiezhong xiu；Zhang Mu zuan

Imprint：［China］，1695

(馬月華)

038　[乾隆]滎陽縣志十二卷(史部/地理類)

清李煦修,清李清纂,清乾隆十二年(1747)刻本,一函四册,綫裝。半葉九行,行二十一字,小字雙行同,白口,單黑魚尾,四周雙邊。框高十九點三釐米,寬十五釐米。卷前有"滎陽縣輿墜圖"十三幀、清乾隆十二年沈青崖序、乾隆十一年(1746)李煦重修滎陽縣志敘、凡例、及縣志編修職名。版心上鐫書名,中鐫卷次、篇名,下鐫葉次。

李煦,生卒年不詳,字扶東,四川富順(今屬四川自貢)人。康熙丁酉科(五十六年,1717)舉人。清乾隆間任滎陽知縣。

縣志詳記滎陽縣星野、地理、建置、賦役、禮樂、事實、帙官、選舉、人物、藝文等方面資料。李煦重修縣志敘中稱，“甲子秋，落憲滇南趙公檄飭各郡邑續修志乘，余雖不文，敢勿黽勉。爰即康熙戊午歲之舊志，取史傳通志，參互考訂，芟其蕪，補其缺。凡六十餘年内，茲土之事之人，廣搜叢輯，而權衡於其間，一周星而竣厥事。大小畢具，燦若列眉”。

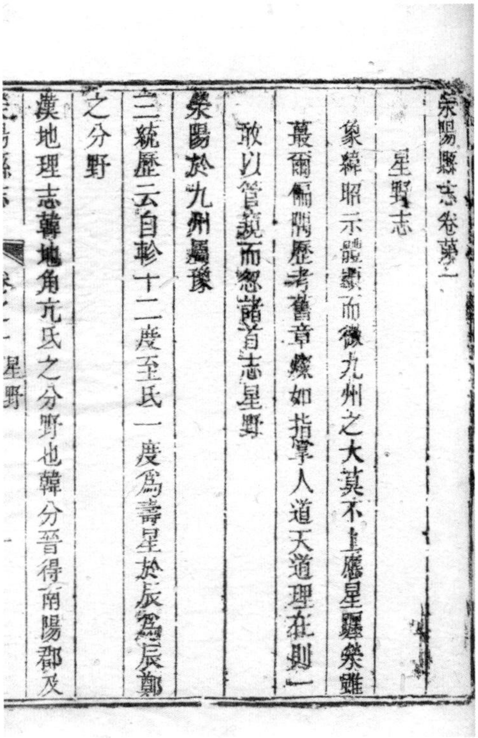

滎陽縣志卷第一

星野志

象緯昭示體顯而微九州之大莫不上應星躔滎雖

蕞爾偏隅歷考舊章瞭如指掌人道天道理在則一

敢以管窺而忽諸首志星野

滎陽於九州屬豫

三統歷云自軫十二度至氐一度爲壽星於辰爲辰鄭

之分野

漢地理志韓地角亢氐之分野也韓分晉得南陽郡及

滎陽縣志　卷之一　星野

038　滎陽縣志

凡例稱，“是志續纂于乙丑仲夏，斷手於丙寅仲春，釐爲一十二卷。”“丙寅”爲乾隆十一年。沈青崕序亦稱，“予以丙寅秋來蒞大□，斯志已經邑侯江陽李君梓成於春月”，可見乾隆十一年此書已刻成。今據沈青崕序年定爲清乾隆十二年刻本。此本字跡漶漫，多有不可辨認處，爲清代後印本。

鈐“伊東藏書”朱文方印。函套内粘“THE HOOVER LIBRARY ACQUIRED THROUGH THE STANFORD UNIVERSITY LIBRARIES”藏書票，並蓋“HOOVER LIBRARY”墨戳。今藏斯坦福大學東亞圖書館。

著録：

《中國地方志聯合目録》557 左 [乾隆]滎陽縣志十二卷　清李煦修　清李清纂　清乾隆十二年刻本

Title：Xingyang xian zhi：12 juan

Author：Li Xu xiu；Li qing zuan

Imprint：[China]，1747

（郭愷淳）

039　[熙寧]長安志二十卷圖三卷（史部/地理類）

3154 7334.5

宋宋敏求撰，清畢沅校正。附圖三卷，元李好文撰。清乾隆四十九年（1784）畢氏靈巖山館刻《經訓堂叢書》本，一函八册，綫裝。半葉十一行，行二十二字，小字雙行同，細黑口，雙黑魚尾，四周單邊。框高十九點七釐米，寬十四點九釐米。内封題“乾隆甲辰校刊/長安圖志/靈巖山館藏板”。卷前附熙寧九年(1076)趙彦若序、乾隆五十二年(1787)王鳴盛序。《長安志圖》卷端題“河濱漁者編類圖説/前進士頻陽張敏同校正/兵部侍郎兼都察院右副都御史巡撫陝西西安等處地方贊理軍務兼理糧餉欽賜一品頂戴畢沅新校正”。《長安志》卷端題“龍圖閣直學士右諫議大夫修國史特贈尚書禮部侍郎常山侯宋敏求撰/兵部侍郎兼都察院右副都御史巡撫陝西西安等處地方贊理軍務兼理糧餉欽賜一品頂戴畢沅新校正”。版心中鐫書名、卷次、及葉次。

宋敏求(1019—1079)，字次道，趙州(今屬河北)人。寶元二年(1039)賜進士及第，任館閣校勘。後任知太常禮院、集賢校理、亳州知府。治平中，召爲《仁宗實録》檢討官、知制誥、判太常寺，後加龍圖閣直學士，卒贈禮部侍郎。著有《春明退朝録》、《長安志》等。《宋史》卷二百九十一有傳。

李好文，生卒年不詳，字惟中，號河濱漁者，大名東明縣(今屬山東)人。至治元年(1321)進士，授濬州判官，入國子助教。歷任監察御史、禮部尚書。參與編修宋、金史。除《長安圖記》外，尚著有《歷代帝王寶鑑》、《大寶龜鑑》、《端本堂經訓要義》等，多亡佚。《元史》卷一百八十三有傳。

長安志圖卷上
河濱漁者編類圖說　前進士頻陽張敏同校正
兵部侍郎兼都察院右副都御史巡撫陝西西安等處地方贊理軍務兼理糧餉欽賜一品頂戴畢沅新校正
卷上目錄
漢三輔圖　奉元州縣圖
太華圖　漢故長安城圖
唐宮城坊市總圖　唐禁苑圖
唐大明宮圖　唐宮圖
唐皇城圖　唐京城坊市圖
唐城市制度圖　奉元城圖
城南名勝古跡圖　唐驪山宮圖

039　長安志

《長安志圖》三卷附於《長安志》前，係元代李好文編纂。《長安志圖》上卷録圖十四幅：漢三輔圖、奉元州縣圖、太華圖、漢故長安城圖、唐宮城坊市總圖、唐禁苑圖、唐大明宮圖、唐宮圖、唐皇城圖、唐京城坊市圖、唐城市制度圖、奉元城圖、城南名勝古蹟圖、唐驪山宮圖，而實存十一幅，唐皇城圖、唐京城坊市圖、唐城市制度圖亡佚。中卷録咸陽古蹟圖、唐昭陵圖、唐建陵圖、唐乾陵圖，並附唐陵圖説、圖志集説一十八篇。下卷録涇渠總圖、富平石川溉田圖、涇渠圖説、涇渠圖説序、渠堰因革、洪堰制度、用水則例、設立屯田、建言利病、總論諸篇。全書成於元至正二年(1342)，圖志合璧。《四庫全書總目》提要讚之：“凡漢唐宮闕陵寢及渠涇沿革制度皆在焉，總爲圖二十有二，其中渠涇圖説，詳備明晰，尤有裨於民事。非但考古蹟，資博聞也。”該書爲研究元代長安州縣建置、城鎮佈局、民生、唐陵制度、及涇渠農田水利建設之珍貴史料。惟該書至明代與宋敏求所編之《長安志》合刊，並列於《長安志》之前，《四庫全書總目》提要評之"强合爲一，世次紊越。既乖編録之體，且圖與志兩不相應，尤失古人著書之意"。

《長安志》二十卷分別記長安分野、土産、土貢、風俗、四至、管縣户口、雜制、雍州、京都、京兆尹、府縣官、歷代宫室、唐皇城、所領縣邑。於城郭、坊市、山川、道里、郵驛、宫室、官邸、寺院、風俗、物産、人文，記載極盡詳備。《四庫全書總目提要》稱讚該志"精博宏贍，舊都遺事，藉以獲傳，實非他地志所能及"。而王鳴盛序也稱："唐以前地志存者寥寥，宋元人作存者不下二十餘，然皆南方之書。北方唯有此志，與于欽齊乘耳。而長安漢唐都邑所在，事蹟尤夥，記載尤宜加詳。宋氏此編，綱條明晰，贍而不穢，可云具體"。該志實爲研究唐長安及周圍區域歷史、地理、政治、社會、經濟、文化之重要史書。

據乾隆五十二年王鳴盛序，此書爲畢沅任陝西巡撫時，訪得宋敏求《長安志》，校正後付梓，並附以李好文之《長安圖志》三卷。據内封，此本爲乾隆四十九年畢沅靈巖山館刻《經訓堂叢書》本零種。

鈐"葵珊經眼"白文印。卷十八第九葉附批註夾條，上書："'以供國周'，椿案'周'當爲'用'字之誤也。"函套内粘"THE HOOVER LIBRARY ACQUIRED THROUGH THE STANFORD UNIVERSITY LIBRARIES"藏書票。今藏斯坦福大學東亞圖書館。

著録：

《中國地方志聯合目録》162右[熙寧]長安志二十卷圖三卷　宋宋敏求纂　元李好文繪圖　清畢沅校正　清乾隆四十九年鎮洋畢氏靈巖山館刻《經訓堂叢書》本

《北京大學圖書館藏古籍善本書目》史部/地理類　長安志二十卷附圖三卷　宋宋敏求纂修　清乾隆四十九年刻本

Title：Chang'an zhi：20 juan

Author：Song Minqiu zhuan；Bi Yuan jiao zheng

Title：Chang'an zhi tu：3 juan

Author：Li Haowen zhuan

Imprint：[China]：Bi shi Ling yan shan guan，1784

（郭愷淳）

040　日下舊聞四十二卷附補遺(史部/地理類)

清朱彝尊會粹，清朱昆田補遺，清康熙二十七年(1688)朱氏刻清末修補印本，二函十二册，綫裝。半葉十二行，行二十一字，注文小字單行，字數同，白口，單黑魚尾，四周單邊。框高十八點八釐米，寬十三點九釐米。卷前有張鵬序、馮溥序，《日下舊聞目録》、抄撮書目録。《目録》下題"秀水朱彝尊會粹 男昆田補遺"。版心上鐫書名，中鐫卷次，下鐫葉數。各卷之後附朱昆田《補遺》。

朱彝尊（1629—1709），字錫鬯，號竹垞、小長蘆等，嘉興府秀水縣（今屬浙江）人。康熙十八年（1679）舉博學鴻詞，授翰林院檢討，與修《明史》，入直南書房。精於金石考證之學，長於古文、詩詞。詩與王士禛齊名，詞與陳維崧齊名。著有《曝書亭集》、《經義考》、《日下舊聞》等，編《明詩綜》、《詞綜》等。《清史稿》列傳二百七十一有傳。

朱昆田（1652—1699），字文盎，一字西畯，朱彝尊子。諸生。著有《笛漁小稿》（附《曝書亭集》中）。《清史列傳》卷七一有傳。

朱氏從千餘種史籍中，摘録有關北京歷史、地理、衙署、風俗、名勝等史料，整理考訂匯輯爲《日下舊聞》。後乾隆命于敏中等在《日下舊聞》的基礎上重加考訂增補而成《日下舊聞考》一百六十卷，成爲清政府官修的北京地方史料巨著。

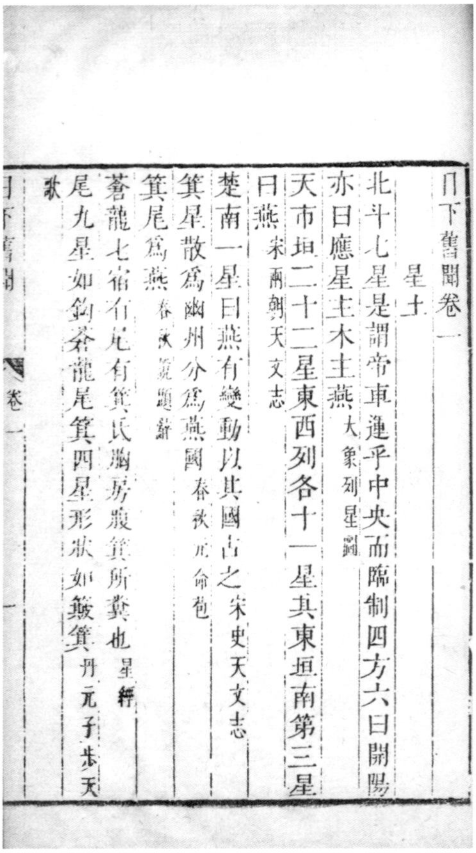
日下舊聞卷一
星土
北斗七星是謂帝車運乎中央而臨制四方六曰開陽
亦曰應星主木主燕 大象列星圖
天市垣二十二星東西列各十一星其東垣南第三星
曰燕 宋兩朝天文志
楚南一星曰燕有變動以其國占之 宋史天文志
箕星散爲幽州分爲燕國 春秋元命包
箕尾爲燕 春秋說題辭
蒼龍七宿有尾有箕氐胸房腹箕所糞也 星經
尾九星如鉤蒼龍尾箕四星形狀如簸箕 丹元子步天
歌
日下舊聞 卷一 一

040 日下舊聞

《日下舊聞》始輯於康熙二十五年（1686），第二年書即成。一時名士如馮溥、陳廷敬、徐元文、張鵬、高士奇、姜宸英等皆爲該書作序，時任刑部尚書的徐乾學並出資助其刊刻，康熙二十七年此書刻成。此本即康熙二十七年刻本，然卷前缺序較多，且板多漫漶，内多修版補刻葉，爲清末印本。

此本卷一第四葉粘有一紙浮籤，上題："樾案，又《漢書·地理志》'武王定殷，封邵公於燕。'"鈐"廣陵胡氏圖書印"白文印、"慈谿馮可鏞藏書"白文印、"金茗之印"白文印、"金紹綸印"白文印、"金克誠印"朱文圓形印、"舸月讀書記"朱文印、"大興金氏繩齋藏書之印"朱文印等。函套内粘"THE HOOVER LIBRARY ACQUIRED THROUGH THE STANFORD UNIVERSITY LIBRARIES"藏書票。今藏斯坦福大學東亞圖書館。

著録：

《柏克萊加州大學東亞圖書館中文古籍善本書志》200 日下舊聞四十二卷　清朱彝尊撰　清朱昆田補遺　清康熙二十七年六峯閣刻本

Title: Ri xia jiu wen: 42 juan; Bu yi
Author: Zhu Yizun hui cui; Zhu Kuntian bu yi
Imprint: [China]:Zhu shi, 1688

（馬月華）

041　宸垣識略十六卷（史部/地理類）

清吴長元輯，清乾隆五十三年（1788）池北草堂刻本，二函十六册，綫裝。半葉九行，行二十一字，白口，單黑魚尾，左右雙邊。框高十二點九釐米，寬九點八釐米。内封題“乾隆戊申冬/宸垣識略/池北草堂開彫”。卷前有邵晉涵序、戊申（乾隆五十三年）余集序、目録、例言。該書配地圖十八幅，分入於各卷。卷端下題“仁和吴長元太初氏輯”一行。版心上鐫書名，中鐫卷次，下鐫葉數。

吴長元，生卒不詳，字太初，號麗煌，仁和（今屬浙江）人。乾隆時客遊京師十餘載，“以著述自娱，屢爲縉紳先生讎校秘册”（余集序）。著有《宸垣識略》等，並輯佚宋蘇過《斜川集》等書。《兩浙輶軒續録》卷三等有載。

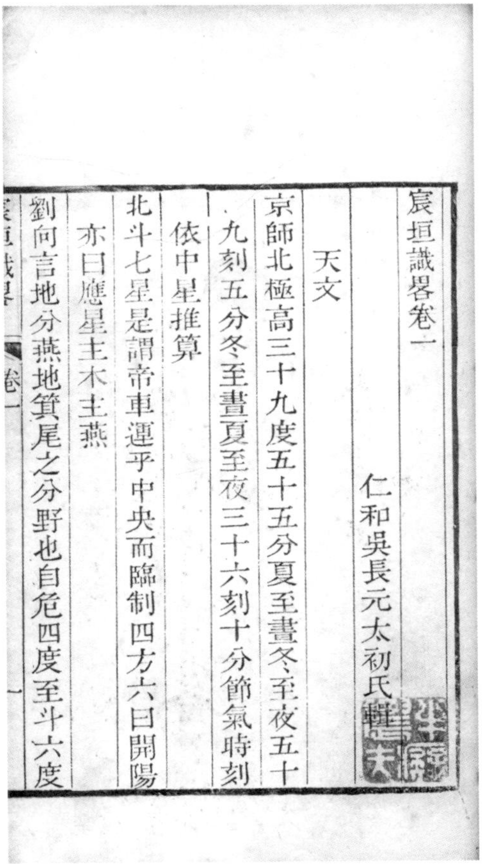
宸垣識畧卷一
仁和吳長元太初氏輯
天文
京師北極高三十九度五十五分夏至晝冬至夜五十
九刻五分冬至晝夏至夜三十六刻十分節氣時刻
依中星推算
北斗七星是謂帝車運乎中央而臨制四方六曰開陽
亦曰應星主木主燕
劉向言地分燕地箕尾之分野也自危四度至斗六度

041　宸垣識略

《宸垣識略》一書依據朱彝尊輯《日下舊聞》和乾隆敕編《日下舊聞考》兩書增删重訂而成。卷前余集序指出：“太初氏客京師十餘載，……又留心掌故，即經一坊巷、一梵剎，亦必詢其所自，將擬爲《帝京景物》、《長安可游》之續。會有詔修朱氏《日下舊聞》爲《日下舊聞考》，書成，得讀之。乃綜括其大綱，參之以所掇拾，上自宫府，下迄郊坰，爲《宸垣識略》十六卷。”《日下舊聞》、《日下舊聞考》兩書爲北京地方史料巨著，但由於卷帙浩繁，查閲不便。吴長元採掇兩書大綱，删繁存精，並根據自己實地考察糾謬補缺，而成此書。

據卷前内封，此本爲乾隆五十三年池北草堂刻本。《續修四庫全書》史部第730册影印浙江省圖書館藏清乾隆五十三年池北草堂刻《宸垣識略》十六卷，與此本同版。兩者比對,斯坦福本有不少修板補刻葉,其刷印年代晚於浙江省圖書館藏本。

此本鈐"半癡農夫"白文印、"虎臥鳳閣"白文印、"昚(慎)終齋珍藏"朱文印。函套内粘"THE HOOVER LIBRARY ACQUIRED THROUGH THE STANFORD UNIVERSITY LIBRARIES"藏書票,並蓋"HOOVER LIBRARY"墨戳。今藏斯坦福大學東亞圖書館。

著録:

《續修四庫全書》史部第730册影印浙江省圖書館藏清乾隆五十三年池北草堂刻本《宸垣識略》十六卷

《柏克萊加州大學東亞圖書館中文古籍善本書志》202 宸垣識略十六卷　清吴長元撰　清乾隆五十三年池北草堂刻本

《美國哈佛大學哈佛燕京圖書館藏中文善本書志》0748 宸垣識略十六卷　清吴長元輯　清乾隆五十三年池北草堂刻巾箱本

Title: Chen yuan shi lue: 16 juan.

Author: Wu Changyuan ji

Imprint:[China]: Chi bei cao tang, 1788

(馬月華)

042　四明山志九卷(史部/地理類)

3035.29 616.81

清黄宗羲輯,清李暾等訂,清黄炳、黄百家校,清康熙四十年(1701)黄炳刻清代增修本,一函二册,綫裝。半葉十一行,行二十二字,上白口,下黑口,單魚尾,四周單邊。框高十九點七釐米,寬十四釐米。卷前有朱彝尊序、靳治荊序、康熙辛巳(四十年)宋定業序、黄宗羲序、康熙辛巳黄宗裔序。首卷卷端下題"遺獻黄宗羲輯/甬上後學李暾訂/姪炳男百家仝校"。版心上鐫書名,中鐫卷次小目,下卷葉數。

黄宗羲,生平介紹見本書志所收《明儒學案》。

李暾(1660—1734),字寅伯,號東門,鄞縣(今屬浙江)人,監生。負才氣,頗任俠,喜召客,性好遊。不務講學,亦不求仕進。黄宗羲謂其詩能獨開生面。著有《松梧閣詩集》、《閑閑閣草》、《寄軒草》。清阮元編選《兩浙輶軒録》卷十六有傳。

《四明山志》爲浙東名山四明山的一部地方專志。黄宗羲自序云:"余家四明山,在北面七十峰之下,……余往來山中,……因以足之所歷與記傳文集相勘,……壬午歲余作《四明山志》。"詳述其成書經過。該書内容包括卷一名勝,卷二伽藍,卷三靈跡,卷四記九題考,卷五丹山圖詠,卷六石田山房詩,卷七詩括,卷八文括,卷九撮殘,所記十分詳盡。

此本卷前康熙四十年黄宗裔序言及此書刊刻:"仲簡聞之,慨然任剞劂焉。仲簡名炳，吾宗姪行也。"爲康熙四十年黄炳刻本。不過，卷前朱彝尊序署年爲康熙四十二年(1703)(斯坦福本缺署年一行)，該序當刻於康熙四十二年後。此本版葉已多漫漶，有些葉爲補刻。

《續修四庫全書》史部第723册影印北京圖書館(今中國國家圖書館)藏清康熙四十年黄炳刻本，與斯坦福本同版，但兩者略有異。《續修》本卷首爲朱彝尊序，第二葉首行署："康熙癸未上元日嘉禾竹垞朱彝尊書"，康熙癸未當四十二年，斯坦福本此葉缺。《續修》本各卷卷端下皆題："遺獻黄宗羲輯/古吴後學周靖訂/姪炳男百家仝校"，而斯坦福本卷一、卷三、卷七卷端下"古吴後學周靖訂"一行均挖改作"甬上後學李暾訂"。斯坦福本另有不少增刻、補刻葉，如卷四第十葉，《續修》本爲該卷末葉，斯坦福本於該葉後又增刻第十一、十二、十三葉計三葉的内容，且第十葉重刻。又如，斯坦福本在卷七第十七和十八葉兩葉間增刻"又十八"、"又十八二"兩葉。

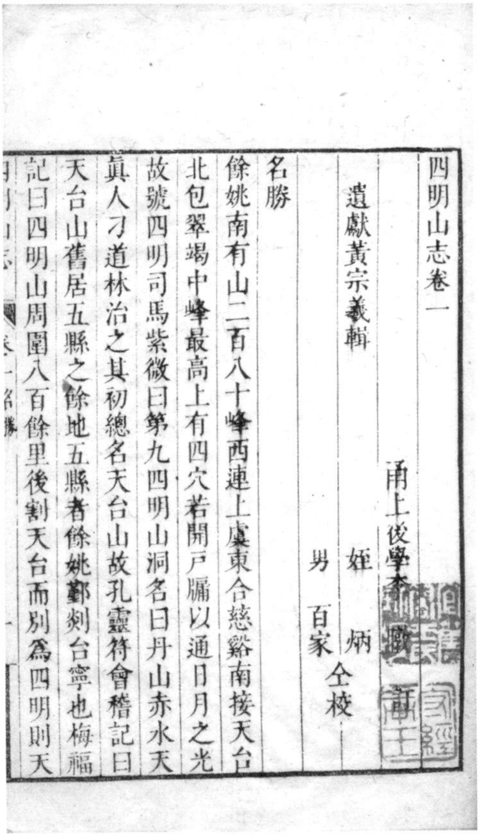
四明山志卷一
遺獻黃宗羲輯　甬上後學李暾訂
姪　炳
男　百家　仝校
名勝
餘姚南有山二百八十峰西連上虞東合慈谿南接天台
北包翠竭中峰最高上有四穴若開戶牖以通日月之光
故號四明司馬紫微曰第九四明山洞名曰丹山赤水天
眞人刁道林治之其初總名天台山故孔靈符會稽記曰
天台山舊居五縣之餘地五縣者餘姚鄞剡台寧也梅福
記曰四明山周圍八百餘里後割天台而別爲四明則天

042　四明山志

此本鈐"守經軒王"朱文印、"閣王氏珍藏"印。偶有缺葉，如卷一缺第二十三、二十四葉；卷八缺第一葉、第三至第七葉；卷九缺第五葉。卷八第二十一、二十二兩葉裝訂錯誤。函套内粘"THE HOOVER LIBRARY ACQUIRED THROUGH THE STANFORD UNIVERSITY LIBRARIES"藏書票，並蓋"HOOVER LIBRARY"墨戳。今藏斯坦福大學東亞圖書館。

著録：

《四庫全書存目叢書》史部第236册影印北京图書館藏清康熙四十年黄炳刻本四明山志九卷

《續修四庫全書》史部第723册影印北京圖書館藏清康熙四十年黄炳刻本四明山志九卷

Title: Siming shan zhi: 9 juan

Author: Huang Zongxi ji; Li Tun ding; Huang Bing and Huang Baijia jiao

Imprint:[China]: Huang Bing, 1701

（馬月華）

043　外國傳八卷(史部/地理類)

2375 4122

清尤侗纂,清康熙刻乾隆彙印《西堂餘集》本,一函四册,綫裝。半葉十行,行二十一字,白口,單黑魚尾,左右雙邊。框高十七點六釐米,寬十三點九釐米。卷前有目録。卷端下題"史官尤侗纂"一行。版心上鐫書名,中鐫卷數,下鐫葉次。

外國傳卷一　史官尤侗纂
論曰禹貢五百里甸服五百里侯服五百里賓服五百
里要服五百里荒服而祭公謀父申之曰甸服者祭侯
服者祀賓服者享要服者貢荒服者王有不祭則修意
有不祀則修言有不享則修文有不貢則修名有不王
則修德序成而有不至則修刑于是乎有刑不祭伐不
祀征不享讓不貢告不王于是乎有刑罰之辟有攻伐
之兵有征討之備有威讓之令有文告之辭先王之制
如是而已嚴尤以爲古無上策周得中策漢得下策秦

043　外國傳

尤侗(1618—1704),字展成,一字同人,號悔庵,晚號艮齋、西堂老人、鶴栖老人、梅花道人等,長洲(今江蘇蘇州)人。明諸生,入清,爲順治三年(1646)副榜貢生。康熙十八年(1679)舉博學鴻儒,授翰林院檢討,與修《明史》。尤侗才情敏捷,文名早著。順治帝稱之爲"真才子",康熙帝稱之爲"老名士"。尤侗在詩文詞曲領域均有很高造詣。著有詩文集《鶴栖堂稿》,文集《西堂雜組》,詞集《百末詞》,文學評論著作《艮齋倦稿》,傳奇《鈞天樂》,雜劇《讀離騷》、《清平調》、《桃花源》、《吊琵琶》、《黑白衛》等等,著作浩繁,除《鶴栖堂稿》外,大都收入《西堂全集》、《西堂餘集》中。曾自撰《悔庵年譜》,記事至其去世前一年。《清史稿》列傳二百七十一有傳。

《外國傳》爲尤侗與修《明史》時所作,即今通行之二十四史本《明史·外國傳》(《明史》卷三百二十至三百二十八)初稿。該書專門記述明王朝與其他國家和地區之關係,包括許多域外地理和中外交通的内容。《外國傳》雖是記述明代史實,但因成書於清初,實際上反映清初域外地理觀念。

此本卷前卷後無序跋,爲康熙刻本。清康熙間遞刻尤侗《悔庵年譜》、《性理吟》、《續論語詩》、《艮齋倦稿》、《明史擬稿》、《外國傳》等十餘種書,乾隆時彙印爲《西堂餘集》。此本挖改乾隆諱字,"弘"缺末筆,但不避"寧"字,蓋即彙印本《西堂餘集》零種。

函套内粘"THE HOOVER LIBRARY ON WAR, REVOLUTION, AND

PEACE"藏書票,並蓋"HOOVER LIBRARY"墨戳。今藏斯坦福大學東亞圖書館。

著録:

《中國古籍善本書目》叢部/自著叢書 459 西堂全集四種一百二十八卷　清尤侗撰　附一種六卷　清康熙刻本(其中《西堂餘集》包括外國傳八卷)

《北京大學圖書館藏古籍善本書目》史部/地理類　外國傳八卷　清尤侗編　清康熙刻本

Title: Wai guo zhuan: 8 juan

Author: You Tong zuan

Imprint:[China], 1662—1722

(馬月華)

044　海國聞見録二卷(史部/地理類)

清陳倫炯撰,清馬俊良重訂,清林秉璐校字,清乾隆五十八年(1793)石門馬氏刻本,一函二册,綫裝。半葉八行,行二十字,無直格,白口,單黑魚尾(卷一前兩葉爲"單綫魚尾"),左右雙邊。框高十五點一釐米,寬十點八釐米。卷前有乾隆癸丑(五十八年)"重刻海國聞見録"(末署"石門馬俊良重訂/蛟川林秉璐校字")、乾隆九年(1744)那蘇圖序、乾隆八年(1743)納蘭常安序、乾隆九年彭啟豐序、雍正八年(1730)陳倫炯自序、目次。版心上鐫書名,下鐫葉次。

陳倫炯,生卒年不詳,《清史稿》作陳倫蜅,字次安,號資齋,同安(今屬福建厦門)人。康熙時以蔭生授三等侍衛。雍正初,授台灣鎮總兵,調廣東高廉。乾隆時擢浙江提督。著有《海國聞見録》。《清史稿》列傳七十一有傳。

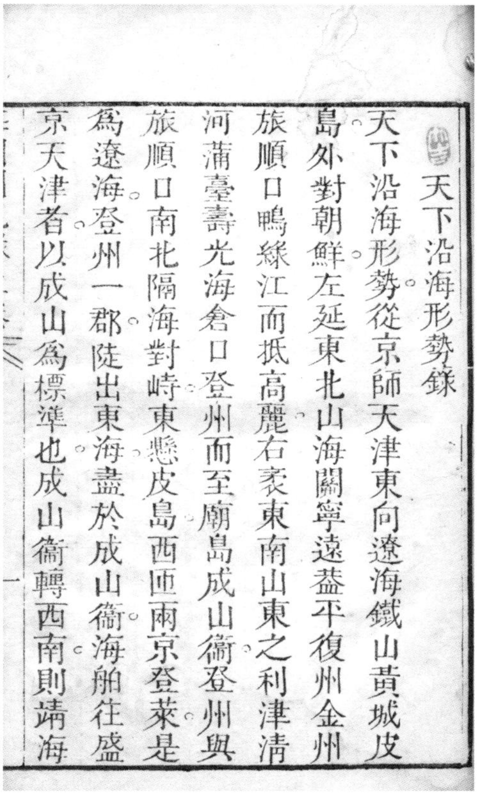
天下沿海形勢錄
天下沿海形勢從京師天津東向遼海鐵山黃城皮島外對朝鮮左延東北山海關寧遠蓋平復州金州旅順口鴨綠江而抵高麗右袤東南山東之利津清河蒲臺壽光海倉口登州而至廟島成山衞登州與旅順口南北隔海對峙東懸皮島西匝兩京登萊是爲遼海登州一郡陸出東海盡於成山衞海舶往盛京天津者以成山爲標準也成山衞轉西南則靖海

044　海國聞見録

陳倫炯之父陳昂爲海商,倫炯少時即與父遊遍東亞、東南亞。及至入宫,又得閲諸多地理圖籍。《海國聞見録》爲陳倫炯據其所見、所閲、所聞有關世界海域地理情勢之記述。據陳自序:"少長,從先公宦浙,聞日本風景佳勝,且欲周諳明季擾亂閩、浙、江南情實。庚寅夏，親遊其地。及移鎮高、雷、廉，壤接交址，日見西洋諸部估客，詢其國俗、考其圖籍，合諸先帝所圖示指畫，毫髮不爽。乃按中國沿海形勢、外洋諸國疆域相錯、人風、物産、商賈貿遷之所，備爲圖誌。蓋所以志聖祖仁皇帝暨先公之教於不忘，又使任海疆者知防禦搜捕之扼塞，經商者知備風潮、警寇掠，亦所以廣我皇上保民卹商之德意也。"上卷收"天下沿海形勢録"、"東洋記"、"東南洋記"、"小西洋記"、"大西洋記"、"崑崙"、及"南澳氣"，涵蓋中國沿海、朝鮮、日本、安南、柬埔寨、暹羅等及西亞、非洲、歐洲諸國海洋地理概況與風土民情。下卷録"四海總圖"、"沿海全圖"、"台灣圖"、"台灣後山圖"、"澎湖圖"及"瓊州圖"。該書爲研究清代中國之世界地理概念及海防形勢之重要資料。

卷前乾隆五十八年馬俊良"重刻海國聞見録"序稱："今晴蘭林先生復訪得原本校正貽予，重刻以廣其傳，俾有事洋面者咸知趨避。"據序，此本爲乾隆五十八年石門馬氏刻本。此書另有乾隆九年刻本，行款與此本不同。

函套内粘"THE HOOVER LIBRARY ON WAR, REVOLUTION, AND PEACE"藏書票，並蓋"HOOVER LIBRARY"墨戳，今藏斯坦福大學東亞圖書館。

北京大學圖書館藏有兩部同版書。

Title：Hai guo wen jian lu：2 juan

Author：Chen Lunjiong zhuan；Ma Junliang chong ding；Lin Binglu jiao zi

Imprint：[China] Zhejiang：Shimen Ma shi，1793

（郭愷淳）

045　朝鮮史略六卷（史部/地理類）

3482 4256

未署撰者，日本文政五年（1822）刻本，一函六册，綫裝。半葉九行，行十八字，小字雙行同，無魚尾，四周雙邊。框高十九點八釐米，寬十四點一釐米。書籤題"官板/朝鮮史略"。卷一末題"皇明萬曆丁巳（四十五年，1617）/莆中郭天中聖僕校"，卷二末題"皇明萬曆丁巳/吴郡趙宧光凡夫校"，卷三末題"皇明萬曆丁巳/吴郡黄習遠伯傳校"，卷四末題"皇明萬曆丁巳/吴郡葛一龍震父校"，卷五末題"皇明萬曆丁巳/閩中何璧玉長校"，卷六末題"皇明萬曆丁巳/秣陵廖悦傳生校"及"文政五年刊"。天頭附印與韓本相異字及朱筆記録。版心鐫書名、卷次及葉次。

原書無撰者名，亦無序跋及目録。據《四庫全書總目》，該書又名《東國史略》，"乃明時朝鮮人所紀其國治亂興廢之事，始於檀君，終於高麗恭讓王王瑶，自新羅朴氏以前稍略，而高麗王建以後則皆編年記載，事蹟頗具。""今觀其序事詳略，雖不能盡合體要，而哀輯遺聞，頗爲賅具。讀列國傳者，亦可以資參考焉。"

該本爲日本文政五年刻本，係據萬曆四十五年郭天中、趙宧光等校本重刊。而今存萬曆四十五年刻本已經屬於稀見本。

鈐“祖光文庫”朱文方印、“黑川真道藏書”朱文長方印、“黑川真賴藏书”朱文長文印、“黑川真賴”朱文圓印、“外交”朱文圓印等。函套内粘“THE HOOVER LIBRARY ACQUIRED THROUGH THE STANFORD UNIVERSITY LIBRARIES”藏書票,並蓋“HOOVER LIBRARY”墨戳。今藏斯坦福大學東亞圖書館。

Title: Chaoxian shi lüe: 6 juan

Imprint: [Japan], 1822

(郭愷淳)

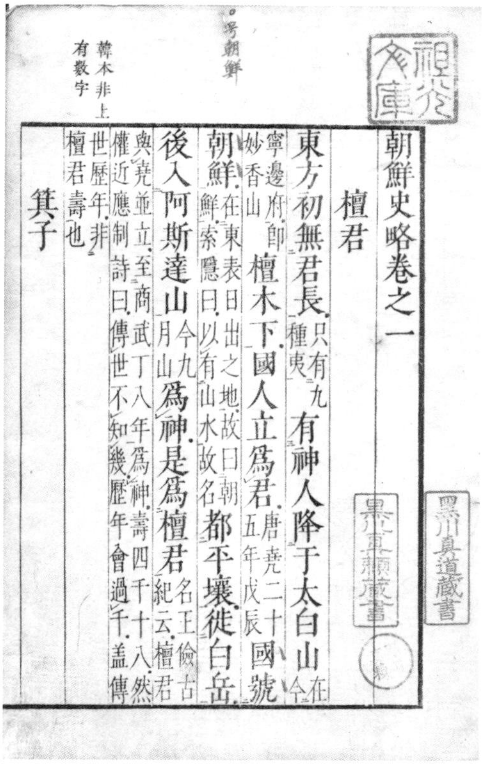
祖光文庫
朝鮮史略卷之一
檀君
東方初無君長只有九種夷有神人降于太白山今在寧邊府即妙香山檀木下國人立爲君唐堯二十五年戊辰國號朝鮮在東表日出之地故曰朝鮮索隱曰以有仙水故名都平壤徙白岳後入阿斯達山今九月山爲神是爲檀君名王儉古紀云檀君與堯並立至商武丁八年爲神壽四千十八然權近應制詩曰傳世不知幾歷年會過千蓋傳世歷年非檀君壽也
箕子
黒川真賴藏書
黒川真道藏書

045　朝鮮史略

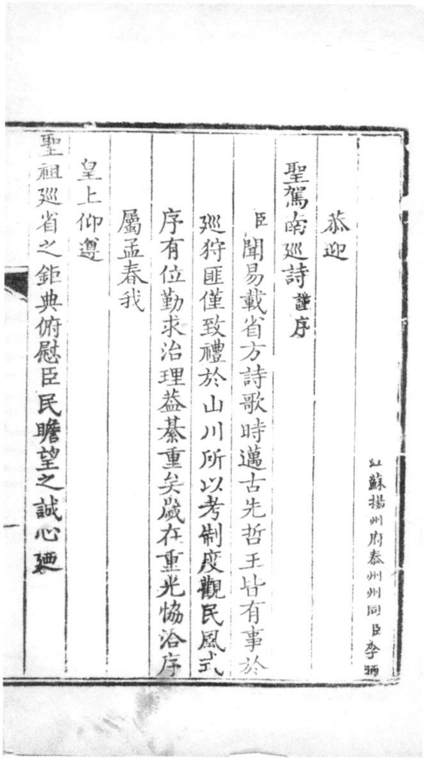
恭迎
聖駕南巡詩謹序
臣聞易載省方詩歌時邁古先哲王皆有事於
巡狩匪僅致禮於山川所以考制度觀民風式
序有位勤求治理蓋綦重矣歲在重光協洽序
屬孟春我
皇上仰遵
聖祖巡省之鉅典俯慰臣民瞻望之誠心
江蘇揚州府泰州州同臣李炳

046　木龍書

046　木龍書一卷(史部/政書類)

清李昞編撰,清乾間刻本,一册,西式裝訂。半葉九行,行字不等,除“木龍説”爲四周單邊、版心全白外,餘篇皆爲白口,單黑魚尾,四周雙邊。框高十九點二釐米,寬十三點九釐米。卷末有李映跋。版心下鐫葉次。

李昞，生卒年不詳，字雙士，漢陽（今屬湖北）人，乾隆間曾任江蘇揚州府泰州通判。事蹟見《清稗類鈔·物品類》。

此書書衣籤題“木龍成規”，但“木龍成規”實僅爲書中一節内容。因此正題名仍稱“木龍書”爲宜。此書由李昞《恭迎聖駕南巡詩謹序》、《恭進木龍頌謹序》、自題、“木龍紀略”、“木龍説”、“木龍題詠”、“題定河工木龍成規”等篇合輯。書中詳細記述木龍製作方法並附圖樣。李昞奏表中稱，其仿宋陳堯佐製作木龍之義，備增法制，條析功用，曾建議清口御壩下建木龍“以淤本工之護沙，刷對射之灘嘴”，結果“厥效初著”。乾隆帝御批可試行，其後河道工程，木龍之護岸護壩功效屢試不爽。李昞遂輯奏文、題詠及製作法於一書刊行。其中以“題定河工木龍成規”一篇記述木龍制式規格最詳，爲清代水利工程研究之珍貴資料。

此書爲乾隆間刻本，不避“顒”字。《中國古籍善本書目》未收入此書。

鈐“HOOVER LIBRARY”墨戳。今藏斯坦福大學東亞圖書館。

著録：

《清華大學圖書館藏善本書目》（清華大學出版社，2003年）4591 木龍成規　清李昺撰　附敕封靈佑襄濟河神黄大王事蹟全志　清趙載元撰　清乾隆間刻本

Title：Mu long shu

Author：Li Bing bian zhuan

Imprint：[China]，1736—1795

（郭愷淳）

047　欽定軍器則例三十六卷卷首一卷（史部/政書類）

清工部編纂，清乾隆五十七年（1792）工部刻本，二函十八册，綫裝。半葉九行，行二十字，白口，單黑魚尾，四周雙邊。框高二十二點二釐米，寬十五點二釐米。首卷有乾隆五十七年工部尚書金簡奏疏、則例總目、“欽定藥鉛火繩做法則例”、“欽定水陸運費則例”、“欽定硝磺鉛斤價值則例”。各篇卷前附分類目録。版心上鐫“欽定軍器則例”，中鐫卷次，下鐫葉次及篇名。此書書名據版心題名。

此書分“旗幟做法”七卷、“涼蓬帳房做法”二卷、“盔甲做法”四卷、“器械做法”四卷、“鎗砲做法”一卷、“各省物料匠工價值”十八卷，共計三十六卷。據工部尚書金簡奏疏，“内開各省實在應修軍械器具所需工料等項向例歸工部辦理，但各省物料價值貴賤不等，應令各該省將各項器具長寬尺寸並所需工料一併造報工部，詳悉核定，再行載入則例”，因此工部對各省所報物料價值反复籌酌核定，以期“不特兵丁操演得力，而工料錢糧均歸核實矣”。

金簡奏疏末稱：“伏祈皇上訓示，俟命下之日臣部刊刻成書，頒發各省，旗營緑營一

體遵行。”依金簡奏疏之年作乾隆五十七年刻本，此本傳世尚不多見。

函套内粘“THE HOOVER LIBRARY ON WAR，REVOLUTION，AND PEACE”藏書票，並蓋“HOOVER LIBRARY”墨戳。今藏斯坦福大學東亞圖書館。

Title：Qin ding jun qi ze li：37 juan；Juan shou：1 juan

Author：Gong bu bian zuan

Imprint：[China] Beijing，1792—1795

（郭愷淳）

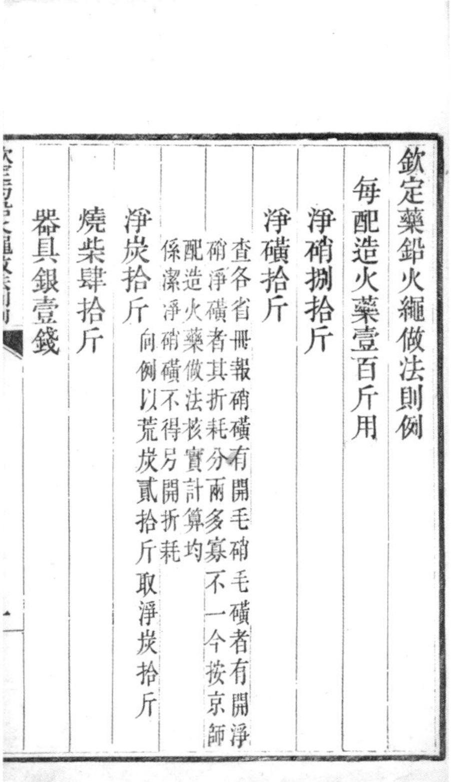
欽定藥鉛火繩做法則例
每配造火藥壹百斤用
淨硝捌拾斤
淨磺拾斤
查各省冊報硝磺有開毛硝毛磺者有開淨硝淨磺者其折耗分兩多寡不一今按京師配造火藥做法核實計算均係潔淨硝磺不得另開折耗
淨炭拾斤 向例以荒炭貳拾斤取淨炭拾斤
燒柴肆拾斤
器具銀壹錢

047　欽定軍器則例

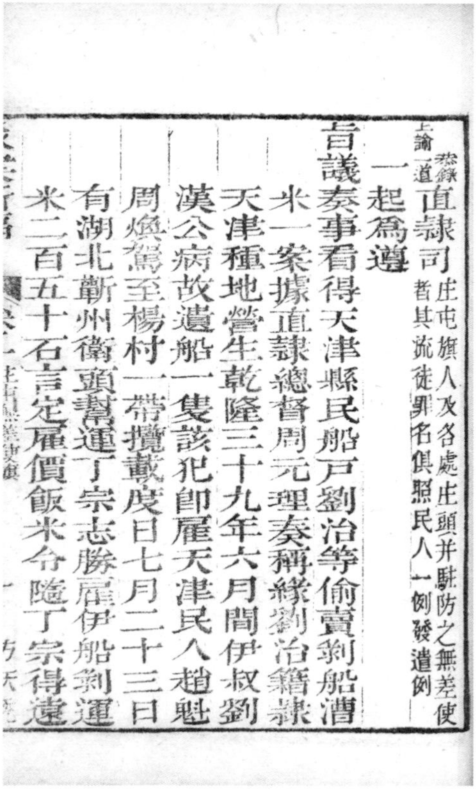
奏錄
上諭一道 直隸司 庄屯旗人及各處庄頭并駐防之無差使者其流徒罪名俱照民人一例發遣例
一起爲遵
旨議奏事看得天津縣民船戶劉治等偷賣剝船漕
米一案據直隸總督周元理奏稱緣劉治籍隸
天津種地營生乾隆三十九年六月間伊叔劉
漢公病故遺船一隻該犯即雇天津民人趙魁
周煥駕至楊村一帶攬載度日七月二十三日
有湖北蘄州衛頭幫運丁宗志勝雇伊船剝運
米二百五十石言定雇價飯米令隨丁宗得遠

048　駁案新編

048　駁案新編三十二卷駁案續編六卷(史部/政書類)

清全士潮等纂修。《駁案新編》係乾隆刻本，五函二十四册；《駁案續編》係嘉慶刻本，一函六册。綫裝。半葉九行，行二十字，白口，單黑魚尾，左右雙邊。框高十四點三釐米，寬十一點一釐米。

全士潮，字秋濤，乾隆間任刑部陝西司主事。

《駁案新編》係全士潮、張道源、李大翰等六位刑部官員纂輯而成。内封題“乾隆元年(1736)起至本年止敬謹按律依類編輯/駁案新編/刑部陝西司主事總辦秋審兼湖廣司督催所律例館纂修加一級全士潮校刊”。卷前有乾隆辛丑(四十六年，1781)阮葵生序、凡例、纂修官、總目。收録“奉上諭指駁改擬”及諸臣“援案奏准永爲定例”等案例三百餘篇，俱按大清律分類。先録上諭，次録臣工奏疏，“俾閲者知某案因何駁正，並某條律例因何改定”(凡例)。而“司牧者得是編而讀之，即一案而通乎情法之準，究心律令之源。”(阮序)

此書凡例有“辛卯年(三十六年，1771)本部各司”云云，“是編自乾隆元年至四十九年(1784)”云云，及“是編三十二卷，分爲四函，共計二十四册”云云，則編纂過程在乾隆三十六年至四十九年，收案至四十九年，成書三十二卷。然而四十九年之後仍在不停地增補新案，且將一些案例插在原卷中間，一些案例補在各卷之後，故前後印本之間，四十九年之後的判例收入多少和編排位置不盡一致，具有版本差異。

《駁案續編》内封題“嘉慶十五年(1810)止/駁案續編”。卷前有總目。版心上鐫“駁案新編”，中鐫卷次、篇目，下鐫案主姓名。個别篇目於書眉處鐫相關諭旨或奏疏。續編在嘉慶十五年後亦在不停地增補新案，情況與新編相同。

函套内粘“THE HOOVER LIBRARY ON WAR, REVOLUTION, AND PEACE”藏書票，並蓋“HOOVER LIBRARY”墨戳。今藏斯坦福大學東亞圖書館。

Title：Bo an xin bian：32 juan；Bo an xu bian：6 juan

Author：Quan Shichao [et al.] bian jiao

Imprint：[China]，1736—1820

（郭愷淳）

049 水利集議不分卷(史部/政書類)

3039.9 1220

佚名集，明末刻本，一函二册，綫裝。半葉十行，行二十字，白口，無魚尾，四周單邊。框高十九點三釐米，寬十一點六釐米。版心上鐫“水利集議”，下鐫葉次。此書書名據版心題名。

此書輯北宋至明代江浙地區，尤其蘇淞一帶水道、堰閘等水利工程之奏疏文録三十四篇。目録依次爲：“蘇子瞻進單鍔吴中水利書狀”、“單鍔吴中水利書”、“蘇淞水利”、“淞江水利”、“江南水利”、“東湖水利”、“東吴七郡水利”、“海溢並築塘考略”、“捍海塘界址”、“海寧縣捍海塘碑”、“太湖考”、“大江考略”、“三江考”、“松江歷代濬治考”、“東江之派”、“中江考”、“婁江考”、“東江考”、“三江口考”、“溧陽五堰考”、“土岡堰閘考”、“崑山縣水道”、“常熟縣水道”、“嘉定縣水道”、“吴江縣水道”、“崇明縣水道”、“松江府水利(附華亭縣)”、“無錫縣水利”、“宜興縣水利”、“丹陽縣水利”、“水利集議”、“毛節卿水利書”,“巡撫海瑞請疏治吴淞江疏”、“徐文貞階與撫院論水利書”。其中“淞江水利”署撰者“錢溥”;“江南水利”署撰者“楊循吉”。又,“蘇淞水利”前題“皇明經濟文録”;“東湖水利”前題“世法録抄”。

鈐“中山氏藏書之記”朱文方印。文中有多處墨筆批校。函套内粘“THE HOOVER LIBRARY ON WAR, REVOLUTION, AND PEACE”藏書票。今藏斯坦福大學東亞圖書館。

Title: Shui li ji yi

Imprint: [China], 1554—1644

(郭愷淳)

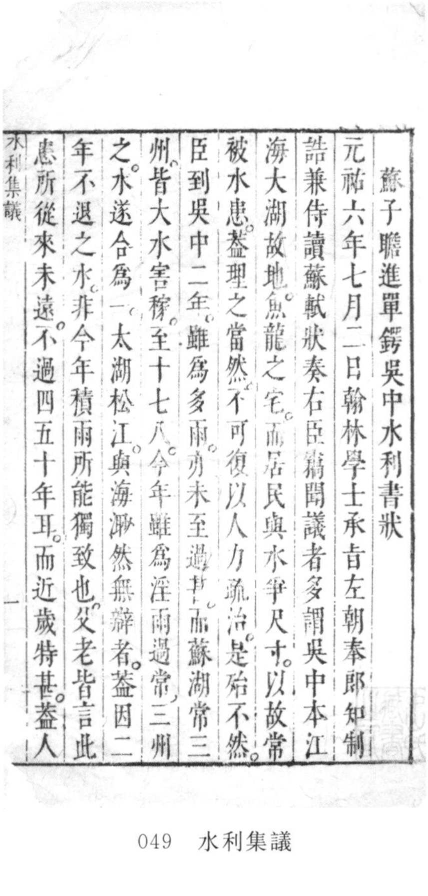
蘇子瞻進單鍔吳中水利書狀
元祐六年七月二日翰林學士承旨左朝奉郎知制
誥兼侍讀蘇軾狀奏右臣竊聞議者多謂吳中本江
海大湖故地魚龍之宅而居民與水爭尺寸以故常
被水患葢理之當然不可復以人力疏治是殆不然
臣到吳中二年雖爲多雨亦未至過甚而蘇湖常三
州皆大水害稼至十七八今年雖爲淫雨過常三州
之水遂合爲一太湖松江與海渺然無辨者葢因二
年不退之水非今年積雨所能獨致也父老皆言此
患所從來未遠不過四五十年耳而近歲特甚葢人
水利集議 一

049 水利集議

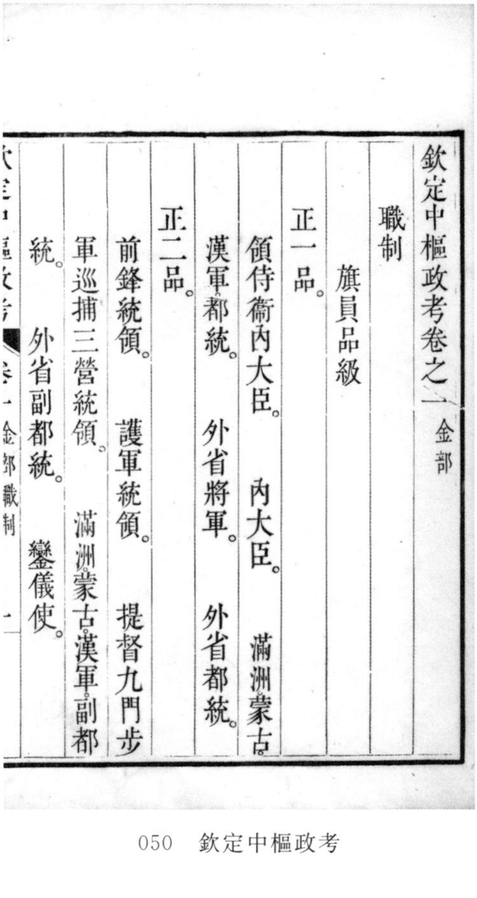
欽定中樞政考卷之一 金部
職制
旗員品級
正一品
領侍衛內大臣 內大臣 滿洲蒙古
漢軍都統 外省將軍 外省都統
正二品
前鋒統領 護軍統領 提督九門步
軍巡捕三營統領 滿洲蒙古漢軍副都
統 外省副都統 鑾儀使
欽定中樞政考 卷一 金部 職制

050 欽定中樞政考

050 欽定中樞政考三十一卷(史部/政書類)

清鄂爾泰等撰,清乾隆七年(1742)武英殿刻本,二函十八册,綫裝。半葉十行,行二十字,白口,單黑魚尾,四周雙邊。框高二十二點九釐米,寬十七釐米。卷前有乾隆七年鄂爾泰奏章、諸臣職名。各卷之前有本卷目録。版心上鐫書名,中鐫卷次、篇名,下鐫葉次。

此書始於康熙十一年(1672)敕撰,今存四卷本藏東京大學。其後未見有修訂本傳世,直至乾隆七年由鄂爾泰領銜修訂,體例内容頗多開創,費時亦達數年之久,此本即最後完竣本。此書向來以奏章署年標記版本,故依鄂爾泰奏章署年作乾隆七年武英殿刻本。

此本分八旗、緑旗二部,八旗十五卷,緑旗十六卷。“八旗則例分爲十四類,編列金石絲竹匏土革木八本;緑旗則例分爲十五類,編列甲乙丙丁戊己庚辛壬癸十本。”(見鄂爾泰奏疏)全書詳細列明八旗緑營軍事編制、各處額員、品級、職守、考績、銓選、補放則例。爲研究清代軍制之重要史料。

鈐“日本蠔山木亭寓架”朱文隨形印。函套内粘“THE HOOVER LIBRARY ON WAR, REVOLUTION, AND PEACE”,並蓋“HOOVER LIBRARY”墨戳。今藏斯坦福大學東亞圖書館。

著録:

《北京大學圖書館藏古籍善本書目》史部/政書類　欽定中樞政考三十一卷(八旗則例十五卷　緑營則例十六卷)　清鄂爾泰等撰　清乾隆刻本

Title: Qin ding zhong shu zheng kao: 31 juan

Author: Eertai [et al.] zhuan

Imprint: [China] Beijing: Wu ying dian, 1742

(郭愷淳)

051 薩拉齊同知申文一卷附圖(史部/政書類)

清文山撰,附薩拉齊所屬疆域四至八道村莊輿圖一幅,清同治十一年(1872)謄清稿本,一册,綫裝。行款不一,無界格。書高二十二點五釐米。封面書有“薩拉齊同知申送/所屬疆域輿圖四至八到驛站村莊田賦户口並外藩蒙古與何廳毗連等事清册”。書中多蓋“分駐薩拉齊管理蒙古民事同知關防”滿漢文關防引信。末葉墨筆題“同治拾壹年拾月日同知文山”。書名自擬。

文山,生卒年不詳,滿族鑲白旗人。咸豐元年(1851)任薩拉齊通判。同治五年(1866)、同治十年(1871)二任薩拉齊同知。在任期間,築城垣,築堤,建書院。生平可見《歸綏道志》卷二十六。

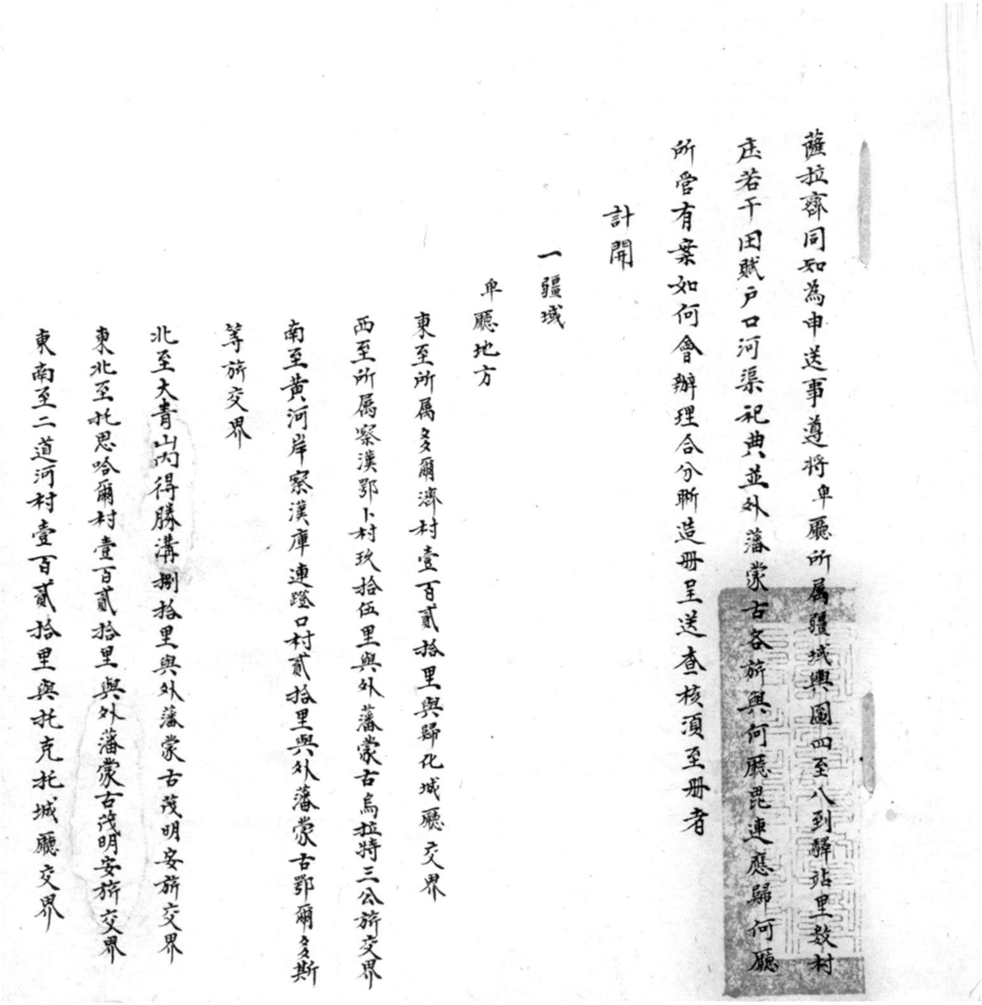
薩拉齊同知為申送事遵將卑廳所屬疆域輿圖四至八到驛站里數村
莊若干田賦戶口河渠祀典並外藩蒙古各旂與何廳毗連應歸何廳
所管有案如何會辦理合分晰造冊呈送查核須至冊者
計開
一疆域
卑廳地方
東至所屬多爾濟村壹百貳拾里與歸化城廳交界
西至所屬察漢鄂卜村玖拾伍里與外藩蒙古烏拉特三公旂交界
南至黃河岸察漢庫連蹬口村貳拾里與外藩蒙古鄂爾多斯
等旂交界
北至大青山內得勝溝捌拾里與外藩蒙古茂明安旂交界
東北至札思哈爾村壹百貳拾里與外藩蒙古茂明安旂交界
東南至二道河村壹百貳拾里與托克托城廳交界

051　薩拉齊同知申文

該册記薩拉齊疆域、山川、驛站里數、村莊、田賦、户口、河渠水利、祀典各項資料。卷首記“薩拉齊同知爲申送事遵將卑廳所屬疆域輿圖、四至八到、驛站里數、村莊若干、田賦、户口、河渠、祀典並外藩蒙古各旂與何廳毗連、應歸何廳所管、有案如何會辦，理合分晰造册呈送查核須至册者”。疆域部分記録所轄四方邊界各村至廳所之距離，以及所毗鄰之外藩蒙古地名。山川部分記境内山名及河名、方位、長度。驛站里數記廳境内驛站，里數、馬匹。村莊記東鄉一百七十二村名，西鄉十七村名，北鄉八村名。田賦記地畝，徵米石數。户口記薩拉齊本街、東西南北各鄉男女大小人口，共計一萬一千八百五十七户，一萬五千五百零一人。河渠水利記境内所開渠名。祀典記十座廟宇及所在地點。

所附彩繪輿圖表明村落、山脈、河川及東南西北方向。

據末葉所署及所鈐關防引信，該本爲同治十一年文山之官方呈文謄清稿本。

函套内粘“THE HOOVER LIBRARY ON WAR，REVOLUTION，AND PEACE”藏書票，並蓋“HOOVER LIBRARY”墨戳。今藏斯坦福大學東亞圖書館。

Title：Salaqi tong zhi shen wen；Fu tu

Author：Wen Shan zhuan

Imprint：[China]：Manuscript，1872

（郭愷淳）

052 吏部奏定章程四卷（史部/政書類）

4726 5053

清咸豐後抄本，一函四册，綫裝。半葉八行，行字不等，無界格。書高二十二點六釐米。各册書衣籤題“吏部奏定章程”及卷次。

該抄本爲清吏部所抄録相關章程奏疏檔案，所記上自道光十九年（1839），下至咸豐六年（1856）。

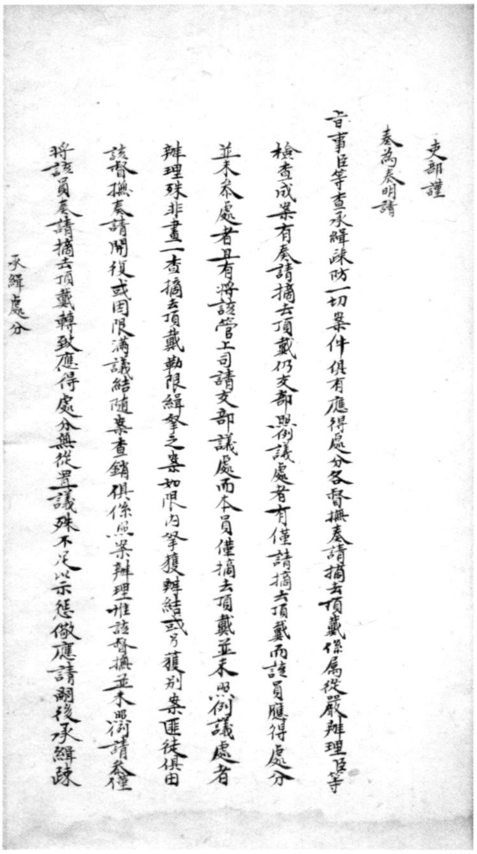
吏部謹
奏為奏明請
旨事臣等查承緝疎防一切案件俱有應得處分各督撫奏請摘去頂戴係屬從嚴辦理臣等
檢查成案有奏請摘去頂戴仍交部照例議處者有僅請摘去頂戴而該員應得處分
並未叅處者是有將該管上司請交部議處而本員僅摘去頂戴並未照例議處者
辦理殊非畫一查摘去頂戴勒限緝拏之案如限內拏獲辦結或另獲別案匪徒俱由
該督撫奏請開復或因限滿議結隨案查銷俱係照案辦理惟該督撫並不照例請叅僅
將該員奏請摘去頂戴轉致應得處分無從置議殊不足以示懲儆應請嗣後承緝疎
承緝處分

052 吏部奏定章程

卷一録：承審限期、刑部會稿罰俸抵消、承緝處分、拏獲殺害本管官議敘、捐辦米石、完繳降罰銀兩、閩省陳頭鄉設立族正族副、遺失執照、拏獲結夥輪姦議敘、廣東省私墾坦地、湖北隄工漫口、補缺人員聲明合例、拏獲匪犯議敘議處、司員失察積壓文移、拏獲圖財害命議敘、武職弓箭生疎、委審出力、朦昏承審限期、鹽務交代照地丁參處、裁汰典吏、五城指揮陞選外任交代限期、採買倉穀遲延、堂司到任未及三月不出考、收放南米交代展限、丁憂起程遲延、開復人員分别留省留任、佥差不慎、開缺坐日、訪查内地幕友、流民出邊偷竊、赴任遠限、挖補年月不准更正、錢糧緩災限期、嚴禁吏役總匪殃民、被參開缺、領照遲延不准扣展、陞調各官加級抵消次序、獲盜人員分核題奏、扣留員缺、審案出力、欠繳蘉斤銀兩。

卷二録：縣丞獲盜不准保陞知縣、御門侍班告假、迴避、通詳遲延、秋審後尾、徵解錢糧朦混請免、失察私鹽、加級改紀、錢糧全完議敘、勒緝盜案、交代未清不准出咨、辦運銅斤加倍議處、十日限外獲犯減議、漕糧抵填責成委員巡查、獲盜人員不准照軍營出力保奏、製造錢文大使功過、恩詔豁免處分、蒙古命案、出咨遲延、春秋撥册遲延、委審出力、歷署無虧越次保奏、遠省揀發不到、州縣官不得無故遷調、虧挪銀兩子孫代賠、鎮將以下歸巡撫節制、書吏清查出力、軍營省分揀發繳照限期、嚴禁火藥、獲盜引見限期、開缺出咨日期、嚴拏燒香結拜匪犯。

卷三録：調署人員按季造册、豐工漫口處分、河隄漫口知府處分、獲盜人員併案引見、開缺限期、巡洋責令親身、内務大臣京察開列、上下兩忙藩司議敘、大考罰俸不准抵消、永北廳經歷分轄地方、捐復原銜銀數、軍營開復完繳銀兩、捐免引見、遇缺告假、拏獲邪教限期、陞調道府馬遞行文、嚴禁私販硝礦、藏匿銅斤處分、堂司各官處分否寬減、振作保薦、推廣捐復、失察私販黑鉛、夥衆搶奪、驗收米石不寔議處、收納鈔票失察處分、解餉限期、委員解餉尾欠、捐復翎枝、失察私造大錢、逾限上庫補交銀兩、侵吞捐項。

卷四録：緝拿匪徒、添保京察、題陞截取人員不准捐免試俸、禁革陋規、腹滿半年保例一等、嚴禁盜案、效力開復完繳捐復銀兩、完繳捐復留省銀兩、拏獲邪教議敘、嚴禁私設押保店、廢員報捐虚銜、解餉程限、收鈔不力、鐵錢局慎選監督、解餉清楚議敘、盛京告病人員功司行文、盜案四案调署他缺、軍務省分揀發不到、軍務人員託病回旗、陵寢官員派差違限處分、陵寢官員給假限期、經歷移駐、看驗屍傷不准刑仵代行、陵寢回乾樹株、京察一等呈明留養、捐復條款、承審限期。

此本以小楷謄抄，以字跡判斷，抄寫者當不下四人。

函套内粘“THE HOOVER LIBRARY ON WAR, REVOLUTION, AND PEACE”藏書票。今藏斯坦福大學東亞圖書館。

Title：Li bu zou ding zhang cheng：4 juan

Author：Li bu zhuan chao

Imprint：[China]：Handwritten copy，1856—1911

（郭愷淳）

053　嘉慶朝奏檔不分卷（史部/政書類）

4662.84 0222

清嘉慶抄本，六函原七十七册，存七十一册，缺第十七、十八、二十一、四十一、四十九、六十六册，綫裝。奏檔多用紅格抄本，半葉六行，行二十字，白口，單紅魚尾，四周雙邊；亦用無界格本，半葉六行，行字不一。册高二十一點三釐米，框高十七點四釐米，寬十一點五釐米。各册首記該册奏檔目録。原奏疏朱筆御批處，抄本中則以墨筆照録，於格欄上端以"硃"字標識。

該奏檔録陝西巡撫奏檔、閩浙總督浙江巡撫會奏檔、福建巡撫主稿會奏檔、署甘督奏檔(附悄悄會、西寧案奏檔)、上論、署閩督福撫張奏檔、閩浙總督奏檔、署浙江巡撫奏檔、及欽差審辨浙江鹽案文移。所抄録奏檔年代上自嘉慶八年(1803)下至嘉慶十六年(1811)。

奏檔以楷體抄録,依筆跡判斷,當有數人謄抄。本中偶見抄者校語,如:嘉慶八年八月十三日寄陝西巡撫上諭,於"南山零匪從前祇剩二三百人……"之"百"字旁寫有一"十"字,該句上方抄者注:"廷寄内書二三百人,似是誤寫,應是二三十人。改二三十人行咨矣。"

函套内粘"THE HOOVER LIBRARY ON WAR, REVOLUTION, AND PEACE"藏書票。今藏斯坦福大學東亞圖書館。

Title: Jiaqing chao zou dang

Imprint: [China]: Handwritten copy, 1811—1820

(郭愷淳)

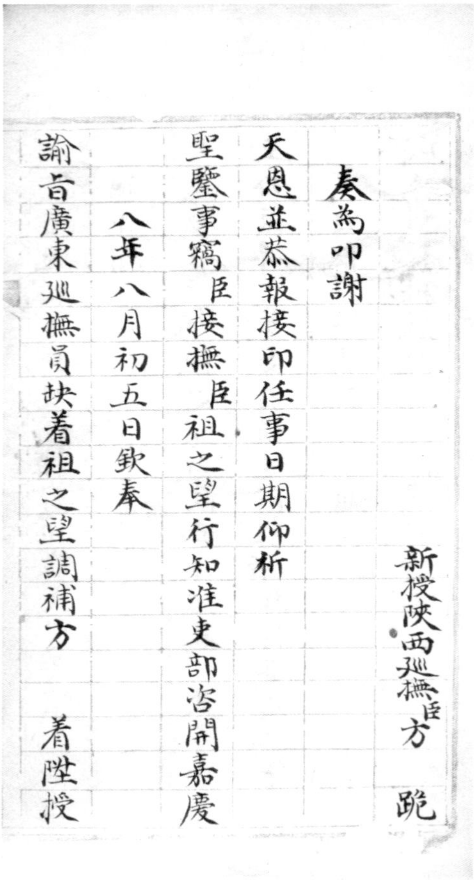
新授陝西巡撫臣方 跪
奏為叩謝
天恩並恭報接印任事日期仰祈
聖鑒事竊臣接撫臣祖之望行知准吏部咨開嘉慶
八年八月初五日欽奉
諭旨廣東巡撫員缺着祖之望調補方 着陞授

053 嘉慶朝奏檔

054 經義考三百卷目録二卷(史部/目録類)

120 2928

清朱彝尊撰,清康熙朱彝尊刻乾隆十八年至二十年(1753—1755)盧見曾續刻乾隆四十二年(1777)後汪汝瑮印本,八函六十四册,綫裝。半葉十二行,行二十三字,白口,單黑魚尾,四周單邊。框高十九點六釐米,寬十五釐米。内封題"御題經義考"。卷前有乾隆"御題朱彝尊經義考"(朱印)、乾隆四十二年上諭、三寶奏疏、乾隆二十一年(1756)盧見曾奏疏、康熙己卯(三十八年,1699)陳廷敬序、甲戌(乾隆十九年,1754)盧見曾序、乾隆二十年朱稻孫序、盧見曾編《經義考總目》及乾隆乙亥(二十年)盧見曾識語。首卷卷端下題"日講官起居注翰林院檢討臣朱彝尊恭録/廣西等處承宣布政使臣李濤恭校",後各卷卷端下題"秀水朱彝尊編/男昆田校"。各卷覆校人名各異。版心上鐫書名，中鐫卷次，下鐫葉次。此書原缺卷二百八十六、卷二百九十九、卷三百，《總目》於此三卷下皆注明“闕”。

朱彝尊，生平介紹見本書志所收《日下舊聞》。

朱彝尊之孫朱稻孫乾隆二十年序稱：“昔先大父嘗以近日譚經者局守一家之言，致先儒遺編失傳者什九，因仿鄱陽馬氏《經籍考》之例而推廣之，著《經義考》三百卷，分存、佚、闕、未見四門。自御注、敕撰以迄自序，爲類凡三十種。又欲爲《補遺》二卷。”盧見曾所編目録中，計有：御注、敕撰、易、書、詩、周禮、禮儀、禮記、通禮、樂、春秋、論語、孝經、孟子、爾雅、群經、四書、逸經、毖緯、擬經、承師、宣講（闕）、立學（闕）、刊史、書壁、鏤板、著録、通説、家學（闕）、自敘（闕）。乾隆帝稱讚《經義考》“於歷代説經諸書廣搜博考，存佚可徵，實有裨於經學”。

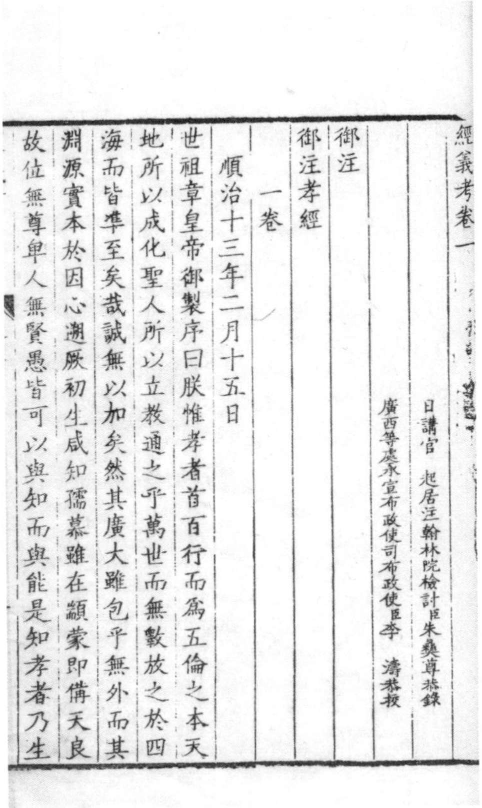
經義考卷一
日講官 起居注翰林院檢討臣朱彝尊恭錄
廣西等處承宣布政使司布政使臣李 濤恭校
御注
御注孝經
一卷
順治十三年二月十五日
世祖章皇帝御製序曰朕惟孝者首百行而爲五倫之本天地所以成化聖人所以立教通之乎萬世而無斁放之於四海而皆準至矣哉誠無以加矣然其廣大雖包乎無外而其淵源實本於因心遡厥初生咸知孺慕雖在顓蒙即備天良故位無尊卑人無賢愚皆可以與知而與能是知孝者乃生

054　經義考

《經義考》一書在朱彝尊生前就已開始刊刻，刊行剛過半，朱彝尊去世，後半部分未能定稿付梓。朱稻孫序指出：“草稾麤定，即以次付梓，其宣講、立學、家學、自序四種以及補遺屬草未具，不幸遘疾，校刻迨半，鴻業未終。”乾隆十八年（1753），盧見曾自朱稻孫處訪得未刻遺稿，捐俸授梓，盧見曾序稱：“秀水朱竹垞先生，經學大儒，著《經義考》三百卷，刊行於世者甫及其半，自春秋以下闕焉未覩。乾隆癸酉余以轉運再至淮南，始得其未刻之本於先生之孫稻孫，乃與同志授之梓。”盧氏又於《總目》末識語指出：“已刻一百六十七卷，其宣講、立學、家學、自序三卷本闕。今補刻一百三十卷。”乾隆二十年全書刻成，板片歸於朱氏後裔，原闕卷二百八十六、卷二百九十九、卷三百。

此本卷前有朱印乾隆御題、乾隆四十二年上諭、三寶奏疏等，刷印之年在乾隆四十二年之後。三寶奏疏稱：“是書刊板，係由朱彝尊後裔歸於杭城捐職大理寺寺丞臣汪汝瑮家。汝瑮於甲午歲恭進遺書，曾蒙聖恩，賞給《佩文韻府》一部，並邀御題《曲洧舊聞》、《書苑菁華》二種先行發還，敬謹藏貯。今藏板《經義考》，又叨睿製遙頒，冠諸篇首。”可見此本爲板片歸杭州汪汝瑮之後的汪氏印本。

鈐“半澤文庫”及“曳尾堂圖書印”朱文方印。函套内粘“THE HOOVER

LIBRARY ACQUIRED THROUGH THE STANFORD UNVIERSITY LIBRARIES"藏書票。今藏斯坦福大學東亞圖書館。

著録：

《北京大學圖書館藏古籍善本書目》史部/書目類　經義考三百卷　清朱彝尊撰　清康熙朱氏刻乾隆德州盧氏增刻本(闕卷二百八十六卷二百九十九至三百,有李木齋過録四庫提要原文)

Title：Jing yi kao：300 juan；mu lu：2 juan

Author：Zhu Yizun zhuan

Imprint：[China]：Zhu Yizun，1699；Lu Jianzeng，1753—1755

（郭愷淳）

055　浙江採集遺書總録十集(史部/目録類)

清沈初等編,清乾隆三十九年(1774)刻本,一函十册,綫裝。半葉十行,行二十字,粗黑口,單黑魚尾,四周單邊。框高十八點三釐米,寬十三釐米。卷前附乾隆三十七年(1772)正月、三十八年(1773)閏三月及五月、三十九(1774)年五月上諭、纂録職名、乾隆三十九年王亶望序、凡例、總録目。版心中鐫書名、集次及葉次。

沈初(1735—1799),字景初,平湖(今屬浙江嘉興)人。乾隆二十七年(1762)舉人,授内閣中書。翌年中進士,授編修。歷任禮部、兵部、吏部侍郎、《四庫全書》館、三通館副總裁、軍機大臣、兵部尚書等職。著有《藍韻堂詩集》、《御覽集》、《西清筆記》,續編《石渠寶笈》、《秘殿珠林》等。《清史稿》列傳卷一百三十八有傳。

此書爲乾隆帝爲編纂《四庫全書》,以鐘音等人爲大總裁,諭浙江督撫蒐集該省過往未録書籍而所作之目録。據王亶望序:"乾隆壬辰之歲,天子緝熙典學,發明詔

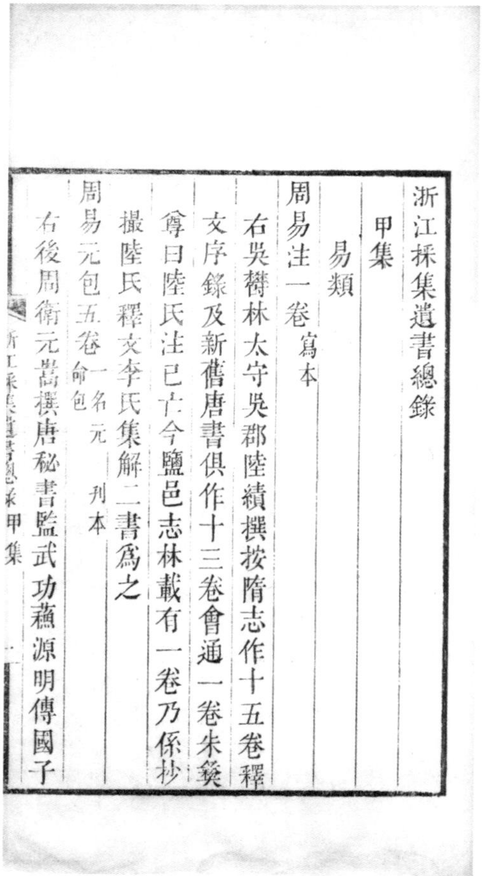
浙江採集遺書總録

甲集

易類

周易注一卷　寫本

右吳郡林太守吳郡陸績撰按隋志作十五卷釋文序録及新舊唐書俱作十三卷會通一卷朱彝尊曰陸氏注已亡今鹽邑志林載有一卷乃係抄撮陸氏釋文李氏集解二書爲之

周易元包五卷　一名元包　刊本

右後周衛元嵩撰唐秘書監武功蘇源明傳國子

浙江採集遺書總録　甲集

055　浙江採集遺書總録

下各直省，徵訪遺書。於是浙前撫臣富樂渾、署撫臣熊學鵬、今撫臣三寶、同學臣王杰，暨臣王亶望奉命愍恭設法開局，移諸監司郡守，各諭所部，徵書上送，延致在籍侍講臣沈初總其事。"可知總裁沈初爲實際編者。又據王序，"自壬辰訖甲午夏，作十二次綜録，奏進統計之，凡爲書四千五百二十三種，爲卷凡五萬六千九百五十五，不分卷者二千九十二册。"全書由甲至癸分爲十集，其中癸集又分上下，所録書籍以經、史、子、集四部及細目分門别類：甲至丙集爲經部，丁至戊集爲史部，己至庚集爲子部，辛至癸集爲集部。目録末有閏集，列明"嗣刻"。各條書目列明書名、卷數、刻寫種類、撰者、大意及版本源流，罕見本則列明收藏處。

此本王亶望序云："爰據各教官類次之本謹加釐正，捐貲以付諸梓。"爲乾隆三十九年刻本。

鈐"唐栖朱氏結一廬圖書記"朱文方印。函套内粘"THE HOOVER LIBRARY ACQUIRED THROUGH THE STANFORD UNIVERSITY LIBRARIES"藏書票。今藏斯坦福大學圖書館特藏部。

著録：

《北京大學圖書館藏古籍善本書目》史部/書目類　浙江採集遺書總録十卷　清鐘音等撰　清乾隆刻本(有抄配及闕葉)

《柏克萊加州大學東亞圖書館中文古籍善本書志》238 浙江採集遺書總録十集十一卷閏集一卷　清沈初等編　清乾隆三十九年刻本(239 亦爲同版書，有補刻)

Title: Zhejiang cai ji yi shu zong lu: 10 ji

Author: Shen Chu[et al.] bian

Imprint: [China] Zhejiang, 1774

(郭愷淳)

056　紹興内府古器評二卷(史部/金石類)

2106.2 2352

題宋張掄撰，明崇禎常熟毛氏汲古閣刻《津逮秘書》本，一函二册，綫裝。半葉八行，行十九字，小字雙行同，白口，左右雙邊。框高十九點三釐米，寬十三點六釐米。卷端下題"張掄才甫"。版心上鐫"古器評"，中鐫卷次，下鐫"汲古閣"三字。卷末有毛晉識語。

張掄，字材甫，生卒年、籍貫均不詳。《四庫全書總目》考證其爲宋高宗、孝宗朝能文之士，以詞章邀寵，對《易經》頗有研究。

此書爲明人僞託之作，主要記載宋高宗紹興時内府所藏各種古器，除《梁中大同博山鑪一器》外，皆爲漢以前器物。上卷記九十八事，下卷記九十七事。《四庫全書總目》指出：其所録彝器銘文"皆卽《博古圖》之文割剥點竄，詞義往往不通，其他諸器亦皆《博古圖》所載”。且有些器物爲紹興之後才藏於内府,“而此書所載商冀父辛卣、父辛鼎、周南宫中鼎、周緌女鼎,皆嘉定十八年(1225)十一月所續降付,何以先著録於紹興中,其爲明代妄人剽《博古圖》而僞作更無疑義。”今僞作之人已難考。

此本爲崇禎間常熟毛晉汲古閣刻《津逮秘書》零種。

毛晉(1599—1659),初名鳳苞,字子久,後改名晉,字子晉,號潛在,晚年改號隱湖、篤素居士,常熟(今屬江蘇)人。畢生從事藏書、校書、刻書。所刻之書初題“緑君亭”或“世美堂”,崇禎元年後皆用“汲古閣”。一生刊刻書籍極多,據統計有六百餘種,著名的如《十三經注疏》、《十七史》、《津逮秘書》等等,刊刻精良,世稱毛刻本。錢謙益《毛子晉六十壽序》、《隱湖毛君墓志銘》、陳瑚《爲毛潛在隱居乞言小傳》等文有其傳。

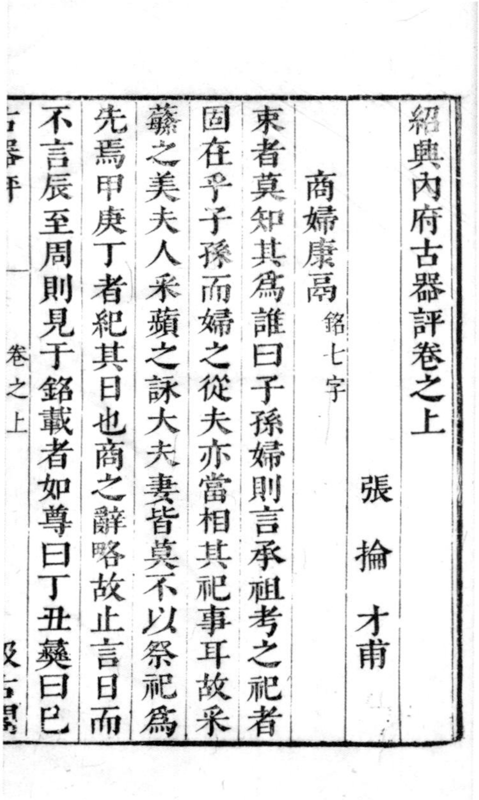

紹興内府古器評卷之上

張掄　才甫

商婦康鬲　銘七字

柬者莫知其爲誰曰子孫婦則言承祖考之祀者固在乎子孫而婦之從夫亦當相其祀事耳故采蘩之美夫人采蘋之詠大夫妻皆莫不以祭祀爲先焉甲庚丁者紀其日也商之辭略故止言日而不言辰至周則見于銘載者如尊曰丁丑彝曰巳

古器評　卷之上　汲古閣

056　紹興内府古器評

此本函套内粘“THE HOOVER LIBRARY ACQUIRED THROUGH THE STANFORD UNIVERSITY LIBRARIES”藏書票,並蓋“HOOVER LIBRARY”墨戳。今藏斯坦福大學東亞圖書館。

著録:

《中國古籍善本書目》叢部/彙編叢書 00150 津逮秘書十五集一百四十一種七百四十八卷　明毛晉編　明崇禎毛氏汲古閣刻本(其中第十四集包括宋張掄撰《紹興内府古器評》二卷)

Title: Shaoxing nei fu gu qi ping: 2 juan.

Author: Zhang Lun zhuan

Imprint:[China] Changshu: Mao shi Ji gu ge, 1628—1644

(馬月華)

057　十七史商榷一百卷(史部/史評類)

2515 1165

清王鳴盛撰,清乾隆五十二年(1787)洞涇草堂刻乾隆五十四年(1789)增補本,四函二十四册,綫裝。内封題"乾隆丁未新鐫/東吴王氏述/十七史商榷/洞涇艸堂藏版",並蓋"己酉重修原板增刻壹拾柒葉"朱戳。卷前有王鳴盛序。卷端下題"東吴王鳴盛述"一行。版心上鐫書名、中鐫卷數、下鐫葉次。

王鳴盛(1722—1797),字鳳喈,一字禮堂,號西莊,晚號西沚,嘉定(今屬上海)人。錢大昕爲其妹夫,王昶爲其好友。乾隆十九年(1754)進士,授翰林院編修。後歷任侍講學士、内閣學士兼礼部侍郎等。四十二歲致仕,潛心治學,爲乾嘉學派著名學者。著有《尚書後案》、《周禮軍賦説》、《蛾術編》、《十七史商榷》等。錢大昕《西沚先生墓誌銘》、王昶《王鳴盛傳》、《清史稿》列傳二百六十八載其生平事跡。

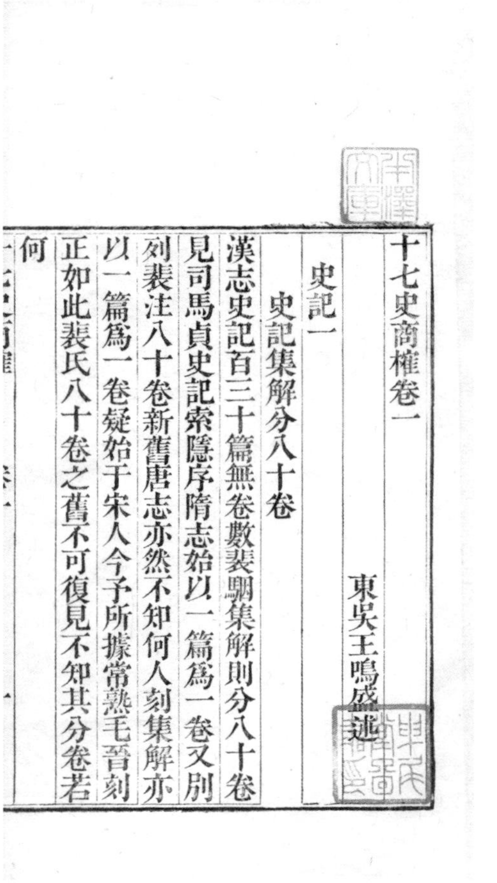
十七史商榷卷一　東吳王鳴盛述
史記一
史記集解分八十卷
漢志史記百三十篇無卷數裴駰集解則分八十卷見司馬貞史記索隱序隋志始以一篇爲一卷又別刻裴注八十卷新舊唐志亦然不知何人刻集解亦以一篇爲一卷疑始于宋人今予所據常熟毛晉刻正如此裴氏八十卷之舊不可復見不知其分卷若何

057　十七史商榷

《十七史商榷》是一部校勘考訂"十七史"的史學名著。其所用"十七史"者,爲明末毛晉汲古閣刻《十七史》本,包括《史記》、《漢書》、《後漢書》、《三國志》、《晉書》、《宋書》、《南齊書》、《梁書》、《陳書》、《魏書》、《北齊書》、《周書》、《隋書》、《南史》、《北史》、《新唐書》、《新五代史》。此外,又取毛刻所無之《舊唐書》、《舊五代史》,實際校訂十九部正史。其自序云:"予爲改譌文,補脱文,去衍文,又舉其中典制事蹟,詮解蒙滯,審覈踳駁。"除了文字校勘外,又有對歷史事實包括職官輿地、典章制度的考證以及不少評史論史的内容,多有識見。

據内封,此本爲乾隆五十二年洞涇草堂刻本,又據卷下朱戳,兩年之後(乾隆己酉)重修並增刻十七葉,此本爲乾隆五十四年增補印本。

鈐"曳尾堂圖書印"朱文印、"半澤文庫"朱文印等,函套内粘"THE HOOVER LIBRARY ACQUIRED THROUGH THE STANFORD UNIVERSITY LIBRARIES"藏書票。今藏斯坦福大學東亞圖書館。

著録：

《續修四庫全書》史部第452册影印復旦圖書館藏清乾隆五十二年洞涇草堂刻本十七史商榷一百卷

《北京大學圖書館藏古籍善本書目》史部/史評類　十七史商榷一百卷　清王鳴盛撰　清乾隆五十二年洞涇草堂刻乾隆五十四年增修本

Title：Shi qi shi shang que：100 juan

Author：Wang Mingsheng zhuan

Imprint：[China]：Dong jing cao tang，1787—1789

（馬月華）

058　史通通釋二十卷(史部/史評類)

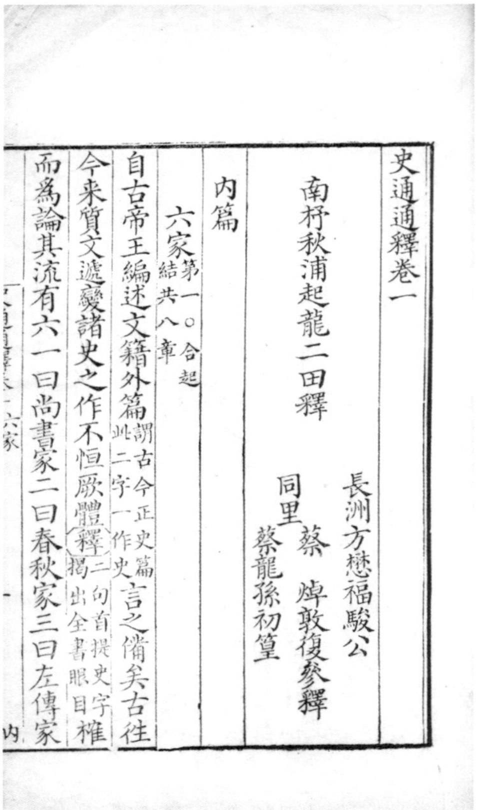
史通通釋卷一
南杼秋浦起龍二田釋
長洲方懋福駿公
同里蔡焯敦復參釋
蔡龍孫初篁
內篇
六家第一○合起結共八章
自古帝王編述文籍外篇謂古今正史篇此二字一作史言之備矣古往
今來質文遞變諸史之作不恒厥體釋二句首揭史字榷出全書眼目
而為論其流有六一曰尚書家二曰春秋家三曰左傳家

058　史通通釋

清浦起龍釋，清蔡焯等參釋，清乾隆十七年(1752)浦氏求放心齋刻本，一函八册，綫裝。半葉九行，行二十二字，小字雙行同，白口，單黑魚尾，左右雙邊。框高十九釐米，寬十三點四釐米。内封題“史通通釋/梁溪浦氏求放心齋定本”。卷前有乾隆十七年浦起龍自序、别本序三首(郭延年、王惟儉、黄叔琳三序)、劉知幾史通原序、目録、蔡焯《史通通釋舉例》、浦起龍《史通通釋舉要》。卷端下題“南杼秋浦起龍二田釋/長洲方懋福駿公/同里蔡焯敦復/蔡龍孫初篁/參釋”，各卷參釋人名各異，校字人亦不一。版心中鐫書名、卷次即篇名，下鐫葉次及“内”(卷一至卷十)或“外”(卷十一至卷二十)字。

浦起龍(1679—1762)，字二田，晚號三山傖父，金匱(今江蘇無錫)人。雍正八年(1730)進士，官蘇州府學教授。撰有《史通通釋》、《讀杜心解》等。生平見《四庫全書總目》。

全書正文分“内篇通釋”與“外篇通釋”各十卷，爲浦起龍對唐代劉知幾《史通》之註釋。《史通》詳論史籍之源流、體例、編撰法、史官建置、史籍得失，及考訂正誤等議題，而浦起龍之通釋，每引《史通》原文，則加"釋"、"按"等語，既有文字、出處之解釋，又附加其個人對該章節之觀點品評。

據内封及卷前序，此本爲清乾隆十七年浦氏求放心齋刻本。

函套内粘"THE HOOVER LIBRARY ACQUIRED THROUGH THE STANFORD UNIVERSITY LIBRARIES"藏書票，並蓋"HOOVER LIBRARY"墨戳。今藏斯坦福大學東亞圖書館。

著録：

《北京大學圖書館藏古籍善本書目》史部/史評類　史通通釋二十卷　清浦起龍撰　清乾隆十七年(序)刻本

《美國哈佛大學哈佛燕京圖書館藏中文善本書志》1010 史通通釋二十卷附録一卷　清浦起龍撰　清乾隆十七年浦氏求放心齋刻本

Title：Shi tong tong shi：20 juan

Author：Pu Qilong shi；Cai Zhuo [et al.] can shi

Imprint：[China]：Pu shi Qiu fang xin zhai，1752

（郭愷淳）

子　部

059　二程全書七種(子部/儒家類)

9111 3412

宋程顥、程頤撰,清康熙禦兒吕氏寶誥堂刻本,二函十六册,綫裝。半葉十二行,行二十二字,粗黑口,雙黑魚尾,左右雙邊。框高十七點四釐米,寬十三點九釐米。書根墨筆題“二程全書”,此書書名據此。版心中鐫子目書名及卷數,下鐫葉次。

程顥(1032—1085),字伯淳,人稱“明道先生”,程頤之兄。程頤(1033—1107),字正叔,人稱“伊川先生”。程氏世居中山,後徙河南洛陽。二人曾就學於周敦頤,爲北宋理學奠基者,開創“洛學”。二程學説後爲朱熹所發展,世稱“程朱學派”。《宋史》卷四百二十七有傳。

《二程全書》爲程顥、程頤全部著作的彙集,其中程頤的著作居多。明末徐必達彙集二程所有著作,以“二程全書”之名刊行。清康熙間吕留良又加校勘,重新刊刻。此本即康熙間吕氏寶誥堂刻本,惟卷前缺原本“禦兒吕氏寶誥堂刻”牌記葉。此本包括子目七種：

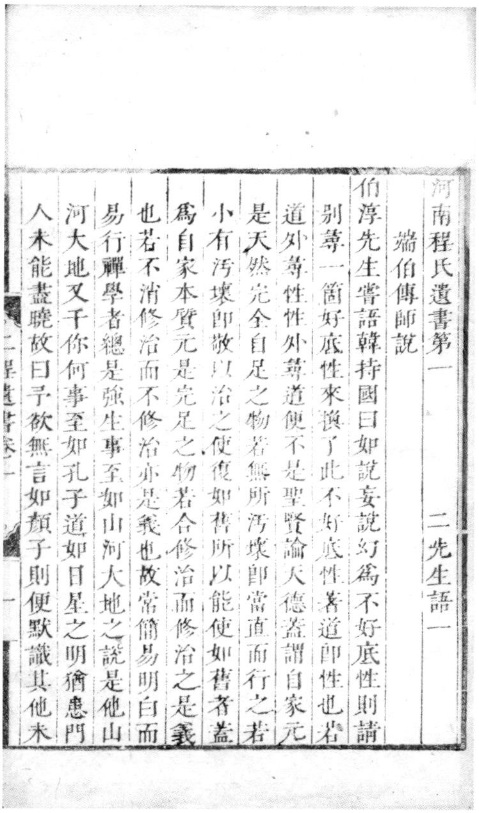
河南程氏遺書第一　　二先生語一
端伯傳師說
伯淳先生嘗語韓持國曰如說妄說幻爲不好底性則請別尋一箇好底性來換了此不好底性著道則性也若道外尋性性外尋道便不是聖賢論天德蓋謂自家元是天然完全自足之物若無所汚壞即當直而行之若小有汚壞即敬以治之使復如舊所以能使如舊者蓋爲自家本質元是完足之物若合修治而修治之是義也若不消修治而不修治亦是義也故常簡易明白而易行禪學者總是强生事至如山河大地之說是他山河大地又干你何事至如孔子道如日星之明猶患門人未能盡曉故曰予欲無言如顏子則便默識其他未

059　二程全書

1.河南程氏遺書二十五卷,宋朱熹輯,附録一卷。

卷前有《河南程氏遺書目録》,目録後附乾道四年(1168)朱熹跋文。版心中鐫書名作“二程遺書”。爲二程門人所記二程語録,由朱熹編定。

2.河南程氏外書十二卷,宋朱熹輯。

卷前有《河南程氏外書目録》,目録後附乾道癸巳(九年,1173)朱熹跋文。版心中鐫書名作“二程外書”。爲《遺書》補編,内容多係傳聞雜記。

3.明道文集五卷,宋程顥撰。

卷前有《明道先生文集目録》。爲程顥詩文雜著，南宋張栻、朱熹等先後纂輯。

4. 伊川文集八卷，附録二卷，宋程頤撰。

卷前有《伊川先生文集目録》，附録二卷裝訂在《明道文集》前，且裝訂有錯亂。爲程頤詩文雜著，南宋張栻、朱熹等先後纂輯。

5. 伊川易傳四卷，宋程頤撰。

卷前有《上下篇義》、宋元符二年（1099）程頤序、《周易程氏傳目録》。爲程頤注解《周易》之作。

6. 伊川經説八卷，宋程頤撰。

卷前有《河南程氏經説目録》。爲程頤以義理疏解儒家經典之作。

7. 二程粹言二卷，宋楊時訂定，張栻編次。

卷前有宋乾道丙戌（二年，1166）張栻序。楊時據二程語録編次而成。

因吕留良文字冤獄，吕氏所刻之書乾隆間亦入抽毁目録，因此該書内封牌記等葉皆被撤除。

此本各子目卷端多鈐“習教館□藏書”朱文印。函套内粘“THE HOOVER LIBRARY ACQUIRED THROUGH THE STANFORD UNIVERSITY LIBRARIES”藏書票。今藏斯坦福大學東亞圖書館。

著録：

《柏克萊加州大學東亞圖書館中文古籍善本書志》276 二程全書六十四卷附録三卷　宋朱熹輯　清康熙間禦兒吕氏寶誥堂刻本

Title: Er Cheng quan shu: 7 zhong

Author: Cheng Hao and Cheng Yi zhuan

Imprint:[China]: Yü'er Lü Shi Bao gao tang, 1662—1722

（馬月華）

060　性理大全書七十卷（子部/儒家類）

明胡廣等輯，明李廷機纂訂，明萬曆二十五年（1597）吴勉學師古齋刻周氏博古齋藏板本，六函四十八册，綫裝。半葉十行，行二十字，小字雙行同，白口，雙黑魚尾，左右雙邊。框高二十點九釐米，寬十四點六釐米。内封題“太史李九我先生纂訂/性理大全/博古齋周桂廷周仲實藏板”。卷前有明永樂十三年（1415）明成祖朱棣序、《先儒姓氏》、《纂修姓氏》、萬曆丁酉（二十五年）師古齋刊記、永樂十三年胡廣等《進書表》、目録。第七十卷末有“新安吴勉學重校”一行。版心上鎸“性理大全”，中鎸卷次，下鎸葉數及本葉字數，書眉鎸評。

胡廣（1370—1418），字光大，號晃庵，吉水（今屬江西）人。建文二年（1400）庚辰科狀元，授修撰，賜名靖。因迎朱棣兵入南京，復名廣。官至文淵閣大學士兼左春坊大學士，永樂五年至十六年（1407—1418）任内閣首輔，政績斐然。《明史》卷一百四十七有傳。

此本内封所題之“太史李九我先生”爲李廷機（1542—1616），字爾張，號九我，晉江（今屬福建）人。萬曆十一年（1583）會試第一，以進士第二授編修。累遷祭酒、南京吏部侍郎署部事、禮部右侍郎、禮部尚書兼東閣大學士等職。著有《漢唐宋名臣録》、《宋賢事彙》、《李文節文集》等。《明史》卷二百十七有傳。

《性理大全書》又名《性理大全》，爲宋代理學著作和理學家言論之彙編，明永樂間胡廣等奉敕所輯，共七十卷。前二十五卷所收爲宋儒著作，如《太極圖説》、《通書》、《西銘》、《正蒙》、《皇極經世書》等，計九種。第二十六卷之下，分理氣、鬼神、性理、道統、聖賢、諸儒等類，輯録理學家相關言論。《四庫全書總目》稱其“大抵龐雜冗蔓，皆割裂襞積以成文，非能於道學淵源眞有鑒别。”清康熙間李光地等人奉康熙之命對《性理大全》“删其支離，存其綱要”，整理爲《性理精義》十二卷。

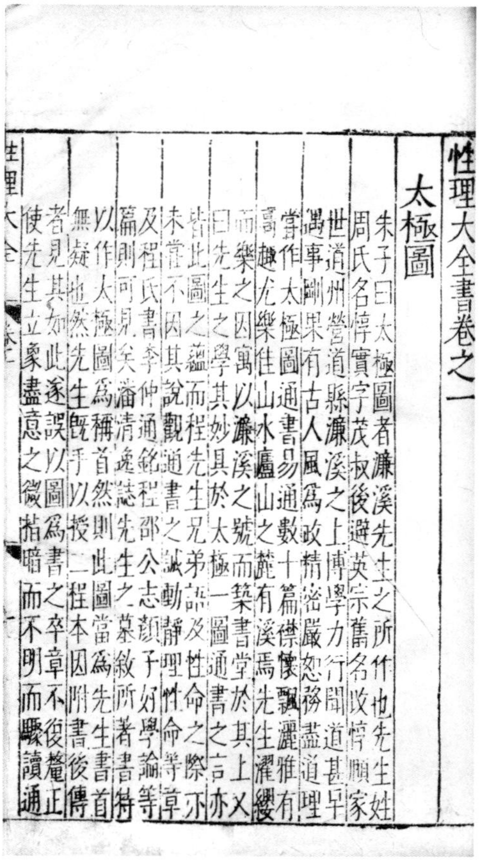
性理大全書卷之一
太極圖
朱子曰太極圖者濂溪先生之所作也先生姓
周氏名惇實字茂叔後避英宗舊名改惇頤家
世道州營道縣濂溪之上博學力行聞道甚早
遇事剛果有古人風爲政精密嚴恕務盡道理
嘗作太極圖通書易通數十篇襟懷飄灑雅有
高趣尤樂佳山水廬山之麓有溪焉先生濯纓
而樂之因寓以濂溪之號而築書堂於其上又
曰先生之學其妙具於太極一圖通書之言亦
皆此圖之蘊而程先生兄弟語及性命之際亦
未嘗不因其説觀通書之誠動靜理性命等章
及程氏書李仲通銘程邵公志顔子好學論等
篇則可見矣潘清逸誌先生之墓敘所著書特
以作太極圖爲稱首然則此圖當爲書首不
無疑也然先生既手以授二程本因附書後傳
者見其如此遂誤以圖爲書之卒章不復釐正
使先生立象盡意之微指暗而不明而驟讀通
性理大全 卷一

060　性理大全書

此本爲萬曆二十五年師古齋刻本，卷前萬曆丁酉春師古齋刊記稱：“第書肆板刻舛訛滋甚，讀者病焉。監察御史臣楊宜董學南畿，懼大道之弗宣，乃簡應天府學教授胡儒……取官降善本，□録翻刻，布之庠序。迨今歲久模糊，新安吴勉學重校，□之剞劂，庶廣極之。”其校正翻刻底本爲嘉靖間楊宜刻本，而楊本又翻自永樂内府本。此本内封題“博古齋周桂廷周仲實藏板”，則師古齋所刻板片後歸周氏博古齋，此蓋爲博古齋印本。

首葉鈐“海軍機關學校藏書”朱文方印、“昭和 16 年 9 月入/第 14757 號”朱戳（數字爲填入）等，函套内粘“THE HOOVER LIBRARY ACQUIRED THROUGH THE STANFORD UNIVERSITY LIBRARIES”藏書票，並蓋“HOOVER LIBRARY”墨戳。今藏斯坦福大學東亞圖書館。

著録：

《中國古籍善本書目》子部/儒家類 706 性理大全書七十卷明胡廣等撰　明萬曆二十五年吴勉學師古齋刻本

《柏克萊加州大學東亞圖書館中文古籍善本書志》280 性理大全書七十卷　明胡廣等撰　明萬曆二十五年吴勉學師古齋刻本

《美國哈佛大學哈佛燕京圖書館藏中文善本書志》1064 性理大全書七十卷　明胡廣等撰　明萬曆二十五年吴勉學師古齋刻積秀堂唐際雲印本

Title：Xing li da quan shu：70 juan

Author：Hu Guang ［et al.］ji；Li Tingji zuan ding

Imprint：［China］：Wu Mianxue Shi gu zhai，1597

（馬月華）

061　新刻性理大全七十卷（子部/儒家類）

明胡廣等輯，明李廷機校正，日本小出立庭校點，日本承應二年（1653）京都田中清左衛門、小島彌左衛門刻本，十函五十一册，綫裝。半葉九行，行二十字，小字雙行同，白口，雙黑魚尾，四周單邊。框高二十一點八釐米，寬十六點一釐米。目録一册。首卷卷端題"新刻性理大全第一之卷"，下題"温陵九我李太史校正"一行。卷前有永樂十三年（1415）明成祖朱棣序、永樂十三年胡廣等進書表、先儒姓氏、纂修姓氏。卷末有"萬曆癸卯年仲春月梓行"牌記、日本慶安辛卯（四年，1651）小出立庭跋文，及日本承應二年（1653）版權葉："承應二年癸巳五月穀旦/洛陽市町通鯉山町/梓行田中清左衛門小島彌左衛門"。版心上鐫"性理大全"及卷數，中鐫小目，下鐫葉次。書眉鐫異文等。

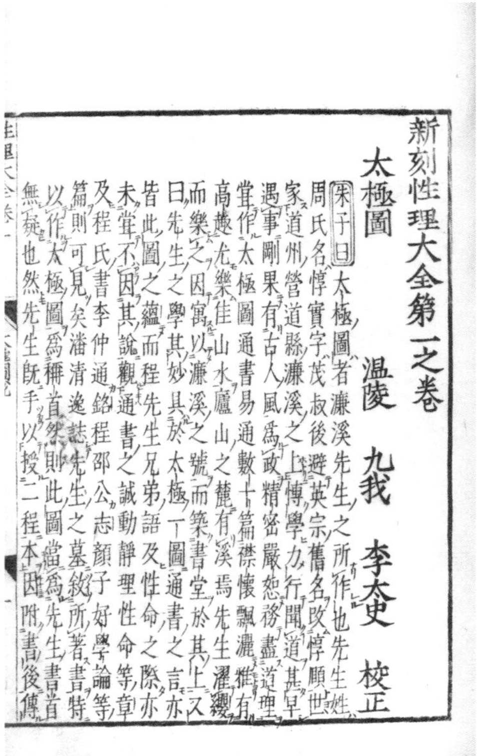
新刻性理大全第一之卷

太極圖　温陵　九我　李太史　校正

朱子曰太極圖者濂溪先生之所作也先生姓周氏名惇實字茂叔後避英宗舊名改惇頤世家道州營道縣濂溪之上博學力行聞道甚早遇事剛果有古人風爲政精密嚴恕務盡道理嘗作太極圖通書易通數十篇襟懷飄灑雅有高趣尤樂佳山水廬山之麓有溪焉先生濯纓而樂之因寓以濂溪之號而築書堂於其上又曰先生之學其妙具於太極一圖通書之言亦皆此圖之蘊而程先生兄弟語及性命之際亦未嘗不因其說觀通書之誠動靜理性命等章及程氏書李仲通銘程邵公志顏子好學論等篇則可見矣潘清逸誌先生之墓敍所著書特以作太極圖爲稱首然則此圖當爲先生書首無疑也然先生既手以授二程本因附書後傳

061　新刻性理大全

胡廣、李廷機，生平介紹見上篇書志。

小出立庭（？—1684），名立庭，字不見，號永安，日本尾張人，江户時代前期漢學家。受業於熊谷活水，學成後成爲本藩儒官。著有《論孟集註序説和語鈔》、《大學和語鈔》、《中庸和語鈔》、《易學啟蒙通釋鈔》、《孝經講草鈔》、《忠經鈔》等，校點之書則有《御製五倫書》、《周易句解》、《性理大全》等。細野要齋《尾張名家誌》中有傳。

該書内容介紹亦詳見上篇書志。

據版權葉，此本爲日本承應二年田中清左衛門、小島彌左衛門刻本，其"洛陽"爲今日本京都。卷末翻刻有明本萬曆癸卯（三十一年，1603）牌記，可見其所據底本爲明萬曆三十一年某刻本。卷末小出立庭跋稱："方今田中宣重、小島廣繁戮力將鋟梓，經營乎不朽之懿謀，以請緒正于我先生熊谷氏。先生大嘉其舉，然官事無盬而不暇應其需，以故不以庭弗類，屬之校讎，且點以倭訓。因拳拳祇載較諸本之異同，隨而折中之，覈字畫之舛錯，就而是正之。"小出立庭除了"點以倭訓"外，對原書異文及訛誤均進行了校正。跋文中所提及之刊刻者"田中宣重"與"小島廣繁"即版權葉之"田中清左衛門"與"小島彌左衛門"。

此本函套内粘"THE HOOVER LIBRARY ON WAR, REVOLUTION, AND PEACE"藏書票。今藏斯坦福大學東亞圖書館。

Title: Xin ke Xing li da quan: 70 juan

Author: Hu Guang [et al.] ji; Li Tingji zuan ding; [Japanese] Koide Rittei jiao dian

Imprint: [Japan] Kyoto: Tanaka Seizaemon, Kojima Yazaemon, 1653

（馬月華）

062　御纂性理精義十二卷（子部/儒家類）

清李光地等纂修，清康熙五十六年（1717）武英殿刻本，一函六册，綫裝。半葉大字八行，行十八字，小字雙行二十二字，白口，單黑魚尾，四周雙邊。框高二十二點四釐米，寬十六點一釐米。卷前有清康熙五十六年《御製性理精義序》、康熙五十四年（1715）李光地等進書表、承脩校對分脩繕寫監造諸臣職名、目録、先儒姓氏、凡例等。版心上鐫書名，中鐫卷次及篇名。

李光地，生平介紹見本書志所收《御纂周易折中》。

明永樂間，胡廣等奉敕輯録宋代理學著作和理學家言論，彙編爲《性理大全書》七十卷。但"此書取者太煩，類者居多"（卷前康熙《御製性理精義序》），至清康熙時，命李光地等人整理爲《性理精義》十二卷。《四庫全書總目》指出，該書"十分取一，卷帙雖減於前而義藴之宏深、别裁之精密以較原書，司空圖所謂如礦出金也"。

此本卷前康熙五十四年李光地等進書表稱："伏蒙皇帝陛下命臣等編校《御纂性理精義》，總一十二卷，刊刻已竣，謹裝潢成帙進呈。"則康熙五十四年書已刻成。御製序作於康熙五十六年，此依序年，仍定爲康熙五十六年刻本。該書翻本衆多，此本爲武英殿原刻本，比較难得。

各册書衣爲黄緞雲紋織錦，天頭地脚有包角，黄緞外又加書衣重裝。鈐“顯親王府圖書之印”朱文印，末葉鈐“鳴宇”朱文印。函套内粘“THE HOOVER LIBRARY ACQUIRED THROUGH THE STANFORD UNIVERSITY LIBRARIES”藏書票。今藏斯坦福大學東亞圖書館。

著録：

《北京大學圖書館藏古籍善本書目》子部/儒家類　御纂性理精義十二卷　清李光地等撰　清康熙刻本

《美國哈佛大學哈佛燕京圖書館藏中文善本書志》1100 御纂性理精義十二卷　清　李光地纂修　清康熙五十四年武英殿刻本

Title: Yu zuan Xing li jing yi: 12 juan

Author: Li Guangdi[et al.] zuan xiu

Imprint: [China] Beijing: Wu ying dian, 1717

（馬月華）

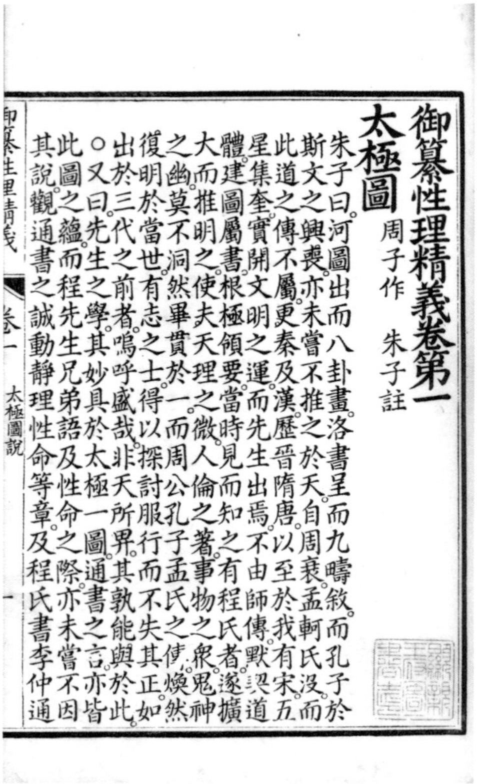
御纂性理精義卷第一
太極圖　周子作　朱子註
朱子曰河圖出而八卦畫洛書呈而九疇敘而孔子於斯文之興喪亦未嘗不推之於天自周衰孟軻氏没而此道之傳不屬更秦及漢歷晉隋唐以至於我有宋五星集奎實開文明之運而先生出焉不由師傳默契道體建圖屬書根極領要當時見而知之有程氏者遂擴大而推明之使夫天理之微人倫之著事物之衆鬼神之幽莫不洞然畢貫於一而周公孔子孟氏之傳煥然復明於當世有志之士得以探討服行而不失其正如出於三代之前者嗚呼盛哉非天所畀其孰能與於此
○又曰先生之學其妙具於太極一圖通書之言亦皆此圖之蘊而程先生兄弟語及性命之際亦未嘗不因其説觀通書之誠動靜理性命等章及程氏書李仲通
御纂性理精義　卷一　太極圖説　一

062　御纂性理精義

063　大學衍義補一百六十卷首一卷（子部/儒家類）

890 7236

明丘濬撰，明嘉靖十二年（1533）閩建安鄭氏宗文堂刻修補印本，三函十五册，綫裝。半葉十行，行二十字，白口，單黑魚尾，四周雙邊（偶或有左右雙邊和四周單邊）。框高十九點八釐米，寬十三釐米。卷前有丘濬《大學衍義補序》、《真德秀大學衍義序》、《真德秀進大學衍義表》、成化二十三年（1487）丘濬《進大學衍義補表》、弘治元年（1488）周洪謨等進呈書奏、總目。卷首爲丘濬補述《誠意正心之要》一卷。版心中鐫書名、卷數及葉次。

丘濬（1418—1495），又作邱濬，字仲深，號瓊臺，瓊州瓊山（今屬海南）人。景泰五年（1454）進士，自翰林院編修進侍講，遷國子祭酒，累官至禮部尚書。弘治四年（1491）兼文淵閣大學士參預機務，爲尚書入内閣者之始。他博極群書，熟於國家典故。一生著述甚富，著《家禮儀節》、《邱文莊集》，修《英宗實録》，作《五倫全備忠孝記》、《投筆記》、《舉鼎記》等傳奇，詩集有《瓊臺集》。《大學衍義補》爲其代表作。《明史》卷一百八十一有傳。

《大學衍義補》是一部闡發《大學》經義的儒家著作，爲補宋真德秀《大學衍義》而作。與《大學衍義》不同之處在於：《大學衍義》"主於理"，而《補》"主於事"；《大學衍義》强調格物致知、誠意正心、修身齊家的内在修養，而《補》則强調"治國平天下"的外在事功，這點從該書分《正朝廷》、《正百官》、《固邦本》、《制國用》、《明禮樂》、《秩祭祀》、《崇教化》、《備規制》、《慎刑憲》、《嚴武備》、《馭夷狄》、《成功化》十二章的章題可見一斑。

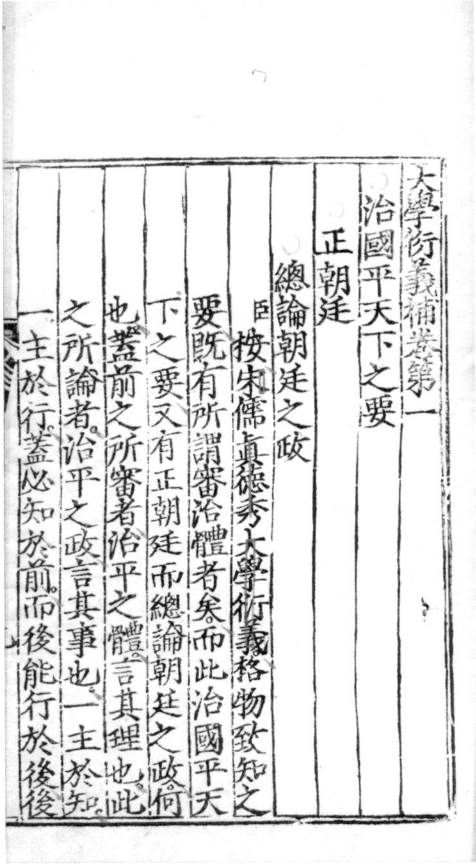
大學衍義補卷第一
治國平天下之要
正朝廷
總論朝廷之政
臣按宋儒真德秀大學衍義格物致知之要既有所謂審治體者矣而此治國平天下之要又有正朝廷而總論朝廷之政何也蓋前之所審者治平之體言其理也此之所論者治平之政言其事也一主於知一主於行蓋必知於前而後能行於後後

063　大學衍義補

中國第一批國家珍貴古籍名録 01743 號爲揚州市圖書館藏明嘉靖十二年宗文堂刻本《大學衍義補》一百六十卷首一卷，《第一批國家珍貴古籍名録圖録》中有其卷端葉書影，與此本版式、行款、字體以及版面斷裂處等皆同，爲同版書。但珍本 01743 有"皇明癸巳歲刊行"牌記，而此本無。此本末葉版框爲四周單邊，與全書四周雙邊的主要版式不同，爲補刻之葉。鄭氏宗文堂爲元明時福建建安刻書名肆，此本即宗文堂刻本。值得注意的是，台灣"中央圖書館"藏有兩部同版書，其卷末均有牌記"皇明癸巳歲宗文堂刊行"（其卷端葉書影與介紹均詳見該館網上資料），不過這兩部書皆爲黑口本，而此本爲白口本。細審原書，此本書口多有被剜痕跡，其印時已將黑口改爲白口，且又撤去卷末牌記，當是後來修補印本。

此本内有不少抄配葉，如：卷一第九葉至二十葉；卷十六第廿七葉至三十葉；卷三十一第十一、十二葉；卷四十三第十七葉；卷四十八第十三葉至十六葉；卷五十五第十三、十四葉；卷六十第十三、十四兩葉；卷八十九第十一、十二兩葉；卷九十四第二十五、二十六葉；卷一百十七第十九至二十三葉；卷一百五十四第十一葉至十四葉等等。

鈐"原茂雅章"白文印、"尚寬"白文印，多朱筆句讀，書眉行間又多朱筆、墨筆校正之字，原書黑框處亦以朱字補之。此外，對原書葉次也有朱筆校正，如卷十六原版心刻作“廿七”、“廿八”的兩葉被朱筆分别改爲“卅一”、“卅二”，卷四十三原版心刻作“十五”、“十六”的兩葉被朱筆分别改爲“十六”、“十五”，這些於讀該書者皆爲有益。函套内粘“THE HOOVER LIBRARY ACQUIRED THROUGH THE STANFORD UNIVERSITY LIBRARIES”藏書票。今藏斯坦福大學東亞圖書館。

著録：

《中國古籍善本書目》子部/儒家類 618 大學衍義補一百六十卷首一卷　明丘濬撰　明嘉靖十二年宗文堂刻本

中國第一批國家珍貴古籍名録 01743 號大學衍義補一百六十卷首一卷　明丘濬撰　明嘉靖十二年宗文堂刻本　揚州市圖書館藏

Title：Da xue yan yi bu：160 juan；shou：1 juan

Author：Qiu Jun zhuan

Imprint：[China] Fujian：Zong wen tang，1533

（馬月華）

064　困知記二卷續二卷三續一卷四續一卷續補一卷附録一卷（子部/儒家類）

1314 6980

明羅欽順撰，明末敬慎堂刻本，一函八册，綫裝。半葉十行，行二十字，細黑口，單黑魚尾，左右雙邊。框高十九點一釐米，寬十三釐米。内封題“羅整菴先生困知記”，下有“敬慎堂”圓形墨印。《困知記》卷前有嘉靖七年（1528）羅欽順序。《困知記續》卷上末有嘉靖辛卯（十年，1531）羅氏識語，卷下有嘉靖癸巳（十二年，1533）羅氏識語。《困知記四續》卷末有嘉靖丙午（二十五年，1546）羅氏識語。《困知記續補》末有“右誌作於丁未夏四月十六日丁酉越九日”等語，“丁未”當嘉靖二十六年（1547）。

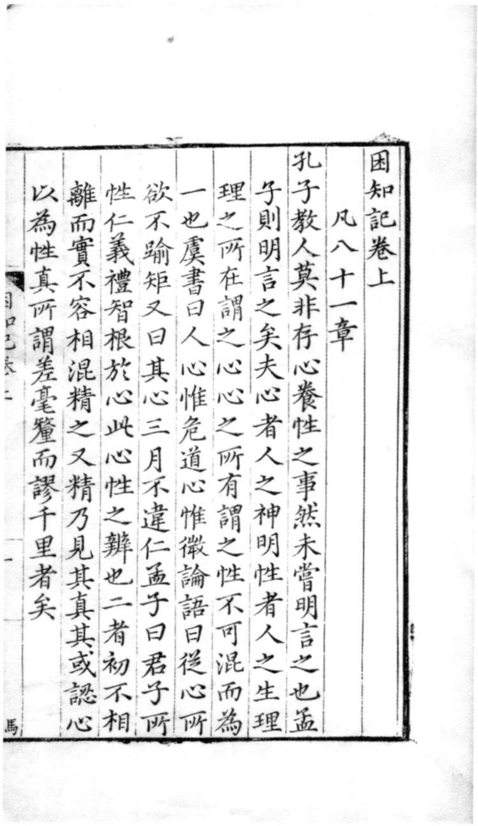
困知記卷上
凡八十一章
孔子教人莫非存心養性之事然未嘗明言之也孟子則明言之矣夫心者人之神明性者人之生理理之所在謂之心心之所有謂之性不可混而爲一也虞書曰人心惟危道心惟微論語曰從心所欲不踰矩又曰其心三月不違仁孟子曰君子所性仁義禮智根於心此心性之辨也二者初不相離而實不容相混精之又精乃見其真其或認心以爲性真所謂差毫釐而謬千里者矣

064　困知記

羅欽順（1465—1547），字允昇，號整庵，謚文莊，泰和（今屬江西）人。弘治六年（1493）進士，歷任南京國子監司業、吏部左侍郎、南京吏部尚書等職。嘉靖六年

(1527)後里居,潛心學問。著有《整庵存稿》、《整庵續稿》、《困知記》等,力倡程朱理學,爲明末理學大家。《明史》卷二百八十七有傳。

《困知記》爲羅欽順理學言論的彙編,深爲理學家推崇。初集兩卷編成於嘉靖七年;《困知記續》兩卷,分别完成於嘉靖十年和嘉靖十二年;《三續》一卷,完成於嘉靖十七年(1538);《四續》一卷,完成於嘉靖二十五年。全書完成後,又加入一卷附録,收入六封與人論學的書信。羅氏身後,其子孫及他人不斷翻刻《困知記》,並不斷補入序跋志記之類。

《中國古籍善本書目》子部/儒家類783著録有三種明刻本《困知記》:明嘉靖十六年(1537)刻本、明萬曆刻本、明天啟三年(1623)羅珽仕羅璇仕刻本。此本與嘉靖十六年本及天啟三年本行款不同,爲不同版本。北京大學圖書館藏有兩部萬曆唐伯元刻本,卷前有萬曆七年(1579)澄海唐伯元《重刻困知記序》、萬曆二十年(1592)李楨《重校困知記序》等,正文與斯坦福本版式、行款全同,且字體亦十分相近,但實爲不同版本。《困知記》於明末十分流行,翻刻衆多。據内封所題,斯坦福本爲明末敬慎堂刻本,蓋即翻自萬曆澄海唐氏刻本之類。

函套内粘"THE HOOVER LIBRARY ACQUIRED THROUGH THE STANFORD UNIVERSITY LIBRARIES"藏書票。今藏斯坦福大學東亞圖書館。

Title: Kun zhi ji: 2 juan; Xu Kun zhi ji: 2 juan; San Xu: 1 juan; Si Xu: 1 juan; Xu Bu: 1 juan; Fu Lu: 1 juan

Author: Luo Qinshun zhuan

Imprint: [China]: Jing Shentang, 1592—1644

(馬月華)

065　榕村語録三十卷(子部/儒家類)

5463 4494

清李光地撰,清徐用錫、李清植輯,清雍正十一年(1733)李清植刻嘉慶彙印《李文貞公集》本,一函十四册,綫裝。半葉九行,行二十字,白口,單黑魚尾,左右雙邊。框高十七點四釐米,寬十二點七釐米。卷前有乾隆癸亥(八年,1743)張敘《榕村語録序》、《榕村語録書目》,目録後有己酉(雍正七年,1729)李清植識語(僅存第一葉,後殘)。卷末有雍正癸丑(十一年)徐用錫跋。版心上鐫書名,中鐫卷次、篇名,下鐫葉次。

李光地,生平介紹見本書志所收《御纂周易折中》。

徐用錫(1657—?),字壇長,號晝堂,一號魯南,下相(今屬江蘇)人。康熙四十八年(1709)進士,官翰林院編修、侍讀。李光地門人,追隨李光地二十餘年,留意記録其日常講論。李清植(1690—1744),字立侯,號穆亭,李光地孫。幼失父母,長隨祖父李光地左右。雍正二年(1724)登進士,官翰林院編修、侍讀,至禮部侍郎。李光地遺著多由其整理刊行，並撰有《李光地年譜》。

《榕村語録》記録李光地一生與門人、兒孫的講學問答，内容涉及經書、理學、史學、諸子、詩文等各方面，十分廣泛。初由徐用錫記録整理，後由李清植增補校正。徐用錫跋稱："先生文孫清植，鋟先生《語録》三十卷，五月竣工，寄樣本來。"則清雍正十一年該書已刻成。

李光地著作自康熙時起不斷刊刻，至嘉慶六年（1801）補刊彙印爲《李文貞公全集》（或稱《李文貞公集》），道光九年（1829）李光地玄孫李維迪又彙印李光地遺著爲《榕村全書》，這兩部叢書皆著録於《中國叢書綜録》。北京大學圖書館藏有一部嘉慶六年印本《李文貞公集》和兩部道光九年印本《榕村全書》，其所收《榕村語録》，皆爲在雍正舊板基礎上修補刷印而成。斯坦福本卷前之張敘《榕村語録序》，其版葉同於北大《李文貞公集》本而與北大《榕村全書》本不同，或爲《李文貞公全集》彙印本零種。

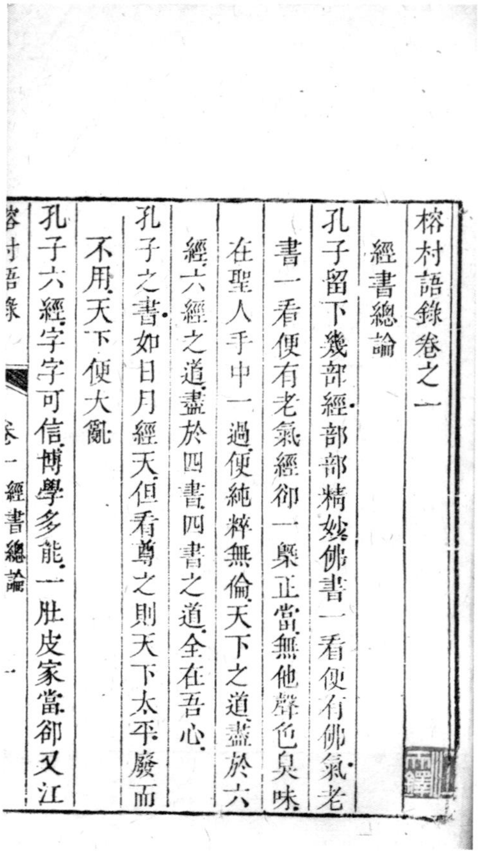
榕村語錄卷之一
經書總論
孔子留下幾部經，部部精妙。佛書一看便有佛氣，老書一看便有老氣，經卻一槩正當，無他聲色臭味，在聖人手中一過，便純粹無偏。天下之道盡於六經，六經之道盡於四書，四書之道全在吾心。孔子之書如日月經天，但看尊之則天下太平，廢而不用天下便大亂。
孔子六經字字可信，博學多能一肚皮家當卻又江
榕村語錄　卷一　經書總論

065　榕村語録

此本鈐"有所棄室"朱文印、"江天鐸"白文印、"江天鐸印"朱文印等。函套内粘"THE HOOVER LIBRARY ACQUIRED THROUGH THE STANFORD UNIVERSITY LIBRARIES"藏書票。今藏斯坦福大學東亞圖書館。

著録：

《中國叢書綜録》李文貞公全集　清李光地撰　清乾隆元年李清植刊嘉慶六年補刊印本（其中包括榕村語録三十卷）

Title：Rongcun yu lu：30 juan

Author：Li Guangdi zhuan

Imprint：[China]：Li Qingzhi，1733

（馬月華）

066 濂洛關閩書十九卷(子部/儒家類)

1342 3377

清張伯行集解,清康熙四十八年(1709)福州正誼堂刻五十二年(1713)重訂後印本,一函五册,綫裝。半葉九行,行十七字,小字雙行同,白口,單黑魚尾,四周單邊。框高十九點八釐米,寬十三點五釐米。内封題“正誼堂”。卷前有康熙四十八年張伯行總序、雍正甲寅(十二年,1734)王士俊序。各書卷前亦有張伯行序。版心上分别鐫“朱子”、“程子”、“張子”、“周子”等,中鐫卷次,下鐫葉次及“正誼堂”。

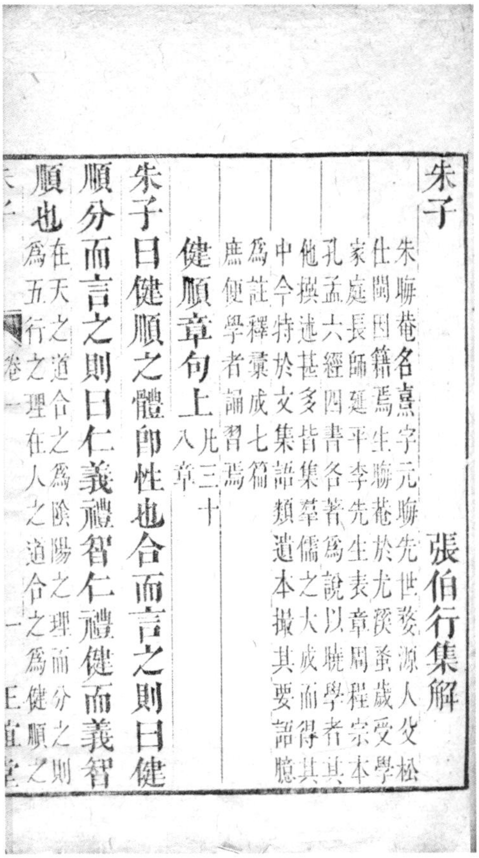
朱子

朱晦菴名熹字元晦先世婺源人父松仕閩因籍焉生晦菴於尤溪蚤歲受學家庭長師延平李先生表章周程宗本孔孟六經四書各著爲說以曉學者其他撰述甚多皆集儒之大成而得其中今特於文集語類遺本撮其要語聽爲註釋彙成七篇庶便學者誦習焉

張伯行集解

健順章句上 凡三十八章

朱子曰健順之體即性也合而言之則曰健順分而言之則曰仁義禮智仁禮健而義智順也 在天之道合之爲陰陽之理而分之則爲五行之理在人之道合之爲健順之則

066 濂洛關閩書

張伯行(1651—1725),字孝先,號敬庵,儀封(今屬河南)人。康熙二十四年(1685)進士。歷任内閣中書,江蘇按察使,江蘇巡撫、禮部尚書等職。著有《正誼堂文集》、《困學録》、《居濟一得》等書。《清史稿》列傳五十二有傳。

“濂洛關閩”指宋代理學的四個主要學派:濂指原居道州營道濂溪的周敦頤,洛指洛陽程顥、程頤兄弟,關指陝西張載,閩指講學於福建的朱熹。此書爲張伯行對四子的集解之作,包括《朱子》七卷、《程子》十卷、《張子》一卷、《周子》一卷。卷前張伯行序稱,“爰出平日所詮解者,令書院諸生互相參酌,仍付柳生瑃、陳生紹濂彙訂。”

《柏克萊加州大學東亞圖書館中文古籍善本書志》285“濂洛關閩書十九卷”對此書版本有比較詳盡的分析,斯坦福本與柏克萊本似同版,如:《周子》序中,斯坦福本首句作“濂溪周子生於孔孟千五百年之後”,而不作“濂溪周子生於聖道不傳千五百年之後”;《張子》“正蒙”篇下注,斯坦福本“此書廣大艱深,今擇其醇正明易者,以便學者誦習,凡二十章”,其中“凡二十章”不作“凡五十八章”,皆與柏克萊本相合。不過,斯坦福本卷前已附雍正甲寅王士俊序,印年更在柏克萊本之後,與陳先行、郭立暄先生所言上海圖書館藏“乙本後印本一部”者相近。

鈐“檇李錢氏延澤堂藏書”白文方印、“岩佐氏圖書印”朱文長方印。函套内粘“THE HOOVER LIBRARY ACQUIRED THROUGH THE STANFORD UNI-

VERSITY LIBRARIES”藏書票。今藏斯坦福大學東亞圖書館。

著録：

《柏克萊加州大學東亞圖書館中文古籍善本書志》285 濂洛關閩書十九卷　清張伯行集解　清康熙四十八年福州正誼堂刻五十二年重訂本

Title：Lian Luo Guan Min shu：19 juan

Author：Zhang Boxing ji jie

Imprint：[China] Fuzhou：Zheng yi tang，1709—1713

（郭愷淳）

067　詮敘管子成書十五卷卷首一卷（子部/法家類）

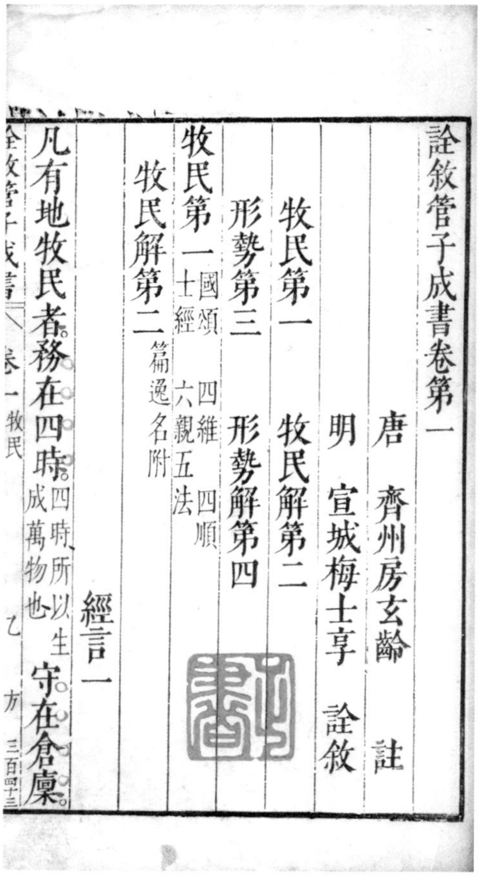

067　詮敘管子成書

明梅士享詮敘，首一卷，明梅士享輯，明天啟五年（1625）賈毓祥刻本，一函六册，綫裝。半葉九行，行十九字，小字雙行同，白口，單白魚尾，四周單邊。框高二十一點三釐米，寬十四點二釐米。卷首一卷包括明梅士享撰《管子尊攘傳》、宋楊忱撰《古本管子序》、《管子文評》、《詮敘管子成書凡例》並賈毓祥等閱校名銜、目録。卷端下題“唐齊州房玄齡註/明宣城梅士享詮敘”。版心上鐫書名，中鐫卷次、篇名、葉數，下書口鐫刻工姓名及字數，刻工姓名如“方”、“庭”、“寧”、“聖”、“凝”等。閱校名銜末有“天啟五年乙丑歲季夏月鐫板”一行。

梅士享，生卒不詳，字伯猷，宣城（今屬安徽）人。明崇禎四年（1631）選貢生，博學多著述。著有《左傳金鑒》、《詮敘管子》、《兵解》等。明張自烈《芑山詩文集》卷十六有《明文學梅伯猷傳》。

《管子》一書，明刻多爲二十四卷本，梅士享重新編爲十五卷。梅氏對《管子》内容有所區分，認爲是《管子》原文者頂格，疑爲後人參雜之語及意有未安者低一字位置，自己的意見則用“梅生曰”表示，低兩字位置。區分標準爲是否符合孔孟之道，梅氏多引孟子、朱熹之語，《四庫全書總目》於子部法家類存目該書下指出："讀諸子之書而必以經義繩之，何異閱晉唐行草之跡而糾以説文之偏傍耶！"

此本卷前《詮敘管子成書凡例》"刻例"末稱"此直指賈公惠鐫意也"，閱校名銜葉首行爲"巡按直隸監察御史膠東一榮賈毓祥閱"，正爲天啟五年賈毓祥刻本。《四庫全書存目叢書》子部第36册收入清華大學圖書館藏明天啟五年刻本《詮敘管子成書》，與此本同版。此本缺天啟乙丑（五年）梅士享《詮敘管子成書序》、劉向敘録。《詮敘管子成書凡例》及賈毓祥等閱校名銜葉等與清華本不同版，文字内容亦有小異，如：《凡例》"舊註雖多謬，篳路藍縷"後斯坦福本有"附劉趙例"數字，而清華本無；《凡例》末清華本有"天啟五年乙丑歲季夏月宣城伯獻梅士享識"一行，斯坦福本無；賈毓祥等閱校名銜葉首行斯坦福本作"詮敘管子成書"，而清華本作"詮敘管子成書閱較"，多"閱較"兩字；閱校名銜葉後斯坦福本有"天啟五年乙丑歲季夏月鐫板"一行，清華本無；閱校名銜葉及《凡例》葉版心下方斯坦福本皆刻有字數，而清華本無。從版印情況看，斯坦福本刷印之年要早於清華本。

此本卷端葉鈐"正書"朱文印，各册末多鈐"市川博保"朱文圓形小印，書中多朱筆句讀、圈點，又書眉偶或有墨筆批語。函套内粘"HOOVER INSTITUTION on War, Revolution, and Peace FOUNDED BY HERBERT HOOVER, 1919"藏書票，並蓋"HOOVER LIBRARY"墨戳。今藏斯坦福大學東亞圖書館。

著録：

《中國古籍善本書目》子部/法家類 1422 詮敘管子成書十五卷　明梅士享撰　首一卷　明梅士享輯　明天啟五年賈毓祥刻本

《四庫全書存目叢書》子部第36册影印清華大學圖書館藏明天啟五年刻本詮敘管子成書十五卷首一卷

Title: Quan xu Guanzi cheng shu: 15 juan; juan shou: 1 juan

Author: Mei Shixiang quan xu

Imprint: [China]: Jia Yuxiang, 1625

（馬月華）

068　御製耕織全圖（子部/農家類）

N8217. F3 Y8 1696 F

清焦秉貞畫，清翻刻康熙内府本，二册，綫裝。框高二十四點四釐米，寬二十四點四釐米，四周單邊。内封題"御製耕織全圖"，扉葉背面鈐"寶應鑄經堂發兑"朱戳。卷前有朱印康熙三十五年（1696）《御製耕織圖序》，次爲《耕目》和《織目》。分耕圖二十三幅，織圖二十三幅，每圖配有康熙御題七言詩一首。耕圖第二十三圖右下方與織圖第二十三圖左下方均刻小字"欽天監五官臣焦秉貞畫/鴻臚寺序班臣朱圭鐫"兩行。

068　御製耕織全圖

焦秉貞，生卒不詳，濟寧（今屬山東）人，湯若望門生。康熙年間供奉内廷，任欽天監五官正。焦氏通天文，擅畫肖像、花卉、山水、樓觀等，其所繪《耕織圖》，畫風纖麗，已採用西洋焦點透視畫法。清馮金伯纂《國朝畫識》卷八有傳。

男耕女織爲中國歷代傳統畫題，按農時連貫的《耕織圖》可上溯至南宋，宋代著名畫家馬和之、劉松年、樓璹都畫過《耕織圖》。清王士禛《香祖筆記》卷十二載："康熙中，嘗命畫苑寫《耕織圖》，御製詩冠其上方，刻印頒行。"當時命宫廷畫家焦秉貞、冷枚、陳枚各摹一本，最後選中焦本，命朱圭鐫版，於康熙三十五年刻成《御製耕織全圖》。該書系統描繪糧食生産從浸種到祭神，蠶桑生産從浴蠶到成衣的具體操作過程。耕圖分别爲浸種、耕、耙耨、耖、碌碡、布秧、初秧、淤蔭、拔秧、插秧、一耘、二耘、三耘、灌溉、收刈、登場、持穗、舂碓、簏、簸揚、礱、入倉、祭神；織圖分别是浴蠶、大起、捉績、二眠、三眠、分箔、採桑、上簇、炙箔、下簇、擇繭、窖繭、練絲、蠶蛾、祀謝、緯、織、絡絲、經、染色、攀華、剪帛、成衣。

此本耕圖與織圖末雖均刻小字"欽天監五官臣焦秉貞畫/鴻臚寺序班臣朱圭鐫"，但其實並非朱圭原刻，而是翻刻本。書中未見"胤"、"禛"、"弘"、"曆"等字，但此本不避"寧"字。康熙内府刻本耕圖第一幅"浸種"圖上康熙所題七言詩爲："暄和節候肇農功，自此勤勞處處同。早辨東田穜稑種，褰裳涉水浸筠籠。"第二幅"耕"圖上康熙所題七言爲："土膏初動正春晴，野老支笻早課耕。辛苦田家惟穡事，隴邊時聽叱牛聲。"而此本將兩詩誤换，即"浸種"圖配"土膏初動正春晴"一詩，而"耕"圖配"暄和節候肇農功"，爲翻刻本之誤。

鈐"畫禪龕"朱文印、"春帆細雨樓圖書印"朱文印、"永存珍秘"朱文印、"富岡氏之印"朱文印等，今藏斯坦福大學藝術圖書館。

Title: Yu zhi Geng zhi quan tu

Author: Jiao Bingzhen hua

Imprint: [China], 1696—1820

（馬月華）

069　天花精言六卷（子部/醫家類）

RA644 .S6 Y83

清袁旬撰，清乾隆二十年（1755）刻旵齋藏板本，一函四册，綫裝。半葉九行，行二十五字，無直格，白口，四周單邊。框高二十點六釐米，寬十二點一釐米。内封題"乾隆乙亥年鐫/雙梧主人著/天花精言/旵齋藏板"。卷前有癸酉（乾隆十八年，1753）雙梧主人《天花精言小引》、方有光序、總目，各卷前附該卷目録。卷端下題"雙梧主人"。版心上鐫卷數，下鐫葉次。

袁旬（"旬"一作"句"，古人名與字意常相應，作"旬"是），生卒年不詳，字大宣，號雙梧主人，洛陽（今屬河南）人。任職刑部，精通醫理。清周中孚《鄭堂讀書記》卷四十三於“《天花精言》六卷”下載：“國朝袁句撰。句字大宣，號雙梧主人，洛陽人，官刑部。大宣專心醫理，其診脈用藥，頗得醫宗三昧，而於痘疹一門尤爲神異。其著是書，凡九十三篇，自發熱起，至結痂止，順逆平險，論辨詳明，皆考之前人，參之聞見，不悖於古而又不株守乎成見，就其書悉心看視，百無一失。大宣居家立朝，無一不以濟人爲念，即此書已可見一斑矣。”

全書收文九十三篇，論述天花發病原因、病徵、治法、對症藥草等，十分詳盡，卷四更附三十多幀圖像，配以解説。袁氏《小引》稱：“予生平兒女輩，半傷於痘。每見出痘之兒，輒觸目而心傷之，爰究心此道，於今已十六年矣。考之前人，參之閲見，辨其兩實兩虛，察其偏勝偏道，因其經絡，定其部位，考其顆粒，參其顏色，而後即其症候，投以藥餌……故每當痘症盛行之時，至親好友力不能辭。其間不無倖中一二者。癸酉夏日，予以將次謁選爲北上計，惧不暇再理其業，而十六年來之心血，竟抛棄於一旦也。爰隨筆誌之，而謬爲友人所許，美其名曰‘天花精言’。”乾隆十八年此書完成時分爲六卷，後又對內容有所增補，重分爲四卷，書亦易名爲《痘症精言》。

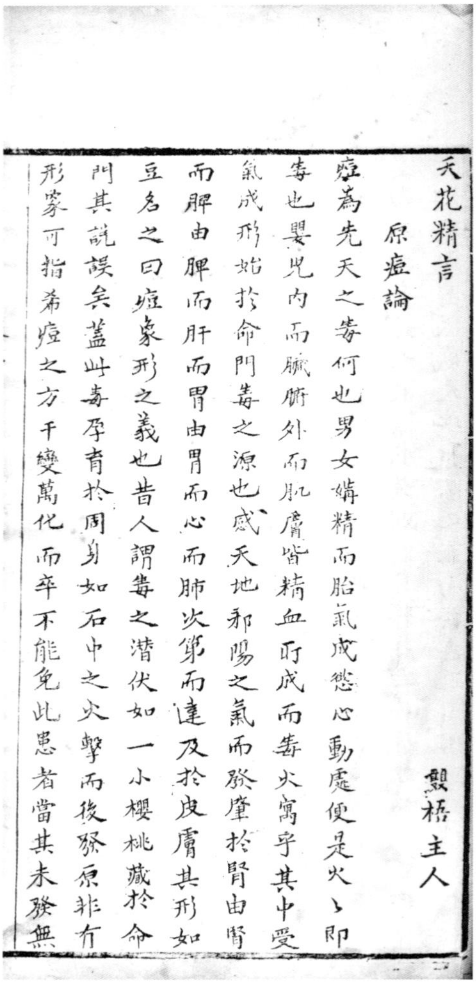
天花精言　雙梧主人
原痘論
痘為先天之毒何也男女媾精而胎氣成慾心動處便是火火即毒也嬰兒內而臟腑外而肌膚皆精血所成而毒火寓乎其中受氣成形始於命門毒之源也感天地邪陽之氣而發肇於腎由腎而脾由脾而肝而胃由胃而心而肺次第而達及於皮膚其形如豆名之曰痘象形之義也昔人謂毒之潛伏如一小櫻桃藏於命門其說誤矣蓋此毒孕育於周身如石中之火擊而後發原非有形象可指希痘之方千變萬化而卒不能免此患者當其未發無

069　天花精言

此書爲清代治天花的最流行書籍，此本爲最早刻本。

鈐“李嘉俊印”白文方印。今藏斯坦福大學東亞圖書館。

著録：

嚴世芸《中國醫籍通考》（上海中醫學院出版社，1991年）天花精言　袁句　六卷　清乾隆二十年乙亥畏齋刻本

Title：Tian hua jing yan：6 juan

Author：YuanXun zhuan

Imprint:[China]: Wei zhai cang ban, 1755

(郭愷淳)

070　益公題跋十二卷(子部/藝術類)

6138 7234

宋周必大撰,明毛晉訂,明崇禎常熟毛氏汲古閣刻《津逮秘書》本,一函八册,綫裝。半葉八行,行十九字,白口,無魚尾,左右雙邊。框高十九點一釐米,寬十三點六釐米。卷前有《益公題跋目録》,卷末有毛晉識語。卷端題"廬陵周必大撰/海虞毛晉訂"。版心上鐫"益公題跋",中鐫卷次葉數,下鐫"汲古閣"三字。

周必大(1126—1204),字子充,一字洪道,號省齋居士,晚號平原老叟,廬陵(今屬江西)人。紹興二十一年(1151)進士,二十七年(1157)舉博學宏詞科。歷任徽州户曹、監察御史、右丞相、左丞相等職,封益國公。工於詩文,平生著述由後人彙編爲《周文忠公全集》兩百卷。周氏亦從事刻書活動,其刻本以校勘精良、刻寫俱工著稱,如所刻《歐陽文忠公集》,刻印精美,爲宋版上品。《宋史》卷三百九十一、《宋元學案》卷三十五、《宋詩紀事》卷五十有傳。

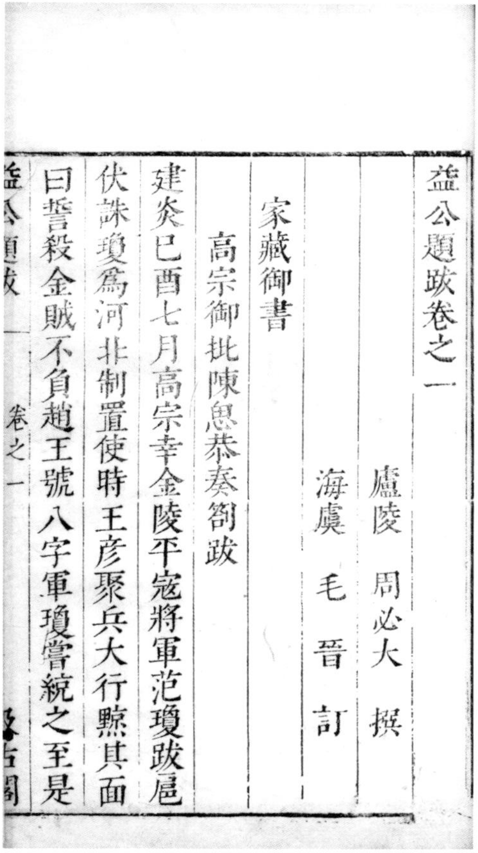
益公題跋卷之一
廬陵　周必大　撰
海虞　毛　晉　訂
家藏御書
高宗御批陳恴恭奏劄跋
建炎己酉七月高宗幸金陵平寇將軍范瓊跋扈
伏誅瓊爲河北制置使時王彥聚兵大行黥其面
曰誓殺金賊不負趙王號八字軍瓊嘗統之至是
益公題跋　卷之一　汲古閣

070　益公題跋

《益公題跋》是周必大所作題記序跋彙編,卷末毛晉跋指出:"諸家題跋多載法書名画,或評詩文得失,或辨碑銘異同,間及山水幽勝處,未有臚列御[批劄子]者。周益公廼開卷紛紛,無恠乎[後邨]病其洗滌詞科習氣不盡也。集中凡稱述[歐]陽文忠公者,居十之三,併公子仲純、叔弼,[亦]推重不已。先輩謂廬陵以文章續韓昌黎[正]統,蓋以文忠與益公衣缽單傳,又皆廬陵人尔。海隅毛晉識。"([ ]内之字斯坦福本已殘,此據北京大學圖書館藏本補。)周必大舉博學宏詞科,又以文章名世,其所作題跋也有偏重文辭的特點。

各册首葉鈐"無礙道人藏書"朱文長條印,末葉鈐"壬子"亞形印,函套内粘"HOOVER INSTITUTION on War, Revolution, and Peace FOUNDED BY HERBERT HOOVER, 1919"藏書票。今藏斯坦福大學東亞圖書館。

著録：

《中國古籍善本書目》叢部/彙編叢書 00150 津逮秘書十五集一百四十一種七百四十八卷　明毛晉編　明崇禎毛氏汲古閣刻本（其中第十三集包括宋周必大撰《益公題跋》十二卷）

《北京大學圖書館藏古籍善本書目》叢部/雜叢　津逮秘書十五集百四十一種七百四十八卷　明毛晉編　明崇禎毛氏汲古閣刻本（其中包括益公題跋十二卷）

《柏克萊加州大學東亞圖書館中文古籍善本書志》339 益公題跋十二卷　宋周必大撰　明毛晉輯　明末虞山毛氏汲古閣刻《津逮秘書》本

Title：Yi gong ti ba：12 juan

Author：Zhou Bida zhuan；Mao Jin ding

Imprint：[China] Changshu：Mao shi Ji gu ge，1628—1644

（馬月華）

071　畫繼十卷（子部/藝術類）

宋鄧椿撰，明毛晉訂，明崇禎常熟毛氏汲古閣刻《津逮秘書》本，一函四册，綫裝。半葉八行，行十九字，白口，左右雙邊。框高十八點九釐米，寬十三點五釐米。卷前有鄧椿序、《標目》。卷末有毛晉識語。卷端下題“宋華國鄧椿公壽撰/明古虞毛晉子晉訂”二行。版心上鐫書名，中鐫卷次、葉數，下鐫“汲古閣”三字。

鄧椿，生卒不詳，宋南渡間人，字公壽，雙流（今屬四川）人。出身於官宦世家，家富收藏。祖父鄧洵武政和中知樞密院，拜少保，以軍功封華國公，甚重畫學。父鄧雍宣和時累官侍郎，爲提舉官，曾監修宫殿，得背壁郭熙畫甚多。（事見《畫繼》卷十）又鄧椿見避難於蜀地之名畫衆多，這些經歷使他能完成《畫繼》一書。其自序指出：“予雖生承平時，自少歸蜀，見故家名勝避難于蜀者十五六，古軸舊圖，不期而聚。而又先世所藏殊尤絶異之品，散在一門，往往得免

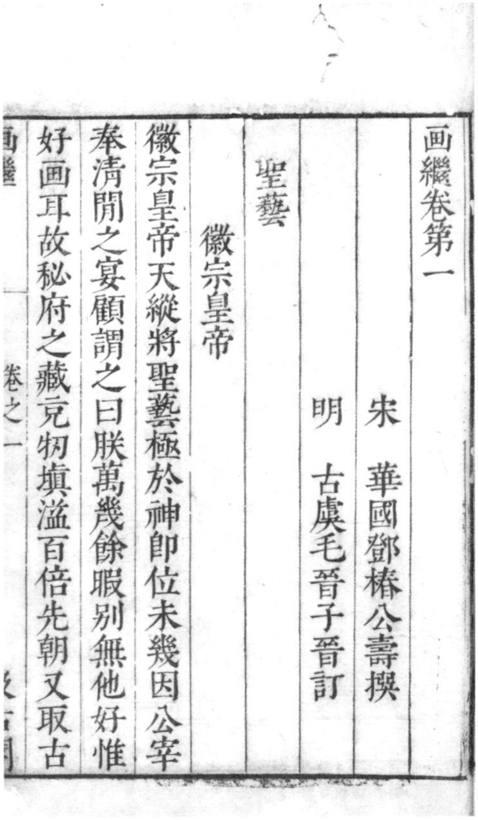
画繼卷第一
宋　華國鄧椿公壽撰
明　古虞毛晉子晉訂
聖藝
徽宗皇帝
徽宗皇帝天縱將聖藝極於神卽位未幾因公宰
奉清閒之宴顧謂之曰朕萬幾餘暇别無他好惟
好画耳故秘府之藏充牣塡溢百倍先朝又取古
画繼　卷之一

071　畫繼

焚劫，猶得披尋。故性情所嗜，心目所寄，出於精深，不能移奪。”

《畫繼》爲繼唐張彦遠《歷代名畫記》、北宋郭若虚《圖畫見聞志》而作，故書名“繼”。該書上接《圖畫見聞志》成書之北宋熙寧七年(1074)，下迄南宋乾道三年(1167)，記載這九十四年間的畫壇見聞及畫家傳記。鄧椿自序指出：“每念熙寧而後，游心兹藝者甚衆，迨今九十四春秋矣，無復好事者爲之紀述。於是稽之方册，益以見聞，參諸自得，自若虚所止之年，逮乾道之三禩，上而王侯，下而工技，凡二百一十九人，或在或亡，悉數畢見。又列所見人家奇迹愛而不能忘者，爲《銘心絶品》。及凡繪事可傳可載者，裒成此書，分爲十卷，目爲《畫繼》。”卷一至卷七收畫家二百一十九人，各爲小傳。卷八《銘心絶品》記所見私家收藏名畫目録。卷九、卷十品評繪事，記畫壇逸事等。

《畫繼》的最早刻本爲南宋臨安府陳道人書籍鋪本，今尚存。後明刻本較多，此本爲明末毛氏汲古閣刻《津逮秘書》零種，卷末有毛晉識語。

今藏斯坦福大學藝術圖書館。

著録：

《中國古籍善本書目》叢部/彙編叢書 00150 津逮秘書十五集一百四十一種七百四十八卷　明毛晉編　明崇禎毛氏汲古閣刻本(其中第七集包括宋鄧椿撰《畫繼》十卷)

《柏克萊加州大學東亞圖書館中文古籍善本書志》349 畫繼十卷　宋鄧椿撰　明崇禎毛氏汲古閣刻《津逮秘書》本

Title：Hua ji：10 juan

Author：Deng Chun zhuan；Mao Jin ding

Imprint：[China] Changshu：Mao shi Ji gu ge，1628—1644

(郭愷淳)

072　新刻格古論要五卷(子部/藝術類)

NK1068 . T736

明曹昭撰，明舒敬編，明王佐增，明胡文焕選，明萬曆二十四年(1596)胡文焕杭州文會堂刻《格致叢書》本，一函二册，綫裝。半葉十行，行二十字，白口，雙白魚尾，左右雙邊。框高十九點八釐米，寬十四釐米。卷前有萬曆丙申(二十四年)胡文焕《格古論要序》、洪武二十一年(1388)曹昭《格古論要序》、目録。卷端下題“雲間曹昭明仲著/雲間舒敬志學編/吉水王佐功載增/錢唐胡文焕德父選”四行。版心上鐫“格古論要”及卷次，下鐫葉數。

曹昭，生卒不詳，字明仲，雲間(今屬上海)人。

王佐，字功載，吉水(今屬江西)人。宣德二年(1427)進士，選庶吉士，授刑部主事，歷員外郎中，天順間出守臨安。《(萬曆)吉安府志》卷十九有傳。

胡文焕，生卒不詳。據《四庫全書總目》胡文焕相關各條，胡氏字德父，號全庵，又號抱琴居士，錢塘（今屬浙江）人。胡氏精通音律，著有《文會堂琴譜》、《詩學彙選》等。胡氏又輯明代戲曲著作，編爲《群音類選》二十六卷。嗜藏書刻書，在杭州開刻書坊，名“文會堂”。所刻《格致叢書》數百種，均爲古今考證名物專著。

明洪武間曹昭撰成《格古要論》三卷。書中多載古物收藏和交易之實際經驗，頗爲文物賞鑒家所重。曹昭序稱：“先子……蓄古法書、名畫、古琴、舊硯、彝鼎尊壺之屬，置之齋閣以爲珍玩，其售之者，往來犯多。余自幼性亦嗜之，侍于先子之側，凡見一物必遍閱圖譜，究其來歷，格其優劣，别其是否。”曹昭之書原爲三卷本，後經王佐增補爲十三卷，内容大爲豐富。萬曆間胡文焕將王佐增補本整理考訂，重新分爲五卷，並收入其所刻《格致叢書》中，書名改爲《新刻格古論要》。此本即胡文焕刻《格致叢書》本零種，出版年據胡氏序年。

鈐“嚴西鳳印”白文迴文印、“嚴西鳳”朱文印、“子陵後人”白文印、“小閶”朱文印、“小閶家藏”朱文印、“嚴氏譚經廬藏”白文印、“漁隱”朱文印、“映清”朱文印、“梅”白文印、“山陰汪氏之田”朱文印、“韓齋”白文印、“吕氏咸一”朱文印等。今藏斯坦福大學藝術圖書館。

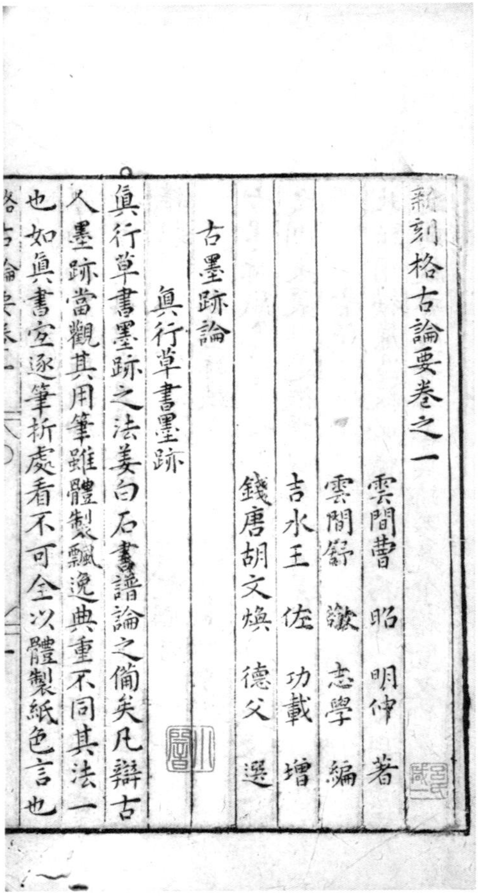
新刻格古論要卷之一
雲間曹　昭　明仲　著
雲間舒　敏　志學　編
吉水王　佐　功載　增
錢唐胡文煥　德父　選
古墨跡論
眞行草書墨跡
眞行草書墨跡之法姜白石書譜論之備矣凡辯古人墨跡當觀其用筆雖體製飄逸典重不同其法一也如眞書空逐筆折處看不可全以體製紙色言也

072　新刻格古論要

著録：

《中國古籍善本書目》叢部/彙編叢書 00089 格致叢書 明胡文焕編 明萬曆胡氏文會堂刻本（其中包括新刻格古論要五卷）

Title：Xin ke Ge gu lun yao：5 juan

Author：Cao Zhao zhuan；Shu Jing bian；Wang Zuo zeng；Hu Wenhuan xuan

Imprint：[China] Hangzhou：Hu Wenhuan Wen hui tang，1596

（馬月華）

073　鐵網珊瑚書品十卷畫品六卷(子部/藝術類)

明朱存理集録,清雍正六年(1728)年希堯澄鑒堂刻本,二函八册,綫裝。半葉十行,行二十一字,白口,單黑魚尾,左右雙邊。框高二十點八釐米,寬十四點四釐米。卷前有目録。卷端下題"吴郡朱存理性父集録",版心中鐫書名、卷次及葉數。

《鐵網珊瑚》一書作者舊多題爲明朱存理,惟《四庫全書總目》提要稱:"是書乃趙琦美得無名氏殘稿所編,其稿既不出於一家,且琦美又有所增補,題朱存理撰爲誤矣。"文淵閣《四庫全書》將此書書名直接易爲《趙氏鐵網珊瑚》。然朱存理撰《鐵網珊瑚》多見於同代人著作如文徵明所撰《朱性甫先生墓誌銘》等,四庫之説所據似尚不足,此仍從舊説。

朱存理(1444—1513),字性甫,號野航,長洲(今江蘇蘇州)人。以布衣終。博學工詩文,嗜金石書畫,家富圖籍,與一時名士張淵若、周鼎、吴寬、沈周、楊君謙、文徵明等交遊。纂輯有《經子鈎玄》、《吴郡獻徵録》、《名物寓言》、《鐵網珊瑚》、《野航漫録》、《鶴岑隨筆》等。文徵明《朱性甫先生墓誌銘》(見《甫田集》)述其生平事跡,《江南通志》卷一百六十五亦有傳。

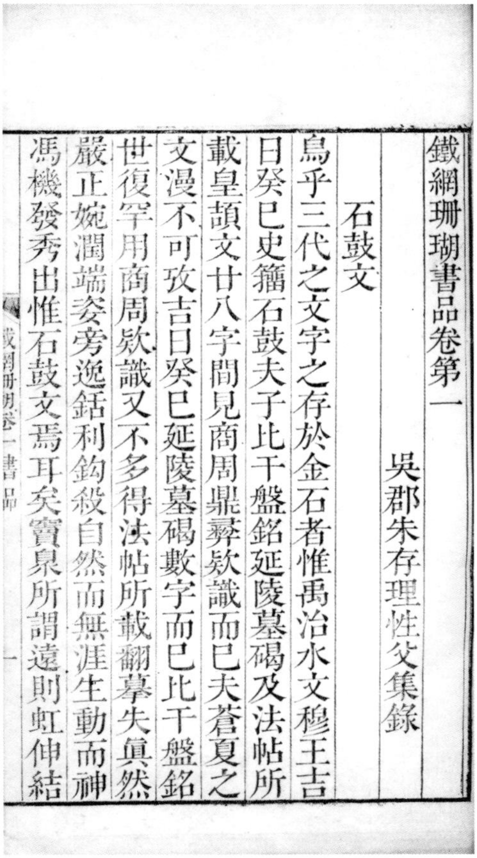
鐵網珊瑚書品卷第一
吳郡朱存理性父集録
石鼓文
烏乎三代之文字之存於金石者惟禹治水文穆王吉日癸巳史籀石鼓夫子比干盤銘延陵墓碣及法帖所載皇頡文廿八字間見商周鼎彝欵識而已夫蒼夏之文漫不可攷吉日癸巳延陵墓碣數字而已比干盤銘世復罕用商周欵識又不多得法帖所載翻摹失眞然嚴正婉潤端姿旁逸銛利鉤殺自然而無涯生動而神馮機發秀出惟石鼓文焉耳矣寶泉所謂遠則虹伸結

鐵網珊瑚卷一書品　一

073　鉄網珊瑚書品

《鐵網珊瑚》書名本意爲用鐵網撈取珊瑚,比喻搜求奇珍異寶。該書按時間先後著録珍貴的中國古代書畫作品,分書品十卷,畫品六卷。書品自《石鼓文》至《黄氏菊山卷》,畫品自《閻立本畫洪崖仙》至《王安道華山圖》,皆直録其文及作品上的題跋、印記等。時至今日,對中國古代書畫的鑒定和收藏仍有重要的參考價值。

《鐵網珊瑚》在明代成書後,爲時人所重,多有傳抄。但輾轉傳抄中,卷次有分合,内容也有所不同,傳本十分複雜。萬曆間趙琦美將之整理編訂爲書品十卷、畫品六卷。清雍正六年,年希堯據趙本刊刻行世。乾隆間修《四庫全書》時收入該書,其所抄底本即年氏刻本,書後並抄有趙琦美、年希堯二跋。斯坦福本亦爲年氏刻本,惟卷末缺趙、年二跋。

此本今藏斯坦福大學藝術圖書館。

著録：

《香港所藏古籍書目》(賈晉華主編，上海古籍出版社，2003 年)3283 鐵網珊瑚十六卷　明朱存理撰　清雍正六年年希堯重刻明萬曆間(1573—1620)趙琦美增補校本(港大)

Title：Tie wang shan hu：16 juan

Author：Zhu Cunli ji lu

Imprint：[China]：Nian Xiyao Cheng jian tang，1728

（馬月華）

074　鐵網珊瑚二十卷(子部/藝術類)

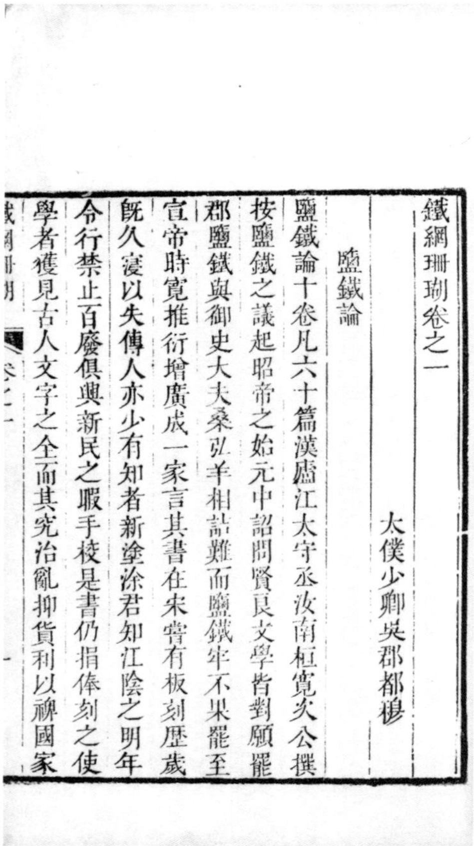
鐵網珊瑚卷之一　太僕少卿吳郡都穆
鹽鐵論
鹽鐵論十卷凡六十篇漢廬江太守丞汝南桓寬次公撰
按鹽鐵之議起昭帝之始元中詔問賢良文學皆對願罷
郡鹽鐵與御史大夫桑弘羊相詰難而鹽鐵卒不果罷至
宣帝時寬推衍增廣成一家言其書在宋嘗有板刻歷歲
既久寖以失傳人亦少有知者新塗涂君知江陰之明年
令行禁止百廢俱興新民之暇手校是書仍捐俸刻之使
學者獲見古人文字之全而其究治亂抑貨利以裨國家

074　鐵網珊瑚

題明都穆撰，清乾隆二十三年(1758)至乾隆二十四年(1759)都繼貴廣東刻本，一函六册，綫裝。半葉十行，行二十二字，白口，單黑魚尾，左右雙邊。框高十七釐米，寬十三點四釐米。内封題“朱竹垞先生鑒定/鐵網珊瑚/光霽山房重梓”。卷前附乾隆戊寅(二十三年)沈德潛序、目録。卷端下題“太僕少卿吴郡都穆”。版心上鐫書名，中鐫卷次，下鐫葉次。

都穆(1458—1525)，字玄敬，號南濠居士，吴縣(今屬江蘇)人。弘治十二年(1499)進士，累官工部主事、禮部主客司郎中，加太僕少卿致仕。長於金石書畫鑑定。著有《金薤琳瑯》、《周易考異》、《南濠詩話》、《寓意編》等。生平可見《國朝獻徵録》卷七十二。

《四庫全書總目》提要指出：“是書則前四卷皆穆所爲諸書序跋及書畫題跋，卷五以下即穆所作《寓意編》。蓋穆嘗以所見書畫别爲一書，此又以類相從，附於書目之後。然其中忽雜入《書畫銘心録》，乃何良俊所撰。第七卷内鶺鴒一條，又忽標‘爾雅’二字之目，皆不可解。至第九卷雜録研銘，皆採自諸家文集，非親見拓本。第十卷以下則鈔僞本張掄《紹興古器評》，十二卷以下則鈔湯垕《畫鑒》，十五卷後半以下則鈔趙希鵠《洞天清録》，十八卷以下則鈔周密《雲烟過眼録》，皆非所自著。蓋姦黠書賈雜裒成編，借穆之名以行也。”

卷前沈德潛序稱：“公七世孫肇斌將授之梓，屬予爲序。”此本即乾隆二十三年都肇斌所刻。《四庫全書存目叢書》子部第117册影印清乾隆二十三年刻本《鐵網珊瑚》二十卷與此本同版。

中國國家圖書館藏有同版書，卷前除沈德潛序外，又有乾隆二十四年都繼貴識語，附記於此：“七世祖太僕公於嘉靖間著直聲，立清節，博學多聞，爲吴中紳士冠。朝無夕炊，讀書不輟。著述二十種，板行於世。易代以來，燬於兵燹，然藏書家猶有存者。《鐵網珊瑚》二十卷，乃暮年詮定之書，未經板行，鈔本雖多，序次舛訛，字跡魚豕。繼貴恐先澤失傳，往還粤東，必鐍貯行篋。秋來遊粤，鳩工雕鐫，以公海内。始於戊寅九月，竣於己卯三月。既成，因誌緣起於後。乾隆二十四年三月朔日七世孫繼貴百拜謹識。”（中國國家圖書館藏本，索書號7481）與沈德潛序合讀，知都繼貴即都肇斌，繼貴爲名，肇斌爲字。此本刻於前乾隆二十三至乾隆二十四年，刻書地爲廣東。

鈐“中井藏書”朱文方印，書内夾有墨筆所録《四庫提要》之《鐵網珊瑚》紙籤一張。今藏斯坦福大學藝術圖書館。

著録：

《四庫全書存目叢書》子部第117册影印北京圖書館分館（今中國國家圖書館分館）藏清乾隆二十三年刻本《鐵網珊瑚》二十卷

《柏克萊加州大學東亞圖書館中文古籍善本書志》326 鐵網珊瑚二十卷題明都穆撰　清乾隆二十三年都肇斌刻本

Title：Tie wang shan hu：20 juan

Author：Du Mu zhuan

Imprint：[China] Guangdong：Du ji gui，1758—1759

（郭愷淳）

075　寶繪録二十卷（子部/藝術類）

ND1042 .C467

明張泰階評訂，清乾隆嘉慶間知不足齋刻本。一函六册，綫裝。半葉九行，行二十字，細黑口，左右雙邊。框高十二點六釐米，寬九點六釐米。内封題“東吴張爰平纂/寶繪録/知不足齋校刊”。卷前有崇禎六年（1633）張泰階自序、凡例、及目録。卷端下題“明東吴張泰階爰平父評訂”。版心中鐫書名及卷次，下鐫葉次及“知不足齋正本”。

張泰階，生卒年不詳，字爰平，松江府（今屬上海）人。萬曆四十七年（1619）進士。家有寶繪樓，自稱藏諸多名家書畫，而人多以市爲僞。著有《寶繪録》。

據張泰階自序，此書收録六朝至明代，及作者個人所藏二百餘幅畫之題跋。張氏自稱："惟是篋中名繪，向時精心所求，裝演成幅，録出就正，不甚費力。遂以他姓所珍而耳目偶及者，亦有緘縢所秘而未經傳示者，備列先賢題識之語，付之剞劂，命名'寶繪'"。然經後人考證，書中所録書畫及題跋，盡係僞作，或謂張氏蓄意爲之。《四庫全書總目》提要指出："其家有寶繪樓，自言多得名畫真跡，操論甚高。然如曹不興畫，據南齊謝赫《古畫品録》已僅見其一龍首，不知泰階何緣得其《海戍圖》。又顧愷之、陸探微、展子虔、張僧繇，卷軸纍纍，皆前古之所未睹。其閻立本、吴道元、王維、李思訓、鄭虔諸人，以朝代相次，僅廁名第六、七卷中，幾以多而見輕矣，揆以事理，似乎不近。且所列歷代諸家跋語，如出一手，亦復可疑也。"

此本係翻刻明崇禎六年張氏自刻本，行格一仍其舊，惟卷端删去"同郡董元熙赤明父較閲"一行，故後文皆前移一行。文字亦有更動，如"玄"改爲"元"，"弘"改爲"宏"，"當胡元之末"改爲"當勝國之末"，"指明而物色之"改爲"指名而物色之"等等，或係長塘鮑以文先生的手筆。

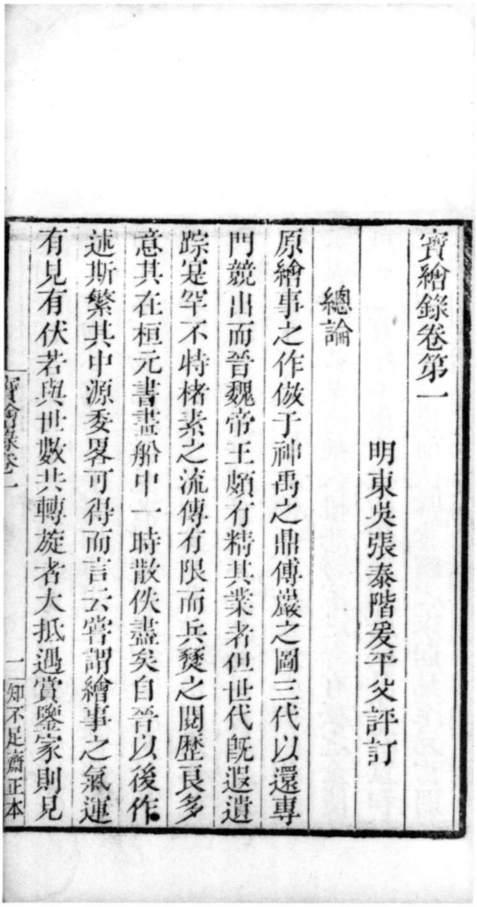
寶繪録卷第一
明東吳張泰階爰平父評訂
總論
原繪事之作做于神禹之鼎傳巖之圖三代以還專門競出而晉魏帝王頗有精其業者但世代既遐遺蹤寔罕不特楮素之流傳有限而兵燹之閱歷良多意其在桓元書畫舡中一時散佚盡矣自晉以後作述斯繁其中源委畧可得而言云嘗謂繪事之氣運有見有伏者與世數共轉旋者大抵遇賞鑒家則見
寶繪録卷一　一　知不足齋正本

075　寶繪録

今藏斯坦福大學藝術圖書館。

著録：

《北京大學圖書館藏李氏書目》(趙萬里、冀淑英等編，北京大學圖書館，1956 年)子部/藝術類寶繪録二十卷　明張泰階輯　清知不足齋刻本

Title: Bao hui lu: 20 juan

Author: Zhang Taijie ping ding

Imprint: [China]: Zhi bu zu zhai, 1736—1820

（郭愷淳）

076　江邨銷夏録三卷(子部/藝術類)

清高士奇輯，清康熙三十二年(1693)高氏刻寶芸堂藏板本，一函三册，綫裝。半葉九行，行十八字，小字雙行同，粗黑口，雙黑魚尾，左右雙邊。框高十八點一釐米，寬十四點二釐米。内封題“江村書画銷夏録/寶芸堂藏板”。卷前有宋犖序、康熙三十二年朱彝尊序、康熙癸酉(三十二年)高士奇自序、凡例。卷端下題“竹窓高士奇輯”一行。版心中鐫書名、卷次及葉次。

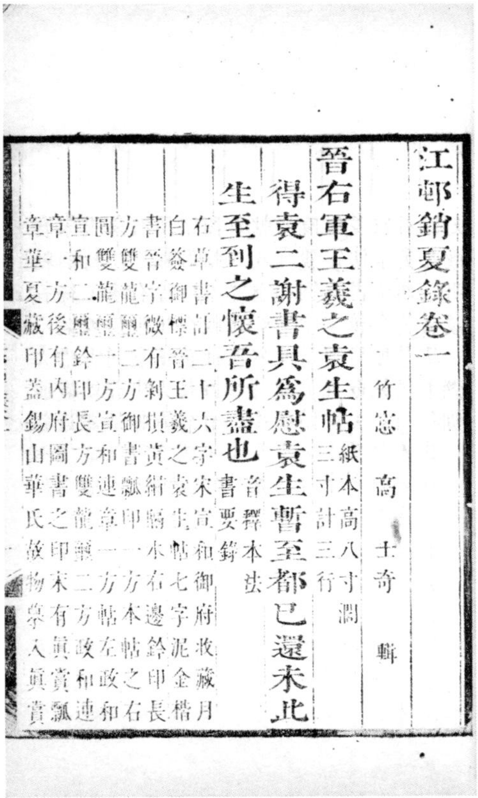
江邨銷夏錄卷一
竹窓高士奇輯
晉右軍王羲之袁生帖紙本高八寸濶三寸計三行
得袁二謝書具爲慰袁生暫至都已還未此
生至到之懷吾所盡也音釋本法書要錄
右章草書計二十六字宋宣和御府收藏月白簽御標晉王羲之袁生帖七字泥金楷書晉宣微有剝損黃絹騎本右邊鈐印長方雙龍璽二方御書瓢印一方本帖之右圓雙龍璽一方宣和連章一方帖左政和宣和二璽鈐印長方雙龍璽二方政和連章一方後有內府圖書之印末有真賞瓢章華夏藏印蓋錫山華氏故物學入真賞

076　江邨銷夏録

高士奇(1645—1704)，字澹人，號江邨，錢塘(今屬浙江)人。以明珠薦，授詹事府録事。後歷任詹事府少詹事、内閣中書、直南書房，侍講、禮部侍郎等職。以結黨營私納賄，屢遭彈劾，而賴康熙帝恩隆眷，得以保全。能詩文，擅書法，精考證，善鑒賞，所藏書畫甚富。著有《左傳紀事本末》、《春秋地名考略》、《清吟堂全集》、《江邨銷夏録》等。《清史列傳》卷十、《清史稿》列傳五十八有傳。

據高士奇自序:“長夏掩關，澄懷默坐，取古人書畫，時一展觀，恬然終日。間有挾卷軸就余辯真贋者，偶遇佳蹟，必詳記其位置、行墨、長短、闊隘、題跋、圖章，籍以自適，然寧慎無濫。三年餘，僅得三卷，名曰《江邨銷夏録》。”所記上自晉王羲之《袁生帖》，下至明陸治《榴花白雉圖》，分别列出作品名、質料、尺寸、帖文、鈐印、評鑑及跋文後記。凡所列者，皆爲作者所親見，隨見隨録，無分類。考據記録甚詳，爲書畫鑑賞精品。

此本爲康熙三十二年高氏刻本。避“胤”，不避“弘”，内封題“寶芸堂藏板”，或爲雍正間寶芸堂印本。

今藏斯坦福大學藝術圖書館。

著録:

《柏克萊加州大學東亞圖書館中文古籍善本書志》333 江邨銷夏録三卷　清高士奇輯　清康熙三十二年朗潤堂刻本

Title: Jiang cun xiao xia lu: 3 juan

Author: Gao Shiqi ji

Imprint：[China]：Gao shi，1693

（郭愷淳）

077　國朝畫識十七卷（子部/藝術類）

6108 3282

清馮金伯纂輯，清吳晉等參訂，清乾隆五十六年（1791）馮氏墨香居刻嘉慶後印本，八册合訂，西式裝。半葉九行，行二十字，黑口，無魚尾，左右雙邊。框高十二點四釐米，寬九點六釐米。内封題“乾隆辛亥鐫/國朝畫識/墨香居藏板”，“乾隆辛亥”當乾隆五十六年。卷前有乾隆甲寅（五十九年，1794）王昶序（末署“欽賜縣佐聞人聲遠善書”一行）、嘉慶二年（1797）錢大昕序、乾隆四年（1739）慎郡王序、“自序”及目録。卷端下題“南匯馮金伯冶堂纂輯/海陽吳晉進之參訂”二行，其後各卷參訂者各異。版心中鐫書名、卷次及葉數。

馮金伯，生於乾隆三年（1738），卒於嘉慶間，字冶堂，號南岑，室名墨香居，南滙（今屬上海）人。貢生。乾隆四十年（1775）主蒲陽書院，嘉慶十年（1805）任句容縣學訓導。工詩文，擅書畫，尤長山水畫。著有《墨香居畫識》、《墨香居詩鈔》，纂輯有《國朝畫識》、《詞苑類編》、《海曲文鈔》等。

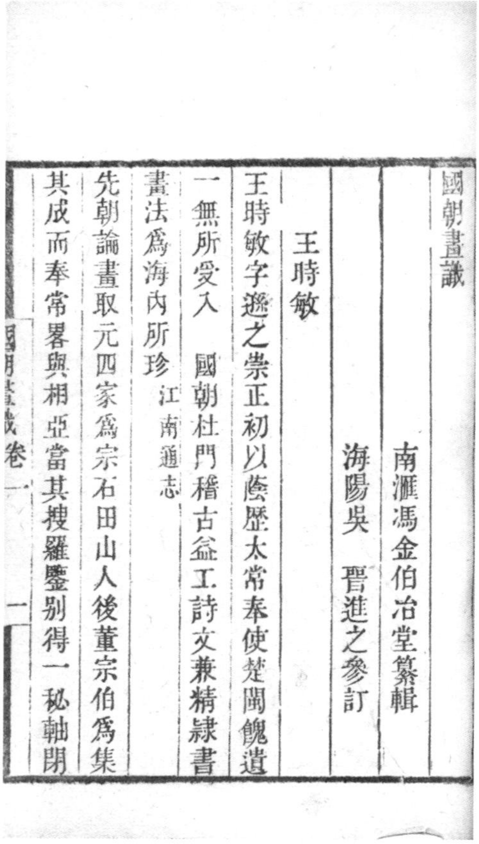
國朝畫識
南滙馮金伯冶堂纂輯
海陽吳　晉進之參訂
王時敏
王時敏字遜之崇正初以廕歷太常奉使楚閩餽遺
一無所受入　國朝杜門稽古益工詩文兼精隸書
畫法爲海内所珍江南通志
先朝論畫取元四家爲宗石田山人後董宗伯爲集
其成而奉常畧與相亞當其搜羅鑒别得一秘軸閉
國朝畫識卷一　一

077　國朝畫識

此書爲清代中前期畫家傳記資料彙編，録清初至乾隆末九百餘名畫家之傳記。每卷卷前附畫家名目録，卷中各條標出畫家名、字號、籍貫、功名、任職、生平、畫風並所引資料出處。錢大昕序稱：“馮君之意，以爲我朝文治光昌，經史詞章之學卓越前代。即以游藝論，精於畫者亦衆。因取而悉識之，記其里居及其生平出處梗概。”此書所引典籍頗豐，爲研究清代中前期畫史之資料。

此書“自序”稱：“因舉畫中六法三昧，前人言而未盡者，以至於山水根源、陰陽向背、邱壑位置、用筆用墨、皴染著色，種種諸法，略抒管見，以志一得。”與此書中所記迥異。經查，實爲清代唐岱《繪事發微》自序。而乾隆四年慎郡王序謂：“静巖是編，升堂入室，其論已微；分條晰縷，其心已苦。”静巖者，唐岱也，亦爲《繪事發微》所作。張冠李戴頗爲蹊蹺，或否書坊同時刊刻兩書，因版式無異，以致後來竄入？亦未可知。

據内封，此書爲清乾隆五十六年墨香居刻本，然卷前已附嘉慶二年序，當印於嘉慶二年後。

函套内粘"THE HOOVER LIBRARY ON WAR, REVOLUTION, AND PEACE"藏書票。今藏斯坦福大學東亞圖書館。

著録：

《故宫珍本叢刊》(海南出版社，2000 年 10 月)第 463 册影印該院所藏國朝畫識十七卷，清乾隆五十六年刻本。

《續修四庫全書》子部第 1081 册影印上海圖書館藏國朝畫識十七卷，誤作"清道光十一年刻本"。

Title: Guo chao hua shi: 17 juan

Author: Feng Jinbo zuan ji; Wu Jin [et al.] can ding

Imprint: [China]: Feng shi Mo xiang ju, 1791

(郭愷淳)

078 墨香居畫識十卷(子部/藝術類)

ND1048 . F44

清馮金伯撰，清乾隆五十三年(1788)馮氏刻道光後修補印本，一函四册，綫裝。半葉九行，行二十字，上下黑口，無魚尾，左右雙邊。框高十二點一釐米，寬九點六釐米。内封題"墨香居畫識"。卷前有馮金伯自序、例言、分卷目録。卷端下題"南滙馮金伯冶堂撰"一行。版心中鐫書名、卷數及葉次。

馮金伯，生平介紹見上篇書志。

《墨香居畫識》爲馮氏《國朝畫識》之後的又一畫史著作。《國朝畫識》爲纂述性質，從各種詩文集及筆記雜著等資料中輯録清初至乾隆末九百餘名畫家傳記，而《墨香居畫識》所記皆爲與作者同時代之人，多屬作者師友輩。其中既有著名畫家，亦有普通畫師，馮氏自序云："所載固多筆墨超群、耳目昭著之人，其有藝不甚高、名不甚著而或生平舍此無可表見，或資性穎異而早年摧折，均爲載入，略具闡幽表微之意。"

《墨香居畫識》成書雖晚於《國朝畫識》，但刊刻卻在《國朝畫識》之前。馮氏自序云："閒嘗博采志乘，披尋群集，輯爲《國朝畫識》十有七卷，又補編二卷……然恐固陋寡聞，搜羅未徧，庋閣有年，未敢付梓。是編但就髫年師事、父事之人，以及壯歲游歷、萍踪相值，或友其人而得見其畫，或見其畫而企慕其人，隨所欣賞，輒爲劄記，積有歲月，又已成帙。戊申長夏，養疴雲間寓樓，摒擋藥裹之外，頗有餘閒，因略加詮次，先登梨棗，就正於當代名公韵士。""戊申長夏"已"先登梨棗"，可見乾隆五十三年已經刊刻此書。

北京大學圖書館藏有一部"江左書林"道光辛卯年(十一年,1831)增補之《墨香居畫識》,一部"雲間文萃堂"道光辛卯年增補之《墨香居畫識》,皆與斯坦福本同版。兩者皆爲在乾隆舊板基礎上修補增刻而成。斯坦福本已有不少修板補刻葉,如上引馮氏自序云"輯爲《國朝畫識》十有七卷,又補編二卷"(斯坦福本、北大"江左書林"本、"雲間文萃堂"本同此),乾隆原刻本此句作"輯爲《國朝畫識》十有二卷,又補編六卷",其中的"十有七"之"七"字及"補編二卷"之"二"字皆爲剜改乾隆原刻本而得,刷印之年蓋亦在道光之後。

首葉鈐"卓觀書巢"朱文圓形印,今藏斯坦福大學藝術圖書館。

著録:

《清代傳記叢刊》(周駿富輯,台北明文書局,1985年)第72册藝林類第七影印墨香居畫識十卷(此書無版本説明,從書影看與此本同版。)

Title: Mo xiang ju hua shi: 10 juan

Author: Feng Jinbo zhuan

Imprint: [China]: Feng shi, 1789

(馬月華)

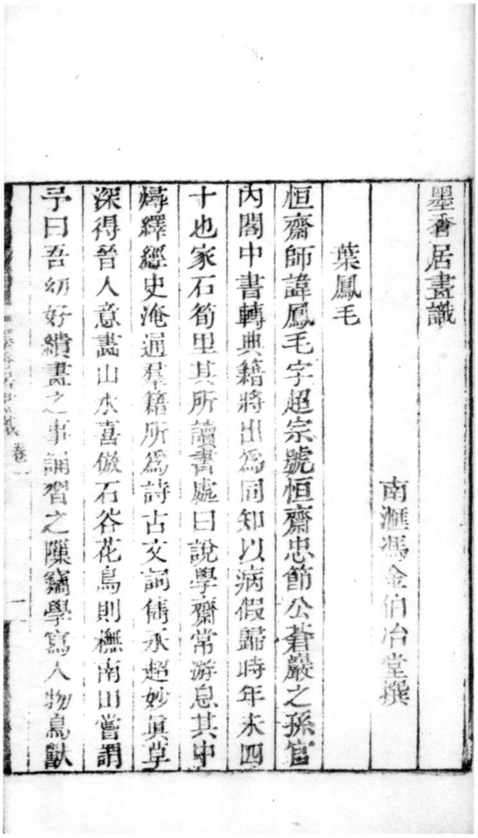
墨香居畫識
南滙馮金伯冶堂撰
葉鳳毛
恒齋師諱鳳毛字超宗號恒齋忠節公者巖之孫官
內閣中書轉典籍將出爲同知以病假歸時年未四
十也家石筍里其所讀書處曰說學齋常游息其中
紬繹經史淹通羣籍所爲詩古文詞儁永超妙眞摯
深得晉人意畫山水喜倣石谷花鳥則撫南田嘗謂
予曰吾幼好繪畫之事誦習之隙竊學寫人物鳥獸

078　墨香居畫識

079　竹雲題跋四卷(子部/藝術類)

清王澍著,清錢人龍訂,清乾隆三十二年(1767)錢人龍刻本,六册合訂,西式裝。半葉八行,行十八字,白口,單黑魚尾,左右雙邊,無直格。框高十八點九釐米,寬十一釐米。卷前有《竹雲題跋目次》,卷末有乾隆戊子(三十三年,1768)陳焯跋、錢人龍跋。卷端下題"金壇王澍虛舟著/苕上錢人龍壽泉訂"。版心上鐫書名卷數,下鐫葉次。

王澍(1668—1743),字若林(或作"篛林"),號虛舟、竹雲、二泉寓客等。金壇(今屬江蘇)人,長期生活於無錫。康熙五十一年(1712)進士,改翰林庶吉士,授編修,充《三朝國史》、《治河方略》、《御纂春秋》三館纂修官。康熙六十年(1721),考選户科給事中,累遷吏部員外郎。王澍書法獨步一時，曾因善書，充《五經》篆文館總裁官。好學不倦，著述宏富，有《大學困學録》、《中庸困學録》、《大學補傳》、《集朱子讀書法》、《淳化秘閣法帖考正》、《古今法帖考》、《虛舟題跋》、《竹雲題跋》等等。《清史稿》列傳二百九十有傳。

王澍精於書畫鑒定，其論書題跋《虛舟題跋》、《竹雲題跋》受到時人推崇，其始多以抄本流傳。但輾轉傳抄，不僅卷次有佚脱分合，傳寫中魯魚亥豕之誤亦復不少。乾隆三十二年，錢人龍刊刻《竹雲題跋》，爲王氏題跋之最早刻本。此本即錢氏刻本，卷後陳焯和錢人龍跋對該本所據底本及刊刻經過述之甚詳。

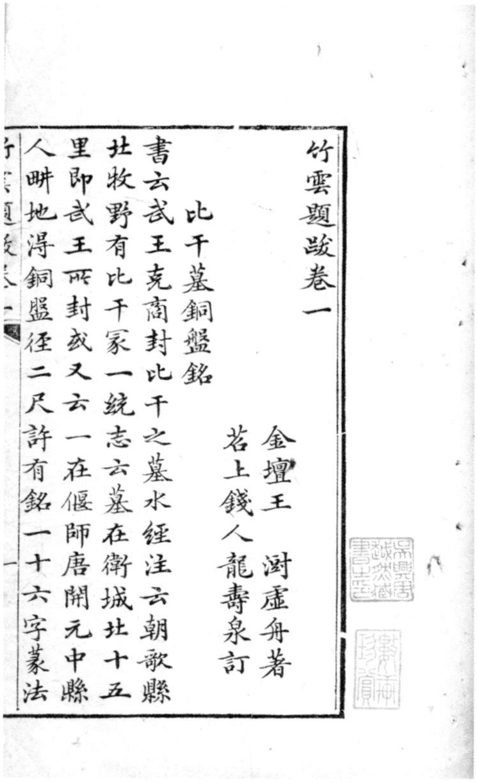
竹雲題跋卷一
金壇王澍虛舟著
若上錢人龍壽泉訂
比干墓銅盤銘
書云武王克商封比干之墓水經注云朝歌縣
北牧野有比干冢一統志云墓在衛城北十五
里即武王所封武又云一在偃師唐開元中縣
人畊地得銅盤徑二尺許有銘一十六字篆法

079　竹雲題跋(錢人龍刻)

陳焯跋云："右王虛舟先生《竹雲題跋》，吾友芥舟沈兄所書，錢明府壽泉刻之以傳者也。是本出于故中丞雅公，今台州太守吴公南村守杭時借而録之，余又從吴公許，屬友録藏，是刻即出於余所藏也。轉相傳寫，不無亥豕之訛。丁亥春，余重至漳州，遇松江李君松廬，示《虛舟題跋》十三卷，云從虛舟之子稻孫手校本録得，而失去一卷至三卷，此三卷中大抵多言篆隸者。余方作書，向芥舟索取舊藏，互相校讎，補其未備。冬中，芥舟忽從海上以是刻見寄。考稻孫手校本中先生有《竹雲圖跋》，云：'余于雍正丙午夏以假南還，道經淮陰，友人邊頤公同泛珠湖，仰見天際白雲如竹者十百根，枝柯葉皆具，下有微雲數片，狀若怪石，儼然畫圖，久而不變，江皐沈凡民曰："此先生退老之征也。"爲刻印文曰"竹雲"。越二年，凡民過九龍山齋，復爲作圖。'按此題跋之名，易'虛舟'而爲'竹雲'，斷在先生歸休後也。且讀而勘之，此本較稻孫校本删削大半，而改其前説、增其未有者頗多，殆以優遊林下，學與年進，由博返約，盡存精粹，俾後之學者得其要歸，毫髮無憾也。余淺見寡聞，就所見而識之，當更求全本爾。時乾隆戊子秋七月，浮玉山人陳焯跋於漳治之録浄齋。"由這段跋文來看，錢刻本底本爲陳焯所藏抄本《竹雲題跋》。該本爲王澍晚年對《虛舟題跋》改定之本，内容上由博返約，改其前説、增前未有者亦頗多。乾隆丁亥(三十二年)冬，陳焯已收到錢氏刻本，則陳焯乾隆三十三年序爲後來增刻。

錢人龍跋云："吾邑沈君芥舟兼長八法、六法，而憔悴專一於法書、名畫之中。一日過其方竹居，得先生所著《竹雲題跋》。……予於是囑芥舟整爲四卷，手書以授梓。其原文出自傳寫，間有疑處，無從校讎，則芥舟與其友吴君晚青細按文義，正其訛謬，予乃任剞劂以廣其傳。"可見此本具體校訂者爲沈芥舟和吴晚青。沈芥舟以陳焯藏手抄本爲底本，與吴晚青共同校勘改定並分爲四卷。沈氏擅書，該本即由其手書上板。

鈐"吴興周越然藏書之印"朱文印、"言言齋善本圖書"朱徵、"數軒"朱文印、"數軒珍賞"朱文印、"石友"花邊白文印等。各册首葉皆蓋"HOOVER LIBRARY"墨戳。今藏斯坦福大學東亞圖書館。

著録：

《中山大學圖書館古籍善本書録》竹雲題跋四卷　清王澍撰　清乾隆三十二年錢人龍畫雲閣寫刻本(行款"十行十八字"似爲"八行十八字"之誤記)

Title: Zhu yun ti ba: 4 juan

Author: Wang Shu zhu; Qian Renlong ding

Imprint:[China]: Qian Renlong, 1767

(馬月華)

080　虚舟題跋原三卷虚舟題跋十卷竹雲題跋四卷(子部/藝術類)

清王澍著，清温純訂，清乾隆五十三年(1788)温純刻墨妙樓藏板本，一函六册，綫裝。半葉八行，行十八字，白口，單黑魚尾(《虚舟題跋原》無魚尾)，左右雙邊，無界格。框高十九點一釐米，寬十一點一釐米。版心上鐫書名卷次，下鐫葉數。

王澍，生平介紹見上篇書志。

此書包括三部分：

虚舟題跋原三卷，卷前有乾隆三十九年(1774)朱辰應序、《虚舟題跋原卷目次》。卷端下題"金壇王澍篛林著/吴興温純一齋訂"。

虚舟題跋十卷，内封題"王篛林先生著/虚舟題跋/墨妙樓藏板"，卷前有錢陳群《楊竹坡續刊竹雲題跋序》、乾隆辛卯(三十六年，1771)馮浩《虚舟題跋序》、《虚舟題跋目次》。各卷卷端分别題"虚舟題跋卷一原第四"、"虚舟題跋卷二原第五"，直至"虚舟題跋卷十原第十三"，卷端下題"金壇王澍篛林著/吴興温純一齋訂"。

竹雲題跋四卷，内封題"王篛林先生著/竹雲題跋/輯里墨妙樓藏板"，卷前有己酉(乾隆五十四年，1789)吴舒惟《重刻竹雲虚舟兩題跋》序、乾隆丁亥(三十二年，1767)沈德潛序、《竹雲題跋目次》。卷端下題"金壇王澍虚舟著/吴興温純一齋訂"。

斯坦福大學圖書館收藏有清乾隆三十二年錢人龍刻本《竹雲題跋》，爲王澍題跋之最早刻本(見上篇書志)。錢刻之後，陳焯(字映之)繼續搜訪王澍《虚舟題跋》的手抄本，在陸續訪得《虛舟題跋》十卷與原卷三卷後，由楊建(字竹坡)兩次分別刊刻。此本朱辰應乾隆三十九年序指出："先是，太史有《竹雲題跋》四卷，吾友吳興沈君芥舟手書，錢司馬壽泉梓之。其後，陳君映之復得《虛舟題跋》十卷，而缺其前三卷。聞川楊君竹坡復乞芥舟手書，合錢本共鏤板傳世。又四年，映之更訪得前三卷於吳門嗜學之士。會芥舟來聞川，竹坡仍乞書之，而補梓于後，於是太史之題跋得裒然成完書，而諸君子之有力于太史，亦不可謂非相感之深也。"可見乾隆三十五年和三十九年楊建分別刊刻的《虛舟題跋》十卷與《虛舟題跋原》三卷，亦由沈芥舟手書上板。

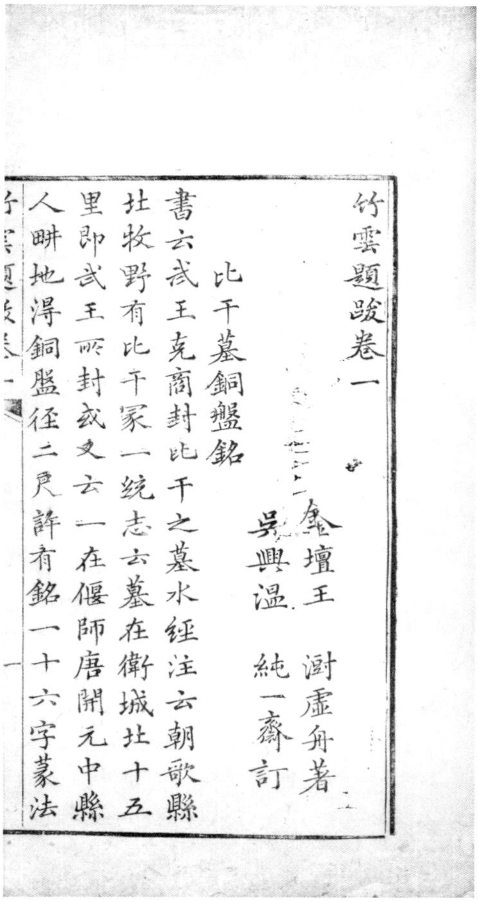
竹雲題跋卷一
金壇王澍虛舟著
吳興溫純一齋訂
比干墓銅盤銘
書云武王克商封比干之墓水經注云朝歌縣
北牧野有比干冢一統志云墓在衛城北十五
里即武王所封或文云一在偃師唐開元中縣
人畊地得銅盤徑二尺許有銘一十六字篆法
竹雲題跋卷一

080　虛舟題跋(溫純刻)

然不久之後，這些板片已有散佚。乾隆五十四年吳舒惟《重刻竹雲虛舟兩題跋》序稱："乃自錢君壽泉始梓布之，楊君竹坡兩次續刊之，加以映之陳君搜訪之勤，重以芥舟沈先生楷法之雅，經營數載，始獲成書。而竟刻未久，板已散佚，四方喁喁有不得一覩以爲恨者，豈精氣所聚，顯晦固有時耶！"乾隆五十三年，温純將《虛舟題跋原》三卷、《虛舟題跋》十卷及《竹雲題跋》四卷重新刊刻或刷印，即温純墨妙樓藏板本。吳舒惟序又言："吳興温君一齋先生工書法，……戊申冬，出其家藏本重刻之，俾得燦然大行於世，並郵示余，屬爲之序。""戊申"，當乾隆五十三年。此本即乾隆五十三年温純墨妙樓刻本，各卷端下皆題"吳興温純一齋訂"。

《竹雲題跋》四卷爲温純新刻，而《虛舟題跋原》三卷和《虛舟題跋》十卷則是温純據楊建所刻舊板修補刷印而成。柏克萊書志已經指出："今以温氏本與錢、楊刻本核對，《竹雲題跋》係温氏重刻，而《虛舟題跋》及《補原》則仍用楊氏舊版。"(《柏克萊加州大學東亞圖書館中文古籍善本書志》第 166 葉。)對比中國國家圖書館藏相關之本，其說可信。

國圖藏有一部楊建易鶴軒刻《虛舟題跋原》三卷和《虛舟題跋》十卷，爲翁方綱批校本(索書號 08185)。對比斯坦福此本，兩者確實同版。國圖本各卷卷端下題"王篛林

先生著　吴興陳焯映之/秀州楊建立三校訂”，而此本將“王篛林先生著”諸字剜去，其餘則剜改爲“金壇王澍篛林著/吴興温純一齋訂”。國圖另藏一部《王篛林先生題跋》十七卷，清代王鳴盛、陳鱣舊藏(索書號 13263)，其中《虚舟題跋原》三卷和《虚舟題跋》十卷亦爲楊建刻本，情況與此相同。

綜上可知此本版本複雜，爲説明方便，統言之爲清乾隆五十三年温純刻墨妙樓藏板本。此本吴舒惟序作於乾隆五十四年，當爲後來加刻。

鈐“墨緣龕收藏印”朱文印、“墨緣龕收藏圖書”朱文印、“墨緣第二龕收藏圖書”朱文印、“琴書自娱”白文印等。今藏斯坦福大學藝術圖書館。

著録：

《續修四庫全書》子部第 1067 册影印清乾隆五十三年温純刻本虚舟題跋十卷原三卷

《柏克萊加州大學東亞圖書館中文古籍善本書志》340 竹雲題跋四卷　清王澍撰　清乾隆五十三年温純刻本

Title：Xu zhou ti ba yuan：3 juan；Xu zhou ti ba：10 juan；Zhu yun ti ba：4 juan

Author：Wang Shu zhu；Wen Chun ding

Imprint：[China]：Wen Chun，1788

（馬月華）

081　佩文齋書畫譜一百卷(子部/藝術類)

清孫岳頒、宋駿業、王原祁等編纂，清康熙四十七年(1708)内府刻雍正間静永堂印本，三十册，綫裝。半葉十一行，行二十一字，白口，單黑魚尾，左右雙邊。框高十六點七釐米，寬十一點六釐米。内封題“賜板通行/欽定佩文齋書畫譜/静永堂藏”。卷前有康熙四十七年《御製佩文齋書畫譜序》、《凡例》、康熙四十四年(1705)奉旨纂輯及康熙四十六年(1707)校刊官員職名、總目、《纂輯書籍》。各卷之前有本卷目録。

《佩文齋書畫譜》爲書畫之類書，由孫岳頒、宋駿業和王原祁等人奉康熙之命編纂，自康熙四十四年起至康熙四十七年纂輯而成，歷時三年。全書共一百卷，包括論書十卷、論畫八卷、歷代帝王書二卷、歷代帝王書一卷、書家傳二十三卷、畫家傳十四卷、歷代無名氏書六卷、歷代無名氏畫二卷、御製書畫跋一卷、歷代帝王書跋二卷、歷代名人書跋十一卷、歷代名人畫跋七卷、書辯證二卷、畫辯證一卷和歷代鑑藏十卷。該書徵引古籍一千八百四十四種，引證均注明出處，保存了許多重要資料。

此本内封題“静永堂藏”，“静永堂”爲宋駿業堂號。宋駿業(？—1713)，字聲求，號堅齋，又號堅甫，長洲(今江蘇蘇州)人。自副貢授翰林院待詔，歷任兵科給事中、都察院左御史、兵部侍郎等職。善書畫。宋氏在康熙朝家道臻於鼎盛，康熙歷次南巡，皆召見宋駿業，多有賞賚，“静永堂”即康熙所賜堂號。《(同治)蘇州府志》卷四十五載：“宋少司馬駿業宅在西百花巷，有静永堂，駿業爲兵科給事，時聖祖仁皇帝御書賜額。”

内封所題之“賜板通行”，是指康熙將内府所刻《佩文齋書畫譜》書板賜給宋氏，而宋氏在受賜之後，又將板片刷印通行。此本諱字，除避“玄”字外，又避“胤”字，但不避“弘”字，或爲雍正間静永堂印本。

此本鈐“劉鴻之印”白文印、“賓南”朱文印。今藏斯坦福大學藝術圖書館。

著録：

《柏克萊加州大學東亞圖書館中文古籍善本書志》334、335 佩文齋書畫譜一百卷　清孫岳頒等纂　清康熙間静永堂刻本

《美國哈佛大學哈佛燕京圖書館藏中文善本書志》1327 佩文齋書畫譜一百卷　清孫岳頒等纂輯　清康熙四十七年内府刻本

Title: Pei wen zhai shu hua pu: 100 juan.

Author: Sun Yueban [et al.] bian zuan

Imprint:[China] Beijing: Nei fu, 1708

(馬月華)

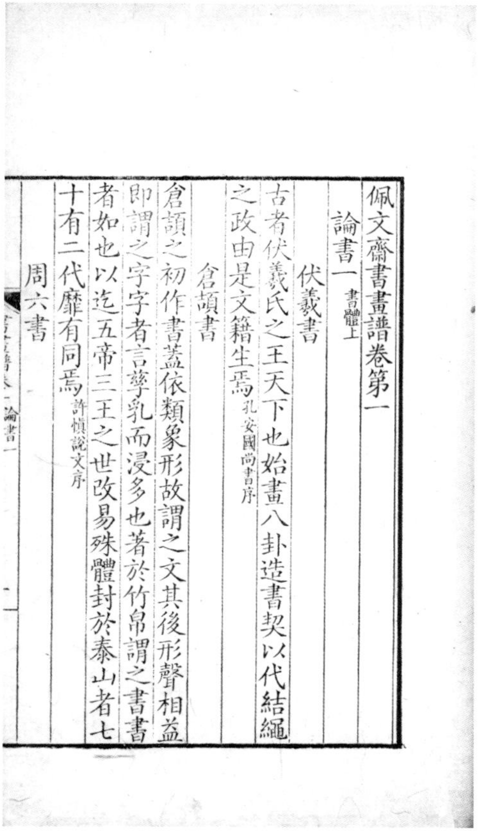

佩文齋書畫譜卷第一

論書一 書體上

伏羲書

古者伏羲氏之王天下也始畫八卦造書契以代結繩之政由是文籍生焉 孔安國尚書序

倉頡書

倉頡之初作書蓋依類象形故謂之文其後形聲相益即謂之字字者言孳乳而浸多也著於竹帛謂之書書者如也以迄五帝三王之世改易殊體封於泰山者七十有二代靡有同焉 許慎說文序

周六書

081　佩文齋書畫譜

082　亦政堂重修宣和博古圖録三十卷(子部/譜録類)

宋王黼撰，明萬曆二十八年(1600)吴萬化刻清乾隆十七年(1752)黄晟剜改重印亦玫堂藏板本。二函十六册，綫裝。内封題“乾隆壬申年秋/天都黄曉峰鑒定/博古圖/亦玫堂藏板”。卷前附萬曆癸卯(三十一年，1603)洪世俊序、嘉靖戊子(七年，1528)蔣暘序、萬曆庚子(二十八年)吴萬化跋。除卷一卷端題“東書堂重修宣和博古圖録”外，餘卷皆題“亦政堂重修宣和博古圖録”。版心上鐫“博古圖録”，中鐫卷次及葉數。此書書名據卷二以後卷端題名。

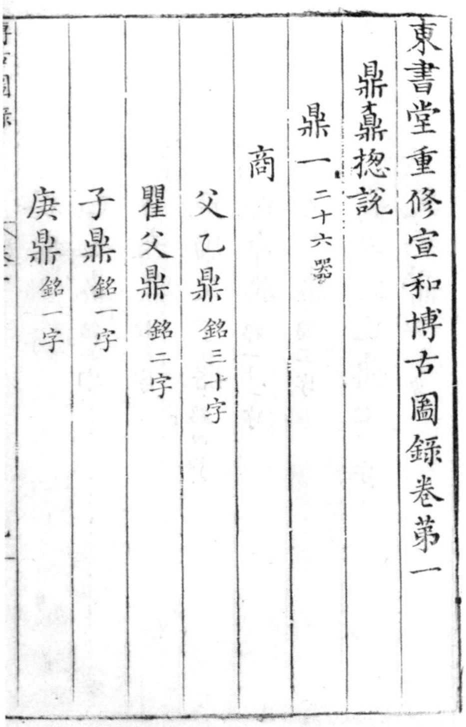
082 博古圖録

王黼(1079—1126),原名甫,字將明,賜名黼,開封祥符(今屬河南)人。崇寧二年(1103)進士,初爲校書郎、左司諫,以助蔡京復相故,升御史中丞。宣和元年(1119)拜少宰。欽宗即位貶官、籍家,後伏誅。因善逢迎諂媚,被列爲"六賊"之一,入《宋史》卷四百七十"列傳佞幸"。

《宣和博古圖》三十卷見《直齋書録解題》卷八,宋本不存,今存元至大重修大字本,藏臺北"故宫"。明嘉靖七年江西樂安人蔣暘翻刻了元至大本,仍然是寬版大字,直接刊刻人是黄景星。到了萬曆年間泊如齋刻了一個新的本子,雖然還是八行十七字,卻是以中楷手寫上版,印本之精美引來婺源人吴萬化據之覆刻,精確程度達到了纖毫不爽的地步。書版於乾隆十七年傳到安徽歙縣人黄晟手裡,黄晟是鹽商也是刻書家,住在揚州,將書版挖改爲亦政堂重修,再印行世。後來書版再經轉手,被挖改爲東書堂重修,印本之一爲斯坦福大學所藏此本。北京大學所藏的相同版本,有1913年李盛鐸先生親筆題識:"天都黄氏修補明萬曆吴萬化刊本。"是一百年前的鑒定結論。

全書收録北宋宫中宣和殿所藏商代至唐代青銅器凡二十大類,八百餘件。諸器以年代順序編列。各類前附總説,每件器皿附摹繪圖,銘文拓片,並詳記該器尺寸、容量、重量、銘文及用途。爲中國青銅器研究之重要資料。

今藏斯坦福大學藝術圖書館。

著録:

《四川大學圖書館古籍善本書目》(陳力編纂,四川大學出版社,1992年)三古圖 清黄晟輯 清乾隆十七年天都黄氏亦政堂據明萬曆中刻版修補印本(其中包括亦政堂重修宣和博古圖録三十卷)

《柏克萊加州大學東亞圖書館中文古籍善本書志》244 三古圖四十二卷 明萬曆二十八至三十年(1600—1602)吴萬化刻清乾隆十七年黄晟槐蔭草堂剜改重印本(其中包括亦政堂重修宣和博古圖録三十卷)

Title: Yi zheng tang chong xiu xuan he bo gu tu lu: 30 juan
Author: Wang Fu zhuan
Imprint: [China]: Wu Wanhua Bao gu tang, 1600; Huang Cheng, 1752

（郭愷淳）

083 歸潛志十四卷附録一卷（子部/雜家類）

2261 7232

金劉祁撰，清乾隆四十四年（1779）鮑廷博刻《知不足齋叢書》本，一函三册，綫裝。半葉九行，行二十一字，小字雙行同，細黑口，左右雙邊。框高十三釐米，寬九點八釐米。卷前有乙未（乾隆四十年，1775）劉祁自敘，卷末有至大辛亥（四年，1311）趙穆跋、清宋定國跋、己酉（雍正七年，1729）李北苑跋、乾隆四十一年（1776）盧文弨跋、乾隆己亥（四十四年）鮑廷博跋。版心中間鐫書名、卷數及葉次，下方鐫“知不足齋叢書”。

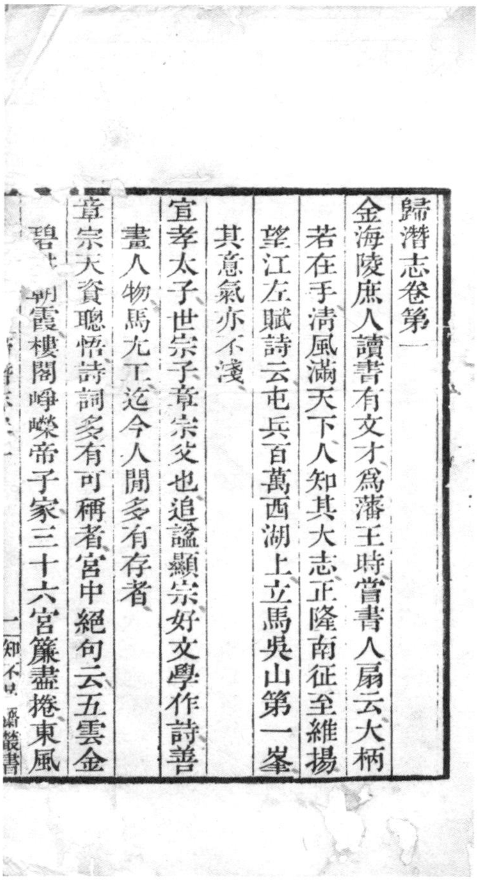
歸潛志卷第一
金海陵庶人讀書有文才爲藩王時嘗書人扇云大柄若在手清風滿天下人知其大志正隆南征至維揚望江左賦詩云屯兵百萬西湖上立馬吳山第一峯其意氣亦不淺
宣孝太子世宗子章宗父也追謚顯宗好文學作詩善畫人物馬尤工迄今人間多有存者
章宗天資聰悟詩詞多有可稱者宮中絕句云五雲金碧拱朝霞樓閣崢嶸帝子家三十六宮簾盡捲東風
知不足齋叢書

083 歸潛志

劉祁（1203—1250），字京叔，號神川遯士，渾源（今屬山西）人。生處金末元初喪亂之年。他早年隨父親劉從益遊宦於金之南京開封府（今河南開封），結識許多名官顯宦和文人學士。金亡後回到家鄉，潛心著述，命書室名爲“歸潛”。著《歸潛志》、《神川遯士集》、《處言》等。除《歸潛志》外，其餘均已佚。《金史》卷一百二十六劉從益傳後有附傳。另外，本書《附録》中鮑廷博集有關於劉祁其人其書的重要題跋，亦可備考。

《歸潛志》是劉祁記載其親身經歷的一部有關金代歷史的著作，共十四卷。卷一至卷六爲金代人物小傳，記與之交遊的趙秉文、李純甫等一百多位文人的言行及詩文。卷七至卷十爲雜記佚事。卷十一、十二記金亡國史事。卷十三、十四爲雜説雜記，並輯録友人投贈詩作。元代纂修《金史》，多有采自本書者。

據卷末跋文和版心下方所題可知此本爲鮑廷博《知不足齋叢書》本。鮑廷博，字以文，號淥飲，清歙（今屬安徽）人。居杭州，家富藏書，乾隆修《四庫全書》，鮑氏獻書六百餘種。鮑廷博亦爲刻書家，所刻最著名者如《聊齋志異》、《知不足齋叢書》等。《（民國）杭州府志》卷一百七十有傳。

鮑廷博刊刻當時，"世所行本皆八卷，雖傳是樓藏本亦然。"（《四庫全書總目》）後鮑氏從趙起杲處抄得十四卷本足本，並校以他本，增補輯佚，方刻成此本。鮑氏卷後跋文指出："京叔是書，元至大間鄉人孫和伯曾梓行之，歷爲藏弆家珍祕，僅有傳本，而海内或未盡見也。此本傳鈔於萊陽趙太守起杲，再假文瑞樓、抱經堂諸本互相讎校，畧采《宋史》、《中州集》及諸家雜説以疏其異同，梓公同好，用繼孫氏刻本於五百餘年之後，亦墨林勝緣也。"

此本卷一、卷二有朱筆句讀，函套内粘"HOOVER INSTITUTION on War, Revolution, and Peace FOUNDED BY HERBERT HOOVER, 1919"藏書票。今藏斯坦福大學東亞圖書館。

著録：

《北京大學圖書館藏古籍善本書目》叢部/雜叢類　知不足齋叢書三十集百九十七種　清鮑廷博編鮑志祖續輯　清乾隆道光間歙縣鮑氏刻本（其中包括歸潛志十四卷附録一卷）

Title: Gui qian zhi: 14 juan; Fu lu: 1 juan

Author: Liu Qi zhuan

Imprint: [China]: Bao Tingbo Zhi bu zu zhai, 1779

（馬月華）

084　新刻批點金罍子上篇二十卷中篇十二卷下篇十二卷（子部/雜家類）

明陳絳著，明陶望齡編次，明李維楨批點，日本抄本，一函一册，綫裝。半葉十二行，行二十字，白口，單黑魚尾，四周雙邊。框高二十一釐米，寬十四點二釐米。卷前有李維楨序、萬曆庚申（四十八年，1620）張京元《重刻金罍子序》、萬曆庚申徐待聘《新刻批點金罍子序》、萬曆丙午（三十四年，1606）陶望齡序、舒曰敬序、萬曆丙午徐待聘序，卷末附泰昌元年（即萬曆庚申，1620）陳永楨跋。卷端下題"明上虞陳絳用揚著/會稽陶望齡周望編次/京山李維楨本寧批點"。

陳絳（1513—1587），字用揚，上虞（今屬浙江）人。嘉靖二十三年（1544）進士，官至應天府尹、太僕寺卿。著有《山堂隨鈔》，後經陶望齡編校，易名《金罍子》。《（光緒）上虞縣志校續》卷九有其傳。

陶望齡萬曆丙午序稱，"《金罍子》者，其書類所謂説家。其博而精，辯而正，酣經詖史，聯絡曲折而出之粹然，過《潛夫》、《論衡》也遠甚。其命名曰《山堂隨鈔》，予懼名之近於説，而不知者，與街談巷語之書槩而少之，故更名曰《金壘子》。”《金壘子》全書分上中下三篇，上篇二十卷，中篇及下篇各十二卷。作者仿王充《論衡》之體例，博引史事，加以考證評論。

卷末有陳絳曾孫陳永楨跋文，該抄本之底本似爲明泰昌元年刻本。

鈐“善庵”朱文圓印、“三輪田藏書”朱文方印。卷末有墨筆題“明治十五年七月上旬京都ニテ得之/三輪田高房”，明治十五年爲公元 1882 年。下鈐“三輪田”圓形小印。全書通篇有朱筆圈點及眉評。函套内粘“HOOVER INSTITUTION on War, Revolution, and Peace FOUNDED BY HERBERT HOOVER, 1919 ACQUIRED THROUGH THE EAST ASIAN RESEARCH COMMITTEE”藏書票，並蓋“HOOVER LIBRARY”墨戳。今藏斯坦福大學東亞圖書館。

Title: Xin ke pi dian Jin lei zi shang pian: 20 juan; zhong pian: 12 juan; xia pian: 12 juan

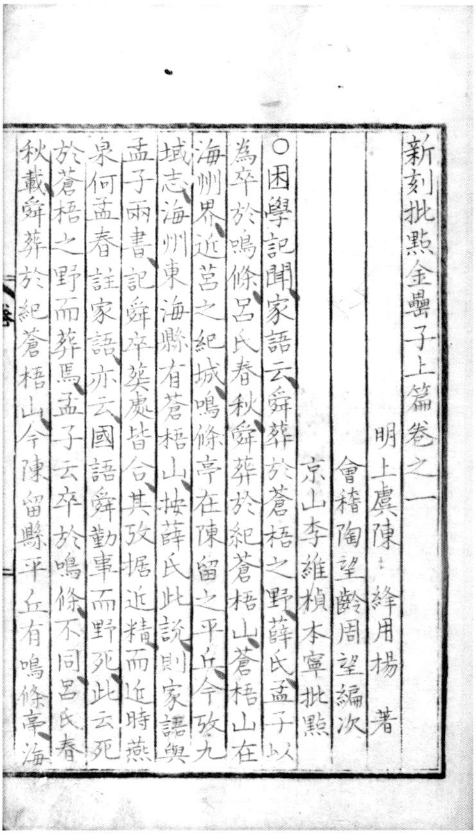
新刻批點金壘子上篇卷之一
明上虞陳絳用揚著
會稽陶望齡周望編次
京山李維楨本寧批點
○困學記聞家語云舜葬於蒼梧之野薛氏孟子以爲卒於鳴條呂氏春秋舜葬於紀蒼梧山蒼梧山在海州界近莒之紀城鳴條亭在陳留之平丘今攷九域志海州東海縣有蒼梧山按薛氏此説則家語與孟子兩書記舜卒葬處皆合其攷据近精而近時燕泉何孟春註家語亦云國語舜勤事而野死此云死於蒼梧之野而葬焉孟子云卒於鳴條不同呂氏春秋載舜葬於紀蒼梧山今陳留縣平丘有鳴條亭海

084　金壘子

Author: Chen Jiang zhu; Tao Wangling bian ci; Li Weizhen pi dian

Imprint: [Japan]: Handwritten copy, 1620—1882

（郭愷淳）

085　諸子奇賞前集五十一卷後集六十卷(子部/雜家類)

1060 7928

明陳仁錫評選，明天啟三徑齋刻武林好生館藏板本，三函三十册，綫裝。半葉九行，行二十字，小字雙行同，白口，四周單邊，單黑魚尾。框高二十點一釐米，寬十三點六釐米。前集卷前有丙寅(天啟六年，1626)陳仁錫《諸子奇賞前集敘》、三徑齋主人蔣中宣《發凡》十則、《諸子奇賞總目》，《總目》後鐫“武林好生館藏板/如有欠葉不妨取/補以成完璧”三行。後集卷前有天啟丙寅(六年)陳仁錫書《諸子奇賞後集序》、《諸子奇賞總目》。卷端下題“古吴陳仁錫明卿父評選”一行。版心上鐫“諸子奇賞”，中鐫卷次及子目書名，下鐫葉數。書眉鐫評。

陳仁錫（1581—1636），字明卿，號芝臺，長洲（今江蘇蘇州）人。天啟二年（1622）進士，授翰林編修。天啟七年（1627）因得罪魏忠賢被罷職，崇禎初復官，官至國子監祭酒。陳仁錫好學博洽，喜著述，代表作有《皇明世法録》、《續大學衍義》、《四書語録》、《性理綜要》、《六經圖考》、《四書析義》等。陳氏亦爲明末著名刻書家，刻書甚多。《明史》卷二百八十八有傳，附於焦竑傳後。

《諸子奇賞》是應明代科舉之需而爲當時士子所作的諸子評點書籍。書分前後兩集，前集所收爲先秦諸子，後集收漢至明代諸子，多在子書目録中標明"全録"或"節録"，僅個别未標。以下爲全書子目：

前集：

老子（第一卷，全録）；

姜子（第二卷，節録）；

鬻子（第三卷，全録）；

管子（第四至十一卷，節録）；

鄧析子（第十二卷，節録）；

孫武子（第十三卷，全録）；

關尹子（第十四卷，節録）；

亢倉子（第十五卷，節録）；

子華子（第十六卷，節録）；

晏子（第十七至十八卷，節録）；

司馬子（第十九卷）；

文子（第二十卷，節録）；

吳子（第二十一卷，節録）；

墨子（第二十二至二十三卷，節録）；

列子（第二十四至二十五卷，節録）；

莊子内篇（第二十六卷，全録）；

莊子外篇（第二十七至二十九卷，節録）；

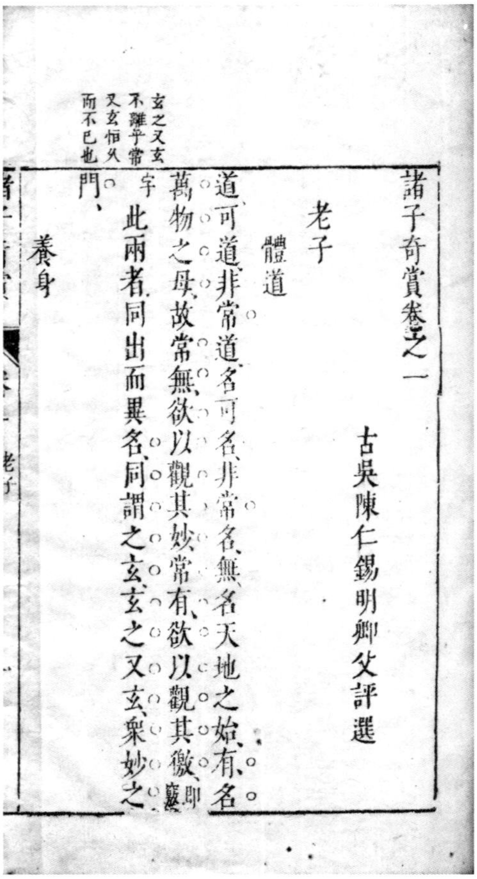
諸子奇賞卷之一
古吳陳仁錫明卿父評選
老子
體道
道可道，非常道。名可名，非常名。無名天地之始，有名萬物之母。故常無欲以觀其妙，常有欲以觀其徼。即竅此兩者同出而異名，同謂之玄。玄之又玄，衆妙之門。
養身
玄之又玄不離乎常又玄恒久而不已也

085　諸子奇賞

尹文子(第三十卷,全録);
慎子(第三十一卷,節録);
鬼谷子(第三十二卷,全録);
尉繚子(第三十三卷,節録);
鶡冠子(第三十四卷,全録);
屈子附宋子(第三十五卷,全録);
商子(第三十六至三十七卷);
公孫龍子(第三十八卷,全録,去《名實篇》);
荀子(第三十九卷至四十卷,節録);
韓子(第四十一卷至四十六卷,節録);
吕子(第四十七至五十一卷,節録)。
後集:
黄石子附陰符經(第一卷,全録);
陸子新語(第二卷,全録);
孔叢子(第三卷,節録);
韓子外傳(第三卷,節録);
賈子新書(第四卷至第八卷,節録);
淮南子(第九卷至第十三卷,節録);
董子繁露(第十四至第十七卷,全録);
桓子鹽鐵論(第十八卷,節録);
劉子説苑(第十九至二十一卷,節録);
劉子新序(第二十二卷);
京子易傳(第二十三卷,節録);
楊子法言(第二十四至第二十五卷,節録);
楊子太玄經(第二十六卷至三十五卷,全録);
班子白虎通(第三十六卷,節録);
馬子忠經(第三十七卷,節録);
徐子中論(第三十八卷,節録);
王子論衡(第三十九卷至四十卷,節録);
王子潛夫論(第四十一卷,節録);
蔡子獨斷(第四十二卷,節録);
應子風俗通(第四十三卷,節録);
小荀子(指荀悦,第四十四卷,節録);
劉子人物志(第四十五卷,全録);

王子易略(第四十六卷,全録);
劉子文心雕龍(第四十七卷至五十卷,節録);
劉子雜篇(劉晝,字孔昭,第五十一卷,節録);
抱朴子(第五十二至五十三卷,節録);
文中子(第五十四至五十五卷);
鹿門子(第五十六卷,節録);
玄真子(第五十七卷,節録);
無能子(第五十八卷,節録);
天隱子(第五十九卷,全録);
齊邱子(第六十卷,節録)。

三徑齋主人蔣中宣在卷前《發凡》末稱:"是集評選頗繁,告成匪易,本欲彙成全集行世,而海内文人一聞明卿先生《諸子奇賞》,亟欲寓目,不啻望歲,因分前後二集,前集自成周迄于先秦,先付剞劂,以供世好,後集自漢以下刻已將半,即走力燕都後稿以成合璧。"《總目》後鐫"武林好生館藏板"。此本爲天啟三徑齋刻武林好生館藏板本。

此本爲和裝。函套内粘"THE HOOVER LIBRARY ON WAR, REVOLUTION, AND PEACE"藏書票,並蓋"HOOVER LIBRARY"墨戳。今藏斯坦福大學東亞圖書館。

著録:

《中國古籍善本書目》子部/雜家類 8373 諸子奇賞前集五十一卷後集六十卷　明陳仁錫輯評　明天啟三徑齋刻本

Title: Zhu zi qi shang: 111 juan

Author: Chen Renxi ping xuan

Imprint: [China]: San jing zhai, 1626—1627

(馬月華)

086　居易録三十四卷(子部/雜家類)

5461 7668

清王士禛著,清康熙四十年(1701)刻《王漁洋遺書》本,一函八册,綫裝。半葉十行,行二十字,上下粗黑口,單黑魚尾,左右雙邊同。框高十六點九釐米,寬十三點三釐米。卷前有王士禛自序,卷末有辛巳(康熙四十年)王士禛題記。卷端下題"濟南王士禛著"一行。版心中鐫書名卷數,下鐫葉次。

王士禛(1634—1711),字貽上,號阮亭,晚號漁洋山人,濟南(今屬山東)人。順治十二年(1655)進士。歷任揚州推官、禮部主事、刑部尚書等職,卒謚文簡。清初詩壇領袖,其詩清幽淡雅,富有情趣。家富藏書,藏書處以"池北書庫"名之。著述宏富,有《帶經堂集》、《皇華紀聞》、《池北偶談》、《居易録》、《香祖筆記》、《古夫于亭雜録》等，後人輯爲《漁洋山人著述》（或名《王漁洋遺書》）。《清史稿》列傳五十三有傳。

《居易録》爲王漁洋二十餘種筆記雜著中篇幅最多者。其書名之由來，王氏自序指出："憶顧況語'長安米貴，居大不易'，因取以名其書。予仕宦四十年，居易俟命，鈍拙無似，而顧以此蒙知主上……取以名書，亦以見志云爾。"據卷末王氏題記，此書成於康熙四十年："右《居易録》三十四卷，予康熙己巳冬杪重入都門，隨所聞見而雜記之，歲有紀録，合前所著《池北偶談》二十六卷通六十卷。辛巳四月三十四卷既成，而予隨上疏請告。"書成後不久即刊刻。王氏另一部筆記雜著《香祖筆記》自序云："愚舊有《池北偶談》二十六卷，刻於閩；《居易録》三十四卷，刻於粤，皆有成書。壬午後盡急還京師，……"壬午（康熙四十一年，1702）之前《居易録》已"刻於粤"，此據王氏序年定爲康熙四十年刻本。

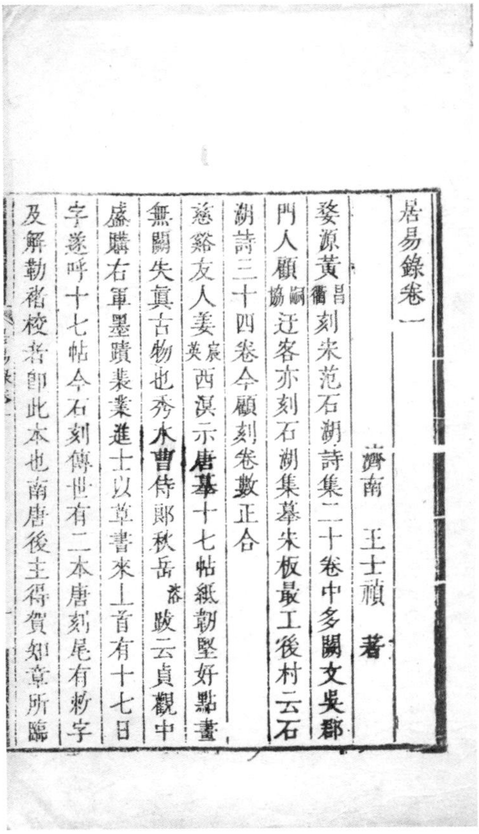
居易録卷一
濟南　王士禛　著
婺源黄昌衢刻宋范石湖詩集二十卷中多闕文吳郡
門人顧嗣協迂客亦刻石湖集摹宋板最工後村云石
湖詩三十四卷今顧刻卷數正合
慈谿友人姜宸英西溟示唐摹十七帖紙韌堅好點畫
無闕失真古物也秀水曹侍郎秋岳溶跋云貞觀中
盛購右軍墨蹟裴業進士以草書來上首有十七日
字遂呼十七帖今石刻傳世有二本唐刻尾有敕字
及解勒褚校者郎此本也南唐後主得賀知章所臨

086　居易録

王士禛之名"禛"字，雍正時改爲"正"或"徵"或缺末筆，乾隆三十九年（1774）諭又改"禛"爲"禎"。此本卷端下"禛"字已被挖改作"禎"，當印於乾隆三十九年之後。北京大學圖書館藏有數部《居易録》，與斯坦福本同版，卷端下"禛"字一部如字作，一部缺末筆，一部徑改爲"禎"，爲《居易録》前後刷印不同之顯例。乾隆間彙印王氏著作爲《王漁洋遺書》，此本或即該叢書零種。

函套内粘"HOOVER INSTITUTION on War, Revolution, and Peace FOUNDED BY HERBERT HOOVER, 1919"藏書票。首葉蓋"HOOVER LIBRARY"墨戳。今藏斯坦福大學東亞圖書館。

著録：

《中國古籍善本書目》叢部/自著叢書 00446 王漁洋遺書三十八種二百七十三卷　清王士禛撰並輯　清康熙刻本（其中包括居易録三十四卷）

《北京大學圖書館藏古籍善本書目》子部/雜家類　居易録三十四卷　清王士禛撰　清康熙刻本

《美國哈佛大學哈佛燕京圖書館藏中文善本書志》1436 居易録三十四卷　清王士禛撰　清康熙刻後印本

Title：Ju yi lu：34 juan

Author：Wang Shizhen zhu

Imprint：[China] Guangdong，1701

（馬月華）

087　香祖筆記十二卷(子部/雜家類)

9155 1143

清王士禛撰，清康熙四十四年(1705)刻《王漁洋遺書》本，四册合訂，西式裝。半葉十行，行十九字，白口，單黑魚尾，左右雙邊。框高十六點一釐米，寬十三點三釐米。卷前有康熙乙酉(四十四年)宋犖序、王士禛《香祖筆記自序》。卷端下題"新城王士禛貽上"一行。版心中鎸書名及卷次。

王士禛，生平介紹見本書志所收《居易録》。

《香祖筆記》爲王士禛筆記著作，"輯癸未迄甲申兩年筆記"(宋犖序)，即爲康熙四十二年(1703)和四十三年(1704)兩年王氏所作筆記之集。王士禛自序稱："愚舊有《池北偶談》二十六卷，刻於閩；《居易録》三十四卷，刻於粵，皆有成書。壬午後盡急還京師，偶有見聞，筆之簡策。適所居邸西軒有蘭數本，花時香甚幽淡，昔人謂蘭曰香祖，因以名之，凡十二卷。"康熙粵刻本《居易録》，斯坦福有藏，已收入本書志。據宋犖序年，《香祖筆記》蓋刻於康熙四十四年。

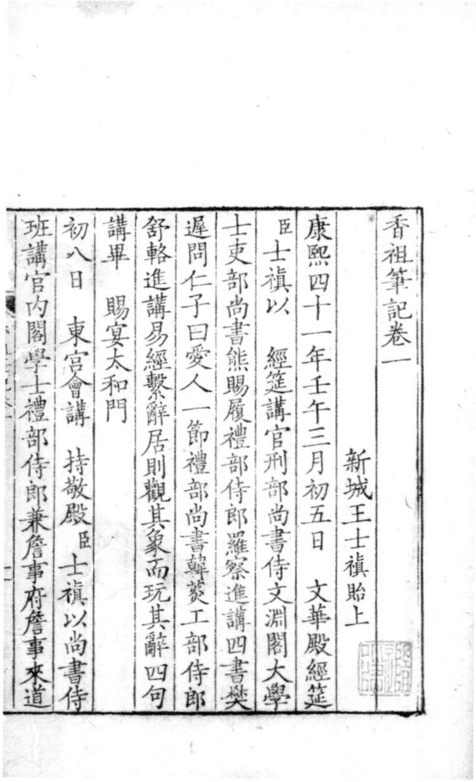
香祖筆記卷一
新城王士禛貽上
康熙四十一年壬午三月初五日　文華殿經筵
臣士禛以　經筵講官刑部尚書侍文淵閣大學
士吏部尚書熊賜履禮部侍郎羅察進講四書樊
遲問仁子曰愛人一節禮部尚書韓菼工部侍郎
舒輅進講易經繫辭居則觀其象而玩其辭四句
講畢　賜宴太和門
初八日　東宮會講　持敬殿臣士禛以尚書侍
班講官内閣學士禮部侍郎兼詹事府詹事來道

087　香祖筆記

此本各卷卷端下皆題"新城王士禛貽上"，"禛"字如字作，未缺末筆，也未改作"禎"。"胤"字則多剜去末筆，但不避"弘"字。

卷端葉鈐"隨隱"朱印，裝訂封皮内粘"HOOVER INSTITUTION on War，Revolution，and Peace FOUNDED BY HERBERT HOOVER，1919"藏書票。今藏斯坦福大學東亞圖書館。

著録：

《中國古籍善本書目》叢部/自著叢書 00446 王漁洋遺書三十八種二百七十三卷　清王士禛撰並輯　清康熙刻本(其中包括香祖筆記十二卷)

《北京大學圖書館藏古籍善本書目》子部/雜家類　香祖筆記十二卷　清王士禛撰　清康熙刻本

Title：Xiang zu bi ji：12 juan

Author：Wang Shizhen zhuan

Imprint：[China]，1705

（馬月華）

088　池北偶談二十六卷(子部/雜家類)

9155 1138

清王士禛著，清王廷掄校，清刻文粹堂藏板本，一函八册，綫裝。半葉十一行，行二十三字，小字雙行同，上下粗黑口，單黑魚尾，左右雙邊。框高十九點二釐米，寬十四點七釐米。内封題"王阮亭先生著/池北偶談/文粹堂藏板"。卷前有康熙辛未(三十年，1691)王士禛自序，序末署"辛巳長至海寧門人陳矢禧書"，"辛巳"當康熙四十年(1701)。卷末附一葉"益母膏"醫方等。各卷卷前有本卷目録。卷端下題"濟南王士禛阮亭著 高都姪廷掄簡菴較"一行。版心中鎸書名及卷次、葉數。

王士禛，生平介紹見本書志所收《居易録》。

池北偶談卷一　談故
濟南王士禛阮亭著　高都姪廷掄簡菴較
鑾儀衛
本朝鑾儀衛鑾儀使秩二品朝制武臣不乘肩輿康熙六年
鑾儀使王鵬冲上疏陳請奉　旨王鵬冲著與尚書等遂張
蓋肩輿視六卿矣鵬冲精鑒別書畫古器直隸長垣人前冢
宰永光子也
特賜進士及第
戊戌春　世祖親覆試江南丁酉貢士以古文詩賦拔武
進吳珂鳴第一是年禮闈榜後　上諭特賜珂鳴進士與

088　池北偶談

《池北偶談》爲王士禛筆記著作。王士禛自序稱："余所居先人之敝廬，西爲小圃，有池焉，老屋數椽在其北。余宦游三十餘年，無長物，唯書數千卷，庋置其中，輒取樂天池北書庫之名名之。"是此集因其藏書處"池北書庫"而得名。該書記録與友朋論議，並增益其在京師二十年間的見聞，編次而成。全書共二十六卷，分爲四目："談故"四卷，記敘清代典章制度等；"談獻"六卷，記述明代中葉以後至清初名臣、畸人、列女事蹟；"談藝"九卷，評論詩文，採擷佳句；"談異"七卷，記述神怪傳聞故事。

康熙三十九年(1700)五月至康熙四十年(1701)二月，時任福建汀州府知府的王士禛之姪王廷掄曾刻此書於官署。王士禛《香祖筆記》自序云："愚舊有《池北偶談》二十六卷，刻於閩；《居易録》三十四卷，刻於粤。"所謂"刻於閩"之《池北偶談》即指福建王廷掄刻本。北京大學圖書館藏有幾部，卷末多附王廷掄跋文："工始康熙庚辰五月，至今年辛巳二月止，書成裝潢進呈，特紀其實於部之尾，恭聽伯父大人教焉。福建汀州府知府高都姪廷掄拜手謹識并書。"其中一部内封鐫題"康熙庚辰夏五/池北偶談/臨汀郡署授梓"。與北大本比較可知，斯坦福本爲王廷掄本之翻刻本。由諱字看，斯坦福本避雍正"胤"字，但卷端下"王士禛"之"禛"字卻不避，亦不避乾隆"弘"字。今謹定爲清刻文粹堂藏板本。

北京大學圖書館藏有數部《王漁洋遺書》(或名《漁洋山人著述》)，其中所收《池北偶談》，既有用福建王廷掄本板片刷印者，亦有用此本板片刷印者，相較而言，前者所用更多。而用此本板片刷印者，一部内封鐫"文粹堂藏板"，另有一部則鐫"三槐堂藏板"。

此本各册首葉鈐"萬緑軒王藏書"白文印，卷末有"光緒十六年秋九月重陽後三日重裝訂，谿上王仁元記"墨筆題記一行，下鈐"王仁元之印"白文印。函套内粘"HOOVER INSTITUTION on War, Revolution, and Peace FOUNDED BY HERBERT HOOVER, 1919"藏書票。今藏斯坦福大學東亞圖書館。

著録：

《中國古籍善本書目》叢部/自著叢書 00446 王漁洋遺書三十八種二百七十三卷　清王士禛撰並輯　清康熙刻本(其中包括池北偶談二十六卷)

Title: Chi bei ou tan: 26 juan

Author: Wang Shizhen zhu; Wang Tinglun jiao

Imprint: [China]: Wen cui tang cang ban, 1701—1795

(馬月華)

089　評論出像水滸傳二十卷七十回(子部/小説類)

5752 8116

元施耐庵撰，清金聖歎評，清王望如回末總評，清刻本，二函二十册，綫裝。半葉十一行，行二十四字，小字雙行同，白口，單黑魚尾，四周單邊，無直格。框高二十一點一釐米，寬十五點一釐米。内封題"聖歎外書/施耐庵先生原本/貫華堂第五才子書"。卷前有順治丁酉(十四年，1657)桐庵老人書於醉畊堂墨室之《五才子水滸序》、《望如先生評論出像水滸傳總論》、《評論出像水滸傳姓氏》、水滸人物像四十幅。卷端題名"評論出像水滸傳"旁題"聖歎外書"。版心上鐫"五才子奇書"，中鐫卷數，下鐫葉數。

施耐庵(1296—1371)，原名施彦端，字肇端，號子安，別號耐庵，興化(今屬江蘇)

人，舊多題爲《水滸傳》作者。元至順二年(1331)進士，錢塘爲官二年後，棄職回鄉寫作《水滸傳》。可由《施氏族譜》、《施氏長門譜》、《興化縣續志》等材料尋繹其生平。

金聖歎(1608—1661)，初名喟，字聖歎，以字行。明亡後更名人瑞，長洲(今江蘇蘇州)人。幼年生活優裕，後因父母早逝，家道中落。聖歎爲人狂放不羈，不屑仕途，而以讀書著述爲樂，終因"哭廟案"爲清廷所害。曾評點《莊子》、《離騷》、《史記》、杜甫律詩、《水滸傳》、《西廂記》，合稱"六才子書"，尤以後兩者"第五才子書水滸傳"和"第六才子書西廂記"最爲著名，觀點犀利，批語痛快淋漓。

王望如，字仕雲，號桐庵老人，明末清初人。醉耕堂爲其堂號。

據《中國古籍善本書目》，《水滸傳》流傳版本衆多，有一百回本、一百十五回本、一百二十回本、七十回本等等，名稱又有《水滸傳》、《忠義水滸傳》、《忠義水滸全書》等不同。其中七十回本爲金聖歎删去一百回本的後三十回而得，人稱"腰斬水滸"。金批七十回本的最早刻本爲明崇禎貫華堂刻本，其後版本多源於此本。清順治十四年醉畊堂翻刻貫華堂本，並將書名易爲《評論出像水滸傳》。除金聖歎評語外，又增加了王望如的回末總評。醉畊堂原刻《中國古籍善本書目》有著録：子部/小説類 9023《評論出像水滸傳》七十五卷七十回，清順治十四年醉畊堂刻本。此本爲醉畊堂本之翻刻本，將七十五卷新分爲二十卷。

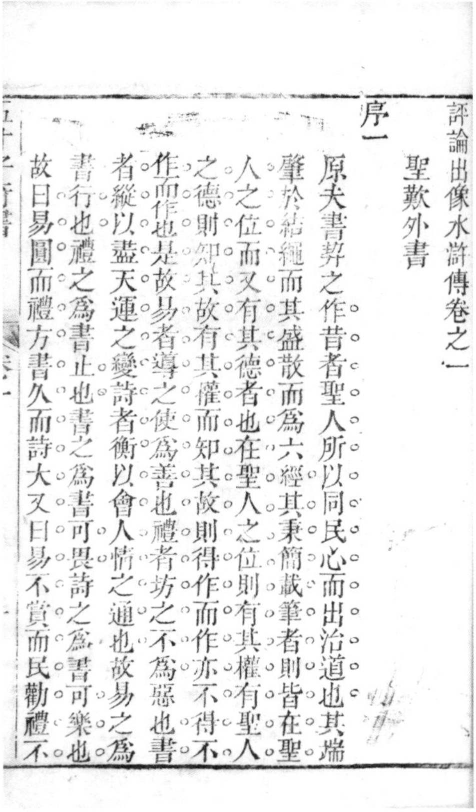
評論出像水滸傳卷之一
聖歎外書
序一
原夫書契之作昔者聖人所以同民心而出治道也其端肇於結繩而其盛散而爲六經其秉簡載筆者則皆在聖人之位而又有其德者也在聖人之位則有其權有聖人之德則知其故有其權而知其故則得作而作亦不得不作而作也是故易者導之使爲善也禮者坊之不爲惡也書者縱以盡天運之變詩者衡以會人情之通也故易之爲書行也禮之爲書止也書之爲書可畏詩之爲書可樂也故曰易圓而禮方書久而詩大又曰易不賞而民勸禮不

089　評論出像水滸傳

各册首葉鈐"得良館圖書記"朱文印、"石經樓藏"朱文印。函套内粘"THE HOOVER LIBRARY ACQUIRED THROUGH THE STANFORD UNIVERSITY LIBRARIES"藏書票。今藏斯坦福大學東亞圖書館。

Title：Ping lun chu xiang Shui hu zhuan：20 juan 70 hui

Author：Shi Nai'an zhuan；Jin Shengtan ping

Imprint：[China]，1644—1911

（馬月華）

090 四大奇書第一種十九卷卷首一卷百二十回(子部/小説類)

5754 2132

元羅貫中撰,清毛綸、毛宗崗評,清乾隆二十一年(1756)同文堂刻本,二函十九册,缺第十一册,綫裝。半葉十二行,行二十六字,小字雙行同,無直格,白口,單黑魚尾,四周單邊。框高二十二點七釐米,寬十五點二釐米。函套籤題"三國志演義"。内封題"乾隆丙子年新鐫/毛聲山評三國志/金批第一才子書/同文堂梓"。卷前有順治甲申(元年,1644)金聖嘆序,首卷包括、凡例、目録、圖像、《讀三國志法》。卷端題"四大奇書第一種卷之一/聖嘆外書/茂苑毛宗崗序始氏評"。首卷末有缺葉。版心上鐫"第一才子書",中鐫卷次,下鐫葉次及"同文"。

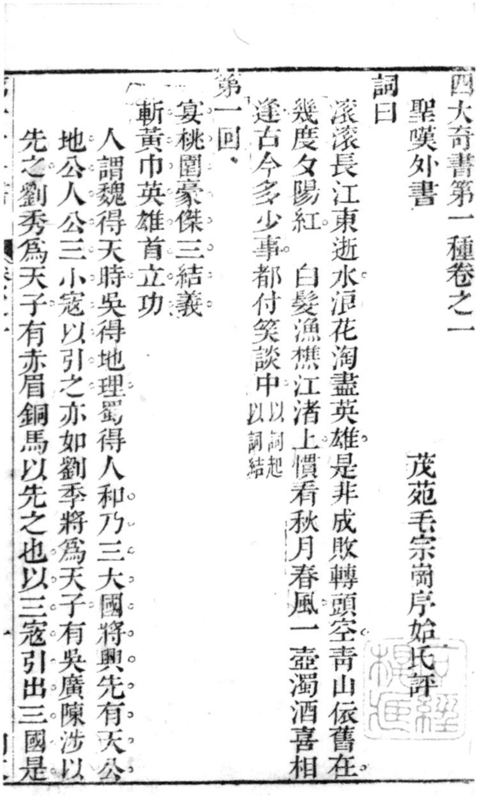
四大奇書第一種卷之一
聖嘆外書
茂苑毛宗崗序始氏評
詞曰
滚滚長江東逝水浪花淘盡英雄是非成敗轉頭空青山依舊在幾度夕陽紅 白髮漁樵江渚上慣看秋月春風一壺濁酒喜相逢古今多少事都付笑談中以詞起以詞結
第一回
宴桃園豪傑三結義
斬黄巾英雄首立功
人謂魏得天時吳得地理蜀得人和乃三大國將興先有天公地公人公三小寇以引之亦如劉季將爲天子有吳廣陳涉以先之劉秀爲天子有赤眉銅馬以先之也以三寇引出三國是

090 四大奇書第一種

羅貫中,生卒年不詳,號湖海散人,元明間太原(今屬山西)人。善"樂府隱語"。傳著有《三國志通俗演義》、《隋唐志傳》、《三遂平妖傳》、《殘唐五代史演義》等。賈仲明《續録鬼簿》有傳。

毛綸,字德音,號聲山,長洲(今江蘇蘇州)人。毛宗崗(1632—?),毛綸之子,字序始,號孑庵。康熙三、四年間,協助其父毛綸評改《三國志演義》及《琵琶記》,另著有《孑庵雜録》等。生平可參見褚人獲《堅瓠集》。

今流行本《三國演義》實爲毛氏父子修訂本,毛氏在原文後附以小字評註。此本卷前金聖嘆序言:"余嘗欲探索其奇以正諸世,會病未果,忽於友人案頭見毛子所評《三國志》之稿,觀其筆墨之快,心思之靈,先得我心之同然,因稱快者再。而今而後,知第一才子書之目,又果在《三國》也。故余序此數言,付毛子授剞之日弁於簡端,使後之閲者,知余與毛子有同心云。"此書又名《第一才子書》。

據内封,此本爲乾隆二十一年同文堂刻本。

各册首葉鈐"石經樓藏"朱文方印。函套内粘"THE HOOVER LIBRARY ACQUIRED THROUGH THE STANFORD UNIVERSITY LIBRARIES"藏書票。今藏斯坦福大學東亞圖書館。

Title: Si da qi shu di yi zhong (120 hui): 19 juan; Juan shou: 1 juan
Author: Luo Guanzhong zhuan
Imprint:[China]: Tong wen guan, 1756

（郭愷淳）

091　皇華紀聞四卷廣州遊覽小志一卷（子部/小説類）

3073 1143

清王士禛撰，清康熙二十九年（1690）王氏家刻《王漁洋遺書》本，一函二册，綫裝。半葉十行，行十九字，黑口，單黑魚尾，左右雙邊。框高十六點五釐米，寬十三點四釐米。卷前有長洲韓菼序、康熙庚午（二十九年）王源《皇華紀聞序》。卷端下題“詹事府少詹事兼翰林院侍讀學士王士禎”一行，卷一末題“門人盛符升男啟涑較”，卷二末題“門人盛符升男啟汸較”，卷三末題“門人盛符升男啟汧較”，卷四末題“門人盛符升孫男兆鄴較”。卷二後附《廣州遊覽小志》一卷，卷端題名下署“新城王士禎貽上”，末題“門人盛符升較”。

王士禎，生平介紹見本書志所收《居易録》。

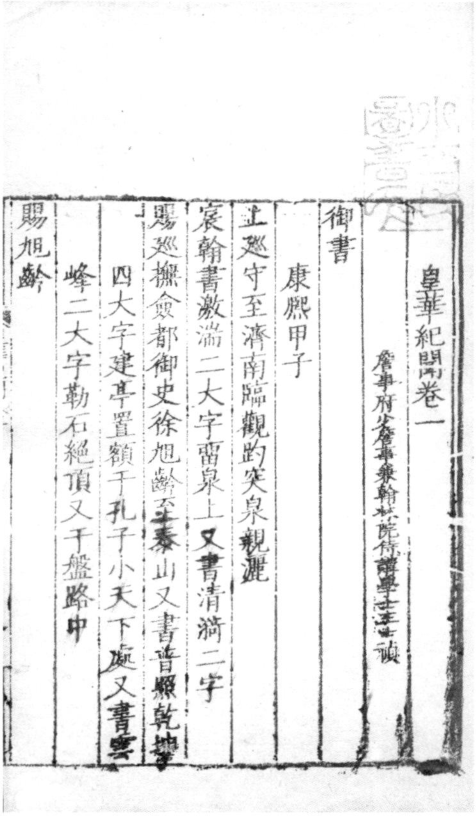
皇華紀聞卷一
詹事府少詹事兼翰林院侍讀學士王士禎
御書
康熙甲子
上巡守至濟南臨觀趵突泉觀瀾
宸翰書激湍二大字留泉上又書清漪二字
賜巡撫僉都御史徐旭齡至泰山又書普照乾坤
四大字建亭置額于孔子小天下處又書雲
峰二大字勒石絶頂又于盤路中
賜旭齡

091　皇華紀聞

卷前韓菼序指出：“康熙二十三年（1684），奉命有事於南海。道間所經都邑地理、山川人物與夫荒墟伏莽之遺蹟、鳥獸草木非常可喜之奇怪，捃摭薈萃，風别爲《皇華紀聞》四卷、《南來志》一卷、《北歸志》一卷、《廣州游覽小志》一卷。”是《皇華紀聞》爲搜集沿途所經見聞、故事而成。此本存《皇華紀聞》四卷、《廣州遊覽小志》一卷，缺《南來志》一卷和《北歸志》一卷。《廣州遊覽小志》一卷裝訂在《皇華紀聞》卷二和卷三之間。

此本爲清康熙間王氏家刻本。王士禛之“禛”字，卷端已經剜改作“禎”，當印於乾隆三十九年（1774）之後。

鈐“水西氏圖書印”朱文印。函套内粘“THE HOOVER LIBRARY ON WAR, REVOLUTION, AND PEACE”藏書票，並蓋“HOOVER LIBRARY”墨戳。今藏斯

坦福大學東亞圖書館。

著録：

《中國古籍善本書目》叢部/自著叢書 00446 王漁洋遺書三十八種二百七十三卷 清王士禛撰並輯 清康熙刻本（其中包括皇華紀聞四卷廣州遊覽小志一卷）

《四庫全書存目叢書》子部第 245 册影印私藏清康熙間王氏家刻後印本皇華紀聞四卷

《四庫全書存目叢書》史部第 254 册影印私藏清康熙刻本廣州遊覽小志一卷

Title：Huang hua ji wen：4 juan；Guang zhou you lan xiao zhi：1 juan

Author：Wang Shizhen zhuan

Imprint：[China]，1690

（馬月華）

092 聊齋志異十六卷（子部/小説類）

5759 4242

清蒲松齡著，清王士禛評，清乾隆三十一年（1766）趙起杲青柯亭刻清代修補印本，二函八册，綫裝。半葉九行，行二十一字，黑口，左右雙邊。框高十三點五釐米，寬九點八釐米。卷前有乾隆三十年（1765）余集序、高珩序、唐夢賚序、乾隆丙戌（三十一年）趙起杲序、《刻聊齋志異例言》、《聊齋志異題詞》、《聊齋自誌》、《聊齋小傳》、目録。卷端下題“淄川蒲松齡留仙著/新城王士正貽上評”。版心中鐫書名、卷次及篇名，下鐫葉數。

蒲松齡（1640—1715），字留仙，別號柳泉居士，世稱聊齋先生，淄川（今屬山東）人。初應童子試，以縣、府、道三第一進學，此後屢試不第。但其才情卓著，王士禛曾數稱其才。蒲松齡一生主要在本鄉私塾任教，由於久處農村，親歷官紳腐敗與民間疾苦，假借狐鬼荒幻之語，纂成文言短篇小説集《聊齋志異》，鞭撻社會黑暗。此外，蒲氏尚有文集、詩集、詞集、筆記等傳世。《（道

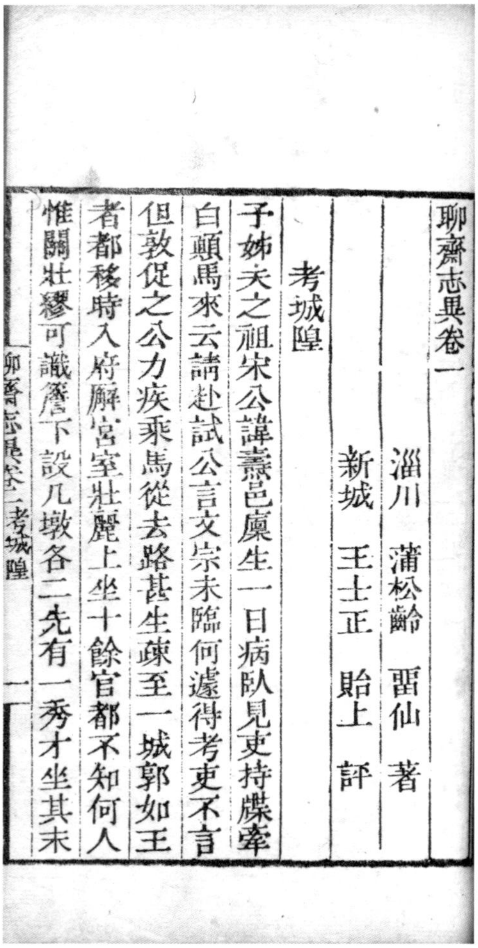
聊齋志異卷一
淄川 蒲松齡 留仙 著
新城 王士正 貽上 評
考城隍
予姊夫之祖宋公諱燾邑廩生一日病臥見吏持牒牽
白顛馬來云請赴試公言文宗未臨何遽得考吏不言
但敦促之公力疾乘馬從去路甚生疎至一城郭如王
者都移時入府廨宮室壯麗上坐十餘官都不知何人
惟關壯繆可識簷下設几墩各二先有一秀才坐其末
聊齋志異卷一 考城隍 一

092 聊齋志異

光）濟南府志》卷五十四有傳。

王士禛，生平介紹見本書志所收《居易録》。

關於《聊齋志異》的成書經過，蒲氏《聊齋自誌》稱："才非干寶，雅愛搜神，情類黄州，喜人談鬼，聞則命筆，遂以成書。久之，四面同人又以郵筒相寄，因而物以好聚，所積益夥。"可見其作品主要是以民間流傳的故事傳説爲基礎，經過藝術加工而成。1948年發現蒲氏半部改定稿本，1955年文學古籍刊行社已將其影印出版。

《聊齋志異》成書之後多以抄本形式流傳，今尚存者有鑄雪齋抄本、二十四卷抄本等。乾隆三十一年，時任浙江嚴州知府的趙起杲刊刻十六卷本《聊齋志異》，爲該書的最早刻本。此本即趙氏刻本。卷前乾隆三十一年趙起杲《弁言》述及刻書事："癸未官武林，友人鮑以文屢慫恿予付梓，因循未果。後借鈔者衆，藏本不能徧應，遂勉成以公同好。"鮑以文即鮑廷博，其介紹詳見本書志所收《歸潛志》。此本卷端下王士禛之名改作"王士正"。又，卷五第九、十兩葉版心下刻有"已卯重刊"四字，"已卯"最早亦爲嘉慶二十四年（1819），故此本爲嘉慶後修補印本。

各册首葉鈐"李昌淳印"白文迴文印、"李暻演印"朱文迴文印、"小林氏圖書"朱文印。函套内粘"THE HOOVER LIBRARY ACQUIRED THROUGH THE STANFORD UNIVERSITY LIBRARIES"藏書票。今藏斯坦福大學東亞圖書館。

著録：

《中國古籍善本書目》子部/小説類 8907 聊齋志異十六卷　清蒲松齡著　清王士禛評　清乾隆三十一年趙起杲青柯亭刻本

Title：Liao zhai zhi yi：16 juan

Author：Pu Songling zhu；Wang Shizheng ping

Imprint：[China]：Zhao Qigao Qing ke ting，1766

（馬月華）

093　册府元龜一千卷目録十卷（子部/類書類）

9297 1184

宋王欽若等輯，明崇禎十五年（1642）黄國琦刻清遞修乾隆十九年（1754）丁序賢金陵承德堂印本，三十二函三百二十册，綫裝。半葉十行，行二十字，白口，四周單邊。框高十九釐米，寬十四點四釐米。内封題"新昌黄石公先生鑒定/寧都丁人可金谿王勝鳴重校/册府元龜/承德堂藏板"。卷前有文翔鳳《册府元龜敘》、崇禎壬午（十五年）黄國琦《册府元龜序》、黄國琦再序、《册府元龜考據》（末署"黄國奇述"）、目録。卷端下題"淮南李嗣京參閲/西極文翔鳳訂正/豫章黄國琦較釋"三行。版心上鐫書名及部類名稱，中鐫卷次，下鐫葉數。目録卷四至卷十、正文卷四至卷七爲抄配。

《册府元龜》爲著名類書，北宋王欽若、楊億、李維、錢惟演等十五人奉宋真宗之命共同編撰。全書分帝王、閏位、僭僞等三十一部，部下又分一千一百零四門。每部之前有小序，概括敘述本部事跡源流，制度沿革。每門又有小序，評述本門内容。

《册府元龜》明刻僅一種，爲崇禎十五年黄國琦刻本。至清代，該本板片不斷被修補刷印。清康熙十一年（1672），黄國琦之姪黄九錫將家藏板片修補重印，《中國古籍善本書目》即著録有黄九錫重修本。至乾隆時，《册府元龜》書板轉鬻金陵承德堂書社，丁序賢續有修補刷印。北京大學圖書館藏有兩部清乾隆十九年丁序賢補刻本，較此本卷前多出崇禎壬午（十五年，1642）李嗣京序、李嗣京之揭帖、康熙壬子（十一年）黄九錫後跋、乾隆甲戌（十九年）丁序賢重校小引等。其中，丁序賢重校小引稱："今年夏，薄游金陵，於舊書肆中見殘缺數本，問所從來，則曰黄氏之子孫，自吴門負兹板以求售者五年矣。時坊友王君勝鳴慨然曰，此黄氏先人苦志經營而始成此也。因其利不得專其名，盍以半價貲之，俾得復還其子孫。迨板歸坊後，失去者百數十篇，其中蠹蝕霉缺者不可勝計。予因爲校仇點定，失去者補刻之，殘缺者修增之，閱兩月而是書完好如初。……乾隆甲戌冬一陽月長至日寧都後學丁序賢人可書於金陵之承德堂書舍。"斯坦福本雖缺黄九錫後跋、丁序賢重校小引等，但内封題"寧都丁人可金谿王勝鳴重校"，又題"承德堂藏板"，則仍保留有乾隆印本的痕跡。

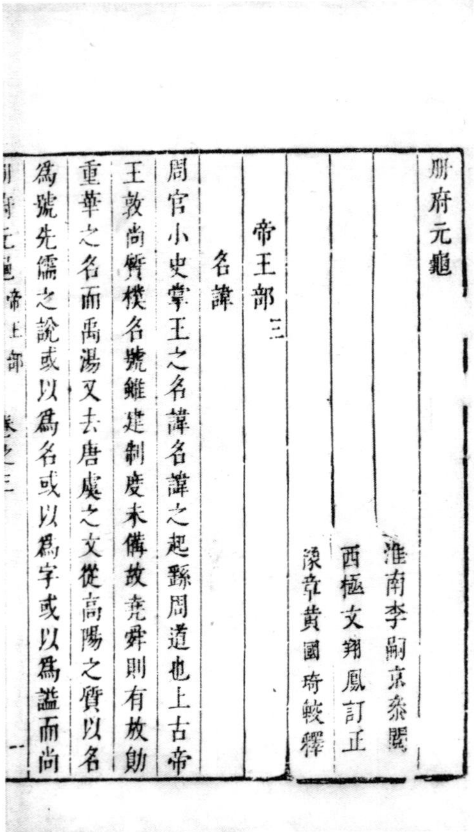
册府元龜
淮南李嗣京叅閱
西極文翔鳳訂正
豫章黄國琦較釋
帝王部　三
名諱
周官小史掌王之名諱名諱之起繇周道也上古帝王敦尚質樸名號雖建制度未備故堯舜則有放勛重華之名而禹湯又去唐虞之文從高陽之質以名爲號先儒之說或以爲名或以爲字或以爲謚而尚
册府元龜　帝王部　卷之三

093　册府元龜

明崇禎初印本《册府元龜考據》末題"李嗣京述"，康熙黄九錫印本題"黄國奇述"，乾隆印本沿襲康熙本。明崇禎初印本各卷卷端下原題："巡按福建監察御史臣李嗣京訂正/知閩縣事臣曹鼎臣參閱/知建陽縣事臣黄國琦較釋"，康熙黄九錫印本已剜改作："淮南李嗣京參閱/西極文翔鳳訂正/豫章黄國琦較釋"，乾隆印本亦沿襲康熙本。

此本函套内粘"THE HOOVER LIBRARY ACQUIRED THROUGH THE STANFORD UNIVERSITY LIBRARIES"藏書票。今藏斯坦福大學東亞圖書館。

著録：

《中國古籍善本書目》子部/類書類 9328 册府元龜一千卷目録十卷　宋王欽若等

輯　明崇禎十五年黄國琦刻清康熙十一年黄九錫重修本

《北京大學圖書館藏古籍善本書目》子部/類書類　册府元龜一千卷　宋王欽若等輯　明文翔鳳、黄國奇合校訂　明刻清補修本

《柏克萊加州大學東亞圖書館中文古籍善本書志》440 册府元龜一千卷目録十卷 宋王欽若、楊億等輯　明崇禎十五年黄國琦刻本

《美國哈佛大學哈佛燕京圖書館藏中文善本書志》1566 册府元龜一千卷目録十卷 宋王欽若等輯　明崇禎十五年黄國琦刻清康熙、乾隆遞修本

Title: Ce fu yuan gui: 1000 juan; mu lu: 10 juan

Author: Wang Qinruo [et al.] ji

Imprint: [China]: Huang Guoqi, 1642; Ding Xuxian, 1754

（馬月華）

094　新編古今事文類聚前集六十卷後集五十卷續集二十八卷别集三十二卷外集十五卷新集三十六卷遺集十五卷(子部/類書類)

9297 3122

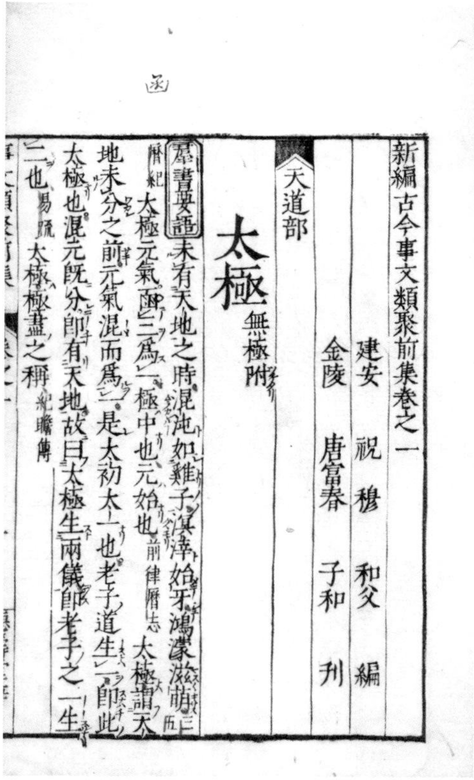
函

新編古今事文類聚前集卷之一

建安　祝穆　和父　編

金陵　唐富春　子和　刊

天道部

太極　無極附

羣書要語　未有天地之時混沌如雞子溟涬始牙鴻濛滋萌

歷紀　太極元氣函三爲一極中也元始也　前律曆志　太極謂天

地未分之前元氣混而爲一是太初太一也老子道生一即此

太極也混元既分即有天地故曰太極生兩儀即老子之一生

二也　易疏　太極極盡之稱

094　新編古今事文類聚

宋祝穆编《前集》、《後集》、《續集》、《别集》，元富大用編《外集》、《新集》，元祝淵編《遺集》，日本寬文六年(1666)京極書肆八尾勘兵衛友久刻本，十函一百册，綫裝。半葉十一行，行二十四字，白口，單黑魚尾，四周單邊。框高二十點八釐米，寬十四點七釐米。卷前有萬曆甲辰(三十二年，1604)唐富春重刻祝穆淳祐丙午(六年，1246)所作序，各集前有總目和各卷詳目。《前集》、《後集》、《續集》、《别集》卷端下題"建安祝穆和父編/金陵唐富春子和刊"，《外集》、《新集》卷端下題"南江富大用時可編/金陵唐富春子和刊"，《遺集》卷端下題"建安祝淵宗禮編/金陵唐富春子和刊"。版心上方鐫"事文類聚"某集，中鐫卷數，下鐫"德壽堂梓"。内封題"重刻補遺古今事文類聚/亮采堂唐惠疇梓"。卷末牌記題"寬文六年歲次丙午大吕月/洛陽京極書肆八尾勘兵衛友久刊"。牌記後附寬文丙午(六年)弘文學

士院林子《書新刊事文類聚後》。

祝穆，生卒不詳，字和父（或作"甫"），建安（今屬福建）人。受學於朱熹，以理學知名。授迪功郎。工於詞文。事迹見《閩中理學淵源考》卷二十。富大用，生卒不詳，字時可，南江（今屬四川）人。祝淵，生卒不詳，字宗禮，建安（今屬福建）人。

《古今事文類聚》爲類書，宋祝穆原編分前、後、續、别四集，體例與《藝文類聚》、《初學記》相近。前集分天道、天時、地理、帝系等十三部；後集分人倫、娼妓、奴僕等十四部；續集分居處、香茶、燕飲等十三部；别集分儒學、文章、書法等八部。每部又分若干子目，每目之下，首爲"群書要語"，摘引古書中有關文句；次爲"古今事實"，摘録歷代有關故事；次爲"古今文集"，集録有關詩文作品。元人續編之外集、新集及遺集，體例不變，對原編有所增益，補其門類所未及。該書資料豐富，對古籍輯佚考證等頗有助益。

此本爲日本寬文六年八尾勘兵衛友久刻本，行間有句讀及日文假名注音。由内封、各卷卷端下題及版心下方所鐫可知，其翻刻底本爲明萬曆金陵唐氏刻本。金陵唐氏爲明代著名刻書世家，刻書堂號衆多，唐富春"德壽堂"及内封所題唐惠疇"亮采堂"均爲唐氏堂號。《中國古籍善本書目》子部類書類 9449 著録有明萬曆三十二年書林唐富春德壽堂刻本《新編古今事文類聚》前集六十卷、後集五十卷、續集二十八卷、别集三十二卷、新集三十六卷、外集十五卷、遺集十五卷，蓋即其所據底本之類。

扉葉鈐"須德之印"白文印、"太平閒人"朱文印。書眉多墨筆校字，函套内粘"THE HOOVER LIBRARY ACQUIRED THROUGH THE STANFORD UNIVERSITY LIBRARIES"藏書票。今藏斯坦福大學東亞圖書館。

著録：

《復旦大學圖書館善本目録》（復旦大學圖書館，1959）新編古今事文類聚前集六十卷後集五十卷續集二十八卷别集三十二卷新集三十六卷外集十五卷遺集十五卷　宋祝穆編　日本寬文六年刻本

Title：Xin Bian Gu jin shi wen lei ju：qian ji 60 juan，hou ji 50 juan，xu ji 28 juan，bie ji 32 juan，wai ji 15 juan，xin ji 36 juan，yi ji 15 juan

Author：Zhu Mu bian；Fu Dayong bian；Zhu Yuan bian

Imprint：[Japan] Kyoto：Jing ji shu si，1666

（馬月華）

095　唐類函二百卷目録二卷（子部/類書類）

9299 8234

明俞安期彙纂，明徐顯卿等校訂，明萬曆三十一年（1603）刻四十六年（1618）修養正堂藏板本，六函四十八册，綫裝。半葉十行，行二十字，上白口，下細黑口，單黑魚尾，四周單邊。框高二十點七釐米，寬十四點八釐米。内封題"蘭居重訂/唐類函/養正堂

藏版”。卷前有萬曆癸卯（三十一年）申時行《刻唐類函序》、李維楨《唐類函敘》（末署“西吴馮年書”）、萬曆戊午（四十六年）程開祜《唐類函序辭》、萬曆癸卯（三十一年）沈思孝《唐類函序》（末署“華亭孫孟芳書”）、《唐類函凡二十二則》、《唐類函目録》等。卷端下題“明東吴俞安期彙纂/明同郡徐顯卿校訂”二行。各卷校訂者多不相同，有徐顯卿、史繼宸、何湛之等等。版心上鎸部類名稱，中鎸卷次、葉數，下鎸小目，偶或鎸刻工名，如“包里”（卷一第十四葉）。

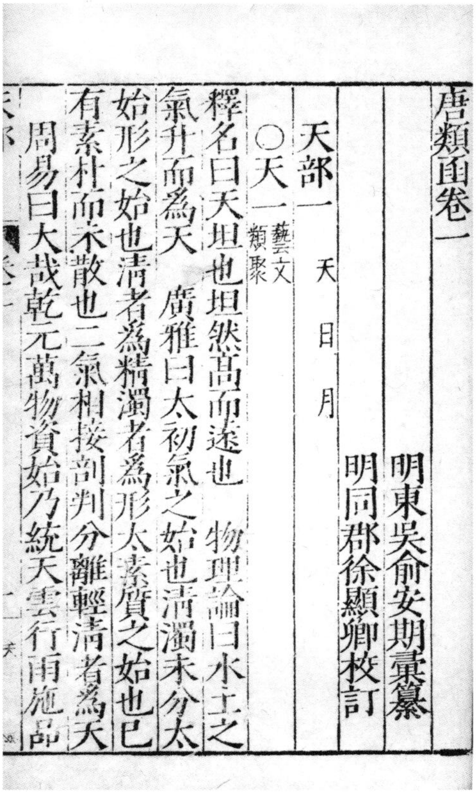
唐類函卷一
明東吳俞安期彙纂
明同郡徐顯卿校訂
天部一　天　日　月
○天一 藝文類聚
釋名曰天坦也坦然高而遠也　物理論曰水土之
氣升而為天　廣雅曰太初氣之始也清濁未分太
始形之始也清者為精濁者為形太素質之始也已
有素朴而未散也二氣相接剖判分離輕清者為天
周易曰大哉乾元萬物資始乃統天雲行雨施品

095　唐類函

俞安期，生卒年不詳，字羨長，吴江（今屬江蘇）人。萬曆中在世，以布衣終。善詩，亦工書。俞氏著有《翏翏集》，又編有《唐類函》、《啟雋類函》、《詩雋類函》等。萬斯同《明史稿》卷三百八十八有傳。

《唐類函》一書將唐代類書《北堂書鈔》、《藝文類聚》、《初學記》、《白氏六帖》四部書删重存異，彙爲一編。分天、時、地、帝王等四十三部，每部又分若干子目，全書共一百六十一目。每目之下，先列《藝文類聚》，以下依次爲《初學記》、《北堂書鈔》、《白氏六帖》。《四庫全書總目》子部類書類存目“唐類函”下指出：“取材不濫，於諸類書中爲近古。惟時令兼取韓鄂《歲華紀麗》，未免非前四書之倫。又，事關政典者既剟取杜佑《通典》補之，又寥寥數條，挂一漏萬，體例皆爲未善。且顛倒補綴，訛舛亦多。”

《四庫全書存目叢書》子部第207册至210册影印清華大學圖書館藏明萬曆三十一年刻四十六年重修本《唐類函》，與此本同版，卷前序亦同。萬曆三十一年申時行序稱：“余友俞羨長，以布衣篤志好古，于書無所不窺。間乃取諸類書，繙閲校訂，合而爲一，凡二百卷。……名之曰《唐類函》，以其皆唐輯也。刻既成，屬余序之。”萬曆三十一年沈思孝序稱：“方謀剞劂，忽見揶揄，謂此雕蟲之資，寧辨汗牛之籍。君逾發憤，遍謁同好，乃分陸大夫之裝，貸監河侯之粟，……期不載周，遂成函軸。”則萬曆三十一年俞氏書已刻成。至萬曆四十六年程開祜序謂：“兹俞君殺青既倦，有意息肩，不佞對白正勤，續斯末志。此分干禄之金，彼遂買山之願，互相推擴，豈限後先？”言在萬曆三十一年俞氏刻本基礎上又有所續，故此本爲明萬曆三十一年刻四十六年重修本。又，此本内封題“養正堂藏版”,“養正堂”與程開祜不知是否有關。總之,俞氏板片後歸養正堂,此本爲養正堂藏板印本。

函套内粘“THE HOOVER LIBRARY ACQUIRED THROUGH THE STANFORD UNIVERSITY LIBRARIES”藏書票,並蓋“HOOVER LIBRARY”墨戳。今藏斯坦福大學東亞圖書館。

著録:

《中國古籍善本書目》子部/類書類:9955 唐類函二百卷目録二卷　明俞安期輯　明萬曆三十一年刻養正堂重修本;9957 唐類函二百卷目録二卷　明俞安期輯　明萬曆三十一年刻四十六年重修本

《四庫全書存目叢書》子部第 207—210 册影印清華大學圖書館藏明萬曆三十一年刻四十六年重修本唐類函二百卷目録二卷

《柏克萊加州大學東亞圖書館中文古籍善本書志》465 唐類函二百卷目録二卷　明俞安期輯　明萬曆三十一年刻四十六年重修本;466 唐類函二百卷目録二卷　明俞安期輯　明萬曆三十一年刻四十六年重修養正堂印本

《美國哈佛大學哈佛燕京圖書館藏中文善本書志》1634 唐類函二百卷目録二卷　明俞安期輯　明萬曆三十一年刻四十六年重修本

Title: Tang lei han: 200 juan; mu lu: 2 juan

Author: Yu Anqi hui zuan; Xu Xianqing [et al.] jiao ding

Imprint: [China]: Yu Anqi, 1603; Yang zheng tang cang ban, 1618

（馬月華）

096　尚友録二十二卷(子部/類書類)

2258 0277

明廖用賢編纂,清張伯琮補輯,清康熙刻清末修補印本,二函十册,綫裝。半葉七行,大字不等,小字雙行二十字,白口,四周單邊。框高十七點四釐米,寬十三點八釐米。卷前有清康熙丙午(五年,1666)陸求可《尚友録序》、明萬曆四十五年(1617)廖用賢《尚友録自敘》、《凡例》、《尚友録總目》。卷端下題“閩綏安廖用賢賓于編纂/楚晴川張伯琮鶴湄補輯/男張坦讓遜菴參訂/孫張任鄭若虔/張任郎夢選校正”五行。版心上鐫書名,中鐫卷數、韻字,下鐫葉次。《總目》首葉版心下鐫“正業堂”。

廖用賢,生卒不詳,字賓于,綏安(今屬福建)人,庠生。與同里陳一言等結詩社,唱和無虚日。著《吸露齋集》,編《尚友録》等。《(乾隆)邵武府志》卷十七有傳。

《尚友録》爲一部姓氏書,“尚友”一詞語出《孟子·萬章下》:“以友天下之善士之爲未足,又尚論古之人。……是以論其世也,是尚友也。”此書分單姓、複姓,卷一至卷二十一前半録單姓,卷二十一後半至卷二十二録複姓。單姓、複姓各以韻爲綱,基本依平水韻按平上去入排列，韻下列各姓，無姓之韻目則略去，故有些韻目編號不連。姓下記載各姓的來歷、郡望，並羅列自上古至宋代該姓名人及其籍貫和主要事蹟。其資料來源包括《世説新語》、《初潭集》、《氏族大全》及《綱目通鑑》、子史諸書等。

此本卷前有康熙五年序，其字體亦在康熙間。然“丘”字缺右豎筆、“弘”缺末筆、“琰”字右下“火”旁改作又、“寧”字心旁改作“一”，皆爲據原板挖改而成。其中“弘”字末筆有缺有不缺，“寧”字亦有避有不避，當爲挖改未盡之故。卷前序、《凡例》、《總目》等皆爲補刻，爲道光以後修補印本。

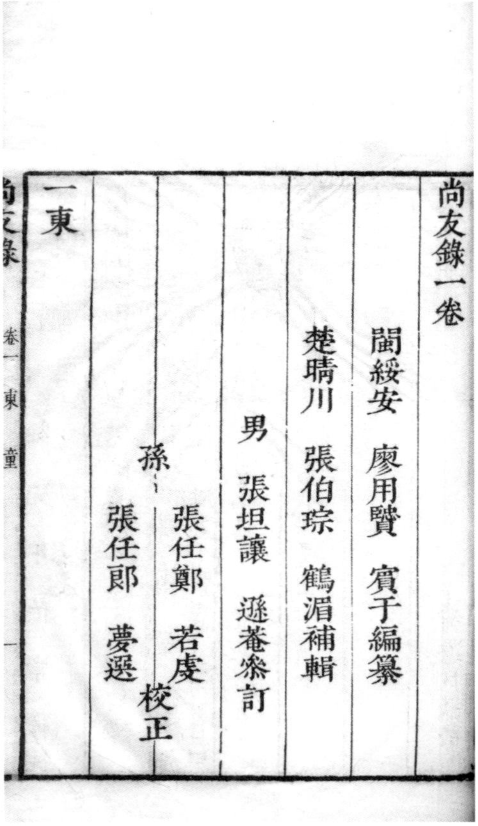
尚友錄一卷
閩綏安　廖用贒　賓于編纂
楚晴川　張伯琮　鶴湄補輯
男　張坦讓　遜菴叅訂
孫　張任鄭　若虔　校正
張任郎　夢遐
一東

096　尚友録

中國國家圖書館藏有幾部同版書：一部索書號 122676，内封題“綏安廖賓于先生編纂/晴川張鶴湄先生補輯/增補尚友録/古婺正業堂藏板”，《總目》首葉版心下方亦鐫“正業堂”三字；而另外兩部 128013 和 122687，内封皆題“閩綏安廖賓于先生編纂/增補尚友録/本衙藏版”，其《總目》版心下方所鐫“正業堂”三字皆剜去。這三本卷末皆附《補遺》，最末有小字“浙蘭林天禄齋藏板”。從刷印情況看，斯坦福本要晚於國圖 122676，但早於 128013 和 122687，或亦爲正業堂藏板本，内容缺《補遺》。

書眉行間偶有墨筆校語。函套内粘“HOOVER INSTITUTION on War, Revolution, and Peace FOUNDED BY HERBERT HOOVER, 1919 Acquired Through the East Asian Research Committee”藏書票。今藏斯坦福大學東亞圖書館。

著録：

《四川大學圖書館古籍善本書目》(陳力編纂，四川大學出版社，1992 年）尚友録二十二卷　明廖用賢輯　清張伯琮補輯　清康熙中刻修補印本

Title: Shang you lu: 22 juan

Author: Liao Yongxian bian zuan; Zhang Zongbo bu ji

Imprint:[China], 1666—1722

（馬月華）

097　分類字錦六十四卷目録一卷(子部/類書類)

清何焯等纂,清張廷玉等校勘,清康熙六十一年(1722)武英殿刻本,八函四十册,綫裝。半葉八行,行二十四字,小字雙行同,白口,單黑魚尾,四周雙邊,無直格。框高十八點七釐米,寬十二點四釐米。卷前有康熙六十一年《御製分類字錦序》(陳邦彦書)、校勘承纂分纂繕寫監造官員職名、目録。此書著者名據"承纂官"名。版心上鐫書名,中鐫卷次及小題,下鐫葉數。

何焯(1661—1722),字屺瞻,又字茶仙,人稱"義門先生",長洲(今江蘇蘇州)人。康熙四十一年(1702),經李光地推薦,入直南書房。次年,試禮部,未取,賜進士,改翰林院庶吉士,仍直南書房,入武英殿校書。期間因人誣陷入獄,後復校書武英殿。何焯學識淵博,精於古籍校勘考訂,爲清代考據學開風氣之人物。著有《義門先生集》、《義門題跋》、《義門讀書記》、《庚子消夏記校文》、《困學紀聞箋》等。《清史稿》列傳二百七十一有傳。

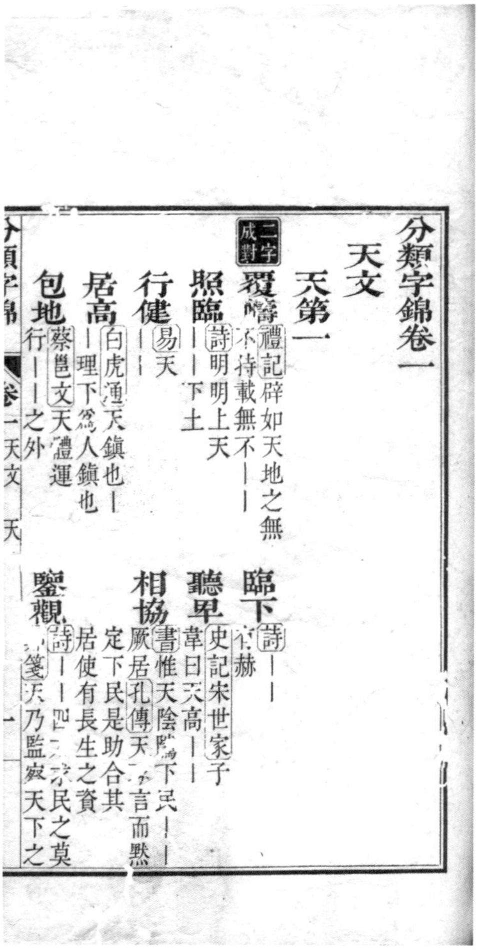

097　分類字錦

《分類字錦》爲何焯等奉康熙帝之命所編類書。全書共六十四卷,採集古書中麗詞雅語,供摘録詞章典故之用。依内容分天文、節令、地理、山水、帝后等四十門,門下又析爲六百一十八類,每類以二字、三字、四字爲次,各詳引原書,注於條下。遇有麗句可供文藻,而單詞不可駢連者,依字數附綴於末,謂之"備用"。

此書卷前列武英殿監造官名,武英殿爲清内府刻書機構。又據御製序署年,此本爲清康熙六十一年武英殿刻本。殿本刊刻行世之後,江蘇、廣東等地有翻刻。此本爲内府武英殿原刻本,品相完整,實可珍貴。

各册首葉蓋"HOOVER LIBRARY"墨戳,函套内粘"HOOVER INSTITUTION on War, Revolution, and Peace FOUNDED BY HERBERT HOOVER, 1919"藏書票。今藏斯坦福大學東亞圖書館。

著録：

《北京大學圖書館藏古籍善本書目》子部/類書類　分類字錦六十四卷　清何焯等輯清康熙六十一年内府刻本

Title：Fen lei zi jin：64 juan

Author：He Zhuo [et al.] zuan

Imprint：[China] Beijing：Wu ying dian，1722

（馬月華）

098　子史精華一百六十卷（子部/類書類）

清莊親王允禄、内閣學士吴襄等奉旨編修，清翻刻雍正武英殿本，四函四十八册，綫裝。半葉八行，行二十四字，小字雙行同，白口，單黑魚尾，四周雙邊，框高十七點九釐米，寬十二點五釐米。卷前附雍正五年(1727)《御製子史精華序》、監修校對總裁纂修監造諸臣職名、目録。版心上鐫書名，中鐫卷次、類目，下鐫葉次。

康熙末年頒旨輯先秦諸子並歷代子史二部事典、名言，録爲天、地、帝王、皇親、歲時、禮儀等凡三十部，復分二百八十子目。每目又輯諸歷代精要詞語爲題，附出處及註釋。此書自康熙六十年(1721)始編，至雍正五年(1727)告竣。雍正帝謂，學者無須歷"簡牘之繁"便可以此書"尋其緒"，並"有助於翰墨之富"。

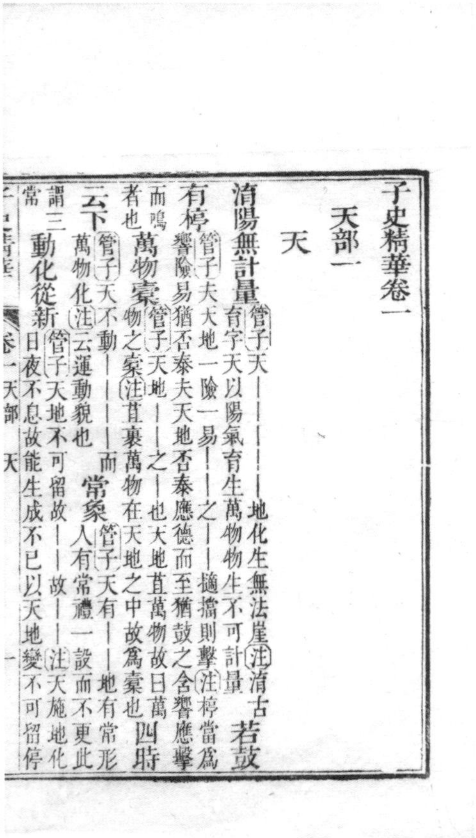
子史精華卷一
天部一
天
清陽無計量 管子天｜｜｜｜｜地化生無法崖注清古 育字天以陽氣育生萬物物生不可計量 若鼓
有椁 管子夫天地一險一易｜｜之｜擿擠則擊注椁當爲 響險易猶否泰夫天地否泰應德而至猶鼓之含響應擊
而鳴 者也 萬物橐 管子天地｜｜之｜也大地苴萬物故日萬 物之橐注苴裹萬物在天地之中故爲橐也 四時
云下 管子天不動｜｜｜｜而 萬物化注云運動貌也 常象 管子天有｜｜地有常形 人有常禮一設而不更此
謂三 常 動化從新 管子天地不可留故｜故｜｜注天施地化 日夜不息故能生成不已以天地變不可留停
子史精華　卷一　天部　天　一

098　子史精華

當年各省翻刻雍正武英殿刻本的本子頗多，此本早於常見的其他翻刻本，故置善本之列。

鈐"芸香精舍珍藏"白文方印、"子孫永保用之"朱文方印。函套内粘"THE HOOVER LIBRARY ON WAR，REVOLUTION，AND PEACE"藏書票，並蓋"HOOVER LIBRARY"墨戳。今藏斯坦福大學東亞圖書館。

Title：Zi shi jing hua：160 juan

Author: Yunlu [et al.] bian xiu
Imprint: [China], 1722—1735

（郭愷淳）

099　格致鏡原一百卷（子部/類書類）

清陳元龍撰，清刻本，四函二十四册，綫裝。半葉十一行，行二十一字，黑口，雙黑魚尾，左右雙邊。框高十六點九釐米，寬十一點四釐米。卷前有雍正乙卯（十三年，1735）陳元龍序、總目、丁酉（康熙五十六年，1717）陳元龍所作凡例及各卷子目。版心中鎸書名、卷次、類目及分類名，下鎸葉次。

陳元龍（1652—1736），字廣陵，號乾齋，海寧（今屬浙江）人。康熙二十四年（1685）榜眼，授翰林院編修，入直南書房。次年充日講起居注官。後歷任翰林院掌院學士、吏部侍郎、廣西巡撫、工部尚書、文淵閣大學士兼禮部尚書等職。著有《愛日堂文集》、《愛日堂詩集》，編《歷代賦彙》、《格致鏡原》等。《清史稿》列傳七十六有傳。

全書録乾象、坤輿、身體、冠服、宫室、樂器、草、木、鳥、獸等凡三十類。每類又下分若干名目。每載一物，輒列經史乃至"俗説野乘"之相關註釋，旁引博徵，極盡其詳。

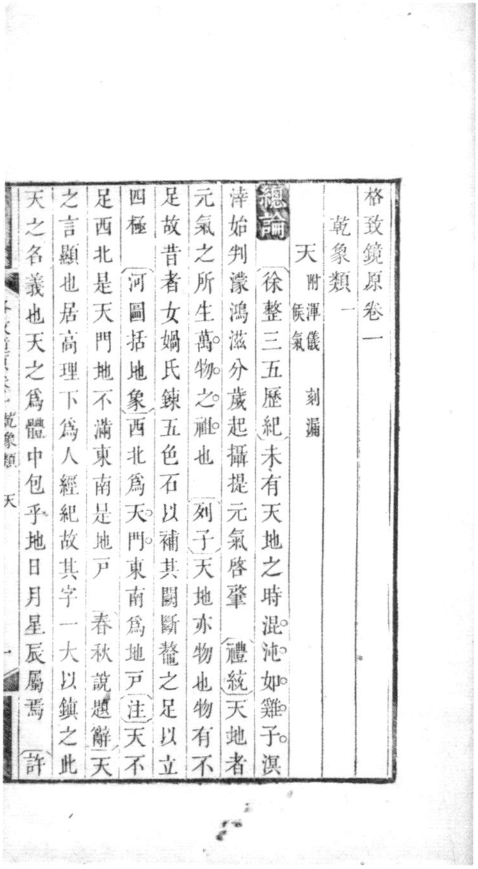
格致鏡原卷一
乾象類一
天 附渾儀 候氣 刻漏
總論 徐整三五歷紀未有天地之時混沌如雞子溟
涬始判鴻濛滋分歲起攝提元氣啓肇 禮統 天地者
元氣之所生萬物之祖也 列子 天地亦物也物有不
足故昔者女媧氏鍊五色石以補其闕斷鼇之足以立
四極 河圖括地象 西北爲天門東南爲地戸 注 天不
足西北是天門地不滿東南是地戸 春秋説題辭 天
之言顯也居高理下爲人經紀故其字一大以鎮之此
天之名義也天之爲體中包乎地日月星辰屬焉 許

099　格致鏡原

此書於康熙五十六年在廣東首次刊刻，但直至雍正十三年始有印本問世。《凡例》自稱，"旋被召入京，又出而撫粤，宦轍碌碌，鉛槧未遑。遽付梓人，殊慚荒陋也。"末署"丁酉臘月陳元龍自識"，則此書首刻於康熙五十六年撫粤之時。刻成之後，並未立即付印，又過十餘年至雍正乙卯始有印本問世。卷前陳氏雍正乙卯序稱："康熙甲申歲陳情歸養，……積爲百卷，題曰《格致鏡原》，藏其稿於家。又十年，撫粤，梨直、梓工頗廉，遂開雕。甫竣還朝，藏其板於家。又十餘年，蒙恩予告歸里，林泉多暇，取而覆閲之……因序之以問世。"

此本非陳氏原刻，而爲坊間翻刻本。"弘"字缺末筆，"琰"字不避，或爲乾隆之際翻刻。

函套内粘“THE HOOVER LIBRARY ON WAR, REVOLUTION, AND PEACE”藏書票，並蓋“HOOVER LIBRARY”墨戳。今藏斯坦福大學東亞圖書館。

Title：Ge zhi jing yuan：100 juan

Author：Chen Yuanlong zhuan

Imprint：[China]，1736—1795

（郭愷淳）

100　廣事類賦四十卷（子部/類書類）

9301 4547

清華希閔撰，清華希閎重訂，清乾隆五十九年（1794）華氏劍光閣刻本，一函八册，綫裝。半葉十一行，行二十字，小字雙行同，細黑口，單黑魚尾，左右雙邊。框高十八點一釐米，寬十四釐米。内封題“乾隆甲寅新鐫/重訂廣事類賦/劍光閣藏板”。卷前有清乾隆二十九年（1764）華希閎撰《重訂廣事類賦序》、康熙三十八年（1699）華希閔撰《廣事類賦序》、目録。首卷卷端題名下題“錫山華希閔芋園著　同學鄒升恒慎齋參/胞弟希閎蕡囿重訂”。版心上鐫字數，中鐫書名卷數及小目，下鐫葉次。

華希閔（1672—1751），字芋園，一字豫原，室名劍光閣，錫山（今屬江蘇無錫）人。康熙五十九年（1720）舉人，官涇縣教諭。篤嗜古學，亦善詩文。著有《延緑閣集》、《學詩隨筆》、《無錫縣誌》等。《清史列傳》卷六十七有傳。胞弟華希閎，字蕡囿。

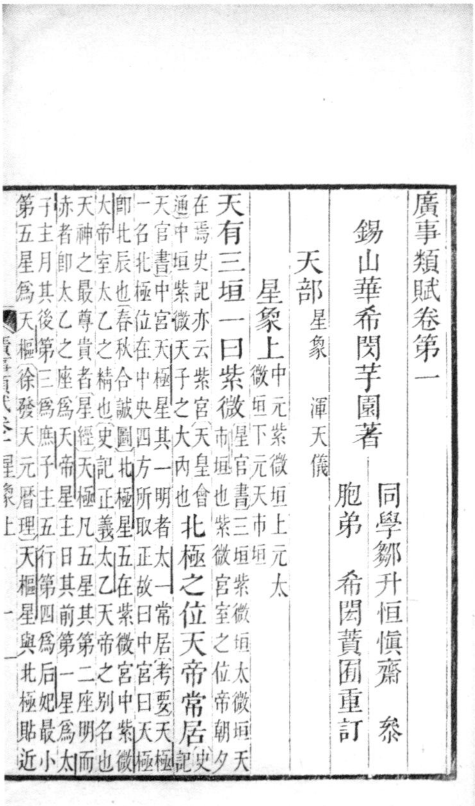
廣事類賦卷第一
錫山華希閔芋園著　同學鄒升恒愼齋　叅
胞弟　希閎蕡囿重訂
天部　星象　渾天儀
星象上　中元紫微垣上元太微垣下元天市垣
天有三垣一曰紫微　星官書三垣紫微垣太微垣天市垣也紫微宮室之位帝朝夕
在焉史記亦云紫宮天皇會通中垣紫微天子之大內也　北極之位天帝常居　史記
天官書中宮天極星其一明者太一常居考要天極一名北極位在中央四方所取正故曰中宮曰天極
即北辰也春秋合誠圖北極星五在紫微宮中紫微大帝室太乙之精也史記正義太乙天帝之別名也
天神之最尊貴者星經天極凡五星其第二座明而赤者即太乙之座爲天帝星主日其前第一星爲太
子主月其後第三爲庶子主五行第四爲后妃最小第五星爲天樞徐發天元曆理天樞星與北極貼近
廣事類賦卷一　星象上　一

100　廣事類賦

《廣事類賦》爲續宋吴淑《事類賦》而作。《事類賦》形式特殊，爲以賦之形式所撰類書，《廣事類賦》沿襲這一特點。此書分天文、歲時、帝王、職官、仕進、禮樂等二十七部，各部下又分子目，每一子目即是一篇賦。賦中各句下撰有自注。

此本内封題“乾隆甲寅新鐫/劍光閣藏板”，書中“弘”字缺末筆，“顒”、“琰”皆不避，爲乾隆五十九年華氏劍光閣刻本。無錫華氏劍光閣在康熙、乾隆、嘉慶間多次刊刻《事類賦》與《廣事類賦》。其中，清康熙三十八年刻本行款爲半葉十二行，行二十字。乾隆二十九年劍光閣重新鏤板刻梓，華希閔乾隆二十九年序指出："余六世祖都事公向有宋吴博士《事類賦》之刻，先君子命兄希閔增廣，凡四十卷，合而刻之，距今四十餘載。行世已久，字跡漫漶，各書賈翻刻不一，但以射利爲心，不復以校讎爲事，亥豕魯魚，一葉之中多至數十餘字。……壬午春，課孫之餘，因取前刻與引用諸書，一一校勘，兩歷寒暑。……爰精心繕寫，命工重梓，用以承父兄嘉惠後學之志云。乾隆二十九年中秋日賁園華希閎。"這次刻本行款改爲半葉十一行，行二十字。又，北京大學圖書館藏有一部嘉慶四年(1799)劍光閣刻本《廣事類賦》，内封題"嘉慶四年新鐫/重訂廣事類賦/劍光閣藏板"，與以上諸本皆不同版。

此本行間有朱筆圈點句讀，書眉偶有朱筆或墨筆題字，函套内粘"THE HOOVER LIBRARY ACQUIRED THROUGH THE STANFORD UNIVERSITY LIBRARIES"藏書票。今藏斯坦福大學東亞圖書館。

著録：

《經手録》(黄天禄編著，重慶大學出版社，1997年)廣事類賦四十卷　清華希閔撰　清華希閎重訂　清乾隆五十九年劍光閣刻本

Title: Guang shi lei fu: 40 juan

Author: Hua Ximin zhuan; Hua Xihong chong ding

Imprint: [China]Wuxi: Hua shi Jian guang ge, 1794

(馬月華)

101　大寶積經第一百一十九卷(子部/釋家類)

M1690

唐菩提流志譯，宋元豐三年至政和二年(1080—1112)刻福州東禪寺等覺禪院刻《崇寧萬壽大藏》本，南宋修版，經摺裝。每版三十六行，各版摺爲六開，每開六行，行十七字，共十四版。框高二十四點八釐米，紙高三十點三釐米。卷端題"大寶積經卷第一百一十九"，卷尾題"大寶積經卷第一百十九"。卷端下題"大唐三藏菩提流志奉詔譯"一行。各開之間中縫上方多鐫"字"字(千字文編號)，次題"一百一十九卷"或"九卷"，下鐫版次，或有刻工名，如"蔡仁"、"保"、"升"、"才"、"戊子榮"、"浚"、"方"、"文"、"庚"等。第一版第二開末行後小字題"泉州陳晉接返薦亡室孺人葉氏捨四片"，第八版第三、第四開中縫下小字題"廣東運使寺正曾噩捨"，第九版第一、二開中縫下小字題"福建路安撫趙大卿俸資捨刊换"，第十版第一、二開中縫下小字題"汀州判官史伯屋捨"，第十四版第三、四開中縫下小字題"廣東運使寺正曾噩捨"。

菩提流志(？—727，《宋高僧傳》言其享年一百五十六歲)，南天竺國(今印度)人，

净行婆羅門種姓迦葉氏。年十二就外道出家,精通曆數、咒術、陰陽、讖緯。年近六十,方知外法之乖違,皈依佛教。跟隨耶舍瞿沙三藏學習佛教經論,後遊歷天竺各地。唐高宗時遣使前往印度迎請,武則天主政時到達洛陽。在洛陽佛授記寺譯《佛境界》、《寶雨經》、《華嚴經》等經十一部,後又在長安崇福寺編譯《大寶積經》等。其中《大寶積經》的編譯最負盛名。《宋高僧傳》卷三有傳。

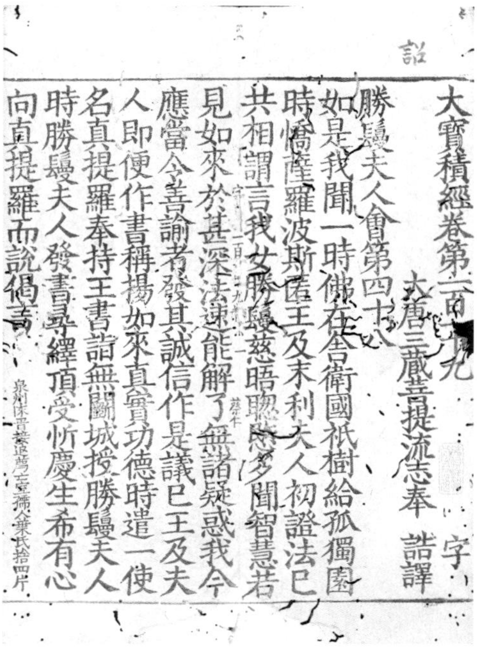
大寶積經卷第一百一十九　字
大唐三藏菩提流志奉　詔譯
勝鬘夫人會第四十八
如是我聞一時佛在舍衛國祇樹給孤獨園
時憍薩羅波斯匿王及末利夫人初證法已
共相謂言我女勝鬘慈晤聰愍多聞智慧若
見如來於甚深法速能解了無諸疑惑我今
應當令善諭者發其誠信作是議已王及夫
人即便作書稱揚如來真實功德時遣一使
名真提羅奉持王書詣無鬭城授勝鬘夫人
時勝鬘夫人發書尋繹頂受忻慶生希有心
向真提羅而說偈言

101　大寶積經

此本爲宋刻《崇寧藏》本。《崇寧藏》刊雕於福州東禪寺等覺禪院,又稱《崇寧萬壽大藏》,爲中國南方系大藏經第一部。據各經卷前題記,其開雕約始於北宋元豐三年(1080),至崇寧二年(1103)大部分刻成進獻朝廷,因名"崇寧藏",北宋政和二年(1112)全部刻成。南宋乾道間又有續刻收編。直至元代中期,《崇寧藏》的板片在刷印過程中不斷經過修版補刻。

由版式看,斯坦福本每版三十六行,行十七字,爲《崇寧藏》、《毗盧藏》主要版式。由刻工看,此本刻工"才"、"文"、"方"、"保"等多見於《崇寧藏》其他經卷。由捐資人看,此本中縫下小字所題之"泉州陳晉"、"廣東運使寺正曾噩"、"福建路安撫趙大卿"、"汀州判官史伯垕"等皆爲福建人。其中,"廣東運使寺正曾噩"頗值注意,南宋補版《崇寧藏》中"曾噩"的題記有不少,如《首楞嚴經義海》卷第二十七卷尾題記:"朝議大夫廣南東路轉運判官曾噩,敬施俸資,就東禪大藏經板内,揀出朽蠹漫滅有妨看誦者,重加刊換,永久流通。寶慶貳年丙戌四月日謹題。監修沙門元彰、師洸、有輝,住持沙門祖洪。"(轉引自李際寧《佛經版本》第75葉,江蘇古籍出版社,2002年)"寶慶貳年"當公元1226年。北京大學圖書館藏《崇寧藏》本《大般涅盤經》殘卷中縫小字亦題有"廣東運使寺正曾噩捨",與斯坦福本同。考曾噩其人,《(淳熙)三山志》卷三十一載:"曾噩,字子肅,閩縣人,植之子,終大理寺正廣東漕。"清陸心源《宋史翼》卷二十二有曾噩傳,載其生平事跡,言其於寶慶二年去世。寶慶元年(1225),曾噩任廣南東路轉運判官時,曾重刻蜀人郭知達所編《九家集注杜詩》三十六卷。曾噩捐資修補《大寶積經》此卷時其職銜爲"廣東運使寺正",時間蓋亦在寶慶元年前後。

《崇寧藏》在中國國内保存下來的極少,僅有殘卷存於幾個大圖書館和少數寺院。日本有收藏比較完整的《崇寧藏》者,如宫内廳書陵部、横濱金澤文庫、京都東寺等,多用《毗盧藏》補配，其中《大寶積經》未見，亦不知詳情。中國所藏《崇寧藏》本《大寶積經》所知唯遼寧省圖書館藏卷六十八一卷(《第二批國家珍貴古籍名録》02937 號)，斯坦福本爲《崇寧藏》本《大寶積經》又添一卷。

此本紙張厚而堅韌，經過染潢，爲《崇寧藏》習見紙張。卷端下方鈐“讀精堂珎藏”朱文印。爲 Gunst collection 專藏之一，今藏斯坦福大學圖書館特藏部。

Title：Da bao ji jing，No. 119 juan

Author：Pu ti liu zhi yi

Imprint：[China] Fuzhou，1080—1112

（馬月華）

102　性命雙修萬神圭旨四卷(子部/道家類)

1920.9 1532

作者不詳，清康熙八年(1669)錢羽振刻本，一函四册，綫裝。半葉十一行十八字，或十行十八字，白口，無直格，無版框界欄。以字畫上高爲限，高二十一點四釐米，寬二十點九釐米。全書分元、亨、利、貞四卷，有插圖。卷前有鄒元標《題尹真人性命圭旨全書》、《性命雙修萬神圭旨元集目録》、萬曆乙卯(四十三年，1615)佘永寧《刻性命圭旨緣起》。此書書名據目録題名。

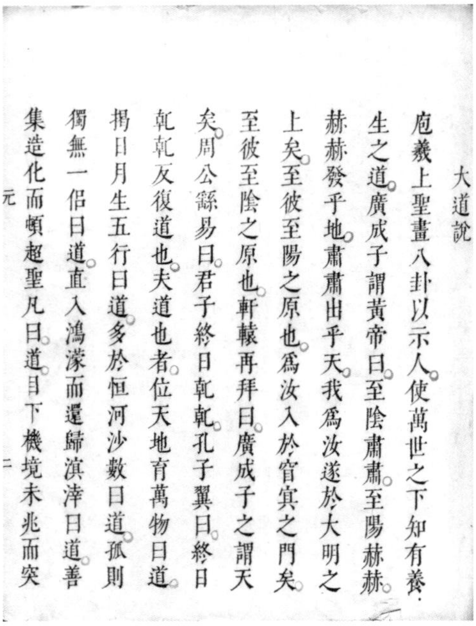
大道説
庖羲上聖畫八卦以示人使萬世之下知有養
生之道廣成子謂黄帝曰至陰肅肅至陽赫赫
赫赫發乎地肅肅出乎天我爲汝遂於大明之
上矣至彼至陽之原也爲汝入於窅冥之門矣
至彼至陰之原也軒轅再拜曰廣成子之謂天
矣周公繇易曰君子終日乾乾孔子翼曰終日
乾乾反復道也夫道也者位天地育萬物曰道
揭日月生五行曰道多於恒河沙數曰道孤則
獨無一侶曰道直入鴻濛而還歸濵涬曰道善
集造化而頓超聖凡曰道目下機境未兆而突
元　二

102　性命雙修萬神圭旨

《性命雙修萬神圭旨》簡稱《性命圭旨》，一般認爲成書於明代中期。卷前佘永寧《刻性命圭旨緣起》言“是書出尹真人高弟子手筆”，《明史・艺文志》著録爲“尹真人《性命圭旨》四卷”，蓋出於某道人手。該書主要講述道家煉氣導引之術，每種導引法配一圖，共有插圖五十餘幅。雖爲道教論著，但書中已糅合儒、釋之旨，如書中既有道教的“飛升圖”，又有儒學的“太極圖”和佛教的“觀音密咒圖”。書中插圖版刻精美，向爲人所稱道。

據《中國古籍善本書目》載，該書現存最早刻本爲明萬曆四十三年吴之鶴刻本，北京大學圖書館即藏有一部，卷前有鄒元標序、佘永寧序及萬曆四十三年吴之鶴《跋性命雙修萬神圭旨後》。

北京大學圖書館另藏有一部清康熙刻本，卷前除鄒元標和佘永寧序外，又有康熙己酉(八年)尤侗序(缺首半葉)、康熙上章閹茂(庚戌,九年,1670)李樸序,斯坦福本與此康熙本同版,但刷印之年要早於北大藏本。尤侗序述及此本刊刻經過:"《性命圭旨》……向來行本絶少,殷君惟一藏弆有年。曹子若濟見而悦之,攜示周子興閑,欣然共賞。重授剞劂,則錢子羽振董其成焉。"(北大本此半葉缺,據中國國家圖書館藏本142016補)據此序,主持刊刻者爲錢羽振,且康熙八年此書似已刻成,康熙九年之李樸序爲後加刻。書中"玄"字多缺末筆,偶亦有不缺者。此本與萬曆吴之鶴刻本有不同,如元集第一圖"三聖圖"吴之鶴刻本繪儒釋道三教教主孔子、老子和釋迦摩尼的坐像,坐像上方各題贊詩,圖之兩邊爲對聯,而康熙刻本除兩邊之對聯外,中間部分僅畫一圓,無三聖坐像亦無贊詩。

此本刷印精美,字畫清晰,墨色烏黑,爲康熙刻本之較早印本。函套書籤題:"性命圭旨儀仲購弆",首册書衣墨筆題:"光緒庚子儀仲購藏"。書中有朱墨筆句讀及圈點批校。鈐"小紅鵝館"朱文印、"姚氏收藏"白文印。函套内粘"Gift of C. D. Tenney"藏書票,上有鉛筆注題"Transferred to Hoover",以及"THE HOOVER LIBRARY ACQUIRED THROUGH THE STANFORD UNIVERSITY LIBRARIES"藏書票。今藏斯坦福大學東亞圖書館。

著録:

《北京大學圖書館藏古籍善本書目》子部/道家類　性命雙脩萬神圭旨四卷　題尹真人弟子撰　清康熙刻本

《美國哈佛大學哈佛燕京圖書館藏中文善本書志》1813 性命雙脩萬神圭旨四卷　清康熙刻本

Title: Xin ming shuang xiu wan shen gui zhi: 4 juan

Author: Anonymous

Imprint:[China] Qian Yuzhen, 1669

(馬月華)

集　部

103　李商隱詩集三卷(集部/唐別集類)

5318 4070

唐李商隱撰,清康熙席氏琴川書屋刻《唐詩百名家全集》本,三册合訂,西式裝。半葉十行,行十八字,白口,單黑魚尾,左右雙邊。框高十七點四釐米,寬十三點四釐米。卷首有目録,分上中下三卷。版心中鐫“義山詩”及卷次,下鐫葉次。

李商隱(813—858),字義山,號玉溪生、樊南生,懷州(今屬河南)人。唐文宗開成三年(847)進士及第。曾任弘農尉、佐幕府、東川節度使判官等職。一生在牛、李兩黨争鬥的夾縫中求生存,鬱鬱不得志。其詩成就很高,爲晚唐代表詩人。《舊唐書》卷一百九十、《新唐書》卷二百三有傳。

李商隱詩集由北宋人陸續搜求編次而成,有《李義山詩》、《李商隱詩集》、《李義山集》、《玉谿生詩》等不同的名稱,反映出不同的版本系統。

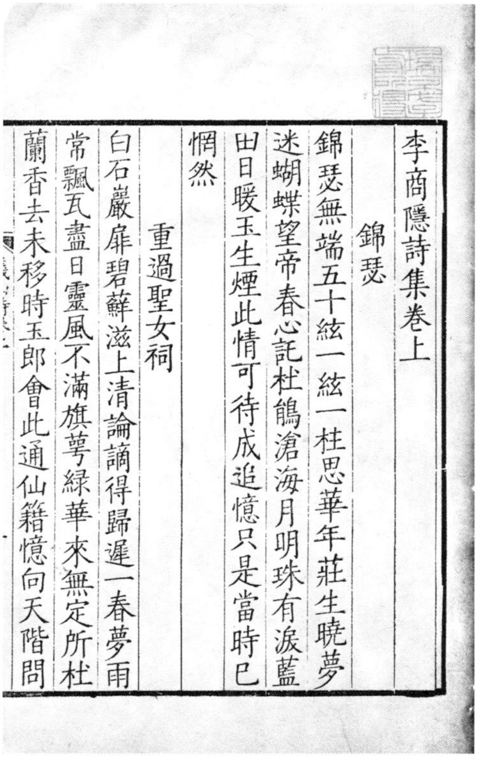
李商隱詩集卷上
錦瑟
錦瑟無端五十絃一絃一柱思華年莊生曉夢迷蝴蝶望帝春心託杜鵑滄海月明珠有淚藍田日暖玉生煙此情可待成追憶只是當時已惘然
重過聖女祠
白石巖扉碧蘚滋上清淪謫得歸遲一春夢雨常飄瓦盡日靈風不滿旗萼綠華來無定所杜蘭香去未移時玉郎會此通仙籍憶向天階問

103　李商隱詩集

此本爲康熙間席氏琴川書屋刻《唐詩百名家全集》零種。席氏刻此集,“百餘家皆系宋人原本,一一校讎而付之梓”(卷首葉燮序),席氏對該書有校勘。

鈐“瑞京戊子前所得”朱文印、“張瑞京”白文印等。函套内粘“HOOVER INSTITUTION on War, Revolution, and Peace FOUNDED BY HERBERT HOOVER, 1919”藏書票。今藏斯坦福大學東亞圖書館。

著録:

《中國古籍善本書目》集部/總集類 16487 唐詩百名家全集三百二十六卷　清席啟寓編　清康熙席氏琴川書屋自刻本(其中包括李商隱詩集三卷)

《北京大學圖書館藏古籍善本書目》集部/總集類　唐詩百名家全集(存九十九種)

清席啟寓輯　清康熙琴川書屋刻本(其中包括李商隱詩集三卷)

Title: Li Shangyin shi ji: 3 juan

Author: Li Shangyin zhuan

Imprint: [China]: Xi shi Qin chuan shu wu, 1662—1722

(馬月華)

104　伊川擊壤集二十卷(集部/宋別集類)

9112 1201.1

宋邵雍撰,明末刻本,一函八册,綫裝。半葉十行,行二十字,上白口,下黑口,無魚尾,四周雙邊。框高二十點八釐米,寬十四點八釐米。卷前有宋治平丙午(三年,1066)序、目録。卷端下題"伊川邵雍堯夫"。版心上方爲白框,版心中爲一長框,内鐫"擊壤集"及卷次、葉數,版心下方爲墨釘。

邵雍(1011—1077),字堯夫,自號安樂先生、伊川翁,謚康節,後人稱百源先生。其先范陽(今河北涿縣)人,後遷居共城(今河南輝縣)。一生未仕,以操行學識聞於世。邵雍爲宋代理學代表人物,程頤、程顥均受其影響。晚年絶意世事,潛心研究易數。著有《皇極經世》、《擊壤集》等。《宋史》卷四百二十七有傳。

《伊川擊壤集》爲邵雍自編詩集。其詩不拘聲律,不事雕琢,風格平實。

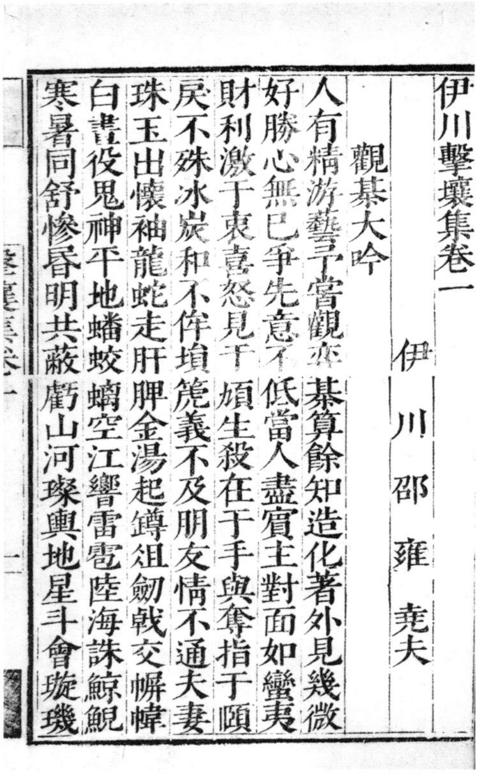
伊川擊壤集卷一
伊川邵雍堯夫
觀棊大吟
人有精游藝予嘗觀弈棊算餘知造化著外見幾微
好勝心無已爭先意不低當人盡賓主對面如蠻夷
財利激于衷喜怒見于頰生殺在于手與奪指于頤
戾不殊冰炭和不侔塤篪義不及朋友情不通夫妻
珠玉出懷袖龍蛇走肝脾金湯起罇俎劒戟交幈幃
白晝役鬼神平地蟠蛟螭空江響雷雹陸海誅鯨鯢
寒暑同舒慘昏明共蔽虧山河纍輿地星斗會璇璣

104　伊川擊壤集

此本似即《中國古籍善本書目》著録之"明末文靖書院刻本"。中國國家圖書館藏有一部同版書,内封題"邵康節先生著/擊壤集/文靖書院藏板"(索書號 90859),印年晚於斯坦福本。

該本字體與明末汲古閣本十分相似,國圖另藏有一部同版書,傅增湘先生校並跋,傅先生將其定爲明末毛氏汲古閣刻本(國圖索書號 00339)。

鈐"江風海濤之廔"白文印。函套内粘"HOOVER INSITITUTION on War, Revolution, and Peace FOUNDED BY HERBERT HOOVER, 1919"藏書票,各册書

衣鈐“BERKELEY LIBRARY UNIVERSITY OF CALIFORNIA”戳印，首葉蓋“HOOVER LIBRARY”墨戳。今藏斯坦福大學東亞圖書館。

著録：

《中國古籍善本書目》集部/宋別集類 2623 伊川擊壤集二十卷　宋邵雍撰　明末文靖書院刻本

《北京大學圖書館藏古籍善本書目》集部/別集類　伊川擊壤集二十卷　宋邵雍撰　明刻本

《柏克萊加州大學東亞圖書館中文古籍善本書志》585 伊川擊壤集二十卷　宋邵雍撰　明末文靖書院刻本

《美國哈佛大學哈佛燕京圖書館藏中文善本書志》1917 伊川擊壤集二十卷　宋邵雍撰　明末文靖書院刻本

Title：Yichuan ji rang ji：20 juan

Author：Shao Yong zhuan

Imprint：[China]，1573—1644

（馬月華）

105　淮海集四十卷淮海後集六卷淮海長短句三卷(集部/宋別集類)

5348 3132

宋秦觀撰，明李之藻等校，明萬曆四十六年(1618)李之藻刻本，一函五册，綫裝。半葉九行，行二十一字，白口，單黑魚尾，左右雙邊。框高二十一點四釐米，寬十四點一釐米。《淮海集》卷前有嘉靖己亥(十八年，1539)張綖《秦少游先生淮海集序》、嘉靖乙巳(二十四年，1545)盛儀《重刻淮海集序》、王應元《郡志本傳》、秦觀《淮海閒居文集自敘》及與秦觀相關之應答書等、《淮海集目録總類》，各卷又分别有本卷詳目。《淮海後集》卷前有嘉靖乙巳(二十四年)張繪《重刻淮海文集後序》，及《後集》、《長短句》目録。首卷卷端下題“宋高郵秦觀少游撰/明仁和李之藻振之校”二行。除李之藻外，各卷校者又有王廷俊、王應元、陳有典等。版心上鐫書名，中鐫卷次葉數，下鐫刻工名及字數，刻工如“周孟旭”、“楊大”、“陳二”、“李仁”等。

秦觀(1049—1100)，字少游，一字太虚，號淮海居士，高郵(今屬江蘇)人。元豐八年(1085)進士，歷任定海主簿、蔡州教授、秘書省正字兼國史院編修官等職。少從蘇軾游，爲“蘇門四學士”之一。詩、文、詞皆有很高造詣，其作品主要集中在《淮海集》一書。《宋史》卷四百四十四有傳。

此本爲萬曆四十六年李之藻刻本，惟卷前缺萬曆兩序。北京大學圖書館藏有一部同版書，卷前有萬曆戊午(四十六年)姚鏞《重刻秦少游淮海集序》及萬曆戊午李之藻《重刻淮海集序》，姚鏞序指出：“水部李公執文壇牛耳，擅千秋之譽，取《淮海集》刻之署中。不佞行部維揚，相與道平生，歎以序見。”李之藻序謂：“余所爲三復遺文，重爲讎校。”可見李之藻刻本經過校讎，爲薈萃諸本之長而成。

鈐“令延河藏書”朱文印、“静觀亭圖書”朱文印等，函套内粘“HOOVER INSTITUTION on War，Revolution，and Peace FOUNDED BY HERBERT HOOVER，1919 Acquired Through the East Asian Research Committee”藏書票。今藏斯坦福大學東亞圖書館。

著録：

《中國古籍善本書目》集部/宋別集類 3145 淮海集四十卷後集六卷長短句三卷　宋秦觀撰　明萬曆四十六年李之藻刻本

《北京大學圖書館藏古籍善本書目》集部/宋別集類　淮海集四十卷後集六卷長短句三卷　宋秦觀撰　明萬曆四十六年仁和李之藻重刻本

Title：Huaihai ji：40 juan；Huaihai hou ji：6 juan；Huaihai chang duan ju：3 juan

Author：Qin Guan zhuan；Li Zhizao jiao

Imprint：[China]：Li Zhizao，1618

（馬月華）

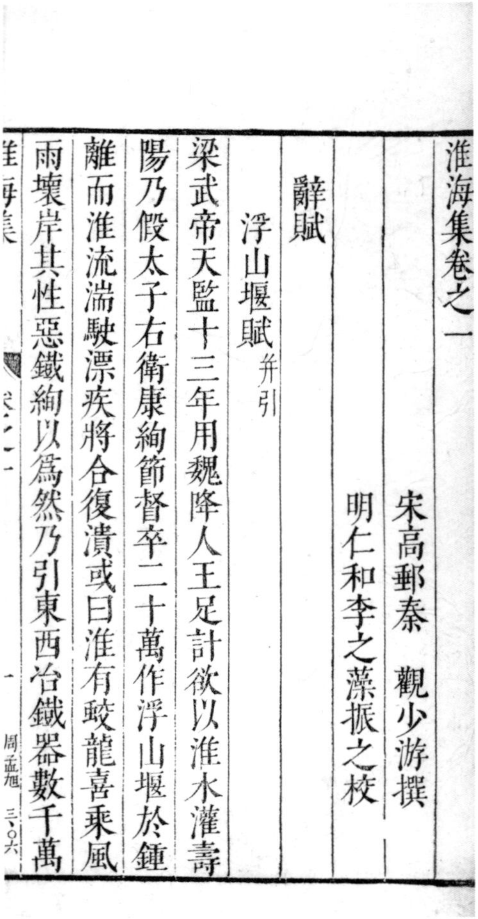
淮海集卷之一
宋高郵秦　觀少游撰
明仁和李之藻振之校
辭賦
浮山堰賦并引
梁武帝天監十三年用魏降人王足計欲以淮水灌壽
陽乃假太子右衛康絢節督卒二十萬作浮山堰於鍾
離而淮流湍駛漂疾將合復潰或曰淮有蛟龍喜乘風
雨壞岸其性惡鐵絢以爲然乃引東西冶鐵器數千萬

105　淮海集

106　施註蘇詩四十二卷總目二卷續補遺二卷東坡先生年譜一卷王註正譌一卷（集部/宋別集類）

5345 0040

宋施元之、顧禧注，宋施宿補注，清宋犖等閱定，清顧嗣立、邵長蘅、宋至等删補。所附《蘇詩續補遺》二卷，清馮景補注；《東坡先生年譜》一卷，宋王宗稷編，清邵長蘅重訂；《王註正譌》一卷，清邵長蘅撰。清刻本，二函十二册，綫裝。半葉十行，行二十一字，小字雙行三十一字，上下黑口，單黑魚尾，四周單邊。框高十八點五釐米，寬十四點二釐米。内封題“施註蘇詩”。卷前有康熙己卯（三十八年，1699）宋犖序、康熙己卯邵長蘅《題舊本施註蘇詩》、康熙庚辰（三十九年，1700）張榕端序、邵長蘅纂《註蘇例言》十二則、《註蘇姓氏》、《宋史本傳》、總目二卷、王宗稷《東坡先生年譜》一卷、《王註正譌》、蘇轍撰《東坡先生墓誌銘》、《東坡先生笠屐圖》一幅、《宋孝宗贈蘇文忠公太師敕》、《宋孝宗御製文忠蘇軾文集贊並序》等。卷端下題"漫堂先生宋犖/檏園先生張榕端閱定　長洲顧嗣立/毗陵邵長蘅/商丘宋至刪補"，版心中鐫書名、卷數及葉次。

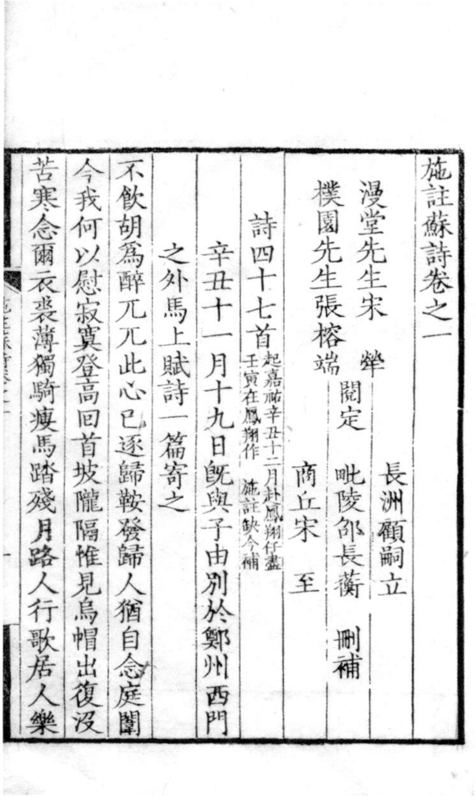
施註蘇詩卷之一
漫堂先生宋　犖　閱定　長洲顧嗣立
檏園先生張榕端　　毗陵邵長蘅　刪補
商丘宋　至
詩四十七首起嘉祐辛丑十二月赴鳳翔任盡壬寅在鳳翔作　施註缺今補
辛丑十一月十九日旣與子由別於鄭州西門之外馬上賦詩一篇寄之
不飲胡爲醉兀兀此心已逐歸鞍發歸人猶自念庭闈今我何以慰寂寞登高回首坡隴隔惟見烏帽出復沒苦寒念爾衣裘薄獨騎瘦馬踏殘月路人行歌居人樂

106　施註蘇詩

南宋寧宗時，施宿任淮東倉曹，補注並刊刻了其父施元之與顧禧所作的蘇軾詩編年體注本《注東坡先生詩》四十二卷（施元之父子及顧禧的生平介紹詳見邵長蘅《註蘇姓氏》）。其後施宿陷於黨争，該書遭禁毁，流傳很少，亦無翻刻重印。清初，宋犖仰慕蘇軾才名，致力搜求是書，終於從毛氏汲古閣得宋刊殘本三十卷。宋犖序述及其中經過："公詩故有吴興施氏元之註四十二卷，元之子宿推廣爲年譜而陸放翁序之，宋嘉泰間鏤版行世。其後罕流傳，予常求之，數十年莫能得。及撫吴，又數數購求，始得此本於江南藏書家，第闕者十二卷，乃屬毗陵邵長蘅子湘訂補，且爲之芟複正譌，而佐之以吴郡顧嗣立俠君洎兒子至。其續補遺詩四百餘首，采摭施本所未備，别爲二卷，則以屬錢塘馮景山公爲之註。"宋犖，生平介紹見本書志所收《西陂類稿》。

在宋犖主持下，邵長蘅等學者不僅對宋刊殘本三十卷中的施顧注文進行删補校訂，又輯補注釋了殘本所闕的十二卷。邵長蘅在《注蘇例言》中指出："發凡起例，商丘公實總其成。其間綴殘葺舊，則顧子俠君嗣立經其始，校疑訂僞，則宋子山言至襄其終。至於補者補、删者删，長蘅於此不無小補。所媿聞見淺尠，時日趣迫，寧免誤漏，請俟後賢。是冬長蘅適以病歸里，末帙闕註四卷（三十五、三十六、三十九、四十），則屬高郵李子百藥必恒代箋，勞不可没也，乃附著之。"此外，宋犖又輯得施顧注本未收之佚詩四百餘首，編爲《蘇詩續補遺》二卷，由馮景作注。

康熙三十八年此書編纂完成後宋氏將其刊刻行世，即康熙商丘宋氏刻本，出版之後，在當時引起了很大反響，翻刻本衆多，此本即翻刻本之一。由諱字看，此本避"胤"

字，不避“弘”、“顒”、“琰”、“寧”等字，或爲雍正間翻刻本。

各册首葉多鈐“永井氏家藏記”朱文印。函套内粘“THE HOOVER LIBRARY ACQUIRED THROUGH THE STANFORD UNIVERSITY LIBRARIES”藏書票。今藏斯坦福大學東亞圖書館。

Title：Shi zhu Su shi：42 juan；zong mu：2 juan

Author：Shi Yuanzhi and Gu Xi zhu；Shi Su bu zhu；Song Luo [et al.] yue ding；Gu Sili [et al.] shan bu

Title：Su shi xu bu yi：2 juan

Author：Feng Jing bu zhu

Title：Dong po xian sheng nian pu：1 juan

Author：Wang Zongji bian

Title：Wang zhu zheng e：1 juan

Author：Shao Changheng zhuan

Imprint：[China]，1700—1820

（馬月華）

107 金淵集六卷（集部/元別集類）

元仇遠撰，清乾隆浙江省翻刻《武英殿聚珍版叢書》本，一函四册，綫裝。半葉九行，行二十一字，白口，單黑魚尾，左右雙邊。框高十二點六釐米，寬九點九釐米。卷前有乾隆乙未（四十年，1775）《御製題仇遠金淵集》、目録，目録首行下題“武英殿聚珍版原本”一行，後附乾隆四十年四庫館臣提要。卷端下題“元仇遠撰”一行。版心上鐫書名，中鐫卷次，下鐫葉數。

仇遠（1247—1326），字仁近，一字仁父，號近村、山村民，錢塘（今屬浙江）人。至元中爲溧陽州儒學教授，後任將仕郎、杭州路總管府知事，罷歸後優遊湖山以終。宋末即以詩名，與白珽並稱“仇白”。入元，爲南方詩壇重要詩人，常與趙孟頫、鮮于樞等名士唱和，作品格調高雅。所著有詩集《金淵集》等，詞集《無弦琴譜》，筆記小説《稗史》等等。《（乾隆）浙江通志》卷一七八、清曾廉撰《元書》卷八十九有傳。

《金淵集》爲仇遠官溧陽時所作。原集已佚，此爲清儒臣從《永樂大典》中輯出，包括四言古詩、五言古詩、七言古詩、五言律詩、七言律詩、五言絶句、七言絶句等各體。乾隆時收入《武英殿聚珍版叢書》，爲木活字印本。因武英殿本印數不多，乾隆命頒發東南五省，翻刻通行。關於“武英殿聚珍版叢書”的詳情，可參見本書志所收《江南省翻刻武英殿聚珍版叢書》。此本卷末雖無浙江省官員《恭紀》，但由其巾箱本形制及左右雙邊的版式可知爲浙江省翻刻本。

此本函套内粘“THE HOOVER LIBRARY ACQUIRED THROUGH THE STANFORD UNIVERSITY LIBRARIES”藏書票，並蓋“HOOVER LIBRARY”墨戳。今藏斯坦福大學東亞圖書館。

著録：

《中國叢書綜録》清乾隆中浙江重刊本武英殿聚珍版書　計三十九種二百八十六卷(包括金淵集六卷)

Title：Jin yuan ji：6 juan

Author：Qiu Yuan zhuan

Imprint：[China] Zhejiang，1775—1795

（馬月華）

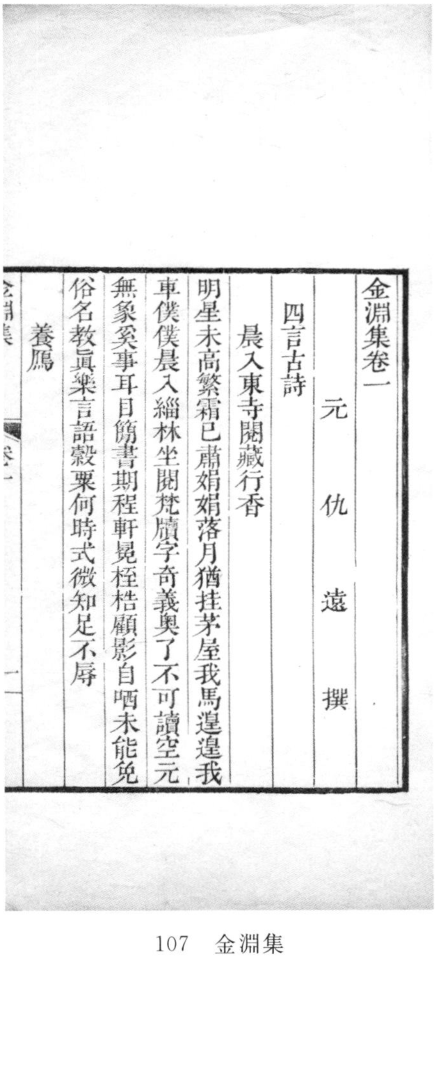

金淵集卷一
元　仇遠　撰
四言古詩
晨入東寺閱藏行香
明星未高繁霜已肅娟娟落月猶挂茅屋我馬遑遑我車僕僕晨入緇林坐閱梵牘字奇義奥了不可讀空元無象奚事耳目觴書期程軒冕桎梏顧影自哂未能免俗名教眞樂言語穀粟何時式微知足不辱
養鴈

107　金淵集

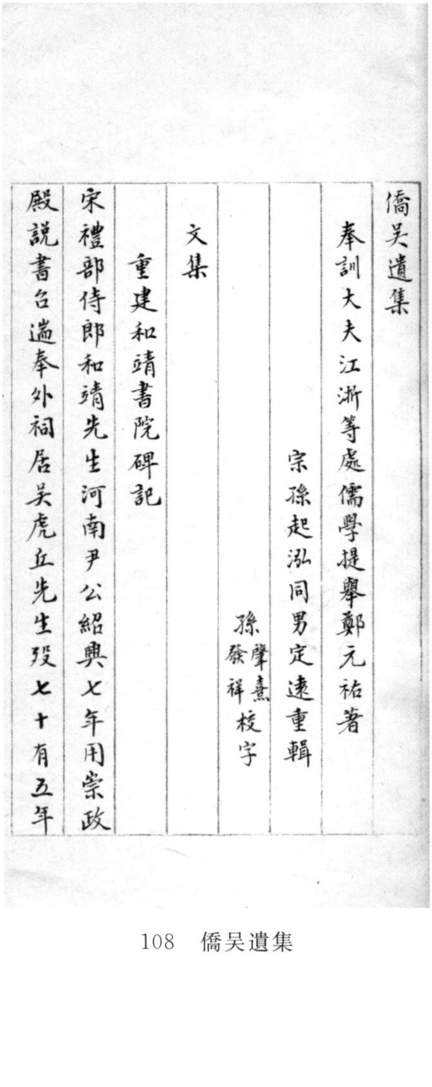

僑吴遺集
奉訓大夫江浙等處儒學提舉鄭元祐著
宗孫起泓同男定遠重輯
孫肇熹發祥校字
文集
重建和靖書院碑記
宋禮部侍郎和靖先生河南尹公紹興七年用崇政殿説書召還奉外祠居吴虎丘先生歿七十有五年

108　僑吴遺集

108　僑吴遺集不分卷(集部/元别集類)

元鄭元祐撰,清末民國間抄本,一册,西式裝訂。半葉八行,行二十字。框高十八點八釐米,寬十一點九釐米。抄寫紙所印欄框外鎸"榮寶齋藏版"。卷前録康熙三十一年(1692)王御《重刻僑吴遺集序》、康熙三十年(1691)鄭起泓《重刻僑吴遺集小引》、鄭定遠《徵僑吴集遂昌雜録小引》、《鄭明德先生傳》二篇、目録。卷末附康熙壬申(三十一年)鄭定遠《重刻僑吴遺集跋》。卷端下題"奉訓大夫江浙等處儒學提舉鄭元祐著/宗孫起泓同男定遠重輯/孫肇熹/發祥校字"。版心寫"僑吴集"及葉次。

鄭元祐(1292—1364),字明德,遂昌(今屬浙江)人。以幼時傷右臂,左手能書,號尚左生。至正十七年(1357)任平江路儒學教授,越七年,遷浙江儒學提舉。著有《遂昌山樵雜録》、《僑吴集》等。《新元史》卷二百三十八有傳。

此書録鄭元祐碑銘跋記二十三篇、五言古詩十七首、七言古詩二十二首、五言律詩六首、七言律詩四十首、七言絶句二十一首、聯句三篇。

康熙三十年鄭起泓序指出:鄭元祐"生平著述有《僑吴集》、《遂昌山樵雜録》、《清談雅韻》、《研雲草堂集》、《南廬遺藁》、《庯齋别集》諸書,時移世易,殘闕殆盡,僅存《僑吴遺集》,復多散軼。重加訂正以授之梓,所謂什一之未亡者,公之當世,聊以誌不朽耳。"卷末鄭定遠跋中亦稱,"顧提舉公遺文閲世稍久,篇衺散軼,無從窺其全豹,僅存《僑吴遺集》,亦復淪失其半。及今不輯,必致日後無傳。用是亟爲參訂,壽之梨棗。"此抄本所據底本蓋即康熙三十年鄭起泓、鄭定遠刻本。

據《中國古籍善本書目》,清康熙三十一年鄭起泓、鄭定遠刻所編《賜書堂重訂唐宋元六名家集》六種十八卷附一種十九卷,其中包括《僑吴遺集》,僅藏上海圖書館和復旦大學圖書館兩家,此外僅蘇州圖書館藏有一部《僑吴遺集》零種。

此本字跡工整,不避"玄"、"弘"、"淳"等清諱。紙質猶新,"榮寶齋"之名始用於1894年,當爲清末民國間抄本。

硬質封面内粘"HOOVER INSTITUTION on War, Revolution, and Peace FOUNDED BY HERBERT HOOVER, 1919"藏書票。今藏斯坦福大學東亞圖書館。

Title: Qiao Wu yi ji

Author: Zheng Yuanyou zhuan

Imprint: [China]: Handwritten copy, 1894—1949

(郭愷淳)

109　清閟閣全集十二卷(集部/元别集類)

元倪瓚著,清曹培廉校,清康熙五十二年(1713)曹培廉城書室刻本,一函四册,綫裝。半葉十一行,行二十一字,白口,單黑魚尾,四周單邊。框高十八釐米,寬十三點八

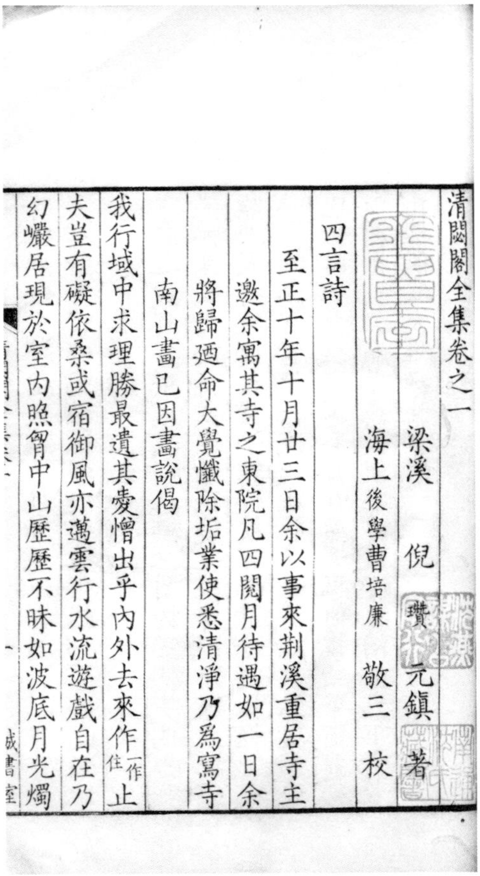
清閟閣全集卷之一
梁溪　倪　瓚元鎮　著
海上後學曹培廉　敬三　校
四言詩
至正十年十月廿三日余以事來荆溪重居寺主
邀余寓其寺之東院凡四閱月待遇如一日余
將歸適命大覺懺除垢業使悉清淨乃爲寫寺
南山畵已因畵說偈
我行域中求理勝最遺其愛憎出乎內外去來作一作往止
夫豈有礙依桑或宿御風亦邁雲行水流遊戲自在乃
幻巘居現於室內照胷中山歷歷不昧如波底月光燭
城書室

109　清閟閣全集

鳌米。內封題“海上曹敬三重訂/倪高士清閟閣全集/城書室藏板”，並鈐“譙國氏圖書記”、“城書室”朱戳等。卷前有癸巳（康熙五十二年）曹培廉《重刊清閟閣全集小引》、明天順四年（1460）錢溥序、萬曆辛卯（十九年，1591）王穉登序、萬曆庚子（二十八年，1600）顧憲成序、高攀龍序、萬曆辛亥（三十九年，1611）陳繼儒序、凡例、目録、倪氏世系圖。卷端下題“梁溪倪瓚元鎮著/海上後學曹培廉敬三校”。版心中鐫書名及卷次，下方鐫“城書室”。

倪瓚（1301—1374），初名珽，字泰宇，後字元鎮，號雲林居士、浄名居士、無住庵主等等，梁溪（今江蘇無錫）人。博學好古，工書畫，爲元代南宗山水畫代表畫家。其詩文後人輯爲《清閟閣遺稿》、《清閟閣全集》等。《明史》卷二百九十八有傳。

卷前康熙五十二年曹培廉序稱：“家大人乃得其裔孫珵所彙刻《遺稿》，……於是復徧搜篋中及友人家所藏墨跡石刻之繫於先生者，悉取付雕，次爲《清閟閣全集》十二卷。”此集爲曹培廉之父在明倪珵所刻《清閟閣遺稿》基礎上輯佚而成。今據曹序定爲康熙五十二年曹氏城書室刻本。

此本爲初印本，原刻工刻訛處尚未及改，後印本則多改正之。北大圖書館藏有三部同版書，一部爲初印，兩部後印，初印本於目録和凡例末均蓋有墨戳：“刻工初竣，書賈亟請發兑，先爲刷印數十部，間有刻訛處，未及悉改，嗣後所刷俱已校正，閲者鑑之。”卷一《至正乙未素衣詩》，斯坦福本首兩句作：“素衣涅兮，在彼公庭。載傷追隘，中心怔營。”其中，“追隘”實爲“迫隘”之誤，北大初印本中“追”字被墨筆塗黑，而兩部後印本中“追”字則已改作“迫”。北大兩部後印本版心下方之“城書室”三字俱被剜去。

鈐“曾藏沈燕謀家”朱文印、“南通沈氏藏書”朱文印、“沈燕謀以字行”白文印、“金匱室”朱文印、“行素堂藏書記”朱文印。函套內粘“HOOVER INSTITUTION on War, Revolution, and Peace FOUNDED BY HERBERT HOOVER, 1919”藏書票。今藏斯坦福大學東亞圖書館。

著録：

《中國古籍善本書目》集部/元別集類 清閟閣全集十二卷 元倪瓚撰 清康熙五十二年曹培廉城書室刻本

Title: Qing bi ge quan ji: 12 juan

Author: Ni Zan zhu; Cao Peilian jiao

Imprint:[China]: Cao shi Cheng shu shi, 1713

（馬月華）

110 太師誠意伯劉文成公集二十卷卷首一卷(集部/明別集類)

5403 0020

明劉基撰，清康熙四十六年(1707)釋月川刻、雍正八年(1730)萬里補刻、乾隆十一年(1746)南田劉氏印本，二函十册，綫裝。半葉十行，行二十三字，白口，單黑魚尾，左右雙邊。框高十九釐米，寬十三點八釐米。卷前有清雍正八年萬里《補刻明太師誠意伯劉文成公集序》、清乾隆十一年高居寧《劉文成公文集後序》、明宣德五年(1430)羅汝敬序與李時勉序、正德己卯(十四年，1519)林富序、嘉靖丙辰(三十五年，1556)李本序、隆慶六年(1572)陳烈序與何鏜序，以及神道碑銘、雍正八年續訂人名、目録、凡例等，卷首包括像、像贊、引言、行狀、祠堂記、祭文、勑誥等文。卷一至卷十、卷十九至卷二十卷端下題"裔孫孤嶼元奇重梓"；卷十一至卷十五卷端下題"芝田令新陽後學萬里續梓/裔孫標男宗熽編"；卷十六至卷十八卷端下題"芝田令新陽後學萬里續梓/裔孫男編"。版心上鐫"誠意伯文集"，中鐫卷次，下鐫葉次。

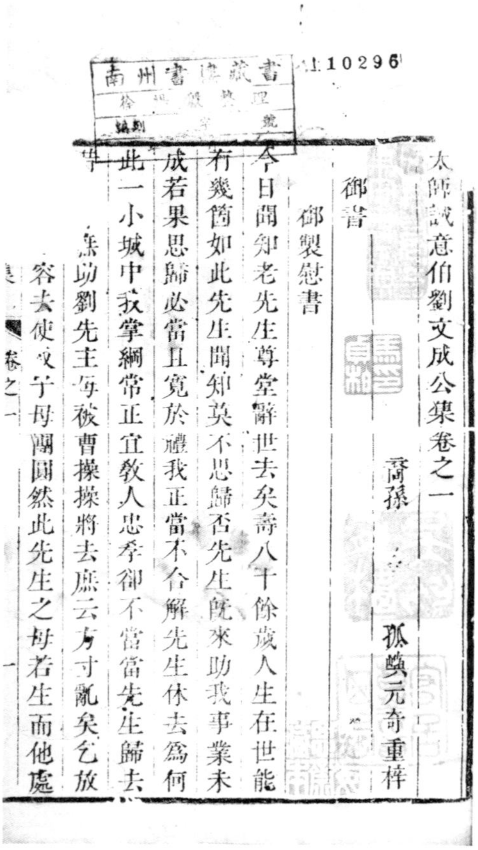

110 太師誠意伯劉文成公集

劉基(1311—1375)，字伯温，青田(今屬浙江)人。元順帝元統元年(1333)進士，任高安縣丞、江浙儒學副提舉等職，後弃官归隐。至正二十年(1360)受朱元璋聘爲謀臣。明建國後，官至御史中丞、太史令，封誠意伯。洪武四年(1371)，以弘文館學士致仕。

博通經史，尤精象緯。著有《郁離子》、《覆瓿集》、《犁眉公集》等。《明史》卷一百二十八有傳。

全集盡録有關劉基之誥書頌表、《郁離子》全文、序、記、跋、銘、賦騷、樂府、歌行、古詩、律詩、絶句、詩餘、春秋明經凡一千九百餘篇。

雍正八年青田知縣萬里補刻序中稱因所閱之《誠意伯文集》缺卷十一至十八，故訪得抄本，借而録之，並出資付梓補刻。乾隆十一年高居寧序詳述此集板刻流傳經過，以及刻板一度轉寄他姓之手，後南田劉氏終贖回全板之事："集之始刻不可考，至明季，一刻于處郡守林公，一刻於處郡人何公，悉稱善本。迨遭兵燹之後，邑人罕有存者，即南田世胄亦無完本矣。至康熙丁亥，有甌郡江心寺僧名月川者，公之嫡裔也。……慨然搜刻是集，極力覓尋，幸獲郡伯林公原本，依其卷次而釐訂之，此集乃復見于世。逾年，工未竣而月川又已溘逝，所遺之板遂浸没于甌，而青邑仍無藏板。至雍正庚戌，前邑令萬公訪之耆宿，知甌江有鈔本，借録而補鋟之，遂成全璧。然集雖全而板仍留于南田分派劉宗爀之家，後又轉寄他姓，終不爲南田嫡派有也。癸亥歲，劉生不吝厚貲，始贖歸南田，以昭世守，以光先業，而公之故物乃歸故土矣。"由此序可知，此本是清康熙四十六年僧人月川始刻、雍正八年萬里補刻、乾隆十一年印本。北京大學圖書館藏有與此本同版者，内封皆題"栝芝南田果育堂藏板"，斯坦福本或亦劉氏果育堂藏板本。

書衣鈐"南州書樓藏書/徐湯殷整理/編列清/字 254 號/1951 年 7 月 13 日"藍印，書中鈐"南州草堂"白文印、"静泉手購"白文印、"心在格物致知"白文印、"毋忘思齋藏本"白文印、"甘灘毋忘思齋珍藏典籍印記"朱文方印、"馬貞柏印"白文方印、"馬貞榆印"白文方印、"吴有樞印"白文方印、"字保青號恒齋"朱文方印、"博覽奇書無價"白文長方印等。函套内粘"HOOVER INSTITUTION on War, Revolution, and Peace FOUNDED BY HERBERT HOOVER, 1919 Acquired through the East Asian Research Committee"藏書票。今藏斯坦福大學東亞圖書館。

著録：

《美國哈佛大學哈佛燕京圖書館藏中文善本書志》2025 太師誠意伯劉文成公集二十卷首一卷　明劉基撰　清康熙四十六年劉標劉元奇刻雍正八年萬里補刻乾隆十一年果育堂剜改印本

Title: Tai shi Chengyi bo Liu Wencheng gong ji: 20 juan; Juan Shou: 1 juan

Author: Liu Ji zhuan

Imprint: [China]: [Shi] Yue Chuan, 1707; Wan Li, 1730; Nan tian Liu shi, 1746

（郭愷淳）

111　文清公薛先生文集二十四卷（集部/明别集類）

5409 4411

明薛瑄撰，明張鼎校正編輯，清雍正十二年（1734）河津薛氏刻本，一函十二册，綫裝。半葉十行，行二十字，白口，單黑魚尾，四周雙邊。框高二十點一釐米，寬十三點七釐米。卷前有明弘治己酉（二年，1489）張鼎《文清薛先生文集序》及目録。卷端下題“門人關西張鼎校正編輯”一行。版心上鎸“文集”及卷次，下鎸葉數。

薛瑄（1389—1464），字德温，號敬軒，河津（今屬山西）人。明永樂十九年（1421）進士，曾任山東提學僉事、大理左少卿、大理寺丞、禮部右侍郎兼翰林院學士等職。主持濟南書院，創立汾河書院，倡導教育。著名理學家，其思想以朱熹爲宗。著《讀書録》、《讀書續録》、《河汾詩集》、《從政名言》等，後人整理爲《薛文清公全集》。《明史》卷二百八十二有傳。

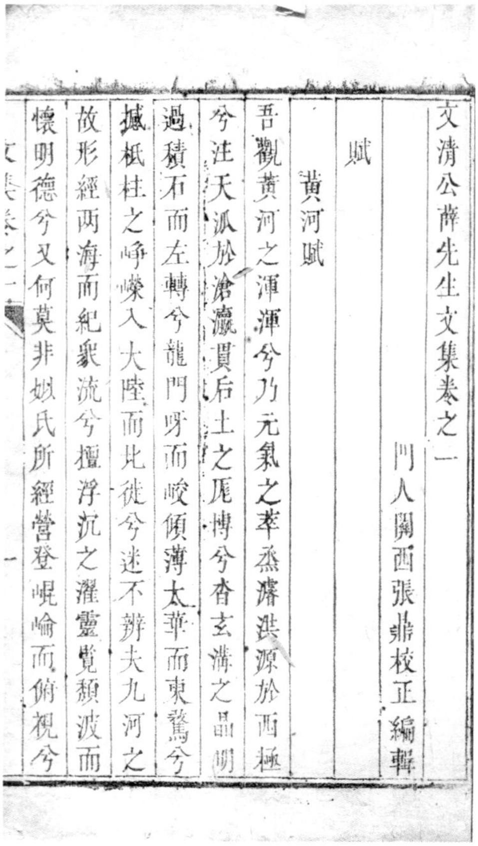
文清公薛先生文集卷之一
門人關西張鼎校正編輯
賦
黄河賦
吾觀黄河之渾渾兮乃元氣之萃烝濤洪源於西極
兮注天派於滄瀛貫后土之厖博兮沓玄溝之晶明
過積石而左轉兮龍門呀而峻傾薄太華而東騖兮
撼柢柱之崢嶸入大陸而北徙兮迷不辨夫九河之
故形經兩海而紀衆流兮擅浮沉之濯靈覽頹波而
懷明德兮又何莫非姒氏所經營登崐崘而俯視兮

111　文清公薛先生文集

薛氏文集弘治初由門人張鼎校正整理爲二十四卷。張鼎序述其中經過：“惟文集則先生孫刑部侍郎禩曾托前常州同知謝庭桂，板刊未就。今年夏四月，前監察御史暢亨先生同卿謫官陜右道，過鎮陽，予因訪前集，暢曰某於毗陵朱氏得之矣。予喜而閲之，但舛訛非原本矣，因訪唐《昌黎集》校正編輯。總千七百篇，分爲二十四卷，凡三易藁，始克成編。”

中國國家圖書館藏有多部同版書，卷前除張鼎序外，又多有萬曆甲寅（四十二年，1614）薛士弘《重刻薛文清公文集跋後》，薛氏稱：“於是復捐俸貲重刻兹集於省職堂，自春迄夏，凡五閲月而工始竣。”末署“萬曆甲寅仲夏吉日八代孫真寧縣知縣薛士弘書”。又多於“薛文清公像”後鎸“文集二十四卷/萬曆甲寅之春八代孫薛士弘重刊于真寧署中/雍正甲寅之秋合族重刊”等字，並有“稷山縣刊字匠葛振基葛振臧”一行。

今天可以相信萬曆所刊書板始終在河津薛氏之家，但是從今傳印本來看，全書已無萬曆刊印之葉。所以雍正甲寅之秋合族的重刊是覆刊了全書。稷山縣是河津縣的鄰縣，稷山刊字匠葛振基、葛振臧翻刊的版片，雖未改“玄”字避諱，但也不是甘肅真寧縣刊字匠所刊的萬曆版片了。有鑒於此，前輩編目此本作雍正薛氏刻本者爲多數。

函套内粘“THE HOOVER LIBRARY ACQUIRED THROUGH THE STANFORD UNIVERSITY LIBRARIES”藏書票。今藏斯坦福大學東亞圖書館。

著録：

《中國古籍善本書目》集部/明别集類 6942 文清公薛先生文集二十四卷　明薛瑄撰　行實録五卷　清雍正十二年薛氏家刻乾隆印本

《美國哈佛大學哈佛燕京圖書館藏中文善本書志》2042 文清公薛先生文集二十四卷　明薛瑄撰　清雍正十二年薛氏刻本

Title: Wenqing gong Xue xian shen wen ji: 24 juan

Author: Xue Xuan zhuan; Zhang Ding jiao zheng bian ji

Imprint: [China] Gansu Zhengning: Xue Shihong, 1614

（馬月華）

112　石田先生集不分卷（集部/明别集類）

5409 3172

明沈周著，明錢允治校，明陳仁錫編，明萬曆四十三年（1615）陳仁錫刻本，一函八册，綫裝。半葉九行，行十九字，白口，單白魚尾，四周雙邊。框高二十二點三釐米，寬十四點三釐米。卷前有明陳仁錫《合刻兩先生稿引》、萬曆乙卯（四十三年）錢允治撰《沈石田先生集序》（陳元素書）、《石田先生集目録》。卷端下題“長洲沈周啟南著/後學錢允治功甫校/陳仁錫明卿編”。版心上鎸“石田集”，中鎸詩類，下鎸葉次。

沈周（1427—1509），字啓南，號石田、白石翁、玉田生、有居竹居主人等，長洲（今江蘇蘇州）人。不應科舉，工詩善畫，爲明代中期文人畫“吴派”開創者，與文徵明、唐寅、仇英並稱“明四家”。傳世作品有《廬山高圖》、《秋林話舊圖》、《滄州趣圖》，著《石田集》、《客座新聞》等。《明史》卷二百九十八有傳。

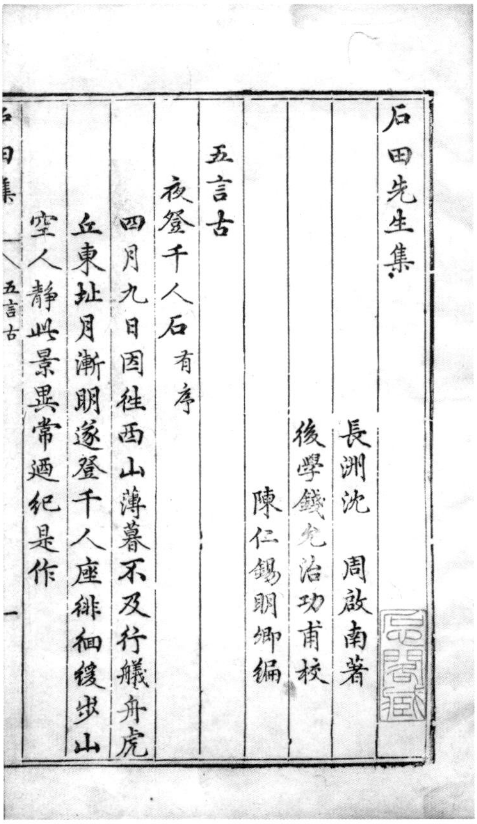
石田先生集
長洲沈　周啟南著
後學錢允治功甫校
陳仁錫明卿編
五言古
夜登千人石 有序
四月九日因往西山薄暮不及行艤舟虎
丘東址月漸明遂登千人座徘徊徙步山
空人靜此景異常遹紀是作
石田集　五言古

112　石田先生集

陳仁錫，生平介紹見本書志所收《諸子奇賞》。

《石田先生集》爲沈周詩别集。此本卷前陳仁錫《合刻兩先生稿引》指出："石翁與先中丞同在成弘之際官大理……既編先白翁集，購翁稿，合授之梓，而謀廣於錢先生，成若干卷。"錢允治序謂："陳孝廉明卿既刻其先白陽山人集，復欲裒先生集，而苦無善本。不佞爲之訪於故城藏書家，稍獲一二，於是按體分類，都爲若干卷，付書林翁氏。"陳仁錫所題"兩先生"指陳淳與沈周。陳淳，陳仁錫先人，字道復，一字復甫，號白陽山人，蘇州人。明代著名書畫家，與徐渭並稱"白陽青藤"。著有《陳白陽集》。萬斯同《明史稿》卷三百九十六有傳。陳仁錫編《陳白陽集》之後，又委託錢允治蒐集沈周詩作。錢氏訪之故城藏書家，按詩體分類，總爲若干卷，而成《石田先生集》。萬曆四十三年，陳仁錫將《陳白陽集》、《石田先生集》二集合刻，此本即合刻本之一種。

陳仁錫刻本各書目多著録爲十一卷本，但觀此本，實不分卷，内容包括(以目録爲序)：五言古(一)、五言古(二)、七言古、五言排律、七言排律、五言律(一)、五言律(二)、七言律(一)、七言律(二)、七言律(三)、五言絶、六言絶、七言絶。書中實際裝訂與目録有所不同，五言排律、七言排律在七言絶之後。

此本函套墨筆題籤："明本沈啓南集，壬申秋適生書籤。"鈐"裕經堂"白文印、"悉閣藏"朱文印、"侘世印記"朱文印、"適園所藏"朱文印等。函套内粘"THE HOOVER LIBRARY ACQUIRED THROUGH THE STANFORD UNIVERSITY LIBRARIES"藏書票。今藏斯坦福大學東亞圖書館。

著録：

《中國古籍善本書目》集部/明别集類 7361 石田先生集十一卷　明沈周撰　明萬曆四十三年陳仁錫刻本

《中國古籍善本書目》集部/總集類 16590 陳沈兩先生稿二十二卷　明陳仁錫編　明萬曆四十三年陳氏閲帆堂刻本

《美國哈佛大學哈佛燕京圖書館藏中文善本書志》2065 石田先生集十一卷　明沈周撰　明萬曆四十三年陳仁錫刻本

Title：Shitian xian sheng ji：bu fen juan

Author：Shen Zhou zhu；Qian Yunzhi jiao；Chen Renxi bian

Imprint：[China]：Chen Renxi，1615

（馬月華）

113　白沙子全集九卷附録一卷(集部/明别集類)

5413.1 7920.1

明陳獻章撰，清順治十二年(1655)黄之正刻本，一函十册，綫裝。半葉九行，行十八字，白口，單魚尾，四周單邊。框高十九點七釐米，寬十二點九釐米。卷前有嘉靖癸巳(十二年,1533)高簡《刻白沙子敘》、《論白沙子》、嘉靖三十年(1551)湛若水《重刻白沙先生全集序》、弘治十八年(1505)張詡《白沙先生全集序》、黄士俊《重刻陳白沙先生集序》、晉熙黄之正穀齋父撰《重刻陳白沙先生文集序》、萬曆壬子(四十年,1612)何熊祥撰《重刻白沙子全集序》、萬曆辛丑(二十九年,1601)林裕陽《重刻白沙先生集敘》、萬曆四十年黄淳《重刻白沙子序》、重刻白沙子全集目録、《白沙先生像》及像贊、附録詩章等等。版心上鐫書名,中鐫卷次,下鐫葉數。

附録一卷爲《附録白沙先生行狀銘表》。包括弘治十四年(1501)張詡《翰林院檢討白沙陳先生行狀》、弘治庚申(十三年,1500)張詡《白沙先生墓表》、湛若水《明故翰林院檢討白沙陳先生改葬墓碑銘》、黄淳撰白沙先生行事、《送白沙陳先生敘》、贈詩等等。附録之後有弘治乙丑(十八年)羅僑《書白沙先生全集後序》、嘉靖辛亥(三十年,1551)項喬《重刻白沙陳先生全集後序》、隆慶三年(1569)林會春《讀白沙先生全集》。

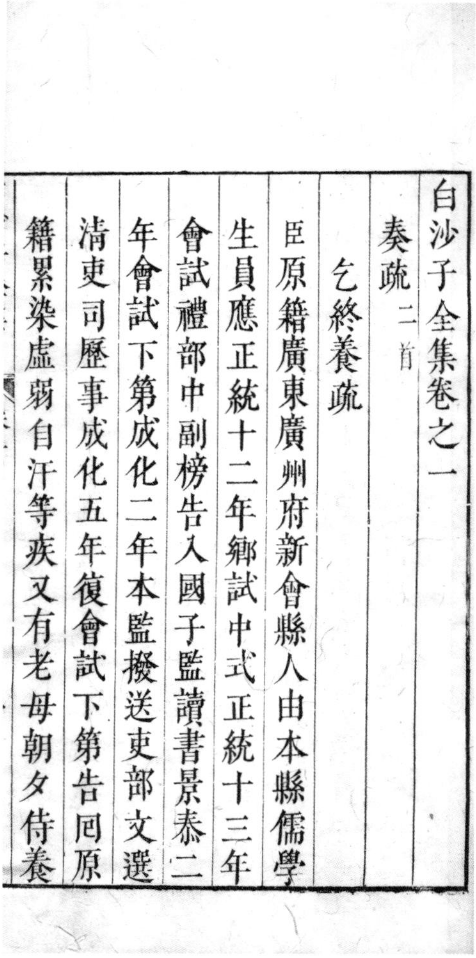
白沙子全集卷之一
奏疏 二首
乞終養疏
臣原籍廣東廣州府新會縣人由本縣儒學
生員應正統十二年鄉試中式正統十三年
會試禮部中副榜告入國子監讀書景泰二
年會試下第成化二年本監撥送吏部文選
清吏司歷事成化五年復會試下第告回原
籍累染虛弱自汗等疾又有老母朝夕侍養

113　白沙子全集

陳獻章(1428—1500),字公甫,號石齋,别號碧玉老人、玉臺居士、江門漁父、南海樵夫、黄雲老人等,新會白沙里(今屬廣東)人,世稱“白沙先生”。明正統十二年(1447)舉人。理學家,其思想由宗朱(熹)轉而宗陸(九淵),是明代理學風氣轉變的重要人物。然生平不事著述,其詩文由門人採輯而有刻本流傳。萬斯同《明史稿》卷三百八十三有傳。

《白沙子全集》一書爲陳獻章的詩文總集,包括其詩作以及書簡、序跋、祭文等應酬之作。

此本黄士俊序稱:“新會邑侯黄君宰邑之明年,即求白沙陳文恭集而重鋟之。”黄之正序末雖未署年,但序文指出:“予癸巳赴銓部,甲午春二月得新會一籖……迺與邑之薦紳先生謀有以重鋟之。僉曰:可!遂述數言以弁誌事耳。”考《(康熙)廣州府志》,新會知縣黄之正，順治十一年(1654)任。此集之刻在“黄君宰邑之明年”，則當順治十二年。

首册首葉鈐“法恕收藏”白文印、“又敬堂”白文印，各册末葉鈐“薇垣逸史”白文印、“法氏收藏”朱文印。函套内粘“HOOVER INSTITUTION on War, Revolution, and Peace FOUNDED BY HERBERT HOOVER, 1919”藏書票。今藏斯坦福大學東亞圖書館。

著録：

《中國古籍善本書目》集部/明别集類 7048 白沙子全集九卷　明陳獻章撰　附録一卷　清順治十二年黄之正刻本

Title: Baishazi quan ji: 9 juan; Fu lu: 1 juan

Author: Chen Xianzhang zhuan

Imprint: [China]: Huang Zhizheng, 1655

（馬月華）

114　空同子集六十六卷目録三卷(集部/明别集類)

5412 3702.1

明李夢陽撰，明鄧雲霄、潘之恒蒐校，明萬曆三十年(1602)鄧雲霄刻本，一函十五册，綫裝。半葉十行，行二十字，白口，單白魚尾，左右雙邊。框高二十點九釐米，寬十五釐米。卷前有嘉靖十年(1531)王廷相《空同集序》(萬曆三十年吴文策重録)。各卷之前有本卷目録。卷端下題“北郡李夢陽撰　東莞鄧雲霄歙潘之恒蒐校”一行。各卷末多題本卷校者，如卷一末題“萬曆壬寅孟夏日/長洲歸隆裔閲梓”，卷二末題“歙洪大德長洲/張枚曲水園校”，卷四末題“長洲錢允治參訂”，卷六十六末題“長洲張桂芳參訂”等等。卷三十八前、卷五十一末、卷六十六末皆有潘之恒箋，卷六十五前有《空同子小序》，末署“嘉靖辛卯春王正月門人永豐聶豹序，萬曆壬寅長至日莆田黄尚温重録”。“萬曆壬寅”即萬曆三十年。版

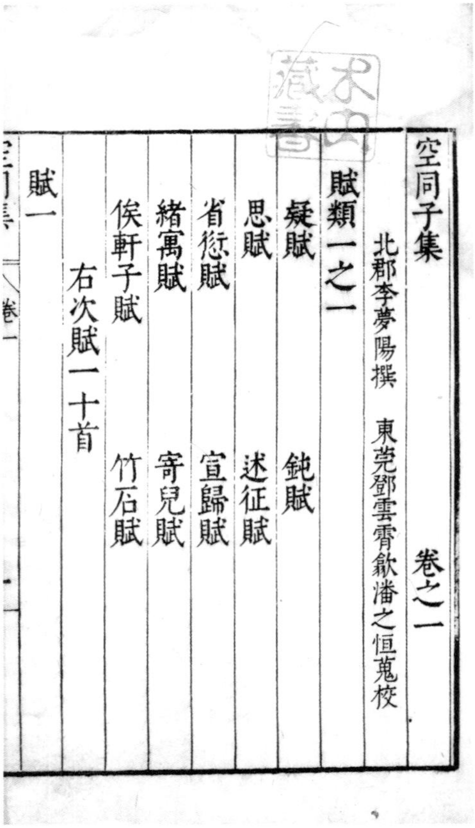
空同子集　卷之一
北郡李夢陽撰　東莞鄧雲霄歙潘之恒蒐校
賦類一之一
疑賦　鈍賦
思賦　述征賦
省愆賦　宣歸賦
緒寓賦　寄兒賦
俟軒子賦　竹石賦
右次賦一十首
賦一

114　空同子集

心上鐫“空同集”，中鐫卷數，下鐫葉次。

李夢陽(1473—1530)，字獻吉，號空同子，慶陽(今屬甘肅)人。弘治六年(1493)進士，歷任户部主事、郎中、江西提學副使等職。工書法，精詩詞。主張復古，提倡“文必秦漢，詩必盛唐”，明“前七子”領袖。《明史》卷二百八十六有傳。

此書爲李夢陽詩文總集，卷一至卷三爲賦，卷四至卷三十七爲古今詩，卷三十八至卷六十六爲文類。

此本卷五十一末、卷六十六末潘之恒箋皆言刻書、校書事。卷五十一末潘之恒箋云：“先生手彙全集，刻於嘉靖戊子。至萬曆壬寅，長洲鄧玄度明府復校梓之。”卷六十六末潘之恒箋云：“壬寅春末，余抱疴吴門，新愈。鄧明府玄度過語予：‘明詩盛于弘德間，而北地李獻吉寔奮起爲正始之音……’乃以所購淛本授校。”行文又述蒐集参校浙本、吴本、燕本、鳳陽本等諸家刻本校正經過。由這些序跋及卷端下題可知此本爲萬曆三十年鄧雲霄刻本。

與《中國古籍善本書目》著録萬曆三十年鄧雲霄刻本相較，此本無附録二卷。北京大學圖書館藏有有附録二卷的同版《空同子集》，在附録二末鐫有“癸卯孟夏南昌劉一㷆參閱”，“癸卯”當萬曆三十一年(1603)，故有些版本著録書將此本定爲萬曆三十年至三十一年(1602—1603)鄧雲霄刻本。

各册書衣及首葉均鈐“木内藏書”朱文印，各册首葉右下角之印多被挖去，僅第九册尚殘留“秦氏□雙□□”印跡。此本五眼綫裝，高麗裝幀形制。函套内粘“THE HOOVER LIBRARY ACQUIRED THROUGH THE STANFORD UNIVERSITY LIBRARIES”藏書票，並蓋“HOOVER LIBRARY”墨戳。今藏斯坦福大學東亞圖書館。

著録：

《中國古籍善本書目》集部/明别集類 7444 空同子集六十六卷目録三卷　明李夢陽撰　附録二卷　明萬曆三十年鄧雲霄刻本

《柏克萊加州大學東亞圖書館中文古籍善本書志》621 空同子集六十六卷目録三卷　明李夢陽撰　附録二卷　明鄧雲霄、潘之恒輯　明萬曆三十年至三十一年鄧雲霄刻本

《美國哈佛大學哈佛燕京圖書館藏中文善本書志》2068 空同子集六十六卷目録三卷　明李夢陽撰　附録二卷　明萬曆三十年鄧雲霄長洲刻本

Title：Kongtongzi ji：66 juan；mu lu：3 juan

Author：Li Mengyang zhuan；Deng Yunxiao and Pan Zhiheng sou jiao

Imprint：[China]：Deng Yunxiao，1602

（馬月華）

115　太史升菴全集八十一卷目録二卷(集部/明别集類)

明楊慎著,明楊有仁録,明陳大科校,清乾隆六十年(1795)周參元養拙山房刻本,二函二十册,綫裝。半葉九行,行十九字,白口,單黑魚尾,四周雙邊。框高二十點二釐米,寬十四點三釐米,書眉有字注音。内封題"乾隆乙卯年重鐫/升菴全集/養拙山房藏板"。卷前有乾隆六十年周參元《重刻太史升菴全集序》、明陳大科《刻太史楊升菴全集敘》、周參元撰《升菴先生年譜》、《太史升菴全集目録》二卷。卷端下題"成都楊慎著/從子有仁録/維揚陳大科校/新都周參元重刊"。版心上鐫"楊升菴"三字,中鐫卷數,下鐫葉次。書眉鐫音注釋義。

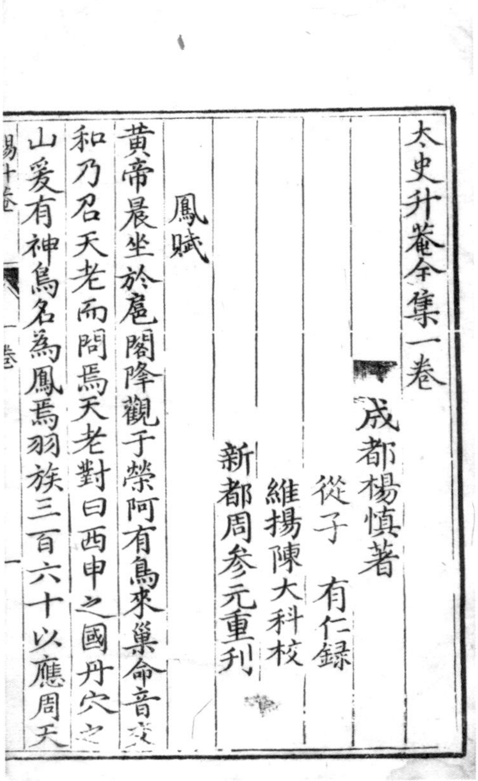
太史升菴全集一卷
成都楊慎著
從子　有仁録
維揚陳大科校
新都周参元重刊
鳳賦
黃帝晨坐於扆閣降觀于榮阿有鳥來巢命音
和乃召天老而問焉天老對曰西申之國丹穴之
山爰有神鳥名為鳳焉羽族三百六十以應周天

115　太史升菴全集

楊慎(1488—1559),字用修,號升菴,新都(今屬四川)人,明宰輔楊廷和之子。正德六年(1511)狀元,授翰林院修撰,豫修武宗實録。世宗嗣位,任經筵講官,嘉靖三年(1524)召爲翰林學士。因議"大禮儀"事,觸怒世宗,削職爲民,謫戍雲南永昌衛,卒於戍地。博學工書法,善詩詞文賦。著述宏富,《四庫全書總目》稱其著述不下二百餘種。流傳至今者有《升菴文集》、《升菴外集》、《升菴遺集》、《升菴長短句》、《陶情樂府》等等。《明史》卷一百九十二有傳。

楊慎的詩文集生前就有不少刻本流傳,但是真正具有全集性質的編集,則爲楊慎去世後其姪楊有仁所編的八十一卷本《太史升菴文集》。該集又名《太史升菴全集》、《升菴全集》、《升菴文集》、《升菴先生文集》等,明萬曆間有多部刻本問世。其中,陳大科校刻本收集詩文最全,最爲完備。

據内封可知此本爲清乾隆六十年周氏養拙山房重刻本。卷前周參元《重刻太史升菴全集序》中詳述該書刊刻經過:"因徧求先生遺文,……後薄宦黔中,時時遍訪,偶得《太史升菴全集》一編,乃前明按蜀御史宋可泉先生偕蜀撫張公濂濱極力搜索,得之升菴之姪之手,而親加釐訂,創爲付梓。後又有御史陳公諱大科重爲較定剞劂者。……是集自可泉先輩搜羅創刻之,又得御史陳公不憚校讐,重爲鏤板,豈有他哉!不過恐作者之失墜，鑑學者之慕思，爲之廣其傳耳。參因不揣譾陋，用將原書重爲較刻，公諸同好。”其所據底本即萬曆間陳大科刻本。

此本“寧”字有避有不避，且有不少修版補刻葉，刷印之年當在道光之後。

函套内粘“THE HOOVER LIBRARY ACQUIRED THROUGH THE STANFORD UNIVERSITY LIBRARIES”藏書票。今藏斯坦福大學東亞圖書館。

著録：

《北京大學圖書館藏古籍善本書目》集部/明别集類　太史升菴全集八十一卷目録二卷　明楊慎撰　楊有仁録　明陳大科校　清乾隆六十年重刻本

Title: Tai shi Sheng'an quan ji: 81 juan; Mu lu: 2 juan

Author: Yang Shen zhu; Yang Youren lu; Chen Dake jiao

Imprint: [China]: Zhou Canyuan Yang zhuo shan fang, 1795

（馬月華）

116　茅鹿門先生文集三十六卷(集部/明别集類)

5422 4245

明茅坤著，明萬曆刻本，一函八册，綫裝。半葉十行，行十九字，白口，單黑魚尾，左右雙邊。框高二十點八釐米，寬十五點一釐米。卷前有王宗沐書《茅鹿門先生文集序》、萬曆戊子(十六年，1588)陳文燭《白華樓稿序》、冠像、王宗沐《觀察鹿門茅公像贊》、莫如忠《鹿門先生像贊》、目録。卷端下題“歸安茅坤順甫著”一行。版心上鐫文類，中鐫卷次葉數，下或鐫刻工名，如“金陵戴應試刻”、“戴應聘刊”、“戴應詔”、“黄詔”、“王化”、“王承”等，或鐫字數。

茅坤(1512—1601)，字順甫，號鹿門，歸安(今屬浙江)人。明嘉靖十七年(1538)進士，歷任青陽知縣、丹徒知縣、禮部主事、吏部稽勉司、廣平通判、廣西兵備僉事、河南副使等。文學上反對前後七子“文必秦漢”的主張，提倡唐宋古文，對韓愈、歐陽修和蘇軾尤爲推崇。其藏書樓名“白華樓”。

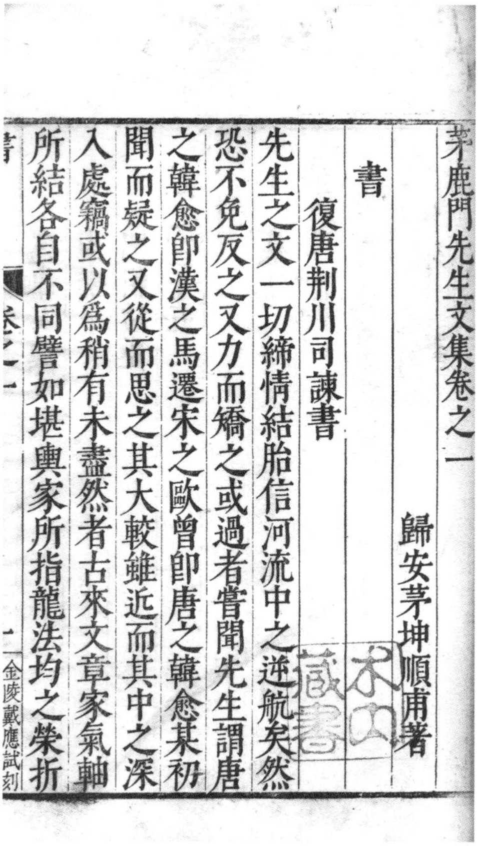
茅鹿門先生文集卷之一　歸安茅坤順甫著
書
復唐荆川司諫書
先生之文一切締情結胎信河流中之逆航矣然恐不免反之又力而矯之或過者嘗聞先生謂唐之韓愈卽漢之馬遷宋之歐曾卽唐之韓愈某初聞而疑之又從而思之其大較雖近而其中之深入處竊或以爲稍有未盡然者古來文章家氣軸所結各自不同譬如堪輿家所指龍法均之祭折
書　卷之一　一　金陵戴應試刻

116　茅鹿門先生文集

著《徐海本末》、《白華樓藏稿》、《續稿》、《吟稿》、《玉芝山房稿》、《耆年録》等，編《史記鈔》、《唐宋八大家文鈔》等。《明史》卷二百八十七有傳。

《茅鹿門先生文集》共三十六卷，前三十四卷輯茅坤平生所撰之文，包括書、序、傳、記、碑、墓誌、家乘録等等，卷三十五、三十六爲附録，包括朱賡撰《明河南按察司副使奉敕備兵大名道鹿門茅公墓誌銘》、屠隆撰《明河南按察司副使奉敕備兵大名道鹿門茅公行狀》等，爲後人紀念文字。

此本卷前有萬曆序，字體亦在萬曆間，爲萬曆刻本。《續修四庫全書》集部第1344—1345册影印中國科學院圖書館藏明萬曆刻本《茅鹿門先生文集》，與此本同版。

各册首葉鈐"木内藏書"朱文方印。函套内粘"THE HOOVER LIBRARY ACQUIRED THROUGH THE STANFORD UNIVERSITY LIBRARIES"藏書票。今藏斯坦福大學東亞圖書館。

著録：

《中國古籍善本書目》集部/明别集類/8412 茅鹿門先生文集三十六卷　明茅坤撰　明萬曆刻本

《續修四庫全書》集部第1344—1345册影印中國科學院圖書館藏明萬曆刻本茅鹿門先生文集三十六卷

《北京大學圖書館藏古籍善本書目》集部/明别集類　茅鹿門先生文集三十六卷　明茅坤撰　明萬曆刻本

Title：Mao Lumen xian sheng wen ji：36 juan

Author：Mao Kun zhu

Imprint：[China]，1588—1620

（馬月華）

117　徐文長文集三十卷（集部/明别集類）

5422 2932.1

明徐渭撰，明袁宏道評點，明閔德美等校訂，明萬曆四十二年（1614）鍾人傑刻本，一函六册，綫裝。半葉九行，行二十字，小字雙行同，白口，單白魚尾，四周單邊。框高二十一釐米，寬十四點九釐米。卷前有黄汝亨《徐文長集序》、陶望齡撰《徐文長傳》、袁宏道撰文長傳、目録。卷端下題"公安袁宏道中郎評點/門人閔德美子善校訂"二行。各卷校訂者多不同，除閔德美（卷一至卷五）外，有郝之壁（卷六）、郝之璽（卷七至卷十）、潘允宜（卷十一至卷十四）、秦舜友（卷十五、卷十六）、余允乾（卷十七、卷十八）、章斐然（卷十九至卷二十二）、許爾京（卷二十三至卷二十六）、鍾人傑（卷二十七至卷三十）等。版心上鐫書名，中鐫卷次，下鐫葉數。

徐渭（1521—1593），初字文清，後改字文長，别號田水月、天池山人、青藤道士等，山陰(今屬浙江)人。嘉靖四十年(1561)中舉,以後屢試不第,在功名上無所成就。徐渭在詩文書畫等領域卻有很高造詣,嘗自謂“吾書第一,詩二,文三,畫四”。著作有《南詞敘録》、《筆玄要旨》、《青藤山人路史》及劇本《四聲猿》、《歌代嘯》等。《明史》卷二百八十八有傳。

袁宏道,生平介紹見本書志所收《袁中郎全集》。

《徐文長文集》名爲“文集”,實亦包括徐渭之賦、樂府和詩詞等各體。此本《目録》末有“四聲猿附”,書中“四聲猿”實缺。卷十二末附《補遺》一卷,包括《寄登州蔡守備都使》、《過許君草堂》、《咏觀音蓮》、《咏落葉》、《宿秦仲虚初陽臺上》等。

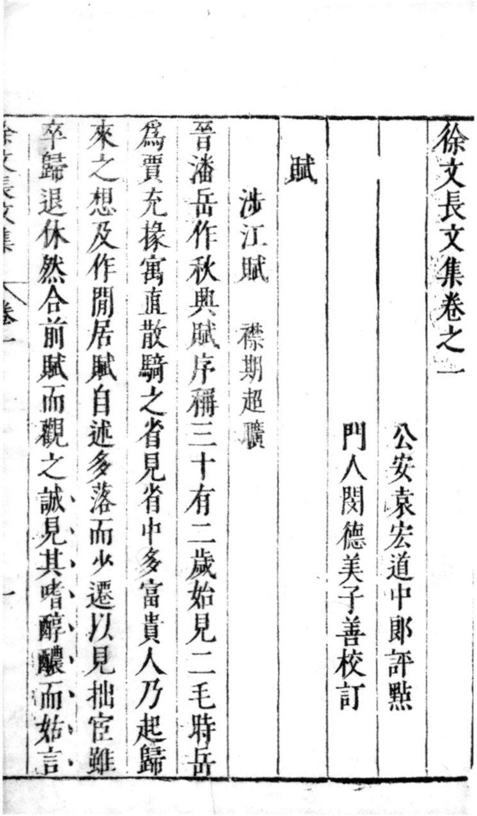
徐文長文集卷之一
公安袁宏道中郎評點
門人閔德美子善校訂
賦
涉江賦　襟期超曠
晉潘岳作秋興賦序稱三十有二歲始見二毛特岳
爲賈充掾寓直散騎之省見省中多富貴人乃起歸
來之想及作閒居賦自述多落而少遷以見拙宦雖
卒歸退休然合前賦而觀之誠見其嗜醉醲而姑言
徐文長文集　卷一　一

117　徐文長文集

徐渭詩文集之刻,始有《徐文長三集》二十九卷本,明萬曆二十八年(1600)商維濬刻。萬曆四十二年鍾人傑將《徐文長三集》改編爲《徐文長文集》三十卷,鍾氏刻本後出,又“得中郎帳中本”,加上袁評,成爲明末最爲盛行的徐渭集刻本。此後商維濬雖對《三集》本有所改定,其流行程度終未及鍾本。此本卷前有黄汝亨《徐文長集序》,謂:“鍾生瑞先嗜異人,常三復其集,因得中郎帳中本,遂喜而校刻之。”“鍾生瑞先”即鍾人傑,瑞先爲其字。

鍾人傑所刻三十卷本當時十分流行,翻刻本衆多。北京大學圖書館藏有七部相關刻本,實爲四種版本。這些刻本版式、行款全同,字體亦十分相近,究竟何者爲鍾氏原刻往往難以遽定。北大藏本中,有三部與斯坦福本同版,其中一部内封題“袁中郎先生評/徐文長全集/讀書坊藏板”,書後所附《四聲猿》一卷不缺。另一部則缺《四聲猿》,目録最末一行“四聲猿附”四字亦被挖去。北大本卷前有萬曆甲寅(四十二年)錢塘人虞淳熙長孺父序。通過比較北大和中國國家圖書館所藏相關諸本後,我們認爲,此本字體一致,刀法肯定,風格連貫,爲萬曆四十二年鍾氏原刻本。“讀書坊藏板”之題,蓋因鍾氏書板後歸武林段景亭“讀書坊”之故,也就是説,讀書坊印本爲鍾人傑本之後印本。斯坦福此本雖無“讀書坊藏板”之内封,從其版面刷印情況看,較初印遠甚,應也是後印本。中國國家圖書館所藏03261爲鍾氏原刻較初印本,字體秀美,刊刻精緻。需要指出的是,《四庫全書存目叢書》集部第 145 册影印中國社會科學院文學研究所藏“明萬曆四十二年鍾人傑刻本”,與斯坦福本不同版,應非鍾氏原刻,而爲翻刻本。

此本首葉長方形鈐印被挖去,《徐文長傳》首葉、卷六首葉、卷十四首葉、卷二十一首葉鈐“松堂”白文印,則原似裝訂爲四册:卷一至卷五爲一册,卷六至卷十三爲一册,卷十四至卷二十爲一册。現訂爲六册。函套内粘“THE HOOVER LIBRARY ACQUIRED THROUGH THE STANFORD UNIVERSITY LIBRARIES”藏書票。今藏斯坦福大學東亞圖書館。

著録:

《中國古籍善本書目》集部/明别集類 8968 徐文長文集三十卷四聲猿一卷　明徐渭撰　明袁宏道評點　明萬曆四十二年鍾人傑刻本

《北京大學圖書館藏古籍善本書目》集部/明别集類　徐文長文集三十卷　明徐渭撰　袁宏道評點　明萬曆刻本(後印本讀書坊藏板)

《美國哈佛大學哈佛燕京圖書館藏中文善本書志》2170 徐文長文集三十卷　明徐渭撰　袁宏道評點　明刻本(有扉葉題“讀書坊藏板”)

Title: Xu Wenchang wen ji: 30 juan

Author: Xu Wei zhuan; Yuan Hongdao ping dian; Min Demei [et al.] jiao ding

Imprint:[China]: Zhong Renjie, 1614—1644

(馬月華)

118　憨山老人夢遊集四十卷(集部/明别集類)

明釋德清撰,明福善目録,明通炯編輯,明劉起相重校,清順治十七年(1660)常熟毛褒等刻本,二函十六册,綫裝。半葉十行,行二十字,黑口,四周雙邊。框高二十一點六釐米,寬十五釐米。卷前有憨山老人像贊、上章困敦(順治十七年)錢謙益《憨山大師夢遊全集序》、比丘今釋撰《録夢遊全集小紀》、目録。卷末有附録,包括《塔銘傳》、輓詩、書跋、舊序等。首卷卷端下題“侍者福善目録　門人通炯編輯　嶺南弟子劉起相重較”。版心中鐫“夢遊”及卷次、葉數。

釋德清(1546—1623),俗姓蔡,名德清,字澄印,號憨山,以號行,全椒(今屬安徽)人,明末四大高僧之一。少入江寧報恩寺,十九歲圓戒,師從無極法師,又從雲穀參禪苦修。後雲遊四方,建海印寺,任住持。《憨山老人夢遊集》卷三十九、四十《憨山老人自序年譜實録》以及《憨山大師塔銘》、《憨山大師傳》中載其生平。

《憨山老人夢遊集》爲釋德清文集,包括法語五卷、書問四卷、序二卷、記二卷、塔銘二卷、傳一卷、題跋二卷、贊二卷、頌、箴、銘等等。

卷前順治十七年錢謙益《憨山大師夢遊全集序》中述及此四十卷本成書經過:“《憨

山大師夢遊全集》，嘉興藏函止刻《法語》五卷。丙申歲，龔孝升入粤，海幢華首和尚得余書，楗椎告衆，訪求鼎湖棲壑禪師藏本，曹秋岳諸公僐寫。歸吴，謙益手自讐勘，撰次爲四十卷。大師著述，援筆立就，文不加點，字句不免繁芿，段落間有失次。東游時，曾以《左氏心法序》下委刊定，見而色喜，遂削前藁。今兹讐勘，僭有行墨改竄，實稟承大師墜言，非敢僭逾，犯是不韙也。”錢序並言刻書事："毛子子晉請獨任鏤版，以伸其私淑之願。子晉歿，三子褒、表、扆聿追先志，遂告成事。”《續修四庫全書》集部第1377和1378兩册影印常熟市圖書館藏清順治十七年毛褒等刻本《憨山老人夢游集》四十卷，與此同版。

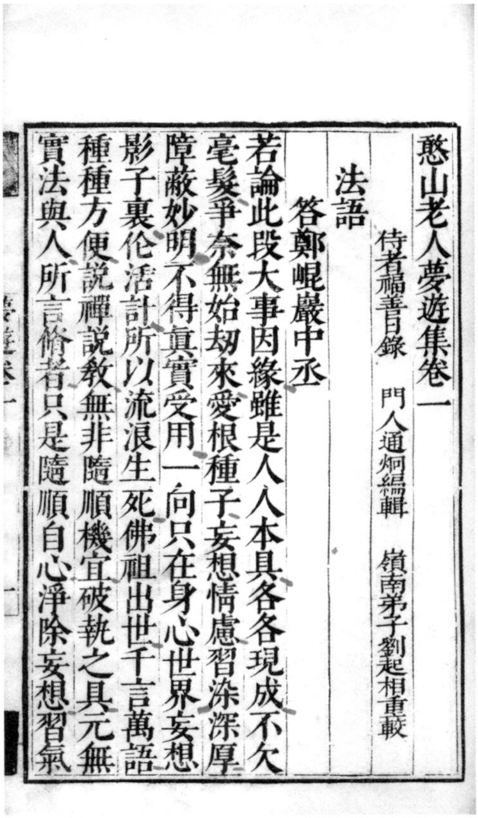
憨山老人夢遊集卷一
侍者福善日錄　門人通炯編輯　嶺南弟子劉起相重較
法語
答鄭崐巖中丞
若論此段大事因緣雖是人人本具各各現成不欠毫髮爭奈無始劫來愛根種子妄想情慮習染深厚障蔽妙明不得真實受用一向只在身心世界妄想影子裏作活計所以流浪生死佛祖出世千言萬語種種方便說禪說教無非隨順機宜破執之具元無實法與人所言修者只是隨順自心淨除妄想習氣

118　憨山老人夢遊集

該書原缺卷三十三，《目録》題“卷之三十三浄土會語（闕）”，卷六、卷七爲抄配。書中多朱筆句讀，書眉時有注語。各册首葉鈐“海印藏”朱文長方印、“山門常樂院亮海藏”朱文長方印。函套内粘“THE HOOVER LIBRARY ACQUIRED THROUGH THE STANFORD UNIVERSITY LIBRARIES”藏書票。今藏斯坦福大學東亞圖書館。

著録：

《中國古籍善本書目》集部/明別集類10020憨山老人夢遊集四十卷　明釋德清撰　清順治十七年毛褒等刻本

《續修四庫全書》集部第1377和1378兩册影印常熟市圖書館藏清順治十七年毛褒等刻本憨山老人夢遊集四十卷

Title: Hanshanlaoren meng you ji: 40 juan

Author: Shi Deqing zhuan; Fushan mu lu; Tongjiong bian ji; Liu Qixiang chong jiao

Imprint: [China]Changshu: Mao Bao, 1660

（馬月華）

119　容臺文集九卷詩集四卷(集部/明别集類)

5424 4146

明董其昌撰，明董庭輯，明崇禎三年(1630)董庭刻本配抄本，二函十三册，綫裝。半葉八行，行十九字，白口，無魚尾，左右雙邊。框高十九點四釐米，寬十二點四釐米。《容臺文集》九卷，分裝十册，卷前有明崇禎庚午(三年)陳繼儒敘、文集目録(目録末有“孫男延編次”一行)。卷端下題“華亭董其昌著/冢孫庭輯”。卷一首葉版心下方鎸“金泰卿寫/顧公彦刻”。各卷卷末多題“門人徐士竑、許經閱”。《容臺詩集》四卷，分裝三册，卷前有目録。卷一、卷二爲一册，卷三一册抄配，卷四一册亦抄配。卷一、卷二之卷端卷末所題皆與《容臺文集》同，卷三、卷四兩抄配卷卷端則題“華亭董其昌玄宰甫著/海上葉有聲君實甫較/冢男祖和冢孫庭輯”，卷四末題“門人許經秦鏡閱”。版心上鎸“容臺集”，中鎸卷次，下鎸葉數。

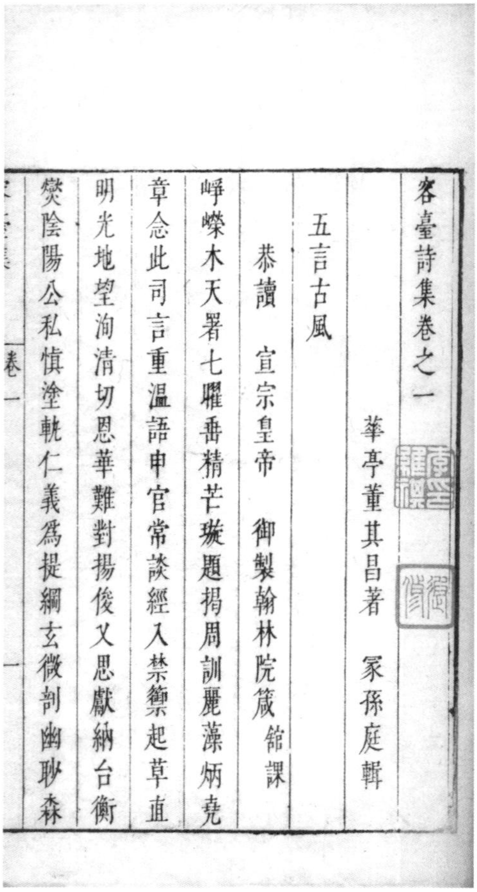
容臺詩集卷之一
華亭董其昌著　冢孫庭輯
五言古風
恭讀　宣宗皇帝　御製翰林院箴館課
崢嶸木天署七曜垂精芒璇題揭周訓麗藻炳堯
章念此司言重溫語申官常談經入禁籞起草直
明光地望洵清切思華難對揚俊乂思獻納台衡
爕陰陽公私慎塗轍仁義爲提綱玄微剖幽眇森

119　容臺集

董其昌(1555—1637)，字玄宰，號容臺、思白、香光居士，華亭(今屬上海松江)人。“華亭派”的主要代表。萬曆十七年(1589)進士，選庶吉士，授編修，官至禮部尚書，卒謚文敏。精於鑒賞，善於書畫，與邢侗、米萬鐘、張瑞圖并稱“明末四大書家”，著有《容臺集》、《畫禪室隨筆》、《畫旨》、《畫眼》等。《明史》卷二百八十八有傳。董庭爲董其昌長孫。

《容臺集》爲董其昌的詩文集，明刻有兩種：一爲崇禎三年董庭刻十七卷本，分《容臺文集》九卷，《容臺詩集》四卷，《容臺别集》四卷；一爲崇禎八年(1635)董祖、董庭合輯重刻十九卷本，分《容臺文集》十卷，《容臺詩集》九卷，《容臺别集》五卷。

此本爲崇禎三年董庭刻本配抄本。《容臺文集》各卷和《容臺詩集》卷一、卷二卷端下皆題“冢孫庭輯”，爲崇禎三年董庭刻本。而《容臺詩集》卷三、卷四抄配卷卷端題“冢男祖和冢孫庭輯”，其抄配所據底本爲崇禎八年董祖、董庭重刻本。尚缺《容臺别集》四卷。

鈐“蓉江李彼修收藏書畫圖書記”朱文印、“真州吴氏有福讀書堂藏書”白文印、“遐修”朱文印、“李維祺印”白文迴文印等，抄配之兩卷無鈐印。首葉墨筆小字題“十一本一函四元二角”，可見抄本兩册爲後配。函套内粘“HOOVER INSTITUTION on War，Revolution，and Peace FOUNDED BY HERBERT HOOVER，1919”藏書票。今藏斯坦福大學東亞圖書館。

著録：

《中國古籍善本書目》集部/明别集類 9421 容臺文集九卷詩集四卷别集四卷　明董其昌撰　明崇禎三年董庭刻本

《四庫全書存目叢書》集部第 171 册影印清華大學圖書館藏明崇禎三年董庭刻本容臺文集九卷詩集四卷别集四卷

《四庫禁燬書叢刊》集部第 32 册影印北京大學圖書館藏明崇禎三年董庭刻本容臺集十七卷

《柏克萊加州大學東亞圖書館中文古籍善本書志》631 容臺文集九卷詩集四卷别集四卷　明崇禎間董庭刻本

《美國哈佛大學哈佛燕京圖書館藏中文善本書志》2197 容臺文集九卷詩集四卷别集四卷　明董其昌撰　明崇禎三年董庭刻本

Title：Rong tai wen ji：9 juan；shi ji：4 juan

Author：Dong Qichang zhuan；Dong Ting ji

Imprint：[China]：Dong Ting，1630

（馬月華）

120　袁中郎全集四十卷(集部/明别集類)

5425 4538

明袁宏道著，明鍾惺定，明曹煦閲，明崇禎二年(1629)武林佩蘭居刻本，一函十三册，綫裝。半葉九行，行二十字，白口，四周單邊。框高二十點二釐米，寬十四點七釐米。卷前有雷思霈《袁中郎集序》，卷一、卷三、卷八、卷十、卷十二、卷十六、卷十八、卷二十一、卷二十三、卷二十五、卷二十八、卷三十、卷三十三、卷三十五、卷三十七、卷三十九之前分别有《鍾伯敬增定袁中郎全集目録》。首卷卷端下題“公安袁宏道著/景陵鍾惺定/嘉禾曹煦閲”，其餘各卷卷端所題閲者有不同。版心上鐫書名，中鐫卷次，下鐫葉數。

袁宏道(1568—1610)，字中郎，號石公，公安(今屬湖北)人。萬曆二十年(1592)進士，後歷任吴縣知縣、禮部主事、吏部驗封主事、稽勳郎中等職。少敏慧，善詩文，年十六即結社城南，自爲社長。宏道在文學上反對明“前七子”、“後七子”等人拟古、复古的主張和“文必秦漢，詩必盛唐”的風氣，提出“獨抒性靈，不拘格套”的性靈説。與其兄袁宗道、弟袁中道並有才名，合稱“公安三袁”。《明史》卷二百八十八有傳。

《袁中郎全集》爲袁宏道詩文總集，《四庫全書總目》指出：“其詩文變板重爲輕巧，變粉飾爲本色，致天下耳目於一新，又復靡然而從之。然七子猶根於學問，三袁則惟恃聰明。學七子者不過贋古，學三袁者乃至矜其小慧，破律而壞度，名爲救七子之弊，而弊又甚焉。”

《四庫全書存目叢書》集部第174册影印山西大學圖書館藏明崇禎二年武林佩蘭居刻本《袁中郎全集》四十卷，與斯坦福本同版，不過斯坦福本卷前缺湯汝楫《新刻袁中郎全集序》、崇禎二年陸之選《新刻鍾伯敬增定袁中郎全集緣起》、《參閲袁中郎全集氏籍》等。從版葉情况看，斯坦福本刷印之年要早於山西大學藏本。《存目》陸之選《緣起》末有“崇禎貳年歲次己巳刻於武林之佩蘭居，殺青日在季穐甲申”一句，據此將斯坦福本亦定爲崇禎二年武林佩蘭居刻本。

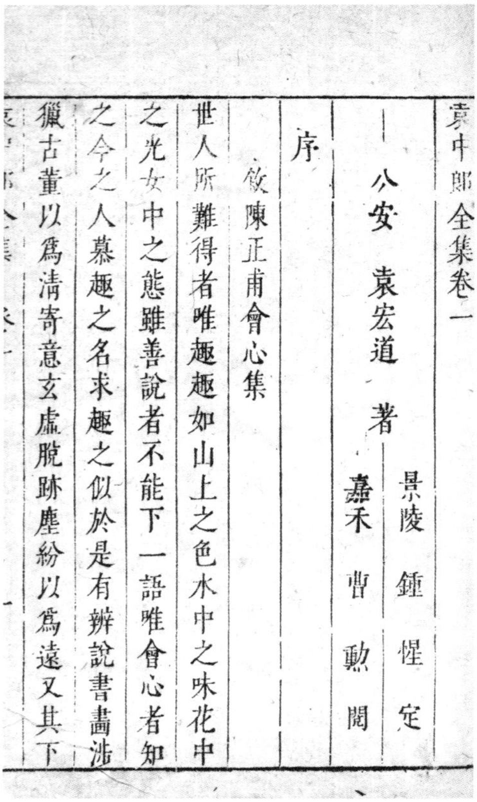
袁中郎全集卷一
公安 袁宏道 著
景陵 鍾惺 定
嘉禾 曹勲 閱
序
敘陳正甫會心集
世人所難得者唯趣趣如山上之色水中之味花中之光女中之態雖善說者不能下一語唯會心者知之今之人慕趣之名求趣之似於是有辨說書畫涉獵古董以爲清寄意玄虛脫跡塵紛以爲遠又其下

120 袁中郎全集

此書之《鍾伯敬增定袁中郎全集目録》將全書四十卷原分爲十六册：第一册包括卷一至卷二，第二册包括卷三至卷七，第三册包括卷八至卷九，第四册包括卷十至卷十一，第五册包括卷十二至卷十五，第六册包括卷十六至卷十七，第七册包括卷十八至卷二十，第八册包括卷二十一至卷二十二，第九册包括卷二十三至卷二十四，第十册包括卷二十五至卷二十七，第十一册包括卷二十八至卷二十九，第十二册包括卷三十至卷三十二，第十三册包括卷三十三至卷三十四，第十四册包括卷三十五至卷三十六，第十五册包括卷三十七至卷三十八，第十六册包括卷三十九至卷四十。斯坦福本將原裝十六册重裝爲十三册，各册均爲五眼綫裝。

此本鈐“閔在洙師魯記”白文印、“里啟道人”朱文印、“平陳吉印”白文印、“耕漁樵讀”朱文印、“雲煙過眼”白文印。第一册末（卷三目録後）有日本大正十四年（1925）五月二十三日里啟墨筆題記，第十三卷四十末葉有“别本二十四卷本，梨雲館類定，大業堂周如山刊行”墨筆題記一行。第五册夾有日文題記一紙。函套内粘“THE HOOVER LIBRARY ACQUIRED THROUGH THE STANFORD UNIVERSITY

LIBRARIES"藏書票，並蓋"HOOVER LIBRARY"墨戳。今藏斯坦福大學東亞圖書館。

著録：

《中國古籍善本書目》集部/明别集類 9522 袁中郎全集四十卷　明袁宏道撰　明崇禎二年武林佩蘭居刻本

《四庫全書存目叢書》集部第 174 册影印明崇禎二年武林佩蘭居刻本袁中郎全集四十卷

《北京大學圖書館藏古籍善本書目》集部/明别集類　袁中郎全集四十卷　明袁宏道撰　明崇禎二年武林佩蘭居刻本

Title：Yuan Zhonglang quan ji：40 juan

Author：Yuan Hongdao zhu；Zhong Xing ding；Cao Xun yue

Imprint：[China]：Wulin Pei lan ju，1629

（馬月華）

121　笠翁一家言全集十六卷（集部/清别集類）

清李漁著，清世德堂翻刻雍正八年（1730）芥子園本，原二十册，合訂爲西式四册。半葉九行，行二十字，白口，單黑魚尾，四周單邊。板框上欄高二點七釐米，下欄高十七釐米，寬十三釐米。内封鐫"笠翁一家言全集/世德堂梓行"。卷前有康熙九年（1670）包璿序、雍正八年芥子園主人識、康熙壬子（十一年，1672）李漁自序、全集總目。首卷卷端下題"湖上李漁著/婿沈心友因伯男將舒陶長仝訂"。版心中鐫卷次，下鐫葉數及"芥子園藏板"。上欄鐫評。此書書名據内封題名。

李漁，生平介紹詳見本書志所收《笠翁傳奇十種》。

據雍正八年芥子園主人自識，因坊間李漁著作"皆各成一册"，爲使讀者"窺先生之全體"，"特取先生之雜著此合成一書，校其魯魚，正其亥豕"，並名之"一家言全集"。此書包括：笠翁文集四卷；笠翁詩集三卷；笠翁餘集一卷；笠翁别集二卷；笠翁偶集（即闲情偶寄）六卷。

此本版心下雖鐫"芥子園藏板"，實並非芥子園原刻，據内封爲世德堂翻刻本。

鈐"千頃波"朱文方印。函套内粘"THE HOOVER LIBRARY on War，Revolution，and Peace"藏書票，並蓋"HOOVER LIBRARY"墨戳。今藏斯坦福大學東亞圖書館。

Title：Liweng yi jia yan quan ji：16 juan

Author：Li Yu zhu

Imprint：[China]：Shi de tang，1730—1911

（郭愷淳）

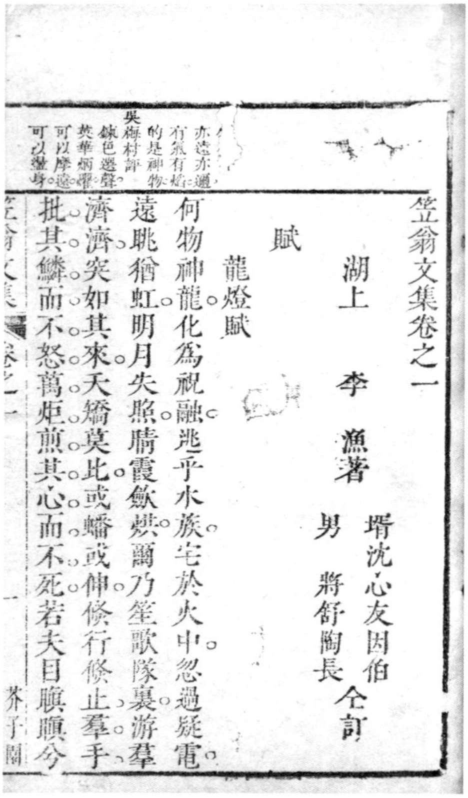

121　笠翁一家言

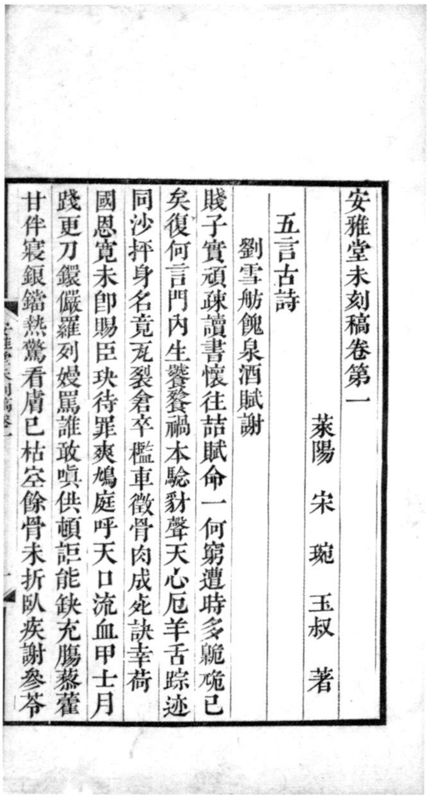

122　安雅堂未刻稿

122　安雅堂未刻稿八卷入蜀集二卷(集部/清別集類)

清宋琬著，清王士禛定，清乾隆三十一年(1766)刻《安雅堂全集》本，一函四册。半葉十行，行二十一字，黑口，雙黑魚尾，左右雙邊。框高十七點七釐米，寬十二點四釐米。卷前有乾隆丙戌(三十一年)彭啟豐序、目録。《安雅堂未刻稿》卷端下題"萊陽宋琬玉叔著"一行，《入蜀集》卷端下題"萊陽宋琬玉叔著/新城王士正貽上定"二行。各卷卷末均署"孫仁若校刻"。版心中鐫書名卷次，下鐫葉數。

宋琬(1614—1673)，字玉叔，號荔裳、二鄉亭主人等，萊陽(今屬山東)人。順治四年(1647)進士，授户部主事。期間受誣下獄數月，事白，遷吏部郎中。後歷任隴西道、永平道、寧紹台道，皆有政績。順治十八年(1661)擢浙江按察使，時山東于七起兵反清，宋琬被誣參與其事，被逮下獄，三年後始得免。康熙十年(1671)復授四川按察使。宋琬以詩文馳譽清初，與施閏章並稱"南施北宋"。其詩格合聲諧，明靚温潤，處困厄時多淒清激宕之調。著有《安雅堂詩》、《安雅堂文集》、《二鄉亭詞》、《安雅堂未刻稿》、雜劇《祭臯陶》等，纂修《(康熙)永平府志》。《清史稿》列傳二百七十一有傳。

《安雅堂未刻稿》爲宋琬之孫宋仁若搜集宋琬散佚之作，並加校勘而成，包括詩五卷，文三卷，附《入蜀集》二卷。此本卷前彭啟豐序指出："萊陽宋君仁若，輯其王父玉叔先生未刻遺集若干卷，分余門人，余生集來求序。……今仁若於重刻之外，復加甄綜，都爲一集，頓還舊觀。"據序署年此本爲乾隆三十一年刻本。

宋琬著作，前此已陸續刊刻，如順治十七年(1660)刻《安雅堂詩》，康熙五年(1666)刻《安雅堂文集》，康熙三十八年(1699)《重刻安雅堂文集》，康熙間又刻有《二鄉亭詞》、《安雅堂書啟》、《祭臯陶》，乾隆十一年(1746)刻《安雅堂拾遺》，至乾隆三十一年(1766)宋仁若復輯刻《安雅堂未刻稿》。《中國叢書綜録》著録順治至乾隆間刻《安雅堂全集》，除《安雅堂拾遺》外，收有上述各書。此本或爲《安雅堂全集》彙印本零種。

此本字體棱角分明，墨色烏黑，爲較初印本。《四庫全書存目叢書補編》和《續修四庫全書》均影印有同版《安雅堂未刻稿》，但板面斷裂處增多，兩者刷印時間皆晚於斯坦福本。

函套内粘"HOOVER INSTITUTION on War, Revolution, and Peace FOUNDED BY HERBERT HOOVER, 1919"藏書票。今藏斯坦福大學東亞圖書館。

著録：

《續修四庫全書》集部第1405册影印清乾隆三十一年刻本安雅堂未刻稿八卷入蜀集二卷

《四庫全書存目叢書補編》第2册影印首都圖書館藏所謂"清康熙刻本"安雅堂詩八卷文集二卷重刻安雅堂文集二卷安雅堂書啓一卷安雅堂未刻稿八卷入蜀集二卷二鄉亭詞三卷祭臯陶一卷

《北京大學圖書館藏古籍善本書目》集部/明别集類　安雅堂全集十九卷　清宋琬撰　清順治乾隆間刻本(其中包括未刻稿八卷入蜀集二卷)

《美國哈佛大學哈佛燕京圖書館藏中文善本書志》2279 安雅堂詩文集　清宋琬撰　清康熙至乾隆間刻本(其中包括未刻稿八卷入蜀集二卷)

Title: An ya tang wei ke gao: 8 juan

Author: Song Wan zhu

Title: Ru Shu ji: 2 juan

Author: Song Wan zhu; Wang Shizhen ding

Imprint: [China]: Song Renruo, 1766

(馬月華)

123　于清端公政書八卷首編一卷外集一卷續集一卷(集部/清別集類)

清于成龍撰,清康熙四十六年(1707)于準原刻、乾隆二十六年(1761)于大梃增刻本,一函八册,綫裝。半葉八行,行二十字,白口,單黑魚尾,四周單邊。框高十七點一釐米,寬十三點四釐米。卷前有清康熙二十二年(1683)李中素《于清端公政書原序》、康熙癸亥(二十二年)劉鼎原跋、于清端公像贊。各卷之前有該卷目録。卷端下題"後學平江蔡方炳/西陵諸匡鼎編次/冢孫于準敬録"。書中有康熙四十六年陳奕禧跋、蔡方炳識、于準識及乾隆二十六年于成龍曾孫于大梃跋。版心上鐫書名,中鐫卷次及篇名,下鐫葉數。

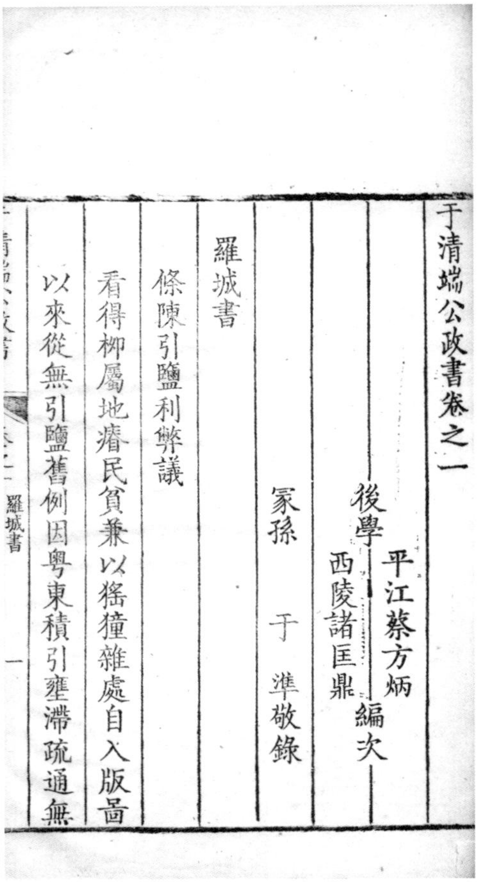
于清端公政書卷之一
後學平江蔡方炳
西陵諸匡鼎編次
冢孫于準敬録
羅城書
條陳引鹽利弊議
看得柳屬地瘠民貧兼以猺獞雜處自入版啚
以來從無引鹽舊例因粵東積引壅滯疏通無

123　于清端公政書

于成龍(1617—1684),字北溟,號于山,永寧(今屬山西)人。明崇禎十二年(1639)副榜貢生。清順治十八年(1661)任廣西羅城知縣。康熙間,歷任四川合州知州、福建按察使、直隸巡撫、兩江總督等職。以清廉著稱。編有《江南通志》、《畿輔通志》等,後人輯其在任時所撰條議、奏疏、勸諭、與同官往來書牘及詩詞作品而成《于山奏牘》、《于清端公政書》。《清史稿》列傳六十四、《清史列傳》卷八有傳。

此書收録于成龍在羅城、合州、武昌,黄州、八閩、畿輔、兩江等地爲官時所作檄文、諭令、奏疏、條約、覆文、官方書札、詩詞,及後人紀念于氏之碑銘凡三百餘篇。爲研究于成龍之重要資料。

據書内序跋,原書八卷首編一卷外集一卷爲康熙四十六年于準原刻,續集一卷爲乾隆二十六年于成龍曾孫于大梃增刻。于準跋稱:"蔡子方炳昔曾列先清端之門,因委以校讎之役,武陵諸子匡鼎適至,遂與同事。裒爲政書而旁及於吟詠、於古文,凡先人遺筆不敢或棄。至於聖天子所眷注褒嘉者首列之,彰榮寵也。諸當事所諮諏籌畫者附列之,誌知遇也。刻既竣,敢述重刻政書緣起而跋其後。冢孫準百拜識。"乾隆二十六年于大梃於續集末附跋稱:"用即命弟大檀繕寫付匠刊入政書,以昭金公厚誼,而余小子之志亦籍以慰焉。雕既成，敢跋續集緣起如此。”

函套内粘“THE HOOVER LIBRARY ON WAR, REVOLUTION, AND PEACE”藏書票，並蓋“HOOVER LIBRARY”墨戳。今藏斯坦福大學東亞圖書館。

著録：

《北京大學圖書館藏古籍善本書目》集部/清別集類 于清端公政書八卷 清于成龍撰 首編一卷外集一卷續集一卷 清乾隆于大梃刻本

Title：Yu Qingduan gong zheng shu：8 juan；Shou bian：1 juan；Wai ji：1 juan；Xu ji：1 juan

Author：Yu Chenglong zhuan

Imprint：[China]：Yuzhun 1707；Yu Dachan 1761

（郭愷淳）

124　三魚堂文集十二卷三魚堂外集六卷附録一卷（集部/清別集類）

5460 7174

清陸隴其著，清席永恂、席前席校，清康熙四十年（1701）席氏刻嘉會堂藏板本，一函六册，綫裝。半葉九行，行二十字，白口，無魚尾，左右雙邊。框高十七點八釐米，寬十四點二釐米。内封題“陸稼書先生三魚堂文集/嘉會堂藏板”，卷前有嘉定侯開國序、目録。《外集》前有目録，目録末附康熙辛巳（四十年）陸隴其姪禮徵跋。附録一卷爲柯崇樸撰陸隴其行狀。卷端下題“平湖陸隴其稼書著　門人吴縣席永恂太倉王前席校”，版心上鐫書名及卷次，下鐫葉數。

陸隴其（1630—1692），初名龍其，字稼書，平湖（今屬浙江）人。康熙九年（1670）進士，歷官嘉定知縣、靈壽知縣、四川道監察御史等，著名循吏。爲學專宗朱熹，詆斥陸王心學。著有《困勉録》、《松陽講義》、《三魚堂文集》等。《清史稿》列傳五十二有傳。

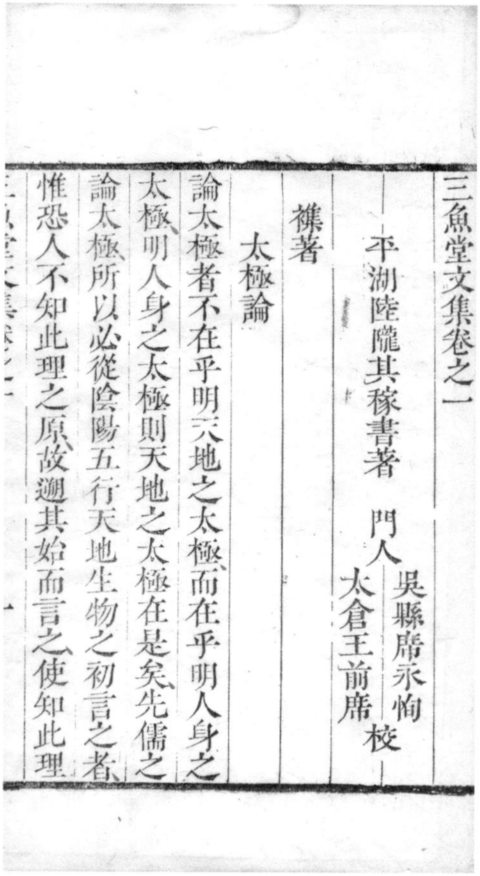
三魚堂文集卷之一
平湖陸隴其稼書著　門人吳縣席永恂 太倉王前席 校
雜著
太極論
論太極者不在乎明天地之太極而在乎明人身之
太極明人身之太極則天地之太極在是矣先儒之
論太極所以必從陰陽五行天地生物之初言之者
惟恐人不知此理之原故遡其始而言之使知此理

124　三魚堂文集

“三魚堂”爲陸隴其齋名。《三魚堂文集》名爲“文集”，其《外集》第六卷全收陸氏之詩。附録一卷爲陸氏行狀。

此本《外集》目録末附康熙四十年禮徵跋言編次刻書事：“禮徵故與二三同志旁搜廣緝，彙成是編，練水侯子大年略訪朱子、昌黎文集分類而前後之。琴川及門席氏漢翼、漢廷伯仲復加審定，出帑付梓，遂得告成。”陸隴其與琴川席氏關係密切。康熙間吴縣人席啟寓（1650—1702）爲著名商人，家有園林之勝，康熙南巡亦曾過其家。後遷居常熟，命其室名曰琴川書屋（“琴川”爲常熟古稱）。席啟寓十分敬重陸隴其，延請他課其二子席永恂、席永恪。席永恂，字漢翼，號念莪。其弟席永恪，後改名前席，字漢廷（亦作庭）。陸氏去世後，席啟寓不僅厚葬之，並且聘其孫女爲席永恂長子祜鎬之妻。陸隴其之遺書亦由席啟寓捐資全部刊刻流傳。

《中國古籍善本書目》著録《三魚堂文集》有清康熙四十年琴川書屋刻本和康熙嘉會堂刻本兩種版本，現在看來兩者可能實爲同一版本。此本内封題“嘉會堂藏板”，應即《中國古籍善本書目》著録之“康熙嘉會堂刻本”。北京大學圖書館藏有一部《三魚堂文集》，内封題“三魚堂集/琴川書屋藏板”，應即《中國古籍善本書目》著録之“清康熙四十年琴川書屋刻本”。此本與北大本版式、行款、字體、斷板全同，兩者爲同版書。當然，兩者也有不同，如：北大琴川書屋藏板本卷端下題“門人常熟席永恂/前席校”，席永恂、席前席即席漢翼、席漢廷兄弟；而斯坦福嘉會堂藏板本卷端下題“門人吴縣席永恂/太倉王前席校”，席永恂之名未變，而“前席”則已由席前席變爲王前席。由兩本版面情況看，嘉會堂藏板本印刷在琴川書屋藏板本之後，卷端下題之不同爲後來剜改。

清雍正十年（1732），受湖南儒生曾静反清一案牽連，吕留良被雍正定爲“大逆”罪，慘遭開棺戮屍梟示之刑，其子孫、親戚、弟子廣受株連，無一倖免，成爲清代震驚全國的文字冤獄。此本與吕留良相關之文字多已被挖去，目録中卷六《與吕無黨附答書》（位置在《與席生漢翼漢廷》後）、卷七《答吕無黨》（位置在《答張西山先生》後）、卷十二《祭吕晚村先生文》（位置在《祭同年嘉定周進士義扶文》後）等篇名皆被挖。篇中涉及吕留良之文字亦盡數挖改，如卷一《大學答問》“吕晚村有言，太學經程朱考定，如地平天”被挖去、卷六《與趙生魚裳旂公》末“晚村評金黄稿尚未見”、卷七《與李枚吉壻》中有“見吕晚村所刊《小學》、《近思録》”、卷七《答曹彝士太史》、卷七《寄曹星佑壻》、卷八《王學質疑序》、卷十二《祭吕晚村先生文》文字盡被挖去。可見此本之印當在雍正十年之後。

鈐“素履居藏”朱文印、“素履居”橢圓墨戳、“勤有樓圖書”朱文印、“中川家藏書印”朱文印（旁注“鉤消”朱印）、“静觀亭暴書記”朱文印等。函套内粘“THE HOOVER LIBRARY ACQUIRED THROUGH THE STANFORD UNIVERSITY LIBRARIES”墨戳，並鈐“HOOVER LIBRARY”墨戳。今藏斯坦福大學東亞圖書館。

著録：

《中國古籍善本書目》集部/清别集類 12300 三魚堂文集十二卷外集六卷　清陸隴

其撰　附録一卷　清康熙四十年琴川書屋刻本

《中國古籍善本書目》集部/清别集類 12301 三魚堂文集十二卷外集六卷　清陸隴其撰　附録一卷　清康熙嘉會堂刻本

Title: San yu tang wen ji: 12 juan; San yu tang wai ji: 6 juan; Fu lu: 1 juan

Author: Lu Longqi zhu; Xi Yongxun and Xi Qianxi jiao

Imprint: [China]: Xi shi, 1701; Jia hui tang cang ban

（馬月華）

125　西陂類稿三十九卷（集部/清别集類）

5463 3995

清宋犖撰，清康熙五十年（1711）常熟毛扆刻康熙間宋至等增補本，二函二十册，綫裝。半葉十行，行十九字，白口，單黑魚尾，四周單邊。框高十八點七釐米，寬十四點二釐米。卷前有康熙五十年陳廷敬序、舊刻詩詞及新編文稿各序、目録。卷端下題"商丘宋犖牧仲"一行。版心上鎸書名，中鎸卷次。

宋犖（1634—1713），字牧仲，號漫堂、西陂、綿津山人、滄浪寓公等，商丘（今屬河南）人。順治四年（1647），以父蔭列侍衛。後歷任黄州通判、江西巡撫、江蘇巡撫、吏部尚書等職。其詩文與王士禛齊名，在書畫、鑒賞及收藏領域皆有很高的造詣。著《滄浪小志》、《西陂類稿》等。《清史稿》列傳六十一有傳，另有自訂及子孫續訂之《漫堂年譜》。

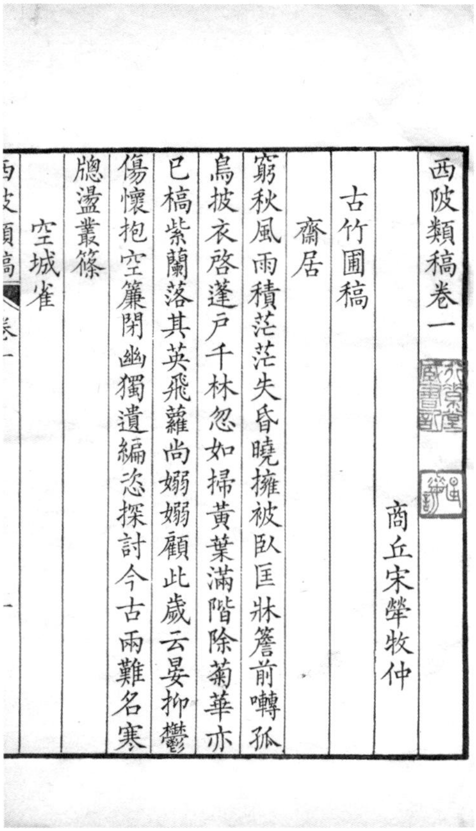
西陂類稿卷一
商丘宋犖牧仲
古竹圃稿
齋居
窮秋風雨積茫茫失昏曉擁被臥匡牀簷前囀孤
鳥披衣啓蓬戶千林忽如掃黃葉滿階除菊華亦
已槁紫蘭落其英飛蘿尚嫋嫋顧此歲云晏抑鬱
傷懷抱空簾閉幽獨遺編恣探討今古兩難名寒
總盪叢篠
空城雀
西陂類稿　卷一

125　西陂類稿

《西陂類稿》爲宋犖晚年自訂一生著作總集，清康熙五十年刻成。《漫堂年譜》康熙"五十年辛卯"末記："十月具摺謝恩。編刻《三世遺集》及《西陂類稿》成。以後續編。"兩年之後宋犖去世，其子宋至等又將宋犖最後兩年的作品增刻入《西陂類稿》中。

康熙五十年所刻《西陂類稿》爲五十卷本，其内容如下：前二十二卷收詩集，集名衆多，有《古竹圃稿》、《嘉禾堂稿》、《柳湖草》、《將母樓稿》等等；卷二十三爲詞集《楓香詞》;卷二十四至三十一爲序、記、題跋、尺牘等文集;卷三十二至三十七爲奏疏;卷三十八、三十九爲公移;卷四十至四十二爲《迎鑾日記》;卷四十三至四十六爲《筠廊偶筆》及《二筆》;卷四十七至卷五十爲《漫堂年譜》。華東師範大學圖書館藏有一部五十卷本《西陂類稿》,已經影印出版,讀者可參看。(《華東師範大學圖書館藏稀見叢書彙刊》第7册至第13册影印康熙五十年商丘宋氏刻本《宋氏全集》,其中第7册至第11册爲《西陂類稿》五十卷。)

斯坦福本爲三十九卷本,比較少見,《中國古籍善本書目》亦無著録。與五十卷本相較,實爲同版書,只是移去五十卷本第四十卷以後内容,並有部分增刻、補刻,並非另刻一部。第四十卷以後之内容,多有别行者,如《筠廊偶筆》二卷、《二筆》二卷即列入《四庫全書》子部雜家類"存目"。

斯坦福本較初刻五十卷本的前三十九卷增補了不少内容,如:詩部分卷二十一增刻《夢中賦白菊醒記首二句爲續成之》、《送漢荀返吴江用阮亭雪後石帆亭懷賓公山中韻》、《夢賦海濱樓閣得起二語醒來續成一律》、《致兒自閩海之任巴蜀便道抵舍留西陂一月適至兒自都門寄致五絶句因走筆和之》五首、《兒至奉使黔陽計程當過鄭州遙望賦此》二首、《屈指》、《紀夢》、《王賓興方伯致政歸江南以小照索詩漫爲賦此》、《看花》、《送眼聞禪師主古白雲法席》、《歲暮夢遊西湖》等共十六首詩;文部分共增刻四篇,卷二十五增刻《祝聖恭紀》、《重建三報祠碑記》二篇,卷二十八增刻《跋宋儒遺墨卷》一篇,卷三十一增刻《資政大夫刑部尚書阮亭王公暨配張宜人墓志銘》一篇。斯坦福本目録部分自卷二十一末之後皆爲補刻。這些增刻、補刻葉爲康熙五十年之後宋至等完成。需要指出的是,這些增補是相對初印的康熙五十卷本而言,五十卷本的後印本則已加上增補葉,與三十九本同。

《四庫全書》所抄底本即宋至等增補之三十九卷本,抄寫時對底本作了不少删改,有些是因清廷所忌,有些則爲妄改。斯坦福本或爲宋至等增補之康熙三十九卷本原貌,可爲研究《四庫全書》對底本的删改提供依據。

此本字體秀美,刊刻極精,爲常熟汲古閣毛扆所刻。北大藏五十卷本目録末鐫"常熟門人毛扆姪孫懷金外孫高岑校梓",即毛扆、宋懷金、高岑三人"校梓",毛扆爲汲古閣毛晉之子。此本與多數汲古閣刻本字體迥異,具有汲古閣後期刻本風格。

鈐"金匱室"朱文印、"疏野堂藏書"朱文印、"白茆世家"白文印、"沈燕謀藏書記"白文印、"晏誨"朱文印、"行素堂藏書記"朱文印等。函套内粘"HOOVER INSTITUTION on War, Revolution, and Peace FOUNDED BY HERBERT HOOVER, 1919"藏書票。今藏斯坦福大學東亞圖書館。

著録:

范希曾《書目答問補正》西陂類稿三十九卷宋犖　康熙五十年家刻

《中國古籍善本書目》集部/清别集類12185 西陂類稿五十卷　清宋犖撰　清康熙

毛扆、宋懷金、高岑刻本

Title：Xipo lei gao：39 juan

Author：Song Luo zhuan

Imprint：[China] Changshu：Mao Yi [et al.]，1711—1722

（馬月華）

126　林蕙堂全集二十六卷(集部/清別集類)

5449 2322

清吴綺著，清吴壽潛、吴威喜校訂，清康熙三十九年(1700)吴壽潛刻本，一函十二册，綫裝。半葉九行，行二十一字，白口，左右雙邊。框高十七點三釐米，寬十三點八釐米。内封題“海内諸名家鑒定/魯謙菴沈樂存兩先生選/吴園次先生林蕙堂全集/本衙藏板”。卷前有庚辰(康熙三十九年)魯超序、康熙庚辰沈愷序、康熙庚辰釋大汕序、陳維崧原敘、杜濬原敘、尤侗原敘、辛未(康熙三十年，1691)汪洪度原序、康熙丁巳(十六年，1677)魏禧《林蕙堂文集原敘》、靳治荊原序、陶之典序、(吴)興祚原序、張白撰吴綺傳、聽翁自傳、王方岐撰後傳、吴壽潛撰《凡例》、參訂姓氏、總目，各卷前有本卷詳目。卷端下題“延陵吴綺園次著/男壽潛彤本威喜木華較訂”等。版心上鐫書名，中鐫卷次，下鐫葉數。

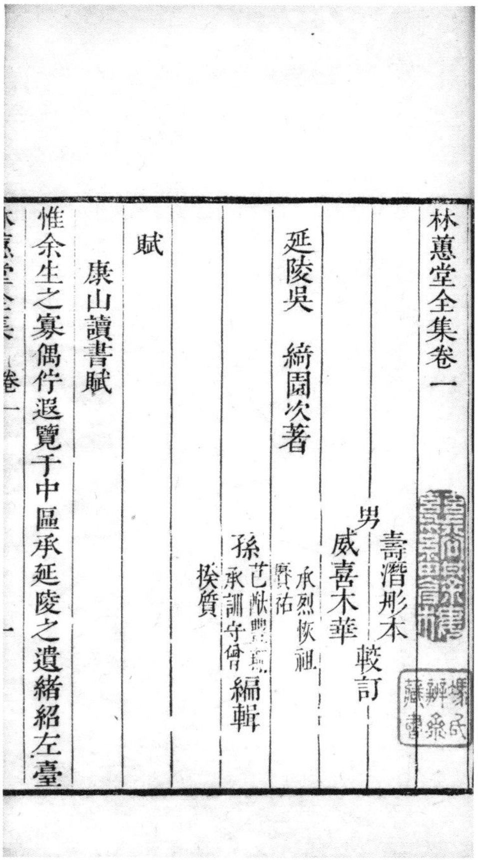
林蕙堂全集卷一
延陵吳　綺園次著
男　壽潛彤本　威喜木華　較訂
孫　編輯
賦
康山讀書賦
惟余生之寡偶佇遐覽于中區承延陵之遺緒紹左臺
林蕙堂全集　卷一　一

126　林蕙堂全集

吴綺，生卒不詳，字園次，一字豐南，號綺園，又號聽翁，江都(今江蘇揚州)人。順治十一年(1654)拔貢生，薦授弘文院中書舍人，後歷任兵部主事、武選司員外郎、湖州知府等職。詩、詞、文皆有造詣，尤以詞之成就最高。《四庫全書總目》稱其“跌宕風流，亦可謂一時才士矣”。著《嶺南風物記》、《林蕙堂全集》及傳奇《嘯秋風》、《繡平原》等。《(乾隆)江南通志》卷一百六十六有傳。

《林蕙堂全集》爲吴綺詩、詞、文合集。卷一至卷十二爲文集，卷十三至卷二十二爲《亭皋詩集》，卷二十三至卷二十五爲《藝香詞》三卷，卷二十六爲《填詞》一卷。

此本卷前康熙三十九年釋大汕序稱:"適次君彤本抱遺編來遊五羊,謀授之梓。……閲歲而棗梨工竣。"吴壽潛《凡例》指出:"茲集鏤板計其工力,不下一二百緡。潛深痛硯田筆耒不能表著先人,商之故舊,亦復代爲攢眉而已。偶至羊城,蒙石公垂念,素心一見,即爲首倡義舉,亟付梨棗。又承諸先生從而襄事,遂得告成。"爲康熙三十九年吴壽潛刻本,刻於羊城(即廣州)。

各册首葉鈐"馮氏辨齋藏書"朱文印、"慈谿畊餘樓"白文印,函套内粘"THE HOOVER LIBRARY ON WAR, REVOLUTION, AND PEACE"藏書票,並蓋"HOOVER LIBRARY"墨戳。今藏斯坦福大學東亞圖書館。

著録:

《中國古籍善本書目》集部/清別集類12002 林蕙堂全集二十六卷　清吴綺撰　清康熙三十九年刻本

Title: Lin hui tang quan ji: 26 juan

Author: Wu Qi zhu; Wu Shouqian and Wu Weixi jiao ding

Imprint: [China] Guangzhou: Wu Shouqian, 1700

（馬月華）

127　高江邨集十一種(集部/清別集類)

清高士奇撰,清康熙錢塘高氏刻本,一函八册,綫裝。半葉十一行,行二十字,上下黑口,雙黑魚尾,四周單邊或四周雙邊。框高十八點二釐米,寬十三點四釐米。版心中鐫集名及卷次。卷前總目爲抄配。書根題名"高江邨集",書名據此。

高士奇,生平介紹見本書志所收《江邨銷夏録》。

《高江邨集》爲高氏詩文著作之彙印本。其子目爲:

第一種:清吟堂集九卷附神功聖德詩一卷及恭奏漠北蕩平凱歌一卷。卷前有康熙己卯(三十八年,1699)彭孫遹序、康熙庚辰(三十九年,1700)尤侗序、康熙三十七年(1698)盧軒序、清吟堂集目録。尤序稱:"乃搜篋衍彙前後四年之詩,刻成九卷,間以示予。"盧軒序稱:"軒自公南歸,執經侍皐比凡九閲月刻成,得最先讀。"則此書康熙三十七年刻成。以上爲第一册。

第二種:經進文稾六卷。卷前有目録。以上爲第二册。

第三種:扈從東巡日録二卷附録一卷。卷前有康熙二十一年(1682)陳廷敬序、汪懋麟序、朱彝尊序、康熙二十一年高士奇序。

第四種:扈從西巡日録一卷。卷前有康熙二十二年(1683)徐乾學序、康熙二十二年王士禛序。以上爲第三册。

第五種:隨輦集十卷續集一卷。卷前有徐乾學序、徐元文序、康熙癸酉(三十二年,

1693)姜宸英序。以上爲第四册。

第六種:苑西集十二卷。卷前有狄億序、康熙二十九年(1690)汪琬序、康熙庚午(二十九年,1690)高士奇序、康熙庚申(十九年,1680)王士禛序、康熙二十九年蔣景祁序、目録。以上爲第五册。

第七種:竹窻詞一卷。《竹窻詞》卷前有康熙辛未(三十年,1691)高士奇序。

第八種:蔬香詞一卷。

第九種:城北集八卷。《城北集》卷前有康熙癸丑(十二年,1673)朱彝尊序。康熙庚午(二十九年)顧圖河序、目録。以上爲第六册。

第十種:獨旦集八卷。卷前有康熙壬申(三十一年,1692)王九齡序、尤侗序、顧圖河序、高士奇自序。以上爲第七册。

第十一種:歸田集十四卷。卷前有康熙甲戌(三十三年,1694)曹禾序、康熙辛未(三十年)沈麟序、李良年序、王原序,目録。以上爲第八册。

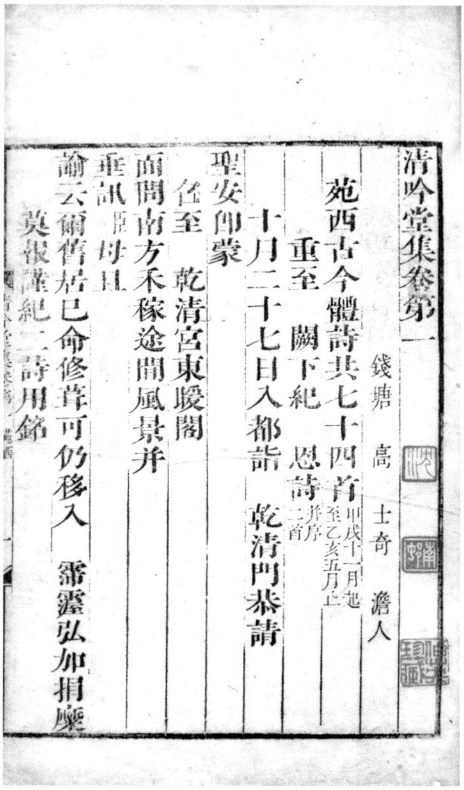
清吟堂集卷第一 錢塘 高士奇 澹人
苑西古今體詩共七十四首 甲戌十一月起至乙亥五月止
重至 闕下紀 恩詩 并序二首
十月二十七日入都詣 乾清門恭請
聖安仰蒙
召至 乾清宫東暖閣
面問南方禾稼途間風景并
垂訊 臣母且
諭云爾舊居已命修葺可仍移入 霈靈弘加捐糜
莫報謹紀二詩用銘

127 高江邨集

由字體及各書卷前序觀之,此本爲康熙間刻本。《中國古籍善本書目》集部清别集類12631著録康熙刻本"清吟堂全集七十七卷",其子目與此本同,爲同版書。彼題"清吟堂全集",蓋書名所據有不同,此本書名"高江邨集"所據爲書根題名。又,此本諱字避至"胤"字,不避"弘"、"寧"等字,或爲雍正間彙印本。

鈐"曾藏沈燕謀家"朱文印、"沈"朱文印、"燕謀"白文印、"南通沈氏藏書"朱文印、"南通沈燕謀印"白文印、"金匱室"朱文印、"伯英珍藏"朱文印、"南邨"白文印、"露蘭"朱文印、"蔣詩庭印"白文迴文印、"行素堂"朱文印等等。函套内粘"HOOVER INSTITUTION on War, Revolution, and Peace FOUNDED BY HERBERT HOOVER, 1919"藏書票。今藏斯坦福大學東亞圖書館。

著録:

《四庫未收書輯刊》集部第07輯第26册、第09輯第16册、第09輯第30册分别影印康熙刻本各子目。

第一種:清吟堂集九卷附神功聖德詩一卷及恭奏漠北蕩平凱歌一卷。第07輯第26册。

第二種:經進文稾六卷。第09輯第16册。

第三種:扈從東巡日録二卷附録一卷。第09輯第16册。

第四種:扈從西巡日録一卷。(缺)

第五種:隨輦集十卷續集一卷。第09輯第16册。

第六種:苑西集十二卷。第07輯第26册。

第七種:竹窻詞一卷。第09輯第30册。

第八種:蔬香詞一卷。第09輯第30册。

第九種:城北集八卷。第07輯第26册。

第十種:獨旦集八卷。第07輯第26册。

第十一種:歸田集十四卷。第09輯第16册。

《中國古籍善本書目》集部/清别集類12631清吟堂全集七十七卷　清高士奇撰　清康熙刻本

1.清吟堂集九卷附神功聖德詩一卷皇帝親平漠北頌一卷恭奏漠北蕩平凱歌一卷

2.苑西集十二卷

3.城北集八卷

4.竹窻詞一卷

5.蔬香詞一卷

6.扈從東巡日録二卷附録一卷

7.扈從西巡日録一卷

8.經進文稿六卷

9.隨輦集十卷續集一卷

10.歸田集十四卷

11.獨旦集八卷

《柏克萊加州大學東亞圖書館中文古籍善本書志》797高江村全集八十四卷　清高士奇撰　清康熙間刻本

Title: Gao Jiangcun ji: 11 zhong

Author: Gao Shiqi zhuan

Imprint:[China]: Gao shi, 1682—1700

(馬月華)

128　漁洋山人精華録訓纂十卷總目二卷(集部/清别集類)

5461 5349

清惠棟撰,清乾隆惠氏紅豆齋刻本,一函十二册,綫裝。半葉十行,行二十一字,小字雙行同,白口,單黑魚尾,四周雙邊。框高十九點七釐米,寬十五釐米。内封題"漁洋山人精華録訓纂/紅豆齋藏板”。卷前有“訓纂凡例”、書目、總目二卷。卷端下題“小門生東吴惠棟定宇撰/同學諸子参”。版心上鐫“精華録訓纂”,中鐫卷次,下鐫葉次及“紅豆齋”。

惠棟(1697—1758),字定宇,號松崖,元和(今江蘇吴縣)人。生員。清乾嘉考據學吴派代表學者,精通諸經史諸子訓詁,一生治學不仕。著有《九經古義》、《松文鈔》、《古文尚書考》、《易漢學》等。《清史稿》列傳二百六十八有傳。

《漁洋山人精華録》爲清初詩壇領袖王士禛的一部詩别集,前四卷爲古體詩,後六卷收今體詩,王士禛生平介紹詳見本書志所收《居易録》。《漁洋山人精華録訓纂》是惠棟對《漁洋山人精華録》的訓釋之作。

據全書字體及内封等題,此本爲乾隆間惠氏紅豆齋家刻本。

鈐“今關天彭之印”朱文方印。函套内粘“HOOVER INSTITUTION on War, Revolution, and Peace FOUNDED BY HERBERT HOOVER, 1919”藏書票,並蓋“HOOVER LIBRARY”墨戳。今藏斯坦福大學東亞圖書館。

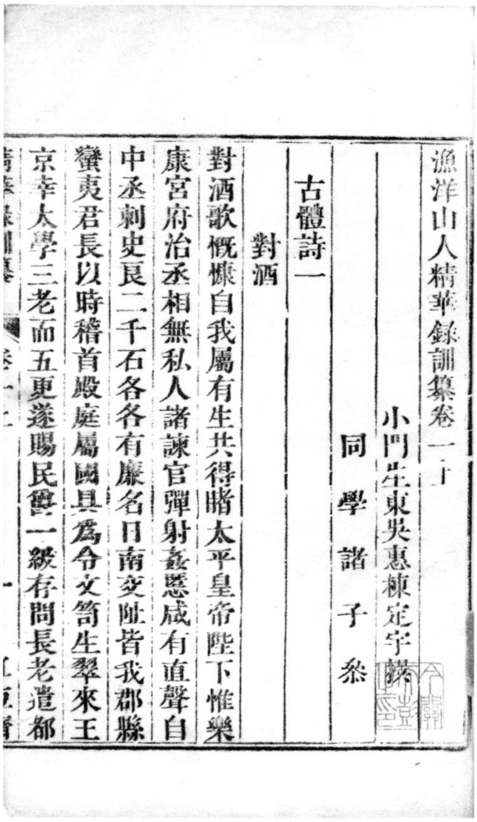

128 漁洋山人精華録訓纂

著録:

《中國古籍善本書目》集部/清别集類 11889 漁洋山人精華録訓纂十卷 清王士禛撰 清惠棟注 年譜註補二卷金氏精華録箋注辯訛一卷 清惠棟撰 清惠氏紅豆齋刻本

《四庫全書存目叢書》集部第 225 至 226 册影印湖北省圖書館清華大學圖書館藏清惠氏紅豆齋刻本漁洋山人精華録訓纂十卷總目二卷年譜註補二卷金氏精華録箋注辨訛一卷訓纂補十卷首一卷

Title: Yuyangshanren jing hua lu xun zuan: 10 juan; Zong mu: 2 juan

Author: Hui Dong zhuan

Imprint:[China]: Hui shi Hong dou zhai, 1736—1795

(郭愷淳)

129　夢樓詩集二十二卷(集部/清別集類)

5487 1003

清王文治撰,清乾隆六十年(1795)食舊堂刻本,一函五册,綫裝。半葉十一行,行二十二字,白口,單黑魚尾,四周單邊。框高十九釐米,寬十三點五釐米。内封題"乾隆乙卯/夢樓詩集/食舊堂藏板",卷前有乾隆六十年王文治自序、乾隆四十二年(1777)姚鼐序、目録。卷端下題"丹徒王文治禹卿"一行。版心上鐫書名,中鐫卷次,下鐫葉數。

王文治(1730—1802),字禹卿,號夢樓,堂號"食舊堂",丹徒(今屬江蘇)人。乾隆二十五年(1760)進士,授翰林院編修。官翰林院侍讀,外任雲南臨安知府,後告歸不復出仕。往來吴越間,主講杭州、鎮江書院。於詩文、音律等皆頗有造詣。以書法名世,其書秀逸天成。著有《夢樓詩集》、《快雨堂題跋》等。姚鼐有《丹徒王君墓誌銘》、《清史稿》列傳二百九十亦有其傳。

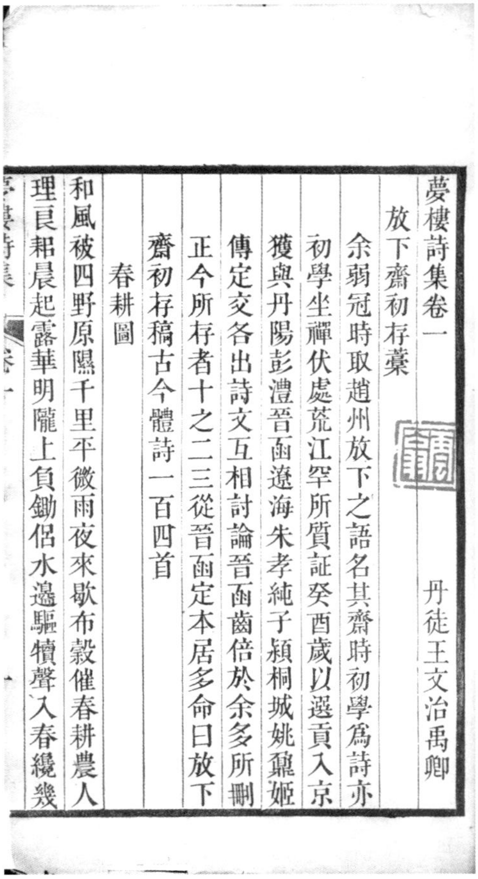
夢樓詩集卷一　丹徒王文治禹卿
放下齋初存藳
余弱冠時取趙州放下之語名其齋時初學爲詩亦
初學坐禪伏處荒江罕所質証癸酉歲以選貢入京
獲與丹陽彭澧晉函遼海朱孝純子頴桐城姚鼐姬
傳定交各出詩文互相討論晉函齒倍於余多所刪
正今所存者十之二三從晉函定本居多命曰放下
齋初存稿古今體詩一百四首
春耕圖
和風被四野原隰千里平微雨夜來歌布穀催春耕農人
理良耜晨起露華明隴上負鋤侶水邊驅犢聲入春纔幾

129　夢樓詩集

《夢樓詩集》原名《食舊堂集》,乾隆四十二年時曾經刊刻,卷前姚鼐序指出:"鼐既盡讀先生之詩,歎爲古今所不易有。子穎俾人抄之,爲十幾卷,曰《食舊堂集》,將雕板傳諸人,而鼐爲之序。乾隆四十二年五月十八日。"《食舊堂集》刻成之後,並未刷印流傳,後王氏作了不少删訂,易集名爲《夢樓詩集》,於乾隆六十年重新刻成行世。卷前王序指出:"子穎欲刻余詩,姬傳欣然爲之序。余自取視之,頗不敢信,故板已鋟而復毁,是時余年將五十矣。厥後,余訪友於長沙,舟行湘水中,日夕無事,因取舊所作詩删訂之。同人及門弟子皆慫余鋟板,余不獲已,從其請,今始竣工,是時余年已六十有六矣。"此本即乾隆六十年王氏食舊堂刻本。

需要指出的是,此二十二卷本首尾完整,爲原書初刻本。今存食舊堂刻本《夢樓詩集》多爲二十四卷本,第二十三卷、二十四卷實爲後來增刻。二十二卷本較少有著録,《中國古籍善本書目》亦僅著録有二十四卷食舊堂刻本一種(集部/清別集類 14462)。收藏二十二卷本者,除斯坦福外,所知尚有中國國家圖書館、復旦大學圖書館、美國柏克萊加州大學東亞圖書館、哈佛大學哈佛燕京圖書館等機構。

鈐“葉氏鐵研齋珍藏書画印”朱文印、“放慵樓”朱文印、“雲翁”白文印等。函套内粘“HOOVER INSTITUTION on War, Revolution, and Peace FOUNDED BY HERBERT HOOVER, 1919”藏書票。今藏斯坦福大學東亞圖書館。

著録：

《柏克萊加州大學東亞圖書館中文古籍善本書志》671 夢樓詩集二十二卷　清王文治撰　清乾隆六十年食舊堂刻本

《美國哈佛大學哈佛燕京圖書館藏中文善本書志》2530 夢樓詩集二十二卷　清王文治撰　清乾隆六十年食舊堂刻本

Title: Meng lou shi ji: 22 juan.

Author: Wang Wenzhi zhuan

Imprint: [China]: Shi jiu tang, 1795

（馬月華）

130　皇華草一卷(集部/清别集類)

5500 6438

清昇寅撰，清道光後抄本，一函一册，綫裝。半葉七行，行字不等，無界格，有朱筆斷句。書高二十六釐米。卷末附楊迦懌跋，昇寅道光十年(1830)自識。卷端下題“長白昇寅賔旭稿”。

昇寅(1762—1834)，馬佳氏，字賔旭，滿洲鑲黄旗人。拔貢，初授禮部七品小京官。嘉慶五年(1800)舉人。歷任盛京禮部侍郎、工部侍郎、熱河都統、寧夏將軍、左都御史、禮部尚書等職。其後人輯其詩作，刊有《晉齋詩存》。《清史稿》列傳一百六十二有傳。

該書爲昇寅詩文集，收詩文七十餘篇，多爲懷古吟詠風物之作。每篇後附昇寅朋友評語。

咸豐甲寅本《晉齋詩存》中昇寅《皇華草自序》稱：“余之於役銀川也，名所作詩草曰《皇華》，蓋謂因此役而有此作耳。必謂

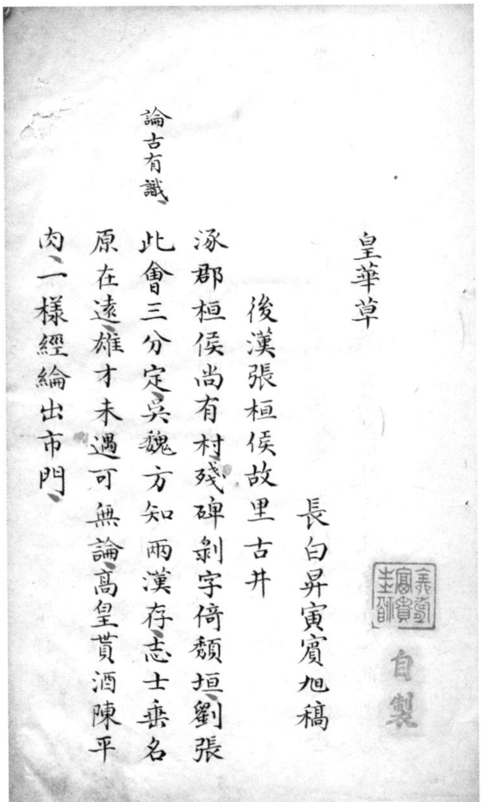
皇華草
長白昇寅賔旭稿
自製
後漢張桓侯故里古井
涿郡桓侯尚有村残碑剝字倚頹垣劉張
此會三分定呉魏方知兩漢存志士乗名
原在遠雄才未遇可無論高皇貰酒陳平
肉一樣經綸出市門
論古有識

130　皇華草

一使焉而五善備,餘且無辭於叔孫。”《皇華草》約成書於昇寅任寧夏將軍之時,即道光八年至九年間(1828—1829)。

本抄本中道光十年昇寅自識,“頻年奉命出使,身歷數省,肩輿中無消晝之具。目見耳聞,形諸歌詠,聊作紀程,以備遺忘,且一時清景,亦恐過隙難追也。惟登涉少暇,考稽無書,自覺腹笥空疎、吐屬麤淺,方欲徐俟剪除,詎敢速災梨棗。乃同年諸友批閱後,皆欲付梓,且索稿者甚多,抄録不及,是以從命以代謄寫已耳。屬在相知,如有所教,即在刻稿中大加删改,亦藝林中切磋之義也。”該抄本或亦爲當時爲索稿者所謄寫。至於是否爲道光十年抄録,抄者何人,則不得而知。

該本以小楷抄録,字跡工整秀美。

鈐“自製”朱戳及“全壽富貴之福”朱文方印。函套内粘“THE HOOVER LIBRARY ON WAR, REVOLUTION, AND PEACE”藏書票,並蓋“HOOVER LIBRARY”墨戳。今藏斯坦福大學東亞圖書館。

Title: Huang hua cao

Author: Sheng Yin zhuan

Imprint:[China]: Handwritten copy, 1830—1911

(郭愷淳)

131 唐宋八大家文鈔一百六十六卷 存一百六十四卷(集部/總集類)

5238.4 4245

明茅坤批評,明茅著訂,明崇禎四年(1631)茅著刻本,四函十八册,綫裝。半葉九行,行二十字,白口,單白魚尾,四周單邊。框高十九點七釐米,寬十三點九釐米。卷前有辛未(崇禎四年)茅著《文鈔跋》、萬曆己卯(七年,1579)茅坤《唐宋八大家文鈔總敘》、《八大家文鈔論例》、《八大家文鈔凡例》。本書書名據茅坤《總敘》題名。卷端下題“歸安鹿門茅坤批評　孫男闇叔著訂”。版心上鐫子目書名,中鐫卷次,下鐫葉數。書眉鐫評。

茅坤,生平介紹見本書志所收《茅鹿門先生文集》。茅著爲茅坤之孫,字闇叔。

“唐宋八大家”分别爲韓愈、柳宗元、歐陽修、蘇洵、蘇軾、蘇轍、曾鞏、王安石八家,具體來説,此書子目爲:

唐大家韓文公文抄十六卷,唐韓愈撰,卷前有茅坤《韓文公文鈔引》(裝訂在《八大家文鈔論例》前)、《韓文公本傳》及目録,版心題名“韓文”;

唐大家柳柳州文抄十二卷,唐柳宗元撰,内封題“柳柳州文鈔”,卷前有茅坤《柳柳州文鈔引》、《柳柳州本傳》及目録,版心題名“柳文”;

宋大家歐陽文忠公文抄三十二卷,宋歐陽修撰,内封題“歐陽文忠公文鈔”,卷前有茅坤《歐陽文忠公文鈔引》、《歐陽文忠公本傳》及目録,版心題名“歐文”;

歐陽文忠公五代史抄二十卷，宋歐陽修撰，内封題“合刻唐書五代史鈔”，卷前有茅坤《歐陽公史鈔引》及目録，版心題名“歐陽史抄”；

宋大家蘇文公文抄十卷，宋蘇洵撰，内封題“蘇文公文鈔”，卷前有茅坤《蘇文公文鈔引》、《蘇文公本傳》及目録，版心題名“蘇文”；

宋大家蘇文忠公文抄二十八卷，宋蘇軾撰，内封題“蘇文忠公文鈔”，卷前有茅坤《蘇文忠公文鈔引》、《蘇文公忠本傳》及目録，版心題名“蘇文”；

宋大家曾文定公文抄十卷，宋曾鞏撰，内封題“曾文定公文鈔”，卷前有茅坤《曾文定公文鈔引》、《曾文定公本傳》及目録，版心題名“曾文”；

宋大家王文公文抄十六卷，宋王安石撰，内封題“王文公文鈔”，卷前有茅坤《王文公文鈔引》、《王文公本傳》及目録，版心題名“王文”；

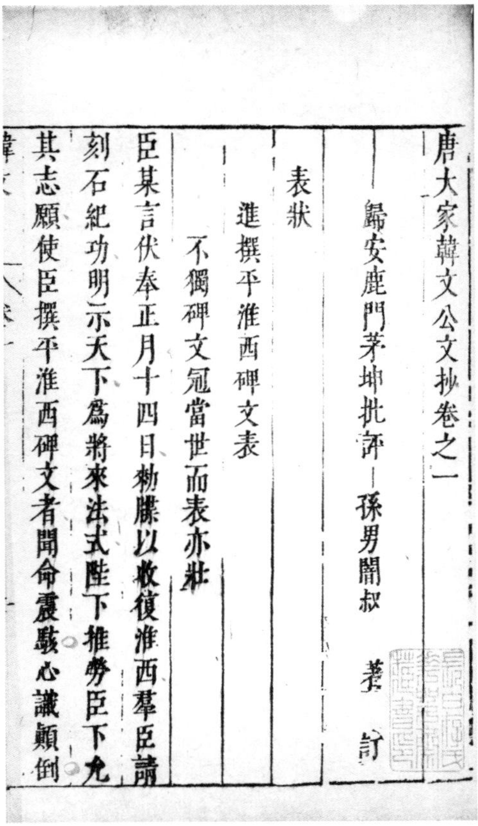

131　唐宋八大家文鈔

宋大家蘇文定公文抄二十卷，宋蘇轍撰，内封題“蘇文定公文鈔”，卷前有茅坤《蘇文定公文鈔引》、《蘇文定公本傳》及目録，版心題名“王文”。

此本缺宋歐陽修撰《新唐書抄》二卷，該書《歐陽文忠公五代史抄》卷前内封題“合刻唐書五代史鈔”，可見原書當包括《新唐書抄》，據《中國古籍善本書目》著録，《新唐書抄》爲二卷。

卷前茅著《文鈔跋》稱：“虎林本行世既久，不無模糊，而著也經歲紛馳，備嘗無妄，幹蠱無才，終訟非志，雖讀父書，希紹祖業，用是與舅氏吴毓醇重加考較，精于殺青。”爲崇禎四年茅著刻本。

各册首葉鈐“長白存氏華咢齋藏書印”朱文長方印，書中多朱筆圈點及句讀，書眉多朱筆校評語。函套内粘“THE HOOVER LIBRARY ON WAR, REVOLUTION, AND PEACE”藏書票，並蓋“HOOVER LIBRARY”墨戳。今藏斯坦福大學東亞圖書館。

著録：

《中國古籍善本書目》集部/總集類 16353 唐宋八大家文鈔一百六十六卷 明茅坤編　明崇禎四年茅著刻本

《北京大學圖書館藏古籍善本書目》集部/總集類　唐宋八家文抄百四十四卷　明茅坤編　明崇禎四年茅著重刻本(有抄配殘闕)

《北京大學圖書館藏古籍善本書目》集部/總集類　唐宋八大家文抄百四十四卷　明茅坤評　明末翻刻茅著刻本(按,按其索書號目驗原本,實與上一部同版,並非翻刻本。)

Title: Tang Song ba da jia wen chao: 166 juan, cun 164 juan

Author: Mao Kun pi ping; Mao Zhu ding

Imprint: [China]: Mao Zhu, 1631

（馬月華）

132　佩文齋詠物詩選四百八十六類(集部/總集類)

清陳廷敬等奉敕編纂,清康熙四十六年(1707)内府刻雍正印本,四函三十二册,綫裝。半葉十一行,行二十一字,細黑口,雙黑魚尾,左右雙邊。框高十六點六釐米,寬十一點五釐米。卷前有康熙四十五年(1706)御製序、彙閱與編輯官職名、康熙四十六年高輿進表、總目。部分葉爲抄配。

據彙閱與編輯官職名,此書由張玉書、陳廷敬、王鴻緒彙閱,汪霦、蔡升元、楊瑄、等編輯。據進表,進書者爲高輿。康熙御製序稱:“命大學士陳廷敬、尚書王鴻緒校理之。翰林蔡升元、楊瑄、陳元龍、查昇、陳壯履、勵廷儀、張廷玉、錢名世、汪灝、查慎行、蔣廷錫編録之。”則以陳廷敬爲首。陳廷敬(1639—1712),字子瑞,號説巖,澤州(今山西晉城)人。順治十五年(1658)進士,官至文淵閣大學士兼吏部尚書。《清史稿》列傳五十四有傳。

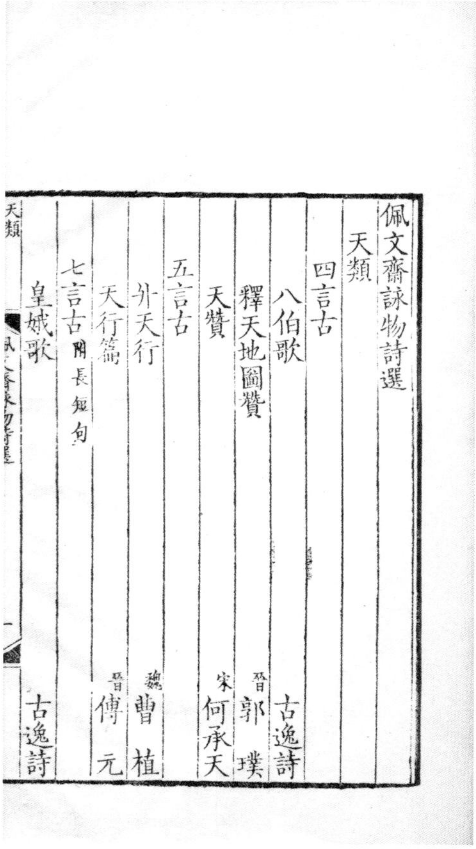
佩文齋詠物詩選
天類
四言古
八伯歌　古逸詩
釋天地圖贊　晉郭璞
天贊　宋何承天
五言古
升天行　魏曹植
天行篇　晉傅元
七言古 附長短句
皇娥歌　古逸詩

132　佩文齋詠物詩選

“佩文齋”爲康熙書齋名,以該齋命名

之書又有《佩文韻府》、《佩文齋書畫譜》、《佩文齋廣群芳譜》等。《佩文齋詠物詩選》一書專輯歷代詠物詩作，起於上古，下至明末，以天地山川、歲時風物、宫室器皿、飛禽走獸、花卉昆蟲等分爲四百八十六類。高輿進表稱"謹校定六十四册，爲類四百八十有六，計古今各體詩一萬四千五百九十首，刊刻告成。"原書並不標卷數，後《四庫全書》抄本方始標以卷數，今仍據原書題爲"四百八十六類"。

據高輿進表年，此本爲康熙四十六年内府刻本。但已有補刻葉，且避雍正諱字"胤"，不避"弘"字，或爲雍正間印本。

進表稱"校定六十四册"，卷前《佩文齋詠物詩選總目》亦依六十四册爲序，斯坦福本爲三十二册，是經後人重裝。鈐"肖埜程氏收藏書畫印"朱文印，函套内粘"HOOVER INSTITUTION on War, Revolution, and Peace FOUNDED BY HERBERT HOOVER, 1919"藏書票。今藏斯坦福大學東亞圖書館。

著録：

《中國古籍善本書目》集部/總集類 17237 佩文齋詠物詩選四百八十六卷　清張玉書、汪霦等輯　清康熙四十六年内府刻本

《北京大學圖書館藏古籍善本書目》集部/總集類 17237 佩文齋詠物詩選四百八十六卷　清汪霦等輯　清康熙内府刻本

《柏克萊加州大學東亞圖書館中文古籍善本書志》698 佩文齋詠物詩選四百八十六卷　清高輿等輯　清康熙四十六年内府刻本

《美國哈佛大學哈佛燕京圖書館藏中文善本書志》2689 佩文齋詠物詩選四百八十六卷　清張玉書、汪霦等輯　清康熙四十六年内府刻本

Title: Pei wen zhai yong wu shi xuan: 486 lei

Author: Chen Tingjing [et al.] bian zuan

Imprint: [China] Beijing, 1707

（馬月華）

133　全唐詩九百卷目録十二卷(集部/總集類)

清曹寅、彭定求等輯，清康熙四十四年至四十六年(1705—1707)曹寅揚州詩局刻嘉慶間修補印本，二十函一百二十册，綫裝。半葉十一行，行二十一字，細黑口，雙黑魚尾，左右雙邊。框高十六點六釐米，寬十一點七釐米。卷前有康熙四十六年四月十六日《御製全唐詩序》、曹寅等《進書表》、校閲刊刻官、凡例、目録。版心中鐫書名及小題、葉次。

曹寅(1658—1712)，字子清，號荔軒，又號楝亭，千山(今屬遼寧)人，曹雪芹祖父。先世爲漢族，後爲滿洲正白旗包衣人。歷任宫廷御前侍衛、蘇州織造、江寧織造兼巡視

兩淮鹽漕監察御史等職。善騎射，能詩及詞曲。著有《楝亭詩鈔》、戲曲《續琵琶記》等。爲刊刻《全唐詩》，曹寅奉旨在揚州創立“揚州詩局”。除《全唐詩》外，該局又刻有《佩文韻府》及《楝亭五種》等，世稱“詩局本”，以雕刻精美著稱。《清史稿》列傳二百七十二有傳。

《全唐詩》，又名《御定全唐詩》，康熙間由潘從律、彭定求、楊中訥等人奉敕編校而成，曹寅負責刊刻事宜。它以明代胡震亨《唐音統籤》及錢謙益、季振宜《全唐詩》稿本爲基礎，廣搜各種稗史雜書、殘碑斷碣等所載編次而成，爲有唐一代詩歌總集。録作者二千二百餘人，詩四萬八千九百餘首，共九百卷，目録十二卷。原書並不明確標明卷數起訖，目録僅於小目後或標“共一卷”、“二卷”、“三卷”、“四卷”。“九百卷”之總數係據卷前御製序，序稱“得詩四萬八千九百餘首，凡二千二百餘人，釐爲九百卷”。

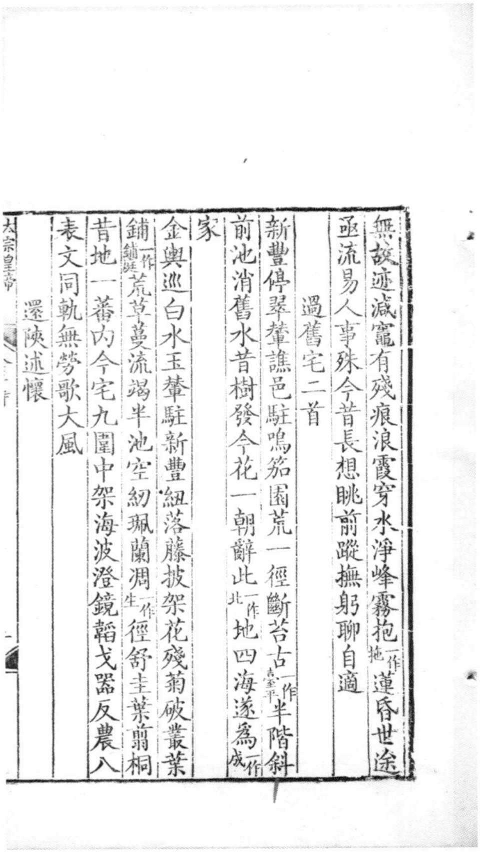
無跡迹滅竈有殘痕浪霞穿水淨峰霧抱一作拖蓮昏世途
亟流易人事殊今昔長想眺前蹤撫躬聊自適
過舊宅二首
新豐停翠輦譙邑駐鳴笳園荒一徑斷苔古一作蓋平半階斜
前池消舊水昔樹發今花一朝辭此一作北地四海遂爲一作成家
金輿巡白水玉輦駐新豐紐落藤披架花殘菊破叢葉
鋪一作鋪筵荒草蔓流竭半池空紉珮蘭凋一作生徑舒圭葉翦桐
昔地一蕃內今宅九圍中架海波澄鏡韜戈器反農八
表文同軌無勞歌大風
還陝述懷
太宗皇帝

133　全唐詩

此本即曹寅揚州詩局刻本。據曹寅《進書表》，《全唐詩》自康熙四十四年（1705）起刻，至康熙四十五年（1706）十月刻成，康熙御製序作於四十六年（1707），此將序年作爲刊刻全部竣工之年。此本乾隆諱字“弘”多已改作“宏”，嘉慶諱字“顒”多剜改作“禺”，“琰”多剜改作“炎”，不避道光諱字“寧”，爲嘉慶間印本。《進書表》、校閱刊刻職名等皆係補刻，書中並有不少補刻葉。

原目録將全書分爲十二函一百二十册，此本爲二十函一百二十册，册數未變，但函數有變，是各函經過重裝。各函套書籤下方分别題“春”、“眠”、“不”、“覺”、“曉”等字，是依唐孟浩然《春曉》詩二十字編排。此本鈐“太谷孫氏家藏”朱文印、“衛陽道士孫阜昌珍藏印”白文印、“孚遠文庫”朱文印、“伊藤文吉”白文印、“覃谿”朱文印、“翁方綱印”白文迴文印等。函套内粘“THE HOOVER LIBRARY ACQUIRED THROUGH THE STANFORD UNIVERSITY LIBRARIES”藏書票。今藏斯坦福大學東亞圖書館。

著録：

《中國古籍善本書目》集部/總集類 18229 全唐詩九百卷目録十二卷　清曹寅、彭

定求等輯　清康熙四十四年至四十六年揚州詩局刻本

《北京大學圖書館藏古籍善本書目》集部/總集類　全唐詩九百卷目録十二卷　清曹寅、彭定求等輯　清康熙四十六年揚州詩局刻本

《柏克萊加州大學東亞圖書館中文古籍善本書志》723 全唐詩九百卷目録十三卷　清曹寅、彭定求等輯　清康熙四十四年至四十六年揚州詩局刻本

Title: Quan Tang shi: 900 juan; mu lu: 12 juan

Author: Cao Yin [et al.] ji

Imprint: [China] Yangzhou: Yangzhou shi ju, 1705—1707

（馬月華）

134　唐詩别裁集十卷（集部/總集類）

清沈德潛、陳培脉選，清康熙五十六年(1717)刻碧梧書屋藏板本，一函八册，綫裝。半葉十行，行十九字，粗黑口，單黑魚尾，左右雙邊。框高十六點六釐米，寬十三點三釐米。書眉鐫詩評。内封題“長洲沈確士陳樹滋同選/唐詩别裁集/碧梧書屋藏版”。卷前有康熙五十六年(1717)沈德潛序、康熙丁酉(五十六年，1717)陳培脉序、凡例、參訂姓氏，各卷之前有本卷目録。卷端下題“長洲沈德潛確士/陳培脉樹滋同選”，版心鐫書名、卷數、葉次，書眉鐫評注。

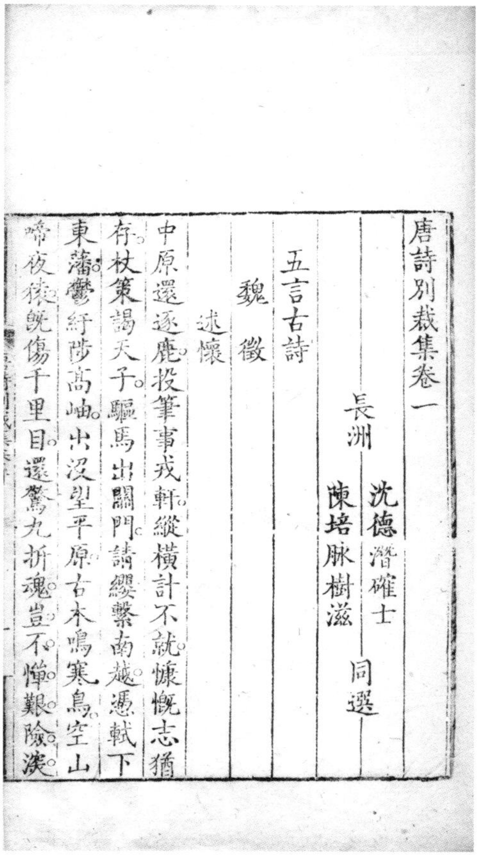

唐詩别裁集卷一
長洲　沈德潛確士　陳培脉樹滋　同選
五言古詩
魏徵
述懷
中原還逐鹿投筆事戎軒縱横計不就慷慨志猶存杖策謁天子驅馬出關門請纓繫南越憑軾下東藩鬱紆陟高岫出没望平原古木鳴寒鳥空山啼夜猨既傷千里目還驚九折魂豈不憚艱險深

134　唐詩别裁集

沈德潛(1673—1769)，字確士，號歸愚，長洲(今江蘇蘇州)人。乾隆四年(1739)進士，改庶吉士。曾任内閣學士兼禮部侍郎。提倡“温柔敦厚”的“詩教”，論詩鞭辟入裹。著有《沈歸愚詩文全集》，編有《古詩源》、《唐詩别裁》、《明詩别裁》、《清詩别裁》、《説詩晬語》等。《清史稿》列傳九十二有傳。

陳培脉(1670—?)，字樹滋，號恥庵，長洲(今江蘇蘇州)人，國學生。沈德潛《陳恥庵遺詩序》云：“予生平交友，往往以詩作合，故歷數朋好，詩人獨多，而相識最早者獨數

陳子恥庵。恥庵長余三歲,與予定交年才二十餘。時俗尚南宋人詩,恥庵冰雪在襟,夷然不屑也。"《清詩别裁集》卷二十五有簡傳。

《唐詩别裁集》爲唐詩選本,初由沈德潛和陳培脈二人共同編選,僅附簡單評注。"别裁"二字取《杜甫》"戲爲六絶句"中"别裁僞體親風雅"語,旨在提倡唐詩,與當時崇尚宋詩之風立異。陳培脈序指出:"起癸巳,訖丙申,予與沈子始之,予中之,沈子終之,成詩十卷,得一千六百餘首。"自康熙癸巳(五十二年,1713)至康熙丙申(五十五年,1716)完成此書,歷時三年,完成之第二年康熙五十六年此書刊刻行世。乾隆二十八年(1763),沈德潛將該書重訂爲二十卷,增入不少詩歌,並爲詩人各立小傳,評註也更爲詳盡,有乾隆二十八年沈氏教忠堂刻本。沈德潛在乾隆二十八年《重訂唐詩别裁集序》中指出:"鐫版問世已四十餘年矣,第當時採録未竟,同學陳子樹滋攜至廣南,鐫就。"可知初刻十卷本刻於廣東一帶。

斯坦福本正爲初刻十卷本,各卷卷端皆題"長洲沈德潛確士陳培脈樹滋同選",爲沈德潛和陳培脈初訂本,與乾隆二十八年重訂本各卷卷端下僅題"長洲沈德潛歸愚選"不同。書中不避"丘"、"弘"等字,内封又題"碧梧書屋藏版",爲康熙五十六年刻碧梧書屋藏板本。

各册首葉多鈐"舍筌藏書"龍形印、"山本謙印"白文印。書眉多有墨筆、朱筆按語,多題"意按"等等。函套内粘"THE HOOVER LIBRARY ACQUIRED THROUGH THE STANFORD UNIVERSITY LIBRARIES"藏書票。今藏斯坦福大學東亞圖書館。

著録:

《北京大學圖書館藏古籍善本書目》集部/總集類　唐詩别裁集十卷　清沈德潛選　清康熙五十六年刻本

《四川大學圖書館古籍善本書目》(陳力編纂,四川大學出版社,1992年)唐詩别裁集十卷　清沈德潛、陳培脈輯　清康熙五十六年碧梧書屋刻本

Title: Tang shi bie cai ji: 10 juan

Author: Shen Deqian and Chen Peimai xuan

Imprint:[China] Guangdong: Bi wu shu wu cang ban, 1717

(馬月華)

135　新刻李袁二先生精選唐詩訓解七卷卷首一卷(集部/總集類)

5237.4 4440

署明李攀龍輯,明袁宏道校,日本江户初期京都田原仁左衛門刊本,一函四册,綫裝。半葉九行,行十九字,小字雙行同,無直格,有眉欄,行三字,白口,單黑魚尾,四周單邊。框高二十二點五釐米,寬十五點八釐米。卷前附袁宏道序、唐詩姓氏爵里、目

録、卷之首等。卷末翻明刻牌記“萬曆戊午（四十六年，1618）孟夏月/居仁堂余獻可梓”，並鎸“二條通鶴屋町/田原仁左衛門梓行”。卷端下題“濟南滄溟李攀龍選/公安石公袁宏道校/書林獻可余應孔梓”。版心上鎸“唐詩訓解”，中鎸卷次，下鎸葉次。眉欄鎸評。

李攀龍（1514—1570），字於鱗，號滄溟，歷城（今屬山東）人。嘉靖二十三年（1544）進士，授刑部主事。累官至河南按察使。以文名，列明中期文壇後七子之首。著有《滄溟集》。《明史》卷二百八十七有傳。

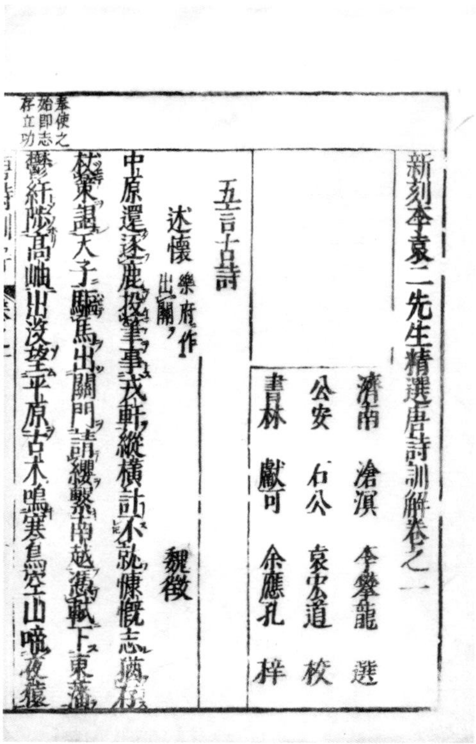
新刻李袁二先生精選唐詩訓解卷之一
濟南　滄溟　李攀龍　選
公安　石公　袁宏道　校
書林　獻可　余應孔　梓
五言古詩
述懷　樂府作　出關
魏徵
中原還逐鹿投筆事戎軒縱横計不就慷慨志猶存杖策謁天子驅馬出關門請纓繫南越憑軾下東藩鬱紆陟高岫出沒望平原古木鳴寒鳥空山啼夜猨

135　唐詩訓解

江户初期，唐詩於日本盛極一時，而尤以李攀龍之《唐詩選》爲最。《唐詩選》或《唐詩訓解》之作者究竟是否爲李攀龍，尚存争議，學界多目爲僞書。此書集五言古詩十五首、七言古詩五十一首、五言律詩六十六首、五言排律四十首、七言律詩七十二首、五言絶句七十三首、七言絶句一百六十七首。

據卷末牌記，此本爲日本京都田原仁左衛門刻本，而田原仁左衛門的刻書時間在十七世紀。

鈐“今林醉堂文庫”朱文印、“貫道藏”白文印、“寒松院藏”戳印。函套内粘“THE HOOVER LIBRARY ON WAR, REVOLUTION, AND PEACE”藏書票，並蓋“HOOVER LIBRARY”墨戳。今藏斯坦福大學東亞圖書館。

Title：Xin ke Li Yuan er xian sheng jing xuan Tang shi xun jie：7 juan；Juan shou：1 juan

Author：Li Panlong xuan；Yuan Hongdao jiao

Imprint：[Japan] Kyoto，17th century

（郭愷淳）

136　中州集十卷卷首一卷中州樂府一卷(集部/總集類)

金元好問集，明崇禎常熟毛氏汲古閣刻本，二函十一册，綫裝。半葉八行，行十九字，白口，無魚尾，左右雙邊。框高十九點一釐米，寬十三點六釐米。《中州集》卷前有弘治丙辰（九年，1496）嚴永濬《中州集序》、元好問《中州集引》以及張德輝《中州集後序》（抄配），各卷卷前有本卷《中州集姓氏總目》和《中州集目録》。卷十末附毛晉識語。《中州樂府》卷前有嘉靖十五年（1536）彭汝寔《中州樂府序》及《中州樂府目録》，卷末有嘉靖丙申（十五年）毛鳳韶書後序、毛晉跋文。卷端下題“河東人元好問裕之集”。版心上鐫書名，中鐫卷次葉數，下鐫“汲古閣”三字。

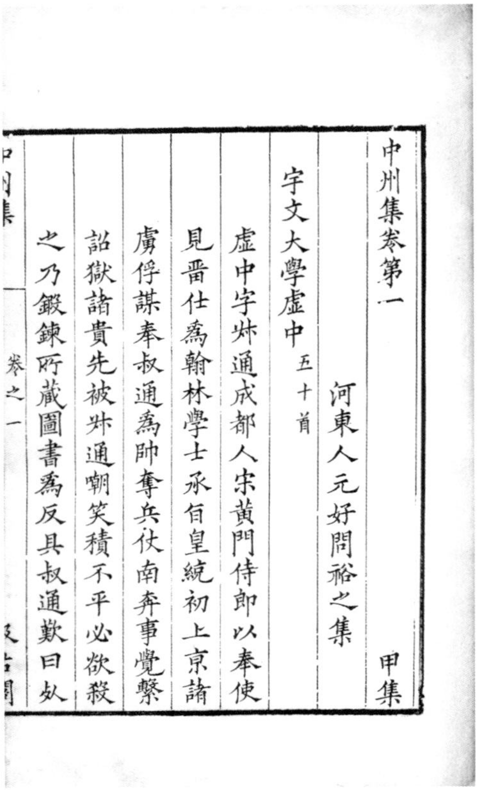
中州集卷第一　甲集
河東人元好問裕之集
宇文大學虚中 五十首
虚中字叔通成都人宋黄門侍郎以奉使
見留仕爲翰林學士承旨皇統初上京諸
虜俘謀奉叔通爲帥奪兵仗南奔事覺繫
詔獄諸貴先被叔通嘲笑積不平必欲殺
之乃鍛錬所藏圖書爲反具叔通歎曰奴

136　中州集

元好問（1190—1257），字裕之，號遺山，太原秀容（今屬山西忻州）人。金興定五年（1221）進士，正大元年（1224）中博學鴻詞科，授儒林郎、官國史院編修等，後又歷任金内鄉令、南陽令、尚書都省掾、尚書省左司都事、尚書省左司員外郎等職，金亡不仕。元好問是宋金時期北方文學的主要代表，其詩、詞、文皆有很高成就，代表作《遺山先生文集》四十卷、《遺山樂府》三卷、《遺山先生新樂府》五卷、《續夷堅志》四卷等。《金史》卷一百二十六有傳。

《中州集》是元好問以極大的毅力收集金代散佚詩歌而輯成的一部金代詩歌總集，其旨在以詩存史。元好問《中州集引》中述其編纂緣由：“亦念百餘年以來詩人爲多苦心之士，積日力之久故其詩往往可傳，兵火散亡計所存者才什一耳，捴萃之，則將遂湮滅而無聞，爲可惜也。乃記憶前輩及交游諸人之詩，隨即録之，會平叔之子孟卿攜其先公手抄本來東平，因得合予所録者爲一編，目曰中州集，嗣有所得，當以甲乙次第之。”

《中州集》成書後，元好問生前就有刻本，今已無存。此本爲明末毛晉汲古閣刻本，毛晉生平見本書志所收《紹興内府古器評》。毛晉將《中州樂府》與《中州集》合刻，並訂正了其中的不少錯誤，他在《中州樂府》末附跋稱：“家藏《中州集》十卷，逸其《樂府》，梓人告成，殊怏怏然。既得《樂府》一帙，乃九峰書院刻本也，不勝劍合之喜。第詞俱雙調，淆雜無倫，一一按譜釐正，如《望海潮》諸闋與譜不侔，未敢輕以意改。"《中州樂府》卷前彭汝寔序末有"嘉定守貴陽高登遂刻之九峰書院云"一句，汲古閣本《中州樂府》即翻刻自九峰書院刻本。

函套内粘"THE HOOVER LIBRARY ACQUIRED THROUGH THE STANFORD UNIVERSITY LIBRARIES"藏書票。今藏斯坦福大學東亞圖書館。

著録：

《中國古籍善本書目》集部/總集類 18452 中州集十卷首一卷樂府一卷　金元好問輯　明末汲古閣刻本

《北京大學圖書館藏古籍善本書目》集部/總集類　中州集十卷附中州樂府一卷　金元好問輯　明末毛氏汲古閣刻本

《柏克萊加州大學東亞圖書館中文古籍善本書志》729 中州集十卷首一卷樂府一卷　金元好問輯　明末虞山毛氏汲古閣刻本

《美國哈佛大學哈佛燕京圖書館藏中文善本書志》2820 中州集十卷首一卷樂府一卷　金元好問輯　明末毛氏汲古閣刻本

Title：Zhongzhou ji：10 juan；Juan shou：1 juan；Zhongzhou yue fu：1 juan

Author：Yuan Haowen ji

Imprint：[China]Changshu：Mao Shi Ji gu ge，1628—1644

（馬月華）

137　元詩選初集不分卷二集不分卷三集不分卷（集部/總集類）

5237.6 3860

清顧嗣立輯，清康熙三十三至五十九年（1694—1720）蘇州顧嗣立秀野草堂刻本，四函三十册，綫裝。半葉十三行，行二十三字，白口，雙順魚尾，左右雙邊。框高十九點四釐米，寬十四點八釐米。書分三集，各集前有總目録，初集《元詩選總目録》首行下小字注："先編百家，全集續出。"二集、三集總目録下小字注："共計百家，全集續出。"初集各子集前有本子集目録，二集、三集無。卷端下題"長洲顧嗣立俠君集"一行，版心中鐫"元詩選"、詩集名、葉次，版心下方正面鐫"秀野草堂"，背面多鐫刻工名如"公化"、"天渠"、"陳章"、"際生"等。

顧嗣立（1665—1722），字俠君，號閭丘，長洲（今江蘇蘇州）人。康熙三十八年（1699）中舉，康熙五十一年（1712）賜進士，選庶吉士，改補中書舍人。後以散館改授知縣，以疾歸。博學洽聞，尤工詩，曾與修《佩文韻府》、《皇輿全覽》等書。喜藏書，建"秀野草堂"供讀書集會之用。著有《秀野集》、《閭丘詩集》。《（同治）蘇州府志》卷八十八有傳。

清初重視元詩，顧嗣立是元詩文獻整理集大成者，以個人之力用二十多年的時間陸續編刻《元詩選》初集、二集、三集，專門輯刻有别集流傳的詩人詩作，不少爲顧嗣立親自輯佚成集，各詩集前有詩人小傳。據統計，三集共選三百三十九位元人的一萬九千五百七十四首詩。没有别集的元人詩作，顧嗣立原計劃另編《元詩選癸集》，但生前未完成，嘉慶三年（1798）由席世臣輯成並刊刻。

此稱"元詩選初集"只是據習稱，原本並無"元詩選初集"之題，其内封題"長洲顧俠君選/元百家詩集/秀野草堂藏版"，可見嚴格而言，初集應名爲"元百家詩集"。卷前有《元詩選總目録》、康熙甲戌（三十三年，1694）顧嗣立《元詩選凡例》、康熙癸酉（三十二年，1693）宋犖序（此本目録、凡例、宋序三者裝訂錯雜）。内容包括卷首、甲集、乙集、丙集、戊集、己集、庚集、辛集、壬集。目録"癸集"下題"從諸家選本録入續出"。壬集裝訂順序並不以目録爲次。

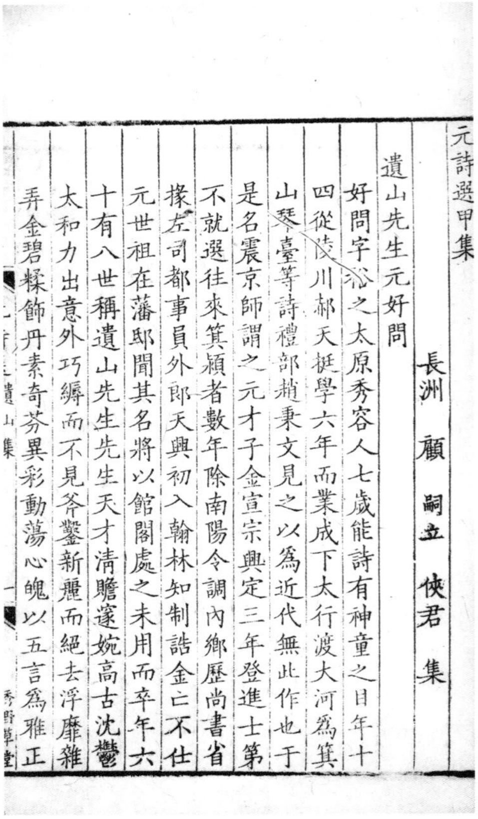
元詩選甲集
長洲　顧　嗣立　俠君　集
遺山先生元好問
好問字裕之太原秀容人七歲能詩有神童之目年十四從陵川郝天挺學六年而業成下太行渡大河爲箕山琴臺等詩禮部趙秉文見之以爲近代無此作也于是名震京師謂之元才子金宣宗興定三年登進士第不就選往來箕潁者數年除南陽令調内鄉歷尚書省掾左司都事員外郎天興初入翰林知制誥金亡不仕元世祖在藩邸聞其名將以館閣處之未用而卒年六十有八世稱遺山先生先生天才清贍邃婉高古沈鬱太和力出意外巧縟而不見斧鑿新麗而絕去浮靡雜弄金碧糅飾丹素奇芬異彩動蕩心魄以五言爲雅正

137　元詩選

二集内封題"長洲顧俠君詮次/元詩選二集/秀野草堂藏版"，卷前有康熙壬午（四十一年，1702）顧嗣立序，内容包括甲集、乙集、丙集、戊集、己集、庚集、辛集、壬集。原闕丁集。"庚集"目録中，"竹齋集"、"藥房樵唱"下注"原闕"，"藥房樵唱"後又用墨筆標"查出"兩字，從實際内容來看，此本"竹齋集"缺，"藥房樵唱"不缺。

三集無内封，卷前有康熙五十九年（1720）顧嗣立序，内容包括甲集、乙集、丙集、戊集、己集、庚集、辛集、壬集。原闕丁集。"壬集"目録中，"于立會稽外史集"下注"原闕"。

二集卷前康熙四十一年顧嗣立序謂："余自甲戌歲輯《元百家詩集》鏤板行世，嗣後奔走南北，所至窮極蒐羅，殘編斷簡，無不抄撮，積久成帙，約得五十餘種。庚辰春仲，從京師抱病歸草堂，鍵户編纂，用竟前業。適秀水朱檢討竹垞先生盡攜家藏元人遺集見示，藥爐茶竈之下，窮年詮次，並前所獲，復彙爲百家，深惜日力之費於斯也，亟付剞劂，與海内好事者共賞之。"據此，初集之刻爲康熙三十三年，二集之刻爲康熙四十一年。三集卷前康熙五十九年顧氏序稱："余向刻元詩，前後共二百家，行世已久，壬午後復廣搜博採，心力俱瘁……乙酉秋，應詔入都，編選四朝詩館，因得盡窺内府祕本，手自抄撮……復先以百家質諸海内,他日續完全書,以成鉅觀……”三集之刻在康熙五十九年。

《柏克萊加州大學東亞圖書館中文古籍善本書志》於“元詩選”下有不少該本先後印本之辨析,讀者可參看。初集目録下《元詩選》初印本原注“共計百家”,而此本已剜爲“先編百家,全集續出”,可見已非初印,爲較後印本。柏克萊本初集内封已改題“元詩選初集”,而此本仍題“元百家詩集”,則其印年要早於柏克萊本。

各册首葉鈐“孚遠文庫”朱文印、“伊藤文吉”白文印、“木樨香館范氏藏書”朱文印、“石湖詩孫”白文印、“仕隱”朱文印等,書中偶或有朱筆圈點。函套内粘“THE HOOVER LIBRARY ACQUIRED THROUGH THE STANFORD UNIVERSITY LIBRARIES”藏書票。今藏斯坦福大學東亞圖書館。

著録:

《中國古籍善本書目》集部/總集類 18560 元詩選初集一百十四卷首一卷 二集一百三卷 三集一百三卷　清顧嗣立輯　清康熙三十三至五十九年顧氏秀野草堂刻本

《柏克萊加州大學東亞圖書館中文古籍善本書志》731 元詩選初集不分卷二集不分卷三集不分卷　清顧嗣立輯　清康熙間刻本

《美國哈佛大學哈佛燕京圖書館藏中文善本書志》2821 元詩選初集一百十四卷首一卷二集一百三卷三集一百三卷　清顧嗣立輯　清康熙三十三至五十九年顧氏秀野草堂刻本

Title: Yuan shi xuan: 3 ji; Juan shou: 1 juan

Author: Gu Sili ji

Imprint: [China] Suzhou: Gu Sili Xiu ye cao tang, 1694—1720

(馬月華)

138　列朝詩集乾集二卷甲集前編十一卷甲集二十二卷乙集八卷丙集十六卷丁集十六卷閏集六卷(集部/總集類)

清錢謙益輯,清順治九年(1652)常熟毛氏汲古阁刻本,四函三十册,綫裝。半葉十五行,行二十八字,小字同,白口,雙黑魚尾,四周雙邊。框高二十點四釐米,寬十三點二釐米。卷前有《列朝詩集詮次》,該葉版心鐫“絳雲樓”。正文版心中間鐫集數卷數,版心下方鐫葉次。

錢謙益(1582—1664),字受之,號牧齋,晚號蒙叟,常熟(今屬江蘇)人。明萬曆三十八年(1610)進士。崇禎初,任禮部侍郎、翰林侍读学士,南明弘光時任禮部尚書,後投降清軍。入清復以禮部侍郎管秘書院事。清初詩壇重要人物,但其品行氣節多爲後人詬病。代表作有《初學集》、《有學集》和《投筆集》等。“絳雲樓”爲其藏書樓名。《清史稿》列傳二百七十一、《清史列傳》卷七十九有傳。

《列朝詩集》是錢謙益仿金元好問《中州集》輯録的明代詩歌總集，其旨在以詩存史。其子目爲：乾集二卷；甲集前編十一卷；甲集二十二卷；乙集八卷；丙集十六卷；丁集十六卷；閏集六卷。甲乙丙丁四集爲正集，“乾集”爲帝王之詩，“甲集前編”爲元末明初之詩，“閏集”收僧道、閨秀、宗室和域外詩，共録有明一代二百七十八年間一千六百餘家的詩歌作品。錢氏爲各家作小傳，介紹姓氏爵里生平，品評作品得失，常有精闢獨到見解。《列朝詩集》於清初刊刻之後不久即遭禁毁，流傳不廣。

此本與《續修四庫全書》集部第 1622 至 1624 册所影印之清順治九年毛氏汲古閣刻本同版，但卷前缺順治九年錢謙益序。錢序首謂“毛子子晉刻《歷朝詩集》成，余撫之愾然而歎”，末署“在玄黓執徐之歲”，即壬辰年，當清順治九年，版刻年及責任者皆據該序。

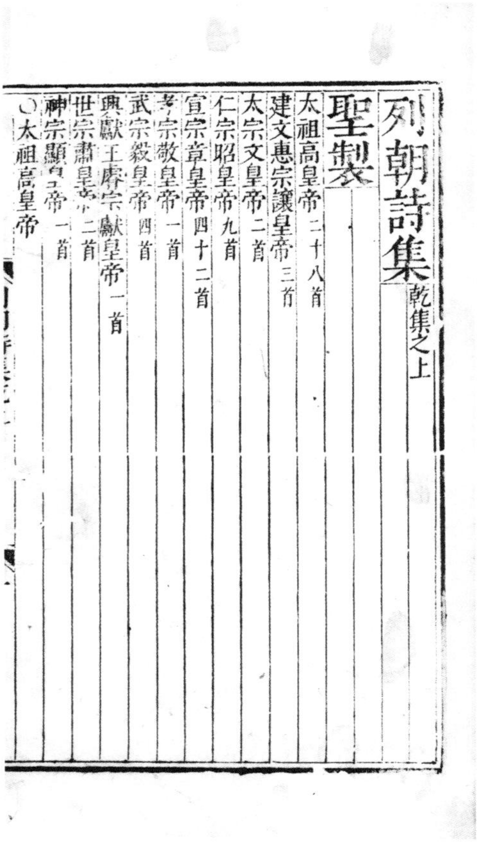
列朝詩集　乾集之上
聖製
太祖高皇帝　二十八首
建文惠宗讓皇帝　三首
太宗文皇帝　二首
仁宗昭皇帝　九首
宣宗章皇帝　四十二首
孝宗敬皇帝　一首
武宗毅皇帝　四首
興獻王睿宗獻皇帝　一首
世宗肅皇帝　二首
神宗顯皇帝　一首
○太祖高皇帝

138　列朝詩集

各册首葉鈐“四明盧氏抱經樓藏書印”白文印，函套内粘“THE HOOVER LIBRARY ON WAR, REVOLUTION, AND PEACE”藏書票，並蓋“HOOVER LIBRARY”墨戳。今藏斯坦福大學東亞圖書館。

著録：

《中國古籍善本書目》集部/總集類/斷代 18774 列朝詩集乾集二卷甲集前編十一卷甲集二十二卷乙集八卷丙集十六卷丁集十六卷閏集六卷　清錢謙益輯　清順治九年毛氏汲古閣刻本

《續修四庫全書》集部第 1622 至 1624 册所影印清順治九年毛氏汲古閣刻本列朝詩集乾集二卷甲集前編十一卷甲集二十二卷乙集八卷丙集十六卷丁集十六卷閏集六卷

《四庫禁燬書叢刊》集部第 95 至 97 册影印清順治九年毛氏汲古閣刻本列朝詩集八十一卷

《柏克萊加州大學東亞圖書館中文古籍善本書志》733 列朝詩集乾集二卷甲集前

編十一卷甲集二十二卷乙集八卷丙集十六卷丁集十六卷閏集六卷　清錢謙益輯　清順治九年毛氏汲古閣刻本

《美國哈佛大學哈佛燕京圖書館藏中文善本書志》2831 列朝詩集乾集二卷甲集前編十一卷甲集二十二卷乙集八卷丙集十六卷丁集十六卷閏集六卷　清錢謙益輯　清順治九年毛氏汲古閣刻本

Title: Lie chao shi ji: 81 juan

Author: Qian Qianyi ji

Imprint: [China] Changshu: Mao shi Ji gu ge, 1652

（馬月華）

139　明詩綜一百卷(集部/總集類)

5237.7 2928

清朱彝尊録，清汪森、朱端、張大受等分卷緝評，清康熙四十四年(1705)秀水朱氏刻清末西泠清來堂吴氏藏板本，四函三十六册，綫裝。半葉十一行，行二十一字，小字雙行三十一字，白口，單黑魚尾，左右雙邊。框高十八點六釐米，寬十四點三釐米。内封題"朱竹垞太史選本/明詩綜/西泠清來堂吴氏藏版"。卷前有欽定四庫全書提要、康熙四十四年朱彝尊序及目録。首卷卷端下題"小長蘆朱彝尊録/休陽汪森緝評"二行。版心中鎸書名卷次，下鎸葉次。

朱彝尊，生平介紹見本書志所收《日下舊聞》。

《明詩綜》爲有明一代詩歌總集。朱彝尊序言，此書"合洪武迄崇禎詩甄綜之，上自帝后，近而宫壺宗潢，遠而藩服，旁及婦寺僧尼道流，幽索之鬼神，下徵諸謡諺，入選者三千四百餘家。或因詩而存其人，或因人而存其詩，間綴以詩話，述其本事……析爲百卷，庶幾成一代之書。"前有詩家小傳，後有各家緝評。《四庫全書總目》指出："其所評品，亦頗持平，於舊人私憎私愛之談往往多所匡正。"

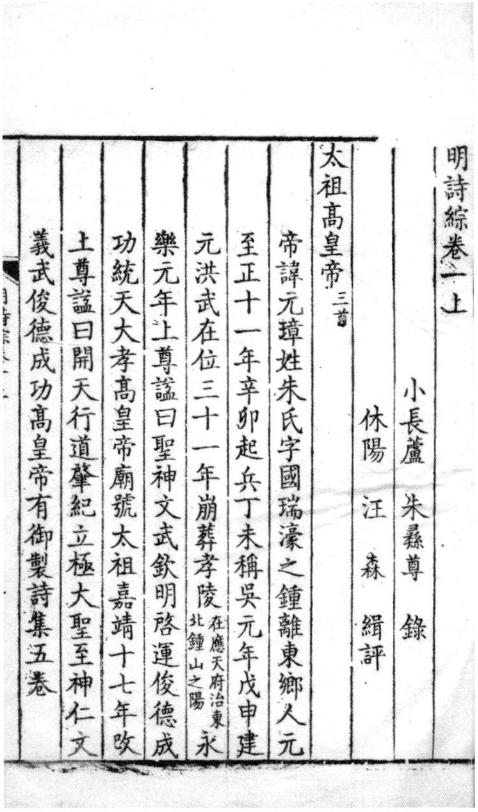
明詩綜卷一上
小長蘆朱彝尊録
休陽汪森緝評
太祖高皇帝三首
帝諱元璋姓朱氏字國瑞濠之鍾離東鄉人元至正十一年辛卯起兵丁未稱吴元年戊申建元洪武在位三十一年崩葬孝陵在應天府治東北鍾山之陽永樂元年上尊謚曰聖神文武欽明啓運俊德成功統天大孝高皇帝廟號太祖嘉靖十七年改上尊謚曰開天行道肇紀立極大聖至神仁文義武俊德成功高皇帝有御製詩集五卷

139　明詩綜

此本爲康熙四十四年秀水朱氏家刻本。然卷前已附《四庫全書》提要，乾隆諱字“弘”時有挖去末筆者，爲乾隆之後印本。據内封所題，此本爲《明詩綜》板片歸西泠吴氏清來堂時印本。清來堂爲清末武林吴氏刻書堂號，故此本已印於清末。清來堂重印時，將卷八十二之屈大均詩二十四首、卷六十九之金堡詩及錢謙益之名等涉及清廷違礙處已全部挖去。

此本函套内粘“THE HOOVER LIBRARY ON WAR, REVOLUTION, AND PEACE”藏書票，並蓋“HOOVER LIBRARY”墨戳。今藏斯坦福大學東亞圖書館。

著録：

《中國古籍善本書目》集部/總集類 18807 明詩綜一百卷　清朱彝尊輯　清康熙刻本

《北京大學圖書館藏古籍善本書目》明詩綜一百卷　清朱彝尊編　汪森緝評　清康熙刻後印本清來堂吴氏藏板

《柏克萊加州大學東亞圖書館中文古籍善本書志》734 明詩綜一百卷　清朱彝尊輯 清康熙刻乾隆六峰閣印本(按，此本與斯坦福本同版，但印年在斯坦福本之前)

《美國哈佛大學哈佛燕京圖書館藏中文善本書志》2834 明詩綜一百卷　清朱彝輯　清康熙刻後印本

Title: Ming shi zong: 100 juan

Author: Zhu Yizun lu; Wang Sen [et al.] ji ping

Imprint: [China]: Zhu shi, 1705

（馬月華）

140　五代詩話十二卷(集部/詩文評類)

清王士禛手輯，清黄叔琳校訂，清宋弼編次，清乾隆十三年(1748)養素堂刻本，一函六册，綫裝。半葉九行，行十九字，白口，單黑魚尾，左右雙邊。框高十四點七釐米，寬十一點一釐米。内封題“乾隆戊辰年鐫/漁洋先生手輯/五代詩話/養素堂藏板”，並蓋“養素堂”三字朱戳。“乾隆戊辰”即乾隆十三年。卷前有宋弼序、黄叔琳序、王士禛辛巳(康熙四十年，1701)後記、目録。目録下題“漁洋先生手輯/門人黄叔琳崑圃校訂/德水宋弼蒙泉編次/澄海陳臚聲鴻亭参校”。卷末有許道基跋、伊福訥跋。版心上鐫“五代詩話”，中鐫卷次，下鐫葉次。

王士禛，生平介紹見本書志所收《居易録》。

《五代詩話》爲王士禛晚年所輯，主要從各種史料以及筆記文集中輯録有關五代詩人之資料，介紹各詩人生平、詩作及優劣得失之評論等，所輯皆注明出處。王氏生前並未成書，卷前王氏辛巳後記謂：“此二册乃家居時所輯，寥寥未能成書，每一循覽，輒爲悵然，不知何年得遂此志也。”王氏身後，門人黄叔琳與宋弼等將該書編次校訂爲十二卷，卷前黄氏序指出：“叔琳芟其重複，德水宋太史、閩海陳中翰更釐定授梓。”宋弼序亦謂：“是書則於宦游之暇，隨時收録，未有定本，北平先生授弼校訂。”除黄、宋校訂十二卷本外，後又有鄭方坤補輯本，鄭本爲十卷本。鄭氏增補篇幅甚至超過王士禛原輯，採摭更爲賅備。

由内封所題可知此本爲乾隆十三年養素堂刻黄叔琳、宋弼校訂之十二卷本。卷前宋弼序謂：“故因其原帙略加編次，分十二卷，與鴻亭中翰商榷授梓，蓋距先生之殁垂四十年。”王士禛於康熙五十年(1711)去世，該本刻梓之年“距先生之殁垂四十年”，與内封所題“乾隆戊辰年鐫”相符。

此本函套内粘“THE HOOVER LIBRARY ACQUIRED THROUGH THE STANFORD UNIVERSITY LIBRARIES”藏書票。今藏斯坦福大學東亞圖書館。

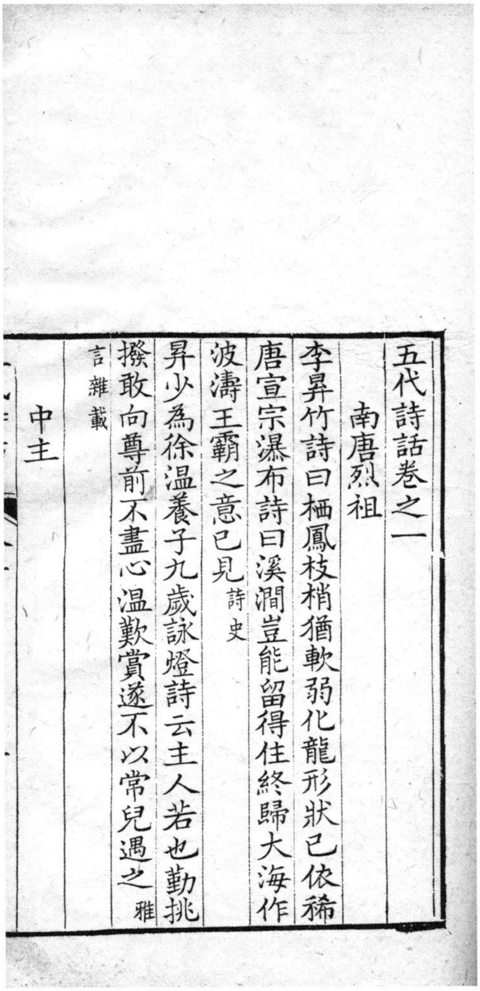
五代詩話卷之一
南唐烈祖
李昪竹詩曰棲鳳枝梢猶軟弱化龍形狀已依稀
唐宣宗瀑布詩曰溪澗豈能留得住終歸大海作
波濤王霸之意已見詩史
昪少為徐温養子九歲詠燈詩云主人若也勤挑
撥敢向尊前不盡心温歎賞遂不以常兒遇之雅
言雜載
中主

140　五代詩話

著録：

《中國古籍善本書目》集部/詩文評類 20608 五代詩話十二卷　清王士禛撰　清乾隆十三年養素堂刻本

《四庫全書存目叢書》集部第 420 册影印中央民族大學圖書館藏清乾隆十三年養素堂刻本五代詩話十二卷

《北京大學圖書館藏古籍善本書目》集部/詩文評類　五代詩話十二卷　清王士禛撰 清乾隆十三年養素堂刻本

Title：Wu dai shi hua：12 juan

Author：Wang Shizhen shou ji；Huang Shulin jiao ding；Song Bi bian ci

Imprint：[China]：Yang su tang，1748

（郭愷淳）

141　懷永堂繪像第六才子書(西廂記)八卷(集部/曲類)

元王實甫撰，清金聖歎評，清康熙五十九年(1720)吕世鏞懷永堂刻巾箱本，一函六册，綫裝。半葉八行，行十六字，白口，單黑魚尾，四周雙邊。框高九點九釐米，寬七釐米。書卷前有康熙庚子(五十九年)吕世鏞《重刻繪像六才子書序》、《懷永堂繪像第六才子書西廂記目録》、繪像。卷端題名“懷永堂繪像第六才子書”旁題“聖歎外書”。版心上鐫“第六才子書”，中鐫卷數葉次，下鐫“懷永堂”三字。此書書名據目録題名。

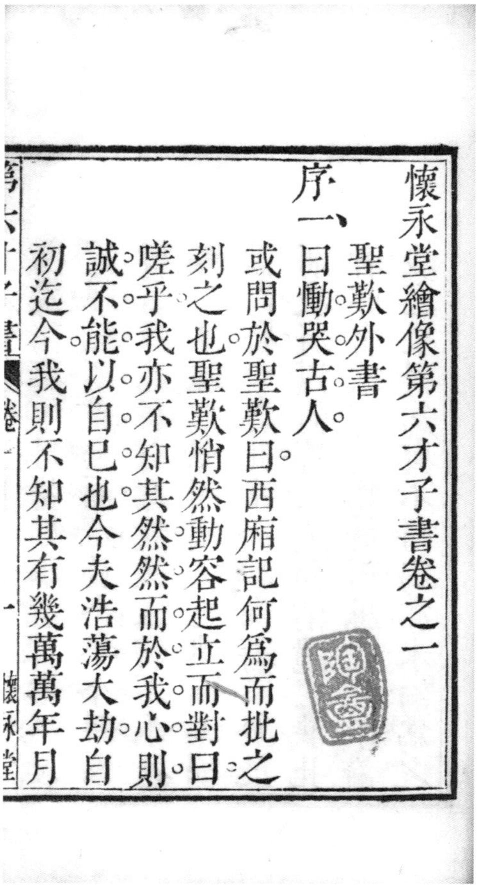
懷永堂繪像第六才子書卷之一
聖歎外書
序一曰慟哭古人
或問於聖歎曰西廂記何爲而批之刻之也聖歎悄然動容起立而對曰嗟乎我亦不知其然然而於我心則誠不能以自巳也今夫浩蕩大劫自初迄今我則不知其有幾萬萬年月

141　懷永堂繪像第六才子書

王實甫，生卒不詳，名德信，字實甫，以字行，元大都(今北京)人。早年曾經爲官，宦途坎坷，晚年退隱。其主要創作活動約在元成宗元貞、大德年間。著有雜劇十數種，今存《西廂記》、《破窯記》、《麗春堂》三種。《西廂記》爲其代表作。元鍾嗣成《録鬼簿》有載。

金聖歎，生平介紹見本書志所收《評論出像水滸傳》。

《西廂記》有比較長的流傳演變過程。唐中葉元稹作傳奇小説《鶯鶯傳》，十分流行，爲其寫詩填詞之文人衆多，其中最著名者爲金代董解元《西廂記諸宫調》，人稱《董西廂》。王實甫在《董西廂》的基礎上進行藝術再創造，撰成五本二十一折的大型雜劇《崔鶯鶯待月西廂記》。王氏《西廂記》成書後，有不少名家評點本，金聖歎評本爲其中最著者。金氏不僅批評原書，而且對原書進行修改，强化了其中的人物塑造。

金批《西廂記》最早刻本爲清初貫華堂刻本，康熙五十九年吕世鏞重刻該本。此本卷前有康熙五十九年吕世鏞重刻序，云:“因以三餘縮之短本，珍藏裒褏。”卷端所題之“懷永堂”即吕世鏞室名。吕氏爲康熙間豐溪(今屬江西)人，除《西廂記》外，吕氏還刻有宋胡安國《春秋傳》三十卷等書。

懷永堂本《西廂記》寫刻俱工，繪像精美。繪像首葉《雙文小象》題“程致遠摹”，第十五幅繪像上題“鄭炳元刊”，第二十幅繪像上題“程致遠寫”，程致遠、鄭炳元爲當時畫、刻名家。

此本函套爲緞面織錦，上有花鳥圖案。各册首葉鈐“大門通小傳馬三丁目中屋幸三郎藏書記”花形印、“陶盦”白文印，並蓋“HOOVER LIBRARY”墨戳。函套内粘“THE HOOVER LIBRARY ACQUIRED THROUGH THE STANFORD UNIVERSITY LIBRARIES”藏書票。今藏斯坦福大學東亞圖書館。

著録：

《中國古籍善本書目》集部/曲類 21689 懷永堂繪像第六才子書八卷　元王德信、關漢卿撰　清金人瑞評　清康熙五十九年懷永堂刻本

Title: Huai yong tang hui xiang di liu cai zi shu Xi xiang ji: 8 juan

Author: Wang Shifu zhuan; Jin Shengtan ping

Imprint: [China]: Lü Shiyong Huai Yong tang, 1720

（馬月華）

142　醉怡情雜劇（集部/曲類）

5662 1990

明菰蘆釣叟點次，清刻本，一函四册，綫裝。半葉十行，行二十五字，白口，單黑魚尾，四周單邊，無直格。框高二十一點三釐米，寬十三點八釐米。卷前有《醉怡情雜劇敘》、畫像、《新刻出像點板時尚崑腔雜出醉怙情目次》（按，“怙”爲“怡”之誤字），下署“青溪菰蘆釣叟點次”。此書書名據敘題。

點次者青溪菰蘆釣叟不知何許人，有著録以内容爲明末流行劇目標其爲明人。然而雜劇四十四種中之《燕子箋》成於崇禎末年，盛演和罷演於南明。菰蘆釣叟自撰“醉怡情雜劇序”云：“余故上下元明數百劇，撮録其近風雅者百餘齣，名曰醉怡情。”則菰蘆釣叟當爲清初人。

《醉怡情雜劇》一書爲崑曲劇本集，選收《占花魁》、《馬陵道》、《牡丹亭》、《雙珠記》等元明雜劇、傳奇作品中的單齣一百六十多齣，多爲當時舞臺上流行劇目。

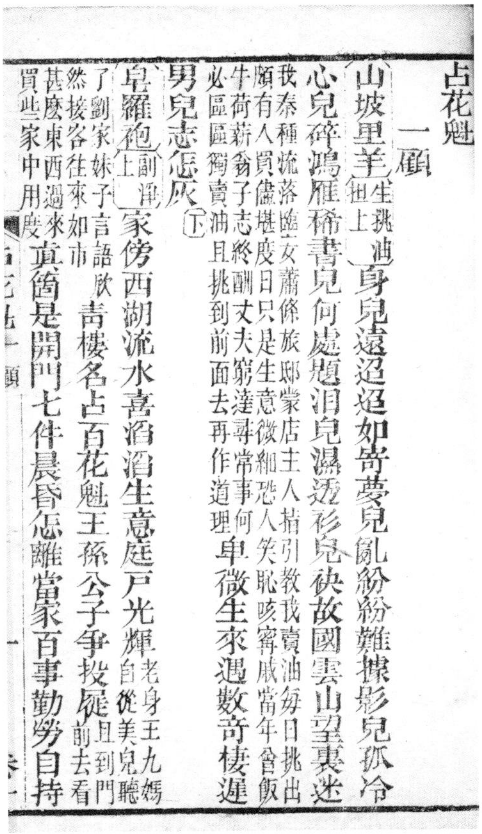
占花魁

一顧

山坡里羊（生挑油担上）身兒遠迢迢如寄夢兒亂紛紛難據影兒孤冷心兒碎鴻雁稀書兒何處題淚兒濕透衫兒袂故國雲山望裏迷

我秦種流落臨安蕭條旅邸蒙店主人指引教我賣油每日挑出頗有人買儘堪度日只是生意微細恐人笑耻咳寧戚當年曾飯牛荷薪翁子志終酬丈夫窮達尋常事何必區區獨賣油且挑到前面去再作道理

卑微生來遇數奇棲遲男兒志怎灰（下）

皂羅袍（副淨上）家傍西湖流水喜滔滔生意庭戶光輝

老身王九媽自從美兒聽了劉家妹子言語欣然接客往來如市

青樓名占百花魁王孫公子爭投屣

且到門前去看甚麼東西過來買些家中用度

真箇是開門七件晨昏怎離當家百事勤勞自持

142　醉怡情雜劇

台灣學生書局《善本戲曲叢刊》第四輯影印所謂"清初古吴致和堂刊本"《醉怡情雜劇》,與斯坦福本同版,較斯坦福本多一内封,内封題"新訂繡像崑腔雜曲/醉怡情/從來才子胸襟,常寓意于傀儡,文人筆墨尤精工於艶製,但繁詞難以通閲,而窺豹不妨一斑。本坊特嚴加删訂,取其詞調清新,刻畫最工者,以登梨棗,使演習者揣摩曲至,旁觀者聞聲起舞。誠宇内之奇觀,詞壇之勝覽也,識者珍之。古吴致和堂梓。"北京大學圖書館亦藏有一部"古吴致和堂刻本"《醉怡情雜劇》,與斯坦福本和《善本戲曲叢刊》影印底本版式行款相同,但字體相差頗多,爲不同版本。北大本内封所題雖與《善本戲曲叢刊》影印之内封内容相同,但亦不同版。且北大本"醉怡情目次"中之"怡"字不誤。斯坦福本與《善本戲曲叢刊》所影印底本皆爲清初致和堂本之翻刻本。

函套内粘"HOOVER INSTITUTION on War, Revolution, and Peace FOUNDED BY HERBERT HOOVER, 1919"藏書票。今藏斯坦福大學東亞圖書館。

著録:

1987年台灣學生書局《善本戲曲叢刊》第四輯影印所謂"清初古吴致和堂"刻本《醉怡情雜劇》

Title: Zui yi qing za ju

Author: Guludiaosou dian ci

Imprint: [China], 1644—1735

(馬月華)

143 六十種曲一百二十卷(集部/曲類)

5662 2116

明毛晉編,明崇禎常熟毛氏汲古閣刻清代修補印本,十函一百二十册,綫裝。半葉九行,行十九字,小字同,下細黑口,無魚尾,左右雙邊。框高十九點八釐米,寬十三點二釐米。卷前有閲世道人《演劇首套弁語》。題名據《總目》題名,《總目》版心下方鐫"汲古閣"三字。

該書不著編輯之人姓名,此據《中國叢書綜録》、《中國古籍善本書目》等定其編者。毛晉,生平介紹見本書志所收《紹興内府古器評》。

《六十種曲》是毛晉編纂的一部元明戲曲總集,收録元明傳奇五十九種,元雜劇《西廂記》(王實甫撰,即"北西廂")一種,共六十種,各種皆二卷,總計一百二十卷。崇禎年間汲古閣刊刻時,原分六帙,每帙十種劇本,數年内六帙陸續刊刻完成。清初將六帙彙印,合爲《六十種曲》,并按地支將其重新分爲十二集,每集五種。

此本十二集子目爲:

子集:雙珠記、尋親記、東郭記、金雀記、焚香記;

丑集:荊釵記、霞箋記、精忠記、浣紗記、琵琶記;

寅集：玉玦記、幽閨記、明珠記、玉簪記、紅拂記；

卯集：還魂記、紫釵記、邯鄲夢、南柯夢、北西廂；

辰集：春蕪記、琴心記、玉鏡記、懷香記、綵毫記；

巳集：運甓記、鸞鎞記、玉合記、金蓮記、四喜記；

午集：三元記、投梭記、鳴鳳記、飛丸記、紅梨記；

未集：八義記、西樓記、還魂記（目録題爲“牡丹亭”）、繡襦記、青衫記；

申集：錦箋記、蕉帕記、紫簫記、水滸記、風箏記；

酉集：灌園記、種玉記、雙烈記、獅吼記、義俠記；

戌集：千金記、殺狗記、玉環記、龍膏記、贈書記；

亥集：曇花記、白兔記、香囊記、四賢記、節俠記。

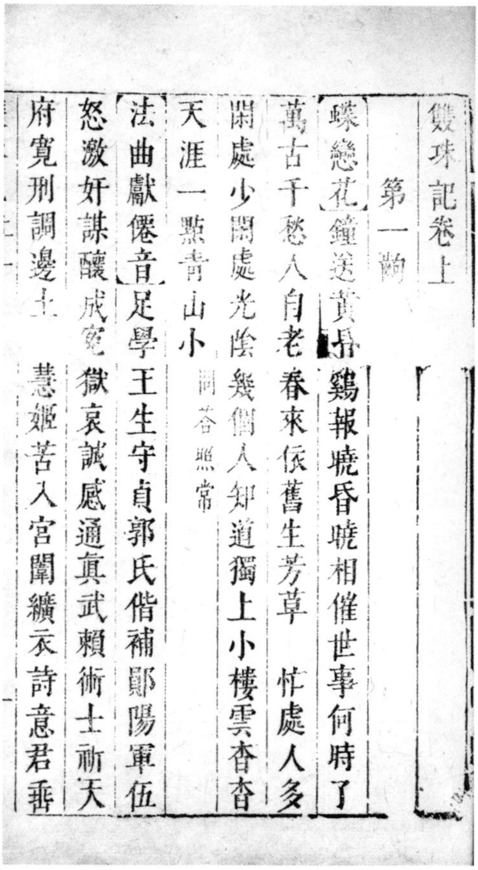
雙珠記卷上
第一齣
【蝶戀花】鐘送黄昏鷄報曉昏曉相催世事何時了
萬古千愁人自老春來依舊生芳草　忙處人多
閒處少閒處光陰幾個人知道獨上小樓雲杳杳
天涯一點青山小　問荅照常
【法曲獻僊音】足學王生守貞郭氏偕補鄖陽軍伍
怒激奸謀釀成寃獄哀誠感通真武賴術士祈天
府寛刑謫邊土　慧姬苦入宫闈纊衣詩意君垂

143　六十種曲

此本爲清代修補後印本，有些葉版面漫漶，斷板情況較多，修版、補刻之葉亦有不少。《續修四庫全書》集部第 1768 至 1773 册影印上海圖書館藏明末毛氏汲古閣刻《六十種曲》一百二十卷，與此本同版，但修補板片較此本更多，爲更後印本。所收子目有不同：上圖藏本“寅集”之首爲《南西廂》（明李日華撰），而此本爲《玉玦記》；上圖藏本“申集”末爲《玉玦記》，而此本爲《風箏記》。簡而言之，此本缺《南西廂》一種，多《風箏記》一種。而此本《風箏記》實爲配本，行款版式與全書不同。其卷端題“風箏誤傳奇”，半葉十行，行二十四字，白口，單黑魚尾，左右雙邊。框高十九釐米，寬十三點二釐米，書眉鐫評，爲明末清初戲曲家李漁《笠翁傳奇十種》之一。細觀之，此本卷前《總目》“玉玦記”一行、“風箏記”一行皆爲剪裁原書後新粘，“風箏記”三字手寫。另外，兩者在文字内容上也有不同，如：《雙珠記》卷下第七葉上圖藏本“我也曾伏侍皇后娘娘”一句，此本無“我也”兩字。此本可爲研究《六十種曲》的版本流傳新增一本。

函套内粘“THE HOOVER LIBRARY ACQUIRED THROUGH THE STAN-

FORD UNIVERSITY LIBRARIES”藏書票。今藏斯坦福大學東亞圖書館。

著録：

《中國古籍善本書目》集部/曲類/傳奇 21885 六十種曲一百二十卷　明毛晉編　明末毛氏汲古閣刻本（其子目與斯坦福本略有不同，而與上圖藏本同：“寅集”之首爲明李日華撰《西廂記》，“申集”末爲《玉珏記》。）

《續修四庫全書》集部第 1768 至 1773 册影印上海圖書館藏明末毛氏汲古閣刻本　六十種曲一百二十卷

《北京大學圖書館藏古籍善本書目》集部/曲類　六十種曲十二集　明毛晉輯　明汲古閣刻本

Title：Liu shi zhong qu：120 juan

Author：Mao Jin bian

Imprint：[China] Changshu：Mao shi Ji gu ge，1628—1644

（馬月華）

144　笠翁傳奇十種（集部/曲類）

5694 4433A

清李漁著，清玄洲逸叟批評，清刻世德堂藏板本，一函十册，綫裝。此書書版分上下欄，上欄鎸批語。下欄半葉十一行，行二十二字，白口，單黑魚尾。框高二十二點二釐米，寬十四點五釐米。内封題“笠翁傳奇十種/憐香伴 風箏誤 意中緣 蜃中樓 鳳求凰 奈何天 比目魚 玉搔頭 巧團圓 慎鸞交/世德堂藏版”。各傳奇之前有目録及畫像。第一種傳奇《憐香伴》卷端下題“湖上笠翁編次/玄洲逸叟批評”。版心上鎸傳奇名，下鎸葉次。

李漁（1611—1680），原名仙侣，字謫凡，號天徒，又號笠翁、李十郎、隨庵主人、湖上笠翁等，蘭谿（今屬浙江）人。曾兩次赴杭州鄉試，皆不第，此後絶意仕進。清順治七、八年（1650、1651）間，李漁移居杭州，賣文爲生。康熙初移居金陵，名所居曰芥子園。康熙十六年（1677），復移居杭州，直

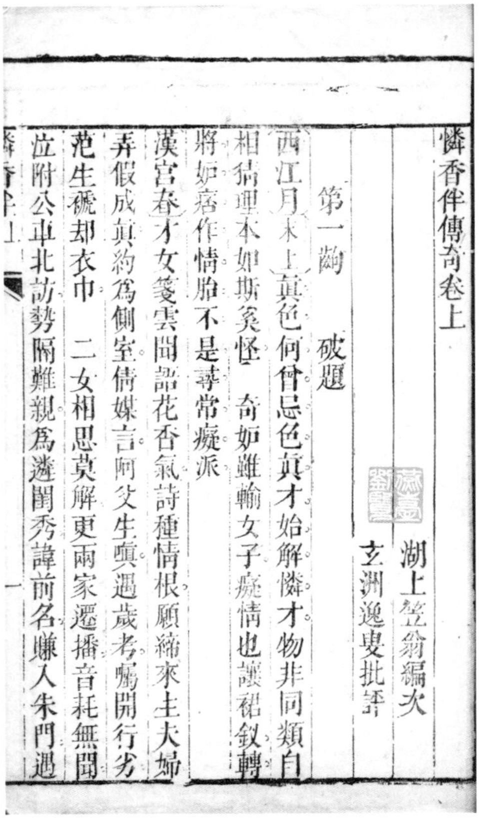
憐香伴傳奇卷上
湖上笠翁編次
玄洲逸叟批評
第一齣　破題
西江月〔末上〕眞色何曾忌色眞才始解憐才物非同類自相猜理本如斯奚怪　奇妒雖輸女子癡情也讓裙釵轉將妒寫作情胎不是尋常癡派
漢宮春〔末〕才女箋雲聞詔花香氣詩種情根願締來生夫婦弄假成眞約爲側室倩媒言阿父生嗔遇歲考觸開行劣范生褫却衣巾　二女相思莫解更兩家遷播音耗無聞泣附公車北訪勢隔難親爲遴閨秀諱前名賺入朱門遇
憐香伴上　一

144　笠翁傳奇

至去世。李漁一生主要成就在戲曲和小説領域。《閑情偶寄》爲其戲曲理論代表作，又著《憐香伴》、《風箏誤》、《意中緣》等傳奇十種，小説則有《無聲戲》、《十二樓》、《合錦回文傳》、《肉蒲團》等。其生平研究者衆多，二十世紀三十年代許翰章、顧敦鍒分别有《李笠翁年譜》，今人單景珩又有《李漁年譜》。

此書爲李漁傳奇作品集，包括《憐香伴》、《風箏誤》、《意中緣》、《蜃中樓》、《鳳求凰》、《奈何天》、《比目魚》、《玉搔頭》、《巧團圓》、《慎鸞交》等，共計十種，每種皆二卷。其始各傳奇皆爲單本付梓，康熙初由金陵翼聖堂合印通行，題爲《笠翁傳奇十種》。不久又有世德堂翻刻本，亦名《笠翁傳奇十種》。此本即世德堂本。書中已有補刻葉，爲後印本。

鈐"申三讀本"朱文印、"申三所得詞曲"朱文印、"燕臺劉覽"白文印等。書中有部分抄配葉，末葉抄配葉後有墨筆題記："昭和十六年辛巳重陽後吾補寫/燕臺詞人"，下鈐"燕臺"小印。函套内粘"THE HOOVER LIBRARY ACQUIRED THROUGH THE STANFORD UNIVERSITY LIBRARIES"藏書票，並蓋"HOOVER LIBRARY"墨戳。今藏斯坦福大學東亞圖書館。

著録：

《中國叢書綜録》笠翁傳奇十種　清李漁撰　清康熙中世德堂刊本

Title：Liweng chuan qi shi zhong

Author：Li Yu zhu

Imprint：[China] Nanjing:Shi de tang cang ban，1661—1820

（馬月華）

145　玉燕堂四種曲八卷（集部/曲類）

5700 1371

清張堅撰，清乾隆刻本，一函十册，綫裝。半葉十行，行二十字，小字雙行三十字，眉欄鐫評，行六字，白口，單黑魚尾，四周單邊。框高十九點五釐米，寬十三點九釐米。内封題"玉燕堂四種曲/夢中緣/梅花簪/懷沙記/玉獅墜"。卷前有庚午（乾隆十五年，1750）唐英序。版心上鐫篇名，中鐫篇次，下鐫葉次及玉燕堂種數，眉欄鐫評。

張堅（1681—1771?），字齊元，號漱石，江寧府上元（今江蘇南京）人。少有才名，工戲曲。乾隆十四年（1749）入九江關監督唐英幕府。著有《夢中緣》、《梅花簪》、《懷沙記》及《玉獅墜》傳奇等。生平見《（同治）上江兩縣志》卷十六。

四部傳奇，每部分上下二卷，具體如下：

《夢中緣》卷前附楊楫序、徐孝常序、丁卯（乾隆十二年，1747）陳震序、吴定璋序、甲子（乾隆九年，1744）韓縉序、朱奕曾序、金門詔序、張堅自敘、上下卷目録、題詞、芮賓王跋，卷端下題"金陵張漱石填詞/同里楊古林評點"。

《梅花簪》内封題“漱石填詞/梅花簪/玉燕堂二種”。卷前附柴才序、張堅自序、吴禹洛序、上下卷目録，卷端下題“金陵張漱石填詞/錢塘柴次山評點”。

《懷沙記》卷前附乾隆戊寅(二十三年，1758)沈大成序、王俊序、凡例、張堅自敘、漢司馬遷之“屈原列傳”、唐沈亞之之“屈原外傳”、題詞、上下本目録，卷端下題“金陵張漱石填詞/雲間沈學子評點”。

《玉獅墜》内封題“漱石填詞/玉獅墜/玉燕堂四種”，卷前附張龍輔敘、王汝衡敘、張堅自敘、上下卷目，卷端下題“金陵張漱石填詞/嘉定張龍輔評點”。

其中《懷沙記》記屈原投江事，其餘三種則爲講述男女愛情故事。唐英序稱讚説：“結構新奇，文辭雅艷，被諸弦管，悦耳驚眸，風流絶世。其《夢中緣》一種，抹煞登徒，寄情深遠，所謂好色不淫，怨悱不怒，誠堪與莊、列並傳，非蘇、辛所得而匹偶也。”

此四種傳奇，在乾隆間陸續刊刻，後彙爲《玉燕堂四種曲》。

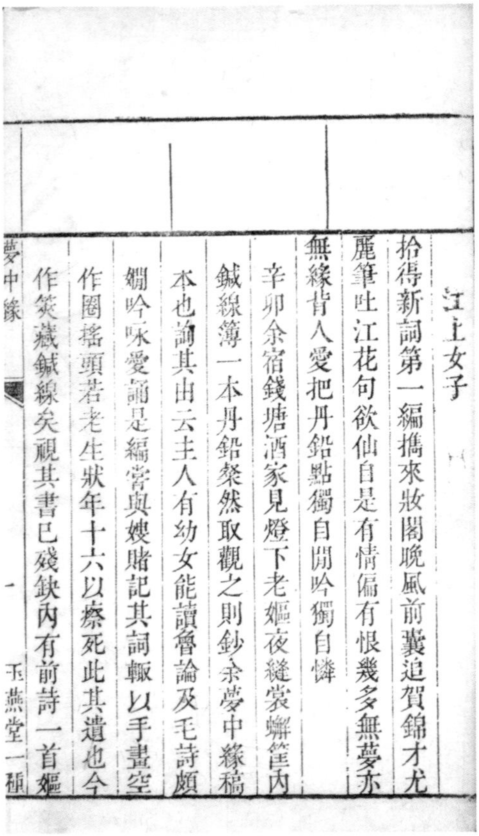
江上女子
拾得新詞第一編攜來妝閣晚風前囊追賀錦才尤
麗筆吐江花句欲仙自是有情偏有恨幾多無夢亦
無緣肯人愛把丹鉛點獨自閒吟獨自憐
辛卯余宿錢塘酒家見燈下老嫗夜縫裳蠏筐內
鍼線簿一本丹鉛粲然取觀之則鈔余夢中緣稿
本也詢其由云主人有幼女能讀魯論及毛詩頗
嫺吟咏愛誦是編嘗與嫂賭記其詞輙以手畫空
作圈搖頭若老生狀年十六以瘵死此其遺也今
作笑藏鍼線矣覗其書已殘缺內有前詩一首嫗
夢中緣　一　玉燕堂一種

145　玉燕堂四種曲

函套内粘“HOOVER INSTITUTION on War, Revolution, and Peace FOUNDED BY HERBERT HOOVER, 1919”藏書票，並蓋“HOOVER LIBRARY”墨戳。今藏斯坦福大學東亞圖書館。

著録：

《中國古籍善本書目》集部/曲類 22343 玉燕堂四種曲八卷　清張堅撰　清乾隆刻本

《柏克萊加州大學東亞圖書館中文古籍善本書志》774 玉燕堂四種曲八卷　清張堅撰　清乾隆刻本

Title: Yu yan tang si zhong qu: 8 juan

Author: Zhang Jian zhuan

Imprint: [China], 1750—1795

（郭愷淳）

叢　部

146　説郛一百二十卷(叢部/彙編類)

9100 0122

明陶宗儀纂，明陶珽重輯，清李際期重定，明末刻清初印本，三十四函一百二十二册，綫裝。半葉九行，行二十字，白口，單白魚尾，左右雙邊。框高十九點一釐米，寬十四點二釐米。卷前有清順治四年(1647)王應昌《重校説郛序》、弘治九年(1496)郁文博《較正説郛序》、楊維禎《説郛敘》、順治三年(1646)李際期《重較説郛小序》、《續説郛》等，皆爲抄配。此本目録、卷一至卷三、卷五、卷十四、卷十八、卷十九、卷二十二、卷二十三、卷二十五、卷二十六、卷二十八、卷三十四、卷四十一、卷六十八、卷七十六、卷七十八、卷八十一、卷八十六、卷八十八至卷九十、卷九十七至卷一百、卷一百七至卷一百九、卷一百十二、卷一百十五至卷一百十八爲全卷抄配，餘卷亦各有部分抄配葉。版心上方鐫子目書名，中鐫卷次，下鐫葉數。

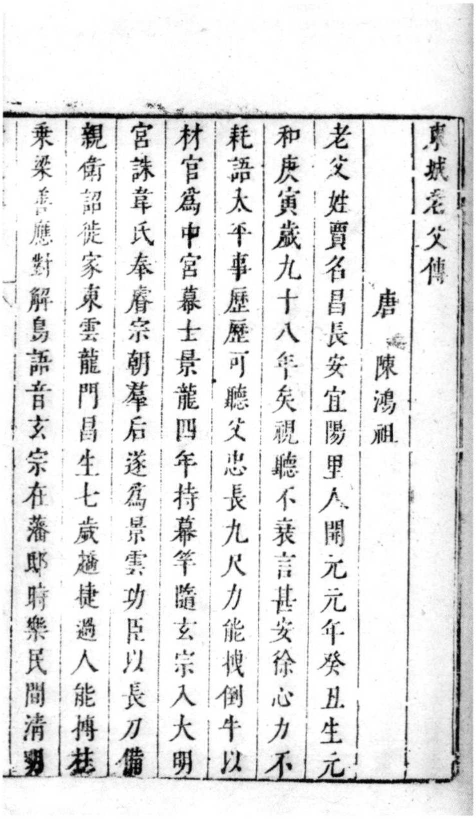
東城老父傳
唐　陳鴻祖
老父姓賈名昌長安宣陽里人開元元年癸丑生元和庚寅歲九十八年矣視聽不衰言甚安徐心力不耗語太平事歷歷可聽父忠長九尺力能拽倒牛以材官爲中宮幕士景龍四年持幕竿隨玄宗入大明宮誅韋氏奉睿宗朝羣后遂爲景雲功臣以長刀備親衛詔徙家東雲龍門昌生七歲趫捷過人能摶柱乘梁善應對解鳥語音玄宗在藩邸時樂民間清明

146　説郛

陶宗儀，生卒不詳，元末明初人，永樂初尚在世，字九成，號南村，台州黄巖(今屬浙江)人。早年參加進士考試，未中，從此絶意功名，終生不仕，專事教授課徒。務古學，無所不窺。著有《南村詩集》、《輟耕録》、《書史會要》、《四書備遺》等。其好友孫作《滄螺集》中有《陶先生小傳》一篇，載其生平事蹟。

陶珽，生卒不詳，字紫閬，號不退，又號稚圭、天台居士，姚安(今屬雲南)人。明萬曆三十八年(1610)進士，歷任刑部四川司主事、福建司員外郎、山西司郎中、大名府知府、隴西道副使、遼東及武昌兵備道。工詩文，著《閬園集》，並編《説郛續》、《伯敬史懷》等書。清甘雨《姚州志》卷七有傳。

《説郛》爲陶宗儀纂輯歷朝雜史傳記、稗官小説諸書而成的一部叢書，收録繁富。

台灣昌彼得先生對《説郛》和《説郛續》進行過專門的研究，著有《説郛考》，考證精審，結論可信。昌先生指出：《説郛》原書爲一百卷，在流傳中多有散佚，明末時陶珽將之重編爲一百二十卷，於萬曆天啟間刊刻行世。後由於大火、經濟等原因，這些板片損失不少，並分散入於各家，明本《廣漢魏叢書》、《重編百川學海》、《續百川學海》、《廣百川學海》、《熙朝樂事》、《藝遊備覽》等六叢書，就是掇拾原《説郛》板片整理重印之作。崇禎間，《説郛》板片又由分而合，此後每次印本在收書種數和卷數方面都略有不同，板片不斷有修補。至清順治三年，李際期任浙江提學道，整理舊板，重定印行，這次印本收書一二八七種，内注闕者七十五種，有録無書者四十三種，爲最通行之本，《中國古籍善本書目》叢部/彙編類 21 著録有"清順治三年李際期宛委山堂刻本"，即此印本。此後，《説郛》板片又遞有損闕，時因觸新朝忌諱，而予抽燬挖改，各次印本不僅種數遞減，而且存者亦多失本來面目。《説郛》的板片在康熙間終於由合而分。

斯坦福本多抄配卷及抄配葉，目録亦爲抄配，常與實際内容不符，因此該本原收書種數、原闕等皆無法統計。據上引昌彼得先生的研究，此謹定爲明末刻清初印本。

此本各册首葉鈐"曳尾堂圖書印"朱文印、"半澤文庫"朱文印，函套内粘"THE HOOVER LIBRARY ACQUIRED THROUGH THE STANFORD UNIVERSITY LIBRARIES"藏書票。今藏斯坦福大學東亞圖書館。

著録：

《中國古籍善本書目》叢部/彙編類 21 説郛一百二十卷　明陶宗儀編　清順治三年李際期宛委山堂刻本

《中國叢書綜録》説郛一百二十卷　元陶宗儀輯　明陶珽重校　清順治三年兩浙督學周南李際期宛委山堂刊本

《北京大學圖書館藏古籍善本書目》説郛百二十卷續説郛四十六卷　明陶宗儀輯　清陶珽重輯　清順治四年李際期宛委山堂刻本

《美國哈佛大學哈佛燕京圖書館藏中文善本書志》3034 説郛一百二十卷續説郛四十六卷　明陶宗儀編　清陶珽重輯　清順治三年李際期宛委山堂刻本

Title：Shuo fu：120 juan

Author：Tao Zongyi zuan；Tao Ting chong ji；Li Jiqi chong ding

Imprint：[China]，1573—1722

（馬月華）

147　説郛續四十六卷(叢部/彙編類)

明陶珽纂，清李際期重定，明末刻清初印本，六函四十七册，綫裝。半葉九行，行二十字，白口，單白魚尾，左右雙邊。框高十九點三釐米，寬十四點一釐米。卷首有總目，各卷之前有本卷目録。卷一目録首行下題“姚安陶珽纂 弘農李際期重定”。此本總目、卷五至卷七、卷九、卷十、卷二十二、卷二十六至卷二十九、卷三十一、卷三十二、卷三十四至卷三十七、卷三十九等皆爲抄配，其餘各卷亦有部分葉爲抄配，間或有缺葉。版心上方鐫子目書名，下鐫葉次。

陶珽，生平介紹見本書志所收《説郛》。

《説郛續》爲續《説郛》之作，由陶珽所纂，其版本與板片流傳經過與《説郛》相似，詳可參見本書《説郛》。萬曆天啟間刊刻之後不久，《説郛續》板片分散入於各家，崇禎間其板片又由分而合。清順治三年(1646)，李際期整理舊板，重定印行，即所謂“李際期宛委山堂刻本”。此後板片遞有損闕，或又有抽燬挖改，斯坦福本即爲此類印本。

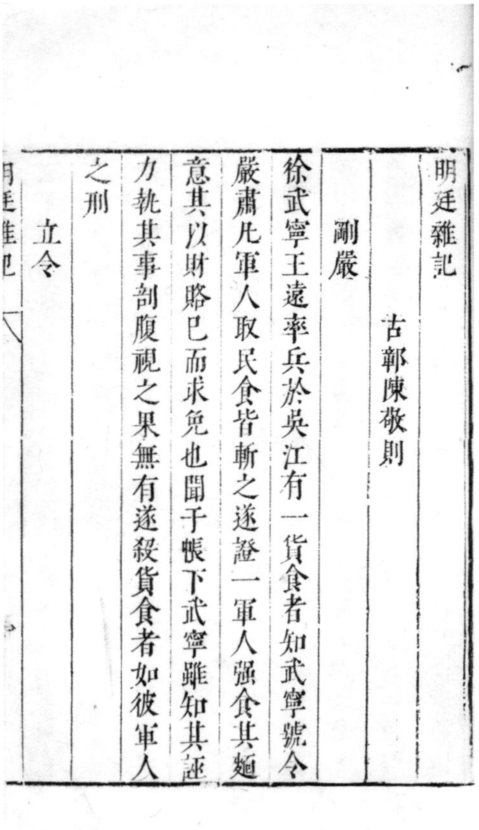
明廷雜記
古鄣陳敬則
剛嚴
徐武寧王遠率兵於吳江有一貨食者知武寧號令
嚴肅凡軍人取民食皆斬之遂詣一軍人强食其麵
意其以財賂已而求免也聞于帳下武寧雖知其誣
力執其事剖腹視之果無有遂殺貨食者如彼軍人
之刑
立令

147 説郛續

與《中國古籍善本書目》叢部/彙編類23著録之“順治三年李際期宛委山堂刻本”《説郛續》子目相較，此本所闕較多，如：卷九、卷十“宛委山堂本”《邊紀略》、《兵符節制》、《備倭事略》、《北虜紀略》、《北還録》、《北使録》、《西征記》、《北征記》、《北征録》等十數種書，此本皆闕，亦無抄配；卷十一“宛委山堂本”《撫安東夷記》、《哈密國王記》、《建州女真考》、《夷俗記》等書，此本亦無。另外，《中國古籍善本書目》卷八子目“明興雜記”，此本改“明興”爲“明廷”；卷十三子目“皇明盛事”，此本改“皇明”爲“皇朝”。則此本之印或在李際期宛委山堂本之後，謹定爲清初印本。

各册首葉鈐“曳尾堂圖書印”朱文印、“半澤文庫”朱文印。函套内粘“THE HOOVER LIBRARY ACQUIRED THROUGH THE STANFORD UNIVERSITY LIBRARIES”藏書票。今藏斯坦福大學東亞圖書館。

著録：

《中國古籍善本書目》叢部/彙編類23 續説郛四十六卷　明陶珽編　清順治三年李際期宛委山堂刻本

《續修四庫全書》子部第1189—1192册影印清順治三年宛委山堂刻本説郛續四十六卷(此本卷八明陳敬則《明興雜記》中“明興”已作“明廷”,卷十三明王世貞《皇明盛事》中“皇明”亦已作“皇朝”,與《中國古籍善本書目》叢部/彙編類23所録有不同)

《北京大學圖書館藏古籍善本書目》説郛百二十卷續説郛四十六卷　明陶宗儀輯　清陶珽重輯　清順治四年李際期宛委山堂刻本

《美國哈佛大學哈佛燕京圖書館藏中文善本書志》3034 説郛一百二十卷續説郛四十六卷　明陶宗儀編　清陶珽重輯　清順治三年李際期宛委山堂刻本

Title: Shuo fu xu: 46 juan

Author: Tao Ting zuan; Li Jiqi chong ding

Imprint: [China], 1573—1722

(馬月華)

148　秘書廿一種(叢部/彙編類)

9100 2356

清汪士漢編,清據舊版補刻文盛堂藏板本,二函十六册,綫裝。半葉十行,行二十字,白口,四周單邊(萬曆原刻葉爲左右雙邊),單黑魚尾。框高二十釐米,寬十三點七釐米。内封鐫“新安汪士漢校/秘書廿一種/文盛堂藏板”及子目書名。卷前有乾隆壬戌(七年,1742)江永《重鐫廿一種秘書序》、《秘書廿一種總目》等。版心上鐫子目書名,中鐫卷次,下鐫葉數。題名據内封題名。

汪士漢,生卒不詳,字隱候,新安(今屬安徽)人。明末貢生,有居仁堂、集古山房等堂號。不仕,一生以整理舊籍、著述刻書爲務。著有《四書傳旨》、《易經集解》、《古今記林》、《祖書存餘》、《集古山房文集》等。《(道光)徽州府志》卷十一有載。

《秘書廿一種》爲汪氏所編叢書,該書子目爲:

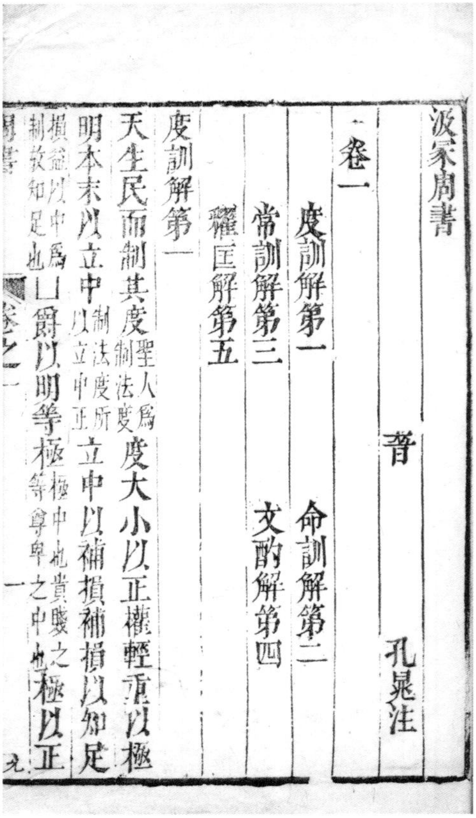

148　秘書廿一種

1. 汲冢周書十卷/(晉)孔晁注

2. 吴越春秋六卷/(漢)趙曄撰,(清)汪士漢考校

3. 拾遺記十卷/(晉)王嘉撰,(梁)蕭綺録
4. 白虎通二卷/(漢)班固纂,(清)汪士漢校
5. 山海經十八卷/(晉)郭璞注,(明)吴中珩校
6. 博物志十卷/(晉)張華撰,(清)汪士漢校
7. 續博物志十卷/(宋)李石撰,(清)汪士漢校
8. 桂海虞衡志一卷/(宋)范成大撰
9. 博異記一卷/(唐)穀神子纂
10. 晉史乘一卷/佚名撰,(清)汪士漢考校
11. 高士傳三卷/(晉)皇甫謐撰,(清)汪士漢校
12. 劍俠傳四卷/闕名,(清)汪士漢校撰
13. 楚史檮杌一卷/佚名撰,(清)汪士漢考校
14. 竹書紀年二卷/(南朝梁)沈約附注,(明)吴琯校
15. 中華古今注三卷/(五代)馬縞集
16. 古今注三卷/(晉)崔豹撰,(明)吴忠珩校
17. 三墳一卷/(明)吴琯校
18. 風俗通義四卷/(漢)應劭撰,(清)汪士漢校
19. 列仙傳二卷/(漢)劉向撰,(清)汪士漢校
20. 集異記一卷/(唐)薛用弱撰
21. 續齊諧記一卷/(梁)吴均撰

明萬曆間吴琯校刻《古今逸史》,收書四十二種,後增刻至五十五種。清康熙初,汪士漢掇拾《古今逸史》殘存舊板,重編校訂,修補刷印爲《秘書廿一種》。此後該書板片遞有損缺,至乾隆初所存萬曆原板已經很少,汪氏後人加以補刻。此本卷前乾隆七年江永《重鐫廿一種秘書序》指出:"蚺城隱候汪先生嘗取《汲冢》以下廿一種校而梓之,命曰《秘書》。……書久風行,板寖𧇽漫,其文孫勳偕弟謨、照、陞、杰、烈暨再姪德昭復新之,以承先志,亦令天下好古博雅者共秘而傳焉。"又,此本内封鐫"文盛堂藏板",或即清文盛堂據舊板修補刷印本。其中萬曆原版葉很少,所見僅《吴越春秋》卷之五第十一、第十二葉,《續齊諧記》第一、第二等葉。

此本各册首葉鈐"伯蓀手校"白文印,函套内粘"THE HOOVER LIBRARY ACQUIRED THROUGH THE STANFORD UNIVERSITY LIBRARIES"藏書票。今藏斯坦福大學東亞圖書館。

Title: Mi shu nian yi zhong

Author: Wang Shihan bian

Imprint:[China]: Wen sheng tang cang ban, 1742—1911

(馬月華)

149　邵子全書二十四卷　存二十三卷(叢部/自著叢書)

9112 1201

宋邵雍撰,明徐必達校正,明萬曆三十四年(1606)徐必達刻本,二函十六册,綫裝。半葉十行,行二十字,白口,單黑魚尾,四周雙邊。框高二十點六釐米,寬十四點六釐米。卷前有明朱國禎撰《邵子全書序》。卷端下題"明後學嘉興徐必達校正"一行。版心上鐫書名,中鐫卷次、子書名及葉數,下鐫字數、刻工名等。

邵雍,生平介紹見本書志所收《伊川擊壤集》。

徐必達(1562—1631),字德夫,號玄丈,秀水(今屬浙江)人。萬曆二十年(1592)進士,歷任太湖知縣、溧水知縣、南京吏部主事、右僉都御史、南京兵部侍郎等職。善詩文,精於理學。著有《正蒙釋》、《南州集》、《南京都察院史制》等。除刊印《邵子全書》外,又刊有《二程遺書》、《周子全書》、《張子全書》等。萬斯同《明史稿》卷三百五十有傳。

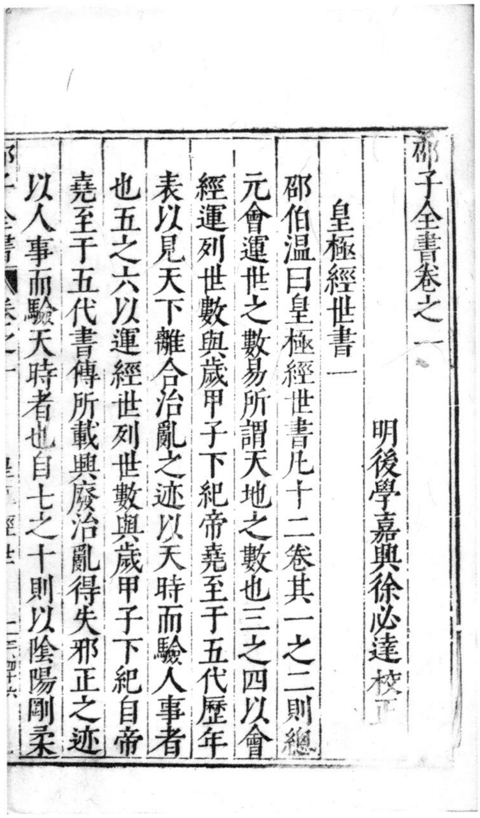
邵子全書卷之一　明後學嘉興徐必達校正
皇極經世書一
邵伯温曰皇極經世書凡十二卷其一之二則總
元會運世之數易所謂天地之數也三之四以會
經運列世數與歲甲子下紀帝堯至于五代歷年
表以見天下離合治亂之迹以天時而驗人事者
也五之六以運經世列世數與歲甲子下紀自帝
堯至于五代書傳所載興廢治亂得失邪正之迹
以人事而驗天時者也自七之十則以陰陽剛柔

149　邵子全書

徐必達將邵雍著作重新編定爲二十四卷。其中,卷一至卷七爲《皇極經世書》,卷八至卷十七爲《皇極經世》,卷十八至卷二十三爲《擊壤集》,卷二十四爲徐必達輯《附録》一卷。《皇極經世書》七卷,爲邵雍理學、歷史學的理論大綱,每卷一篇,包括《纂圖指要》二篇、《觀物内篇》二篇、《觀物外篇》二篇、《外書》一篇。《皇極經世》十卷,前六卷爲歷史大事記,糾正前史錯誤,其第一、二卷爲"以元經會"十二篇,第三、四卷爲"以會經運"十二篇,第五、六卷爲"以運經世"十篇,第七至十卷爲律吕聲音之類,計十六篇。《擊壤集》則收邵雍之詩。此本缺《附録》一卷。

此書雖缺萬曆丙午(三十四年)徐必達刻書序,但據卷端下題及與相關版本比對,可知此本爲明萬曆三十四年徐必達刻本。

各册首葉鈐"尚寬"白文印,書末鈐"擱翠堂"朱文印,函套内粘"THE HOOVER LIBRARY ACQUIRED THROUGH THE STANFORD UNIVERSITY LIBRARIES"藏書票。今藏斯坦福大學東亞圖書館。

著録：

《中國古籍善本書目》叢部/自著叢書 329 邵子全書二十四卷　宋邵雍撰　明萬曆三十四年徐必達刻本

《美國哈佛大學哈佛燕京圖書館藏中文善本書志》3077 邵子全書二十四卷　宋邵雍撰　明萬曆徐必達刻本

Title：Shao zi quan shu：cun 23 juan

Author：Shao Yong zhuan；Xu Bida jiao zheng

Imprint：[China]：Xu Bida，1606

（馬月華）

150　心齋十種(叢部/彙編類)

9117 2130

清任兆麟輯撰，清乾隆震澤任氏家刻本，一函十册，綫裝。行款格式不盡一致，詳見各子目。内封題“王西莊盧抱經錢竹汀三先生鑒/心齋十種/夏小正注 石鼓文集釋 尸子 四民月令 襄陽耆舊記 文章始壽者傳 孟子時事略 心齋詩樂譜 綱目通論”，其中所列子目書名“心齋詩樂譜”當包括《心齋詩藁》與《弦哥古樂譜》，實爲“心齋十一種”。本叢書書名據内封題名。

任兆麟，生卒年不詳，原名廷麟，字文田，又字心齋，震澤（今屬江蘇）人。太學生。嘉慶元年（1796）舉孝廉方正，以侍養辭。兆麟幼承家學，博聞敦行。自經傳子史、音韻古籀，及詩古文，皆穎悟解脱，心契其妙，爲王鳴盛、錢大昕所重。金壇段玉裁將其與族兄任大椿、任基振並稱爲“三任”。曾設蓮涇精舍，教授經義。著有《夏小正注》、《尸子附録》、《孟子時事略》、《孝經本義》、《字林考逸補正》、《述記》、《有竹居集》等等。《清史列傳》卷六十八有傳。

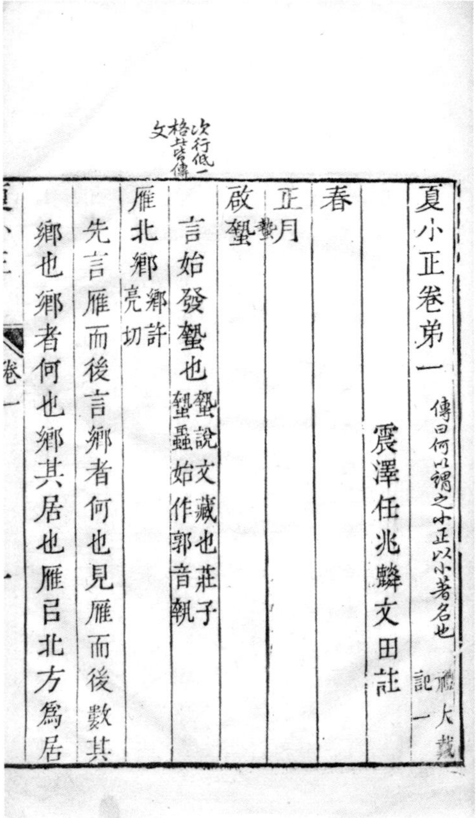
夏小正卷弟一　傳曰何以謂之小正以小著名也　禮大戴記一
震澤任兆麟文田註
次行低一格皆傳文
春
正月
啟蟄
言始發蟄也　蟄說文藏也莊子蟄蟲始作郭音執
雁北鄉　鄉許亮切
先言雁而後言鄉者何也見雁而後數其
鄉也鄉者何也鄉其居也雁以北方爲居
夏小正　卷一

150　心齋十種

此書具體子目爲：

《夏小正注》四卷（卷端題名作“夏小正”，此據該書内封題名），清乾隆五十一年

(1786)刻，一册。半葉九行，行十七字，小字雙行同，白口，單黑魚尾，左右雙邊。框高十七點五釐米，寬十三點八釐米。内封題"乾隆丙午秋鐫/震澤任文田著/夏小正注/忠敏家塾藏版"。"乾隆丙午"爲乾隆五十一年。卷前有《夏小正序説》、王鳴盛《夏小正補注序》、江藩敘、張肇芊敘。卷端下題"震澤任兆麟文田註"，各卷末有本卷校者名，各異。版心上鐫"夏小正"，中鐫卷次，下鐫葉次及"忠敏家塾"。書眉、行間有墨筆批校。此書爲任兆麟對《大戴禮記・夏小正》篇所作研究。其中移"主火出火"條入三月，移"時有見稊始收"條入五月，尤爲王鳴盛稱道。

《石鼓文集釋》一卷(卷端題名作"石鼓文"，此據内封所列子目書名)，一册，清乾隆五十三年(1788)刻。半葉九行，行十七字，小字雙行同，白口，單黑魚尾，左右雙邊。框高十七點九釐米，寬十三點五釐米。内封題"宮詹錢辛楣先生鑒閲/震澤任兆麟文田集釋/石鼓文/心齋藏書"。卷前有乾隆戊申(五十三年)任兆麟敘、任兆麟摹石鼓文十幀。卷端下題"吴郡/趙宧光凡夫章句/任兆麟文田集釋"。卷後附趙宧光跋、乾隆箸雍君灘(五十三年)馬天民跋、乾隆戊申任璋後記。版心上鐫"石鼓文"，下鐫葉數及"同川書院"。

《尸子》三卷附録一卷，與《四民月令》合一册，清乾隆五十三年刻。半葉九行，行十七字，小字雙行同，白口，單黑魚尾，左右雙邊。框高十七點七釐米，寬十三點六釐米。内封題"乾隆戊申夏鐫/尸子/任兆麟校本"。卷前有目録、乾隆五十二年(1787)任兆麟校記、乾隆戊申(五十三年)任璋跋。卷端下題"楚尸佼撰"。卷後附録爲惠棟輯佚及任兆麟補遺之文。版心上鐫"尸子"，中鐫卷次，下鐫葉次。

《四民月令》一卷，清乾隆五十三年刻。半葉九行，行十七字，小字雙行同，白口，單黑魚尾，左右雙邊。框高十八釐米，寬十三點五釐米。卷前内封題"震澤任兆麟文田校/四民月令/戊申秋鐫"。卷前附乾隆五十三年任兆麟序。卷端下題"漢崔寔撰"。卷末題"門人顔懋儀校"。版心上鐫"四民月令"，下鐫葉次及"忠敏家塾"。《四民月令》爲東漢崔寔仿古月令所作農書，記一年中各月所做種植農事、所守節令、所當行禮、及諸餘家居雜務。該卷爲任兆麟輯校本。

《襄陽耆舊記》三卷，一册，清乾隆五十三年刻。半葉九行，行十七字，白口，單黑魚尾，左右雙邊。框高十八釐米，寬十三點五釐米。卷前附乾隆五十三年任兆麟自敘、明萬歷癸巳(二十一年，1593)陸長庚舊序、目録。卷端下題"晉習鑿齒彦威撰/後學任兆麟文田訂"。版心上鐫"襄陽耆舊記"，中鐫卷次，下鐫葉次。原書系晉代習鑿齒撰，録襄陽人物，山川城邑，牧守。據任兆麟自敘："世刊行本，脱譌頗多，今爲補正數處，以備史傳記一家。"該本爲任兆麟校本。

《文章始》一卷，與《壽者傳》上卷合訂爲一册。半葉九行，行十七字，白口，單黑魚尾，左右雙邊。框高十七點九釐米，寬十三點四釐米。内封題"梁任敬子撰/文章始/武原家祠藏本"。卷前附洪适跋、任昉敘、目録、任兆麟目録後記。卷端下題"梁樂安任昉撰"。版心上鐫"文章始",下鐫葉次及"經笥堂"。《文章始》,又名《文章緣起》,傳爲梁朝任昉撰,記録各類文體起源。該卷爲任兆麟校本。

《壽者傳》三卷,其中卷與下卷合訂爲一册,清乾隆五十年(1785)刻。半葉九行,行十七字,小字雙行同,白口,單黑魚尾,左右雙邊。框高十七點九釐米,寬十三點五釐米。内封題"乾隆乙巳秋鐫/壽者傳/任兆麟"。卷前附乾隆乙巳(五十年)任璋跋、江珠敘、目次。卷端下題"嘉興陳懋仁無功撰/後學任兆麟文田訂"。版心上鐫"壽者傳",中鐫卷次,下鐫葉次。《壽者傳》係明陳懋仁撰,記帝王、國老、庶老三類,凡四十八位長壽者小傳,並附讚。該本爲任兆麟校本。

《孟子時事略》一卷,一册,清乾隆五十三年刻。半葉九行,行十七字,小字雙行同,白口,單黑魚尾,左右雙邊。框高十七點八釐米,寬十三點五釐米。内封題"光禄王西莊先生鑒閲/震澤任文田述/孟子時事略/戊申夏鐫"。卷前附潘奕題辭、乾隆丙申(四十一年,1776)任兆麟自敘、乾隆昭陽癸閼(癸卯、四十八年,1783)江藩敘。卷端下題"震澤任兆麟文田述"。卷末題"同學王芑孫鐵夫/彭希涑蘭臺/參訂"。版心上鐫"孟子時事略",下鐫葉次。據任兆麟自敘,因覺孟子列傳,"寥寥數語,略焉不詳,心憾之不能釋也。乙未秋繙閲家塾舊書……爰采諸家之説之確核者,成《孟子時事略》"。該書爲任氏所作孟子年表,記孟子當世重要政軍時事。

《弦哥古樂譜》一卷,與《心齋集》"題辭"及《綱目通論》"題辭"共訂爲一册。行款不等,黑粗口,單黑魚尾,左右雙邊。框高十六點九釐米,寬十二點四釐米。内封題"弦哥古樂譜"。卷前有潘奕雋敘、任兆麟自敘、沈纕跋、五弦琴律圖、七弦旋宫圖。卷端題"震澤任兆麟文田學",卷末題"弟子吴渭師校",卷後附心齋詩藁"題辭"及"綱目通論題辭"。版心中鐫"弦哥古樂譜"及葉次。《弦哥古樂譜》録古琴歌詞十三首,配以音調。

《心齋集》一卷(版心題"心齋詩藁",内封題"心齋居士詩槀"),一册。半葉九行,行十九字,白口,單黑魚尾,左右雙邊。框高十七點一釐米,寬十二點四釐米。内封題"心齋居士詩藁"。卷前附彭啟豐題記、沙維杓題辭、朱昂題辭、彭紹升題辭。卷端題"二林彭先生評點/震澤任兆麟文田撰"。版心上鐫"心齋詩藁",下鐫葉次。該卷録任兆麟詩詞一百首。

《綱目通論》一卷,一册。半葉十行,行十九字,粗黑、白口參雜,單黑魚尾,左右雙邊。框高十七點一釐米,寬十三點四釐米。卷端題"吴郡任兆麟文田撰"。版心下鐫葉次。該卷記二十二史事,上自三皇五帝,下迄明亡,言簡意賅,一目了然。

綜上各書版心下方所題,此書刊刻者包括"忠敏家塾"、"同川書院"、"經笥堂"等,爲震澤任氏家刻彙印本。

函套内粘"HOOVER INSTITUTION on War, Revolution, and Peace FOUNDED BY HERBERT HOOVER, 1919"藏書票,並蓋"HOOVER LIBRARY"墨戳。今藏斯坦福大學東亞圖書館。

著録：

《中國叢書綜録》心齋十種　清任兆麟撰　清乾隆中震澤任氏忠敏家塾刊本

《續修四庫全書》經部第108册影印上海辭書藏清乾隆五十一年任氏忠敏家塾刻本夏小正補注四卷；史部第548册影印清乾隆任氏忠敏家塾刻心齋十種本襄陽耆舊記三卷

《北京大學圖書館藏古籍善本書目》心齋十種　清任兆麟輯　清乾隆任氏忠敏家塾刻本

《美國哈佛大學哈佛燕京圖書館藏中文善本書志》3097 心齋十種二十二卷　清任兆麟撰　清乾隆間震澤任氏刻本

Title：Xin zhai shi zhong：20 juan

Author：Ren Zhaolin ji zhuan

Imprint：[China]：Ren shi Zhong min jia shu，1788—1795

（郭愷淳）

151　陸放翁全集六種一百五十七卷(叢部/自著叢書)

宋陸游撰，明崇禎毛氏汲古閣刻清毛扆增刻虞山張氏詩禮堂印本，六函四十八册，綫裝。半葉八行，行十八字，白口，無魚尾，左右雙邊。框高十八點七釐米，寬十四點四釐米。内封題“陸放翁全集/渭南文集 劍南詩稿 逸稿 南唐書 家世舊聞(下殘)/虞山詩禮堂(下殘)”。卷前有陸游傳、淳熙十四年(1187)鄭師尹序，序後有“宋板翻雕”一行。首卷卷端下題“宋陸游務觀”。版心上鎸子目書名，中鎸卷數、葉次，下鎸“汲古閣”三字。鄭師尹序第二葉版心下鎸“方榮刁”。

陸游(1125—1210)，字務觀，號放翁，越州山陰(今屬浙江紹興)人。陸佃孫。兩歲時即隨父避金軍南逃，歷盡喪亂之苦。紹興中試禮部，爲秦檜黜免。孝宗時賜進士出身，除樞密院編修，任健康、夔州等地通判，後轉入王炎及范成大幕府。光宗時以寶章閣待制致仕。陸遊力主抗金，屢受排擠。詩、詞、文皆有很高成就，著有《劍南詩稿》、《渭南文集》、《南唐書》、《老學庵筆記》、《放翁詞》、《入蜀記》等。《宋史》卷三百九十五有傳。

毛晉，生平介紹見本書志所收《紹興内府古器評》。毛扆(1640—1713)，字斧季，精於小學，擅長校勘，在毛晉諸子中最爲知名。

《陸放翁全集》爲陸游的詩詞文合集。該書包括六種子目：

渭南文集五十卷，末有嘉定十三年(1220)陸子遹跋、明毛晉記；

劍南詩稿八十五卷，末有嘉定十三年陸子虡跋、明毛晉記；

放翁逸稿二卷，包括賦七篇，記二篇，詞五篇，詩四十三首。卷上末有毛晉記，卷下末有毛扆識語；

南唐書十八卷，卷前有《南唐書音釋》和趙世延序，末有毛晉記；

家世舊聞一卷，末有毛晉記，毛扆識語；

齋居紀事一卷，末有毛扆識語。

其中，前五種書後有毛晉識語，《放翁逸稿》、《家世舊聞》、《齋居紀事》三種末又有毛扆識語。此將毛晉、毛扆跋文中涉及該書版刻之語録之於下。

《渭南文集》五十卷，卷末毛晉謂："既得光禄華君活字印本《渭南文集》五十卷……但活板多謬多遺，因嚴加讎訂，并付剞劂，自秋徂冬凡六月而書成。"所謂"光禄華君活字印本"指明代無錫華氏活字本，爲汲古閣校刻《渭南文集》底本。

《劍南詩稿》八十五卷，卷末毛晉謂："甲子秋得翁子虡編輯《劍南詩稿》，又吴、錢兩先生嚴訂夭天者，真名祕本也。亟梓行之，以公同好。"

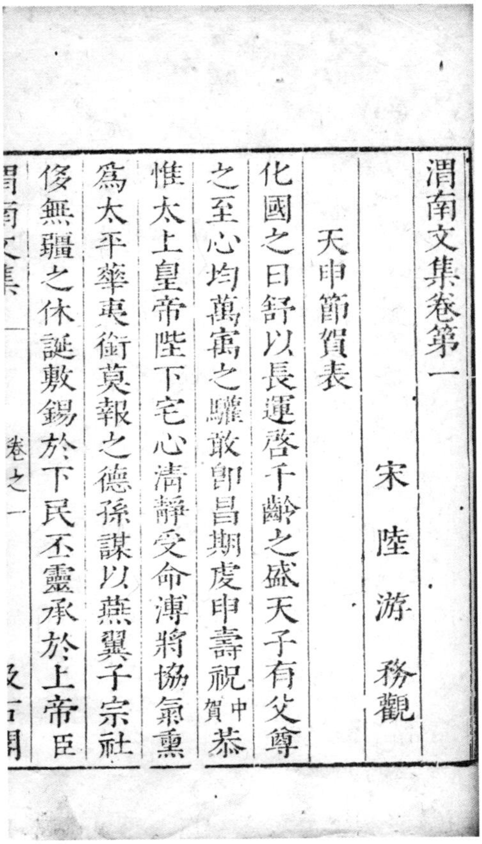

渭南文集卷第一　宋　陸　游　務觀

天申節賀表

化國之日舒以長運啓千齡之盛天子有父尊

之至心均萬寓之驩敢卽昌期虔申壽祝中賀恭

惟太上皇帝陛下宅心淸靜受命溥將協氣熏

爲太平華夷銜莫報之德孫謀以燕翼子宗社

侈無疆之休誕敷錫於下民丕靈承於上帝臣

渭南文集　卷之一

151　陸放翁全集

《放翁逸稿》二卷，卷下末毛扆謂："先君刻《逸稿》後六十餘年，扆購得别本《渭南集》五十二卷，其前後與家刻略同，祇少《入蜀記》六卷而多詩八卷。細檢《劍南集》中，除其重複，又得未刻詩二十首，并續添於後云。"

《南唐書》十八卷，卷末毛晉謂："放翁書一十八卷僅見于鹽官胡孝轅《秘册函》中，又半燼於武林之火。庚午夏仲購其焚餘板，一百有奇，斷蝕不能讀。因簡家藏抄本訂正，附梓於全集逸稿之末。"

《家世舊聞》一卷，卷末毛晉謂："既簡《説郛》、《學海》，又得《家世舊聞》若干，則喜而讀之。"

《齋居紀事》一卷，卷末毛扆謂："先君搜裒放翁著作可謂備矣，但不得《老學庵續筆記》，以爲欠事。扆近讀袁尚之嘉藝録中有《齋居紀事》一卷，從放翁真跡抄出者，並刊附於後。"

由以上跋語可知此本爲毛晉始刻、其子毛扆增刻。北京大學圖書館藏有一部同版書，内封題"虞山詩禮堂張氏藏板"，斯坦福本"虞山詩禮堂"下所缺之字據之可補"張氏藏板”四字。毛晉、毛扆父子所刻的《陸放翁全集》板片後歸虞山張氏，在文獻中有明確記載。清鄭德懋《汲古閣刻板存亡考》(《小石山房叢書》本)一文言及不少汲古閣板片後來去向，如：汲古閣《十三經註疏》“板現存常熟小東門外東倉街席氏”，《十七史》“板現存於蘇州掃葉山房”等，而《陸放翁全集》“板向存常熟張氏，今貯蘇州紫陽書院中”。常熟古稱“虞山”，斯坦福本即爲在汲古閣板片易主於常熟張氏後的印本。

此本函套内粘“THE HOOVER LIBRARY ACQUIRED THROUGH THE STANFORD UNIVERSITY LIBRARIES”藏書票。今藏斯坦福大學東亞圖書館。

著録：

《北京大學圖書館藏古籍善本書目》陸放翁全集六種百五十七卷　宋陸游撰　明末汲古閣刻清虞山張氏詩禮堂印本

《柏克萊加州大學東亞圖書館中文古籍善本書志》792 陸放翁全集四種一百五十五卷　宋陸游撰　明末毛氏汲古閣刻清初毛扆重修本

《美國哈佛大學哈佛燕京圖書館藏中文善本書志》3078 陸放翁全集六種一百五十七卷　宋陸游撰　明崇禎毛氏汲古閣刻清毛扆增刻本

Title：Lu Fangweng quan ji：6 zhong 157 juan

Author：Lu You zhuan

Imprint：[China] Changshu：Mao shi Ji gu ge，1628—1644

（馬月華）

152　李竹嬾先生説部八種二十五卷　存七種二十四卷(叢部/自著叢書)

9115 4464

明李日華著，明天啓崇禎間(1621—1644)刻清康熙乾隆遞修本，三函二十二册，綫裝。半葉八行，行十九字，白口，無魚尾，四周單邊。框高二十點五釐米，寬十三點四釐米。内封題“李竹嬾先生説部”，下蓋“品研齋”朱戳，旁題小目“六研齋筆記/六研齋二筆三筆/紫桃軒雜綴又綴/游白嶽記/篷櫳夜話/璽召録/薊旋録/書滕正續/墨君題語”。卷前有清乾隆三十三年(1768)曹秉鈞序、梁生甫撰《原序》。卷端下題“古秀竹嬾李日華著”。版心上鐫子目書名，中鐫卷次，下鐫葉數。

李日華(1565—1635)，字君實，一字九疑，號竹嬾，嘉興(今屬浙江)人。明萬曆二十年(1592)進士，授九江推官。歷任海州佐貳副官、西華知縣、南京禮部主事、補禮部尚寶司丞、太僕寺少卿等職。李日華爲明代大名士，擅於書畫，精於鑒賞，與當時名士王維儉(字損仲)、董其昌(字玄宰)齊名，《列朝詩集》稱：“一時士大夫風流儒雅好古博物者，祥符王損仲、雲間董玄宰爲最，君實書畫亞于玄宰，博雅亞于損仲，而微兼二公之長，落落穆穆，韻度頹然，可謂名士矣。”其所作筆記亦多論書畫，富有小品意致，如《恬致堂集》、《紫桃軒雜綴》、《味水軒日記》、《六研齋筆記》等。《李竹嬾先生説部》一書即其筆記選集。《明史》卷二百八十八有傳，附載王維儉傳後，《列朝詩集》丁集亦有其傳。

該書子目：

六研齋筆記四卷，二筆四卷，三筆四卷（版心題名作“六硯齋筆記”）；

紫桃軒雜綴三卷，又綴三卷；

禮白嶽紀一卷；

璽召録一卷；

薊旋録一卷；

竹嬾畫媵一卷，續畫媵一卷；

墨君題語一卷。

斯坦福本存上述七種二十四卷，比照內封所題子目，尚缺《篷櫳夜話》一種一卷。

明天啟至崇禎間，李氏曾將上述各種陸續刊刻，分别行世。

美國哈佛大學哈佛燕京圖書館藏有一部同版書，其書前有《謹述》云：“先大夫此集，傳播海内久矣。因鼎革之際，板遭兵燹，散佚良多。今於康熙乙丑（二十四年，1685）夏，孫男琪枝、昴枝，曾孫含淑、含澤、含渼、含涏、含瀾、含溶、含潛、含津仝爲校訂，補綴遺編，用登梨棗，遂成全帙。”（《美國哈佛大學哈佛燕京圖書館藏中文善本書志》第 2384 葉）斯坦福本各卷卷末多題“孫男新枝琪枝昴枝仝較”等字，其中“琪枝”、“昴枝”即“康熙乙丑夏”參與校訂者。又，此本卷前曹秉鈞序又云，“第版本歲久漫漶過半，鈞因與先生之雲孫芬周、萬舒諸世好校讐刊補，以公同志”，末署“乾隆三十三年歲次戊子正月八日同里後學曹秉鈞謹識”，可見此本經過康熙、乾隆間遞修。

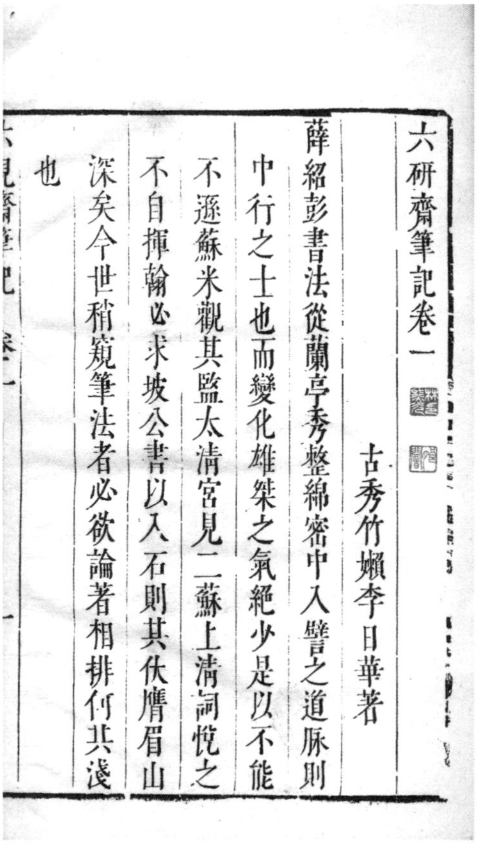
六研齋筆記卷一

古秀竹嬾李日華著

薛紹彭書法從蘭亭秀整綿密中入譬之道脉則中行之士也而變化雄桀之氣絕少是以不能不遜蘇米觀其監太清宮見二蘇上清詞悅之不自揮翰必求坡公書以入石則其伏膺眉山深矣今世稍窺筆法者必欲論著相排何其淺也

152　李竹嬾先生説部

鈐“曾藏寶宋室”白文印、“晉安郡王之裔”白文印、“朗庵大利”白文印、“衡陽常氏潭印閣藏書之圖記”朱文印、“朗闇”朱文印、“林熊光印”白文迴文印等，在《原序》後有“一九五六年六月得於日本京都，時爲藏畫展覽會事東遊，陳仁濤記”墨筆題記。函套内粘“HOOVER INSTITUTION on War, Revolution, and Peace FOUNDED BY HERBERT HOOVER, 1919”藏書票。今藏斯坦福大學東亞圖書館。

著録：

《中國古籍善本書目》叢部/自著叢書 389 李竹嬾先生説部八種二十五卷　明李日

華撰　明天啓至崇禎刻本

《中國叢書綜録》李竹嬾先生説部全書 明李日華撰　明刊清乾隆三十三年曹秉鈞修補

《美國哈佛大學哈佛燕京圖書館藏中文善本書志》3080 李竹嬾先生説部八種二十五卷　明李日華撰　附録墨君題語一卷　明李會嘉撰　明項聖謨輯　明天啓至崇禎間刻清康熙、乾隆修補印本

Title：Li Zhulan xian sheng shuo bu：8 zhong 25 juan，cun 7 zhong 24 juan

Author：Li Rihua zhu

Imprint：[China]，1621—1768

（馬月華）

153　西河合集(叢部/自著叢書)

9117 2142

清毛奇齡撰，清康熙間李塨等刻清代遞修本，十函一百册，綫裝。半葉十行，行二十字，白口，無魚尾，四周單邊。框高十九點六釐米，寬十四點四釐米。内封爲抄補，題:“凡經集五函合五十一種共二百三十六卷/文集五函合六十六種共二百五十七卷/毛西河先生全集/侄孫覽輝侄曾孫紹睿/孫健儒重輯/蕭山陸凝瑞堂藏板”。卷首包括題辭、西河合集序目、李天馥《西河合集領詞》、李塨《西河合集總序》、盛唐《西河先生傳》、毛遠宗《述始篇》、西河先生遺像、總目録、目録末有李庚星和康熙庚子(五十九，1720)蔣樞識語，皆爲抄配。《仲氏易》卷一、卷二爲抄配，卷端下題“蕭山毛奇齡字大可又名甡稿/遠宗姬璜文輝克有較/孫健易元儒珍待重輯”。版心中鐫篇名、卷次及葉次。

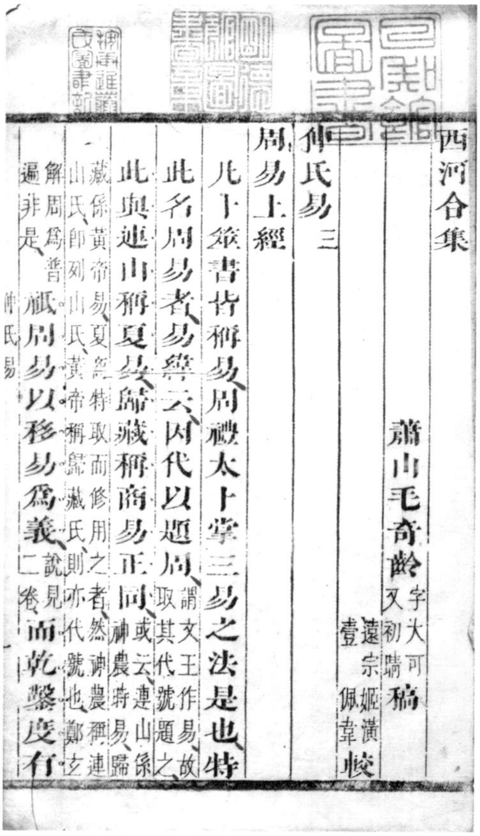
西河合集
仲氏易　三
周易上經
蕭山毛奇齡字大可又初晴稿
遠宗姬潢　壹佩韋　校
凡卜筮書皆稱易周禮太卜掌三易之法是也特
此名周易者易纂云因代以題周謂文王作易故取其代號題之
此與連山稱夏易歸藏稱商易正同

153　西河合集

毛奇齡(1623—1713)，字大可，又名甡，號西河，蕭山(今屬浙江)人。清初參與抗清。康熙十八年(1679)薦舉博學鴻儒科，授翰林院檢討，並任《明史》纂修官。二十四(1685)年，充會試同考官。後以痺症退

歸，居杭州，潛心著書治學。毛氏爲經學、詩學大家，著述宏富，諸如《仲氏易》、《推易始末》、《春秋占筮書》、《春秋毛氏傳》、《古今通韻》等等，後人輯爲《西河合集》。《清史稿》列傳二百六十八有傳。

該合集分經、文二集。

經集卷前有經例，子目如下：

仲氏易三十卷、推易始末四卷、河圖洛書原舛編一卷、太極圖説遺議一卷、易小帖五卷、易韻四卷、古文尚書冤詞八卷、尚書廣聽録五卷、舜典補亡一卷、國風省篇一卷、毛詩寫官記四卷、詩札二卷、詩傳詩説駁義五卷、白鷺洲主客説詩一卷、續詩傳鳥名三卷、昏禮辨正一卷、廟制折衷二卷、大小宗通繹一卷、北郊配位尊西向議一卷、辨定嘉靖大禮議一卷、辨定祭禮通俗譜五卷、喪禮吾説篇十卷、曾子問講録四卷、儀禮疑義二卷（缺）、春秋毛氏傳三十六卷、春秋屬詞比事記四卷、春秋條貫篇十一卷、春秋占筮書三卷、春秋簡書刊誤二卷、四書索解四卷、論語稽求篇七卷、大學證文四卷、大學知文圖説一卷、中庸説五卷、四書賸言四卷、四書賸言補二卷、聖門釋非録五卷、逸講箋三卷、聖諭樂本解二卷、竟山樂録四卷、皇言定聲録八卷、李氏學樂録、孝經問一卷、周禮問二卷、大學問一卷、明堂問一卷、學校問一卷、郊社禘祫問一卷、經問十八卷、經問補三卷。

文集卷前有文例，子目如下：

誥一卷、頌一卷、策問一卷（缺）、表一卷（缺）、主客詞二卷、奏疏一卷、議四卷、揭子一卷、史館劄子一卷、史館擬判一卷、書八卷、牘札一卷、箋一卷、序三十四卷、引弁首一卷、題題詞題端一卷、跋一卷、書後緣起一卷、碑記十一卷、傳十一卷、王文成傳本二卷、墓碑銘二卷、墓表五卷、墓誌銘十六卷、神道碑銘二卷、塔誌銘二卷、事狀四卷、年譜一卷、記事一卷、集課記一卷、説一卷、録一卷、制科雜録一卷、後觀石録一卷、越語肯綮録一卷、何御史孝子祠主復位録一卷、湘湖水利志三卷、蕭山縣志刊誤三卷、杭志三詰三誤辨一卷、天問補註一卷、館課擬文一卷、折客辨學文一卷、答三辨文一卷、釋二辨文一卷、辨聖學非道學文一卷、辨忠臣不徒死文一卷、古禮今律無繼嗣文一卷、古今無慶生日文一卷、禁室女守志殉死文一卷、勝朝彤史拾遺記六卷、武宗外紀一卷、後鑒録七卷、蠻司合志十五卷、韻學要指十一卷、賦四卷、續哀江南賦一卷（缺）、九懷詞一卷、擬廣博詞連珠詞一卷（缺）、誄文一卷、詩話八卷、詞話二卷、填詞六卷、連廂詞一卷、二韻詩三卷、七言絶句八卷、五言排律六卷、七言古詩十三卷、五言律詩六卷、七言律詩十卷、七言排律一卷、五言格詩五卷、五七三韻律/六言詩共卷、徐都講詩一卷。

《西河合集》由其門人李塨、李庚星、蔣樞等編輯校刻，初刻於康熙三十八年（1699），康熙五十九年續有增刻。原分經、史、詩文集、雜著四類，續刻時將後三類併爲文集類。李塨總序稱："予從諸門下，後集先生所爲文，得經集如干卷、史集如干卷、詩文集如干卷、雜著如干卷，合四百幾十卷。"《總目録》末附康熙五十九年蔣樞識語："先生自康熙三十八年以後越五年而東歸草堂，又九年而卒，中間研經講學，殆無虚日，所積卷帙甚夥。經集如干卷，文集如干卷，既經鏤刻而原目未載者今悉補入，彙爲成書，部署一遵舊式。但全集原板殘缺頗多，先生之從孫聖臨氏充有先生之長嗣也，重檢遺稿較輯付梓，間有無從補輯者闕而有待，不敢以贋本竄入云。康熙庚子臘月中澣同里門人蔣樞識。"

此後板片不斷刷印，剥蝕模糊處漸多，毛氏後人遞有修補。北大圖書館藏有一部乾隆乙丑（十年，1745）印本，其内封題："先祖全集，經學攸關，鐫板梓行，四十餘載爲世珍寶。但多歷年所，不無剥蝕模糊，愚兄弟遵照舊集校讎亥魯，仍行核實訂定，庶幾仰體我祖一片著撰苦心，爲子孫恪守遺編意也。時乾隆乙丑端陽後五日孫健、儒謹識。書留草堂藏板。"蓋即其中一次修補印本。

然而毛氏子孫終未能守此板片。乾隆三十五年，《西河合集》板片由毛氏同里蕭山陸體元購得，陸氏並將其修補刊印。嘉慶元年（1796），阮元督學兩浙時，陸氏又將此本再次刷印。北大圖書館藏本卷前有乾隆三十五年（1770）陶杏秀《藏毛西河全集原版序》及嘉慶元年阮元《毛西河檢討全集後序》，兩序對了解此本遞修經過很有幫助，今擇其相關内容録之如下：

乾隆三十五年陶序："今先生立言縱堪不朽，而歿未百年，版歸坊賈，剥蝕散軼，歷久愈甚，欲其長存而不壞也蓋亦戛戛乎其難之矣。余壻陸體元爲先生同里，聞風太息，因轉浼戚屬，不惜重資，攜歸家藏，修其殘缺，補其遺亡，又印刷若干部，分送邑之鄉先生與官斯土者，并以珍藏之意。"今有乾隆三十五年陸體元修補印本。

嘉慶元年阮序："余督學兩浙，按試紹興府説經之士，雖不乏人而格于庸近者不少。陸生成棟家藏《西河全集》刻版，請序于余，因發其誼于卷末，俾浙士知鄉先生之書有以通神智而開蒙塞，人蓄一編以教子弟，所藉以興起者，較之孳求注疏，其取徑爲尤捷。余曩喜觀是集，得力頗多，惟願諸生共置案頭讀之，足勝名師十輩矣。"即嘉慶元年陸氏修補印本。

此本版片漫漶處不少，較之嘉慶元年印本，印年更後。

各册首葉鈐"日知館圖書"朱文印、"明德館圖書章"白文印、"稼軒進藤氏圖書記"朱文印等。各函套内粘"THE HOOVER LIBRARY ACQUIRED THROUGH THE STANFORD UNIVERSITY LIBRARIES"藏書票。今藏斯坦福大學東亞圖書館。

著録：

《中國叢書綜録》西河合集　清毛奇齡撰　清乾隆三十五年陸體元據康熙中李塨等刊本修補重印

《北京大學圖書館藏古籍善本書目》西河合集　清毛奇齡撰　清康熙書留草堂刻後印本

《美國哈佛大學哈佛燕京圖書館藏中文善本書志》3087 西河合集　清毛奇齡撰　李塨等編　清康熙刻本

Title: Xihe he ji
Author: Mao Qiling zhuan
Imprint: [China], 1699—1720

（郭愷淳）

154　武英殿聚珍版叢書 存十八種（叢部/雜叢）

9299 1471

清乾隆江南省翻刻武英殿聚珍版叢書本，巾箱本，二函二十四册，綫裝。半葉九行，行二十一字，白口，單黑魚尾，四周雙邊。框高十四點二釐米，寬十點一釐米。共收書十八種。

清乾隆三十八年（1773）初，諸儒臣奉命從《永樂大典》輯佚書及稀見古籍中，選擇最重要者交内府武英殿刊刻流傳。先刻成《易緯》、《漢官舊儀》、《魏鄭公諫續録》、《帝範》四種，行款爲半葉十行，行二十一字。同年十月，《四庫全書》副總裁金簡上奏建議刻棗木活字、套版一份，用來刷印各種書籍，乾隆賜名"武英殿聚珍版"。這套活字共刷印了一百三十四種書籍，行款皆爲半葉九行，行二十一字。這些活字印本加上初刻四種，共計一百三十八種，世稱"内聚珍"。乾隆四十二年（1777）九月，因武英殿本印數不多，乾隆將書頒發東南五省，命翻刻通行。五省翻刻本都是刻板而行，統稱爲"外聚珍"，江南省翻刻本即其中之一。所謂"江南省"其實在清康熙初已被分立爲江蘇和安徽兩省，但是分省之後"江南省"等省名仍長期存在並被使用。中國國家圖書館藏有一部巾箱本"外聚珍"，由浙江省和江南省兩種"外聚珍"拼配而成，其《武英殿聚珍版程式》一書前尚保留有"江南省通行"之内封。

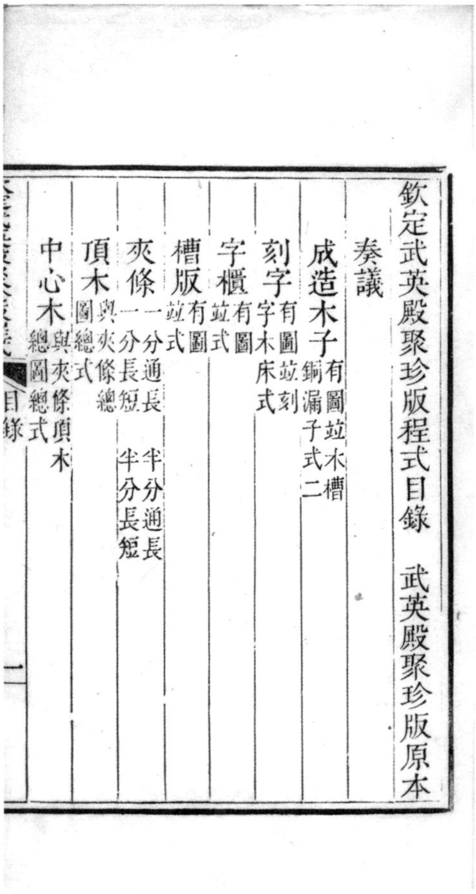
欽定武英殿聚珍版程式目錄　武英殿聚珍版原本
奏議
成造木子有圖竝木槽銅漏子式二
刻字有圖竝刻字木床式
字櫃有圖竝式
槽版有圖竝式
夾條一分通長　一分長短　半分通長　半分長短
頂木與夾條總圖總式
中心木與夾條頂木總圖總式
目錄

154　江南省翻刻武英殿聚珍版叢書

此本爲江南省"外聚珍"。從形制看，爲巾箱本，在五省"外聚珍"中僅江南和浙江兩省翻刻本符合該特徵。而江南和浙江兩省"外聚珍"的不同在於：第一，兩者卷後《恭紀》内容不同，前者所記主事者爲江蘇和安徽兩省官員職名，末題“督刊蘇州府知府”某某等，後者所記爲浙江省官員職名，末題“督刊杭州府知府”某某等；第二，兩者版式、字體不同，江南本爲四周雙邊，字體略顯瘦長，而浙江本爲左右雙邊，字體略扁。此本各書卷後《恭紀》所記主事者包括江蘇和安徽兩省官員，且各書版式爲四周雙邊，爲江南省“外聚珍”。

此本所收具體子目爲：

1. 武英殿聚珍版程式一卷，清金簡撰。卷前有乾隆甲午（三十九年，1774）《御製題武英殿聚珍版十韻》、《欽定武英殿聚珍版程式目録》，目録首行下題“武英殿聚珍版原本”。

2. 易象意言一卷，宋蔡淵撰。卷前有乾隆甲午《御製題武英殿聚珍版十韻》、乾隆三十八年四庫館臣《易象易言提要》，提要首行下題“武英殿聚珍版原本”。

3. 老子道德經二卷，魏王弼注。卷前有乾隆甲午《御製題武英殿聚珍版十韻》、《老子道德經目録》，目録首行下題“武英殿聚珍版原本”。

4. 儀禮識誤三卷，宋張淳撰。卷前有乾隆甲午《御製題武英殿聚珍版十韻》、《儀禮識誤原序》、《儀禮識誤目録》，目録首行下題“武英殿聚珍版原本”。

5. 春秋辨疑四卷，宋蕭楚撰。卷前有乾隆甲午《御製題武英殿聚珍版十韻》、乾隆癸巳（三十八年）《御製題蕭楚春秋辨疑》、乾隆三十八年四庫館臣《春秋辨疑提要》，提要首行下題“武英殿聚珍版原本”，《春秋辨疑原序》。

6. 春秋傳説例一卷，宋劉敞撰。卷前有乾隆甲午《御製題武英殿聚珍版十韻》、《春秋傳説例目録》及乾隆四十一年（1776）四庫館臣提要，目録首行下題“武英殿聚珍版原本”。

7. 麟臺故事五卷，宋程俱撰。卷前有乾隆甲午《御製題武英殿聚珍版十韻》、《麟臺故事目録》及乾隆四十一年四庫館臣提要，目録首行下題“武英殿聚珍版原本”。

8. 嶺表録異三卷，唐劉恂撰。卷前有乾隆甲午《御製題武英殿聚珍版十韻》、《嶺表録異目録》及乾隆四十年（1775）四庫館臣提要，目録首行下題“武英殿聚珍版原本”。

9. 鄴中記一卷，晉陸翽撰。卷前有乾隆甲午《御製題武英殿聚珍版十韻》、乾隆四十一年四庫館臣《鄴中記提要》，提要首行下題“武英殿聚珍版原本”。

10. 攷古質疑六卷，宋葉大慶撰。卷前有乾隆甲午《御製題武英殿聚珍版十韻》、《攷古質疑原序》、《攷古質疑目録》及乾隆四十年四庫館臣提要，目録首行下題“武英殿聚珍版原本”。

11. 雲谷雜記四卷卷首一卷卷末一卷，宋張淏撰。卷前有乾隆甲午《御製題武英殿聚珍版十韻》、《雲谷雜記目録》及乾隆三十九年四庫館臣提要，目録首行下題“武英殿聚珍版原本”。

12. 澗泉日記三卷，宋韓淲撰。卷前有乾隆甲午《御製題武英殿聚珍版十韻》、《澗泉日記目録》及乾隆四十一年四庫館臣提要，目録首行下題“武英殿聚珍版原本”。

13. 敬齋古今黈八卷，元李治撰。卷前有乾隆甲午《御製題武英殿聚珍版十韻》、《御製題敬齋古今黈》、《敬齋古今黈目録》及乾隆四十年四庫館臣提要，目録首行下題“武英殿聚珍版原本”。

14. 茶山集八卷，宋曾幾撰。卷前有《御製題武英殿聚珍版十韻》、《茶山集目録》及乾隆四十一年四庫館臣提要，目録首行下題“武英殿聚珍版原本”。

15. 歲寒堂詩話二卷，宋張戒撰。卷前有《御製題武英殿聚珍版十韻》、《歲寒堂詩話目録》及乾隆三十九年四庫館臣提要，目録首行下題“武英殿聚珍板原本”。

16. 浩然齋雅談三卷，宋周密撰。卷前有《御製題武英殿聚珍版十韻》、《浩然齋雅談目録》及乾隆四十年四庫館臣提要，目録首行下題“武英殿聚珍板原本”。

17. 易緯十二卷，漢鄭玄注。包括(1)易緯乾坤鑿度二卷。卷前有乾隆癸巳（三十八年）《御製題乾坤鑿度》、乾隆三十八年四庫館臣提要。(2)易緯乾鑿度二卷。卷前有乾隆三十八年四庫館臣提要。(3)易緯稽覽圖二卷。卷前有乾隆三十八年四庫館臣提要。(4)易緯通卦驗二卷。卷前有乾隆三十八年四庫館臣提要。(5)易緯辨終備一卷。卷前有乾隆三十八年四庫館臣提要。(6)易緯乾元序制記一卷。卷前有乾隆三十八年四庫館臣提要。(7)易緯坤靈圖一卷。卷前有乾隆三十八年四庫館臣提要。(8)易緯是類謀一卷。卷前有乾隆三十八年四庫館臣提要。

18. 魏鄭公諫續録二卷，元翟思忠輯。卷前有乾隆三十八年四庫館臣提要。

每種子目卷末有《恭紀》，該《恭紀》並不多見，對研究江南省“外聚珍”十分重要，今保留其每行字數及空格格式録之如下：

　　　臣等謹按韻排大典披沙尚有遺金
敕選殘編入圃無非積玉彙萬種而先雕梨棗允羅散
　帙之精建一議而特異泥鉛爰
錫聚珍之號天下文章在此古今秘奧如斯沾膏馥於
　藝林幸獲書探四庫廣風聲於寰宇還期家擁百
　城惟
皇帝化倬雲章
恩頒瓊籍牙籤錯落東南五省之榮緗軸流傳文獻三
　　　吴之幸用敬鐫於匠氏乍發新硎旋恭誦於儒流
　　儼陳古鼎昔分今合還廬山面目之真後得先迷
　　想赤水離朱之幻
　　聖學恢如滄海獨匯源流文光暎遍南天群羅星斗從
　　此靈威舊洞無須求蝌蚪奇書并教文選名樓不
　　得擅琳琅古藻臣等校讎竊預涯涘未窺簡末署

名曷勝榮幸兩江總督臣薩　載江蘇巡撫臣
閔鶚元安徽巡撫臣書麟江蘇學政臣謝墉安徽
學政臣葉觀國江寧布政使臣劉墉蘇州布政使臣
李慶棻安徽布政使臣陳步瀛江蘇按察使臣琅玕
安徽按察使臣福寧同拜手稽首恭紀
督刊蘇州府知府臣胡世銓
試用知縣臣郭良義
校字吴縣教諭臣陸鴻績
承刊蘇州府學生員臣張鶴翥
吴縣學生員臣陳鳳喈
上海縣學生員臣黄炳章
寶山縣學生員臣陸惟軾

江南省"外聚珍"究竟共刊刻了多少種書,學界一直没有定説,其刊刻詳情也歷來不詳。筆者曾對北京大學圖書館和中國國家圖書館收藏的江南本"外聚珍"做過一些考察,從卷後各種《恭紀》所記官員職名推斷,指出江南省"外聚珍"約刊刻於乾隆四十五年(1780)四月至乾隆四十九年(1784)十一月間。北京大學圖書館藏有六種江南省"外聚珍",中國國家圖書館收藏有十五種,結合周蓉指出的南京圖書館藏十八種,去同存異,最後得出結論江南省"外聚珍"至少有二十八種書。(詳見馬月華《略談蘇州本和杭州本"外聚珍"》,中國國家圖書館出版社《版本目録學研究》第一輯,2009 年)斯坦福本雖未爲江南本"外聚珍"增添新品種,但其收藏數量在以上述各館中與南圖並列第一,亦屬難得。今將各館收藏置於一表中,以期眉目清楚。

下表爲南圖、北大和國圖的江南本"外聚珍"收藏情况簡表,√表示有,×表示無:

收藏單位 / 叢書子目書名	南圖（十八種）	北大（六種）	國圖（十五種）	斯坦福（十八種）	種數編號
欽定武英殿聚珍版程式一卷	×	×	√	√	1
易緯八種	×	×	√	√	2
易象意言一卷	×	×	√	√	3
禹貢指南四卷	√	√	×	×	4
絜齋毛詩經筵講義四卷	√	×	×	×	5

續表

收藏單位 叢書子目書名	南圖（十八種）	北大（六種）	國圖（十五種）	斯坦福（十八種）	種數編號
儀禮識誤三卷	√	√	√	√	6
春秋傳説例一卷	×	×	√	√	7
春秋辨疑四卷	×	×	√	√	8
帝範四卷	√	×	×	×	9
魏鄭公諫續録二卷	×	×	√	√	10
漢官舊儀二卷補遺一卷	√	×	×	×	11
麟台故事五卷	√	×	√	√	12
鄴中記一卷	×	×	√	√	13
嶺表録異三卷	√	×	×	√	14
水經注四十卷	√	√	×	×	15
直齋書録解題二十二卷	√	√	×	×	16
老子道德經二卷	√	√	√	√	17
農桑輯要七卷	√	×	×	×	18
海島算經一卷	√	×	×	×	19
夏侯陽算經三卷	√	×	×	×	20
甕牖閑評八卷	√	×	×	×	21
雲穀雜記四卷	×	×	√	√	22
考古質疑六卷	√	×	√	√	23
澗泉日記三卷	√	×	√	√	24
浩然齋雅談三卷	√	×	×	√	25
敬齋古今黈八卷	×	×	√	√	26
歲寒堂詩話二卷	×	√	×	√	27
茶山集八卷	√	×	√	√	28

此本《易緯》一書卷前鈐"若波又号云壺"朱文印、"雲壺臨古"白文印，各册首葉鈐"HOOVER LIBRARY"墨戳。函套内粘"HOOVER INSTITUTION on War, Revolution, and Peace FOUNDED BY HERBERT HOOVER, 1919"藏書票。今藏斯坦福大學東亞圖書館。

Title: Wu ying dian ju zhen ban cong shu: cun 18 zhong

Author: Jin jian[et al.] bian

Imprint: [China] Suzhou, 1780—1784

（馬月華）

索引

T

W

X

Y

Z

後　記

近年來，中國古籍日益引起人們的興趣，也越來越受到全世界的關注。中國自不必説，就北美而言，近年就先後出版了《柏克萊加州大學東亞圖書館中文古籍善本書志》、《加拿大多倫多大學東亞圖書館藏中文古籍善本提要》、《美國哈佛大學哈佛燕京圖書館藏中文善本書志》等書志類著作。它們的出版，對提高古籍版本鑒定水平，增進世人對中華文化的了解都非常有益。十分有幸，這次我受斯坦福大學委託主持該校圖書館所藏中文古籍善本書志的編撰工作，希望能不辱使命。

先對書志完成的經過做些簡單介紹。

二〇一一年三月底至七月中旬，我應邀在美國斯坦福大學從事書志的撰寫工作。

在我去之前，斯坦福方面已請技術人員將斯坦福所藏一八九四年之前出版的中文書記録全部調出，並請當時在柏克萊大學東亞圖書館工作的郭愷淳先生將這些記録按照時間先後製成表格排列。我對這些記録大致篩選之後，找到北大藏本先準備了一些資料。

到達斯坦福之後，首先進行選書，將郭先生表格中所列符合善本條件的書一一檢出查看。在這個過程中，去掉不少書，有些書原記録有誤，實爲清末刻本或民國刻本，有些甚至是石印本、影印本等等。同時，從原來表格中排在一七九五年之後的書中挑出部分書，因爲遞修本或版本錯定的緣故，這些書的出版年代被排在後面，而它們中有些其實符合本書所定善本條件。除此之外，又考慮挑出抄本、套印本、較少見的和刻本等一些特殊版本的書。在選書後期，康奈爾大學剛畢業的翟翔先生幫助做了一些工作。選書完成後開始撰寫書志。因爲時間有限，當時決定由郭愷淳先生協助我完成初稿撰寫。大致來説，康熙之前的版本由我負責，雍正之後的版本以及一些特殊版本由郭先生撰寫初稿。雖然時間比較緊張，但經過努力，在我離開斯坦福時已大致形成初稿，一些有疑問的書則拍了部分書影帶回。回到北大後，我查閲北大圖書館和中國國家圖書館所藏相關版本以及其他資料，對全部初稿作了許多補充修訂和統一體例的工作，並請北京大學圖書館沈乃文先生通審全稿、惠賜長序。書志共收 154 篇，其中包括我署名撰寫的101篇和郭愷淳先生署名的53篇(其初稿完成後,由我和沈乃文先生進行了部分的内容和體例上的增補和修改)。

撰寫書志之外,還有一項工作就是爲各書配書影,我在斯坦福時掃描設備尚未到位,所以東亞館的藏書當時只是在各書中夾了紙條説明所需掃描之葉,而特藏部和藝術圖書館的書比較特殊,不方便夾條。我回國之後,斯坦福大學圖書館請專人掃描,圖片陸續傳來,我又作了一些調整,最後與實際收書一一對應。

回想整個過程,雖然這只是一本小書,但其中包含着許多人的努力和辛苦工作,這些人都是我衷心要感謝的。本文之末將有致謝一節,以志紀念。

一、斯坦福中文善本古籍的特點

斯坦福大學所藏中文資料,以近代中國的史料取勝,著名的如蔣介石、蔣經國父子日記、民國以來的近代史資料等等。中文古籍,並不是其收藏重點,因此在數量上不佔優勢,收入本書志者僅一百五十四種,但是這其中卻有一些比較罕見之書,比如:

003《春秋大全》三十卷附録三卷,明天啟五年(1625)吴縣葉昆池刻本。

明馮夢龍輯《春秋大全》之天啟刻本見於著録者極少,據我所知僅哈佛和斯坦福兩家大學圖書館有藏,而天啟刻本名《春秋衡庫》者著録相對較多。通過將此本與北大藏天啟五年刻本《春秋衡庫》比較,發現這兩部書實爲同版書,一書兩名乃當時坊賈剜改所致。由此進一步推斷《四庫全書總目》中"春秋類存目一"所列兩種馮夢龍《春秋衡庫》和别本《春秋大全》實爲同一書,四庫修書之館臣因未能同時見到兩書而將兩書分列。

017《竹書紀年》一卷《穆天子傳》六卷,明末刻本。

此《竹書紀年》屬今本《竹書紀年》一系,爲一卷本,但與已知一卷本者皆不同版。該本字體比較特别,多用古字、異體字,有明末人習氣。所知僅日本公文書館藏有一部同版書。

101《大寶積經》第一百一十九卷,宋元豐三年至政和二年(1080—1112)刻福州東禪寺等覺禪院《崇寧萬壽大藏》本,南宋修版。

由紙張、版式、刻工、捐資人來判斷,斯坦福本爲宋刻《崇寧藏》本,中有南宋寶慶元年(1225)前後修版。《崇寧藏》在中國國内保存下來的極少,僅有殘卷存於幾個大圖書館和少數寺院。

129《夢樓詩集》二十二卷,清乾隆六十年(1795)食舊堂刻本。

二十二卷本爲原書初刻本。今存食舊堂刻本《夢樓詩集》多爲二十四卷本,第二十三卷、二十四卷實爲後來增刻。二十二卷本較少有著録,亦不多見。

154《武英殿聚珍版叢書》,清乾隆江南省翻刻本,存十八種。

江南省翻刻《武英殿聚珍版叢書》究竟共刊刻了多少種書,學界至今没有定説。據初步考察,南京圖書館收藏有十八種,中國國家圖書館收藏有十五種,北京大學圖書館藏有六種,三館館藏去同存異,江南省至少翻刻了二十八種書。斯坦福本收藏該叢書種數在以上述各館中與南圖並列第一,非常難得。

除此之外,還有許多書雖然不那麼少見,但斯坦福本也往往有自己的特點,詳可見各篇書志。

斯坦福中文善本古籍的另外一個特點是,許多書原有的序、跋、牌記等多缺,僅據現存序跋往往難以作出正確的版本判定,比如:

063《大學衍義補》一百六十卷首一卷。此本卷前最晚之紀年爲明周洪謨等進呈書奏之年——弘治元年(1488),僅憑該序難知其爲何刻本。經與揚州市圖書館藏明嘉靖十二年宗文堂刻本《大學衍義補》(中國第一批國家珍貴古籍名録 01743 號)以及台灣"中央圖書館"所藏兩部同版書比較,可知此本實爲明嘉靖十二年(1533)福建建安鄭氏宗文堂刻本。

102《性命雙脩萬神圭旨》四卷。卷前僅有鄒元標《題尹真人性命圭旨全書》、萬曆四十三年(1615)佘永寧《刻性命圭旨緣起》等,僅憑這些序容易讓人誤認爲是明萬曆四十三年吴之鶴刻本。經與北大藏本比較,知此本實爲清康熙刻本。

105《淮海集》四十卷《淮海後集》六卷《淮海長短句》三卷。斯坦福本卷前僅有明嘉靖諸序,但與北大圖書館藏萬曆李之藻刻本相較,可知斯坦福本實亦李之藻刻本。斯坦福本卷前缺萬曆四十六年(1618)姚鏞《重刻秦少游淮海集序》及同年李之藻《重刻淮海集序》。

120《袁中郎全集》四十卷。卷前僅雷思霈《袁中郎集序》,且無署年。經與《四庫全書存目叢書》集部第 174 册影印山西大學圖書館藏本《袁中郎全集》四十卷本比較,可知兩者爲同版書,斯坦福本爲明崇禎二年(1629)武林佩蘭居刻本。

這些序跋牌記的或缺也許是故意爲之,書賈摘去反映某書真實版本年代的序跋而使人誤認爲某書的較早版本,以求獲得較高的書價。

本書志對各書中的藏書印、藏書題記及藏書票等皆作有詳細記録,通觀這些記録有一個突出特點,那就是除了很多中國藏書者的收藏印記外,斯坦福藏書中還有大量的日人鈐印,如:"半澤文庫"、"曳尾堂圖書印"、"佐伯文庫"、"平田文庫"、"文埜庫"、"芝田白勢氏緑樹館圖書"、"西亭蔆鼎所藏"、"東方文化學院圖書印"、"源仲淵印"、"日本蠔山木亭寓架”、“松琴文庫”、“北島愛藏”、“渡邊千秋清觀”、“渡邊千秋藏書”、“海軍兵學校藏書之印”、“海軍機關學校藏書”、“内ヶ崎藏書”、“祖光文庫”、“黑川真道藏書”、“黑川真賴”、“原茂雅章”、“岩佐氏圖書印”、“中井藏書”、“三輪田藏書”、“永井氏家藏記”、“木内藏書”、“孚遠文庫”、“伊藤文吉”等等。除了這些鈐印外，有些書中還有日文假名注音符號或日人的眉批題跋。這些書如何歸於日人之手，且又如何進入斯坦福，今已不易考。

二、本書志的去取原則及主要特點

斯坦福所藏中文善本古籍總量不大，因此本書志收書尺度相对要寬泛一些，有些殘書如 004 清康熙刻《通志堂經解》本零種《春秋屬辭》、024 清乾隆刻本《大清仕籍全編》等收入書志，有些較晚的抄本如 052 清咸豐後抄本《吏部奏定章程》、108 清末民國間抄本《僑吳遺集》等，亦收入書志。但是有些存卷過少的殘書還是去掉了，如：

《管窺輯要》，存卷五十二至卷五十六。清黄鼎纂定，清順治黄氏家刻本，一册，綫裝。半葉九行，行十九字，白口，單黑魚尾，四周單邊。框高二十點八釐米，寬十四點三釐米。《管窺輯要》又名《天文大成管窺輯要》，專論占侯，以星相推斷人事吉凶。斯坦福本爲清順治黄氏家刻原本，《四庫全書存目叢書》子部第 61 册至 62 册影印所謂“清順治九年(1652)黄氏家刻本”《管窺輯要》八十卷、《故宫珍本叢刊》第 406 至 408 册影印該院所藏“清順治九年黄氏刻本”《管窺輯要》實皆爲翻刻本。此本爲斯坦福 Gunst collection 專藏之一，今藏斯坦福大學圖書館特藏部，可惜存卷太少，原八十卷之書僅存五卷殘卷，故未收入書志。

《御定歷代賦彙》，存卷十一至卷十五。清陳元龍輯，清康熙四十五年(1706)内府刻本，一册，綫裝。半葉十一行，行二十一字，小字雙行三十字，黑口，單黑魚尾，左右雙邊。版框高十九點三釐米，寬十四點三釐米。《歷代賦彙》爲陳元龍等奉康熙皇帝之命編輯之歷代賦總集，分類集録先秦至明代賦作三千八百三十四篇，共一百八十四卷。凡正集一百四十卷，外集二十卷，逸句二卷，補遺二十二卷，目録三卷。此本爲康熙四十五年内府原刻本，刷印精美，書衣墨筆題“化石山人”，今藏斯坦福大學圖書館特藏部，可惜僅存五卷，亦未收入本書志。

有些書雖然是翻刻本，但與原刻十分相近，且翻刻年代似較早，也收入書志，比如：002《御纂周易折中》，斯坦福本爲清康熙間武英殿刻本之翻刻本；089《評論出像水滸傳》，爲清順治醉畊堂刻本之翻刻本；106《施註蘇詩》，爲清康熙間商丘宋氏刻本之翻刻本之一；121《笠翁一家言全集》，爲芥子園刻本之翻刻本，等等。不過，有些難明具體年代以及懷疑爲較晚翻刻的書，也去掉了不少，如：

《廣東新語》二十八卷，清屈大均撰，清刻文匯堂藏板本，十册，綫裝。半葉十一行，行十九字，白口，單黑魚尾或單白魚尾，四周單邊。框高十七點三釐米，寬十三點二釐米。内封鐫“番禺屈翁山先生撰/廣東新語/文匯堂藏板拾芥園發兑”，卷前有康熙庚辰（三十九年，1700）潘耒《廣東新語序》、屈大均《廣東新語自序》、總目。各卷之前有本卷目録。卷端下題“番禺屈大均翁山譔”一行。版心上鐫書名，中鐫卷數、小目，下鐫葉次。《廣東新語》爲廣東地方志，成書於屈大均晚年。清康熙三十九年木天閣曾將《廣東新語》刊刻行世，内封題“木天閣繡版”。文滙堂藏板本即翻刻自木天閣本，《續修四庫全書》史部第734册影印所謂“康熙水天閣刻本”《廣東新語》，與斯坦福本同版，其内封題“水天閣繡版”，即爲原刻“木天閣繡版”之誤翻。此本翻刻年代似較晚，故未收入書志。

《潛邱劄記》六卷，清閻若璩撰。《左汾近稿》一卷，清閻詠撰。清翻刻本，一函六册，綫裝。半葉十一行，行二十字，白口，單黑魚尾，左右雙邊。框高十九釐米，寬十四點九釐米。内封鐫“太原閻百詩先生集/潛邱劄記/眷西堂藏板”。卷前有乾隆十年（1745）王允謙序、乾隆九年（1744）沈儼《潛邱劄記序》、閻若璩自序、乾隆九年閻學林識語、康熙丙子（三十五年，1696）閻詠識及較閲姓氏。版心中鐫書名及卷次，下鐫葉次及“眷西堂”。此書爲閻若璩讀書筆記，由後人閻學林編輯成帙。乾隆間此書付梓，即閻氏眷西堂寫刻本。斯坦福本版心下雖鐫“眷西堂”，但實爲眷西堂本之清末翻刻本，亦不取。

在考察斯坦福藏書版本的過程中，我們對以往的版本判定有了一些新的意見，如：

007《六書正譌》五卷。斯坦福本内封題“古香閣藏板”，版心下鐫“十竹齋”，這種本子以往一般被定爲明崇禎十竹齋刻清初古香閣後印本，但是通過與中國國家圖書館藏明崇禎十竹齋刻本比照，我們認爲古香閣本其實是翻刻本，而不是後印本；

117《徐文長文集》三十卷，明萬曆四十二年（1614）鍾人傑刻本在明末十分流行，翻刻本衆多。在這些藏本中，我們認爲内封題“讀書坊藏板”的很可能是原鍾人傑刻本的後印本，其他多爲翻刻本；

124《三魚堂文集》十二卷三魚堂外集六卷附録一卷，内封雖題“嘉會堂藏板”，但實與康熙四十年（1701）琴川書屋刻本爲同版書，嘉會堂本爲後印，對原琴川書屋刻板有剜改。《中國古籍善本書目》著録《三魚堂文集》有清康熙四十年琴川書屋刻本和康熙嘉會堂刻本兩種版本，可能應合併。

同時，我們也指出了大型影印本叢書編纂中一些影印底本的問題，如：

《四庫全書存目叢書》集部第145册影印中國社會科學院文學研究所藏"明萬曆四十二年(1584)鍾人傑刻本"《徐文長文集》三十卷爲鍾人傑本之翻刻本;

台灣成文出版社《中國方志叢書》影印所謂"清康熙二十九年(1690)刊本"《汝陽縣志》,其影印底本實非康熙二十九年刻本,而爲民國間石印本;

台灣學生書局《善本戲曲叢刊》第四輯影印所謂"清初古吴致和堂刊本"《醉怡情雜劇》實爲清初致和堂本之翻刻本。

凡此種種,皆希望對版本之學有一點小小的助益。

三、致謝

衆多因緣聚合使得這本書能夠完成。在即將結束本書之際,需要在這裡感謝很多人。

感謝邵東方博士和凱樂(Michael Keller)總館長,因爲他們對中國古籍的重視和提議,這件事才得以撥款立項。我在美國時,時任斯坦福東亞圖書館館長的邵東方博士十分關心書志的寫作,不僅提出許多指導性意見,而且仔細校改我提供的樣稿。我回到北京之後,邵博士幾次利用在北京出差的機會抽時間與我討論書志的進度、修改和出版等事宜。

感謝北京大學圖書館館長朱强先生和前古籍部主任沈乃文先生,由於他們對我的信任才使我有機會主持這一項目。沈乃文先生並担任本書審稿,提出不少很好的修改意見。

感謝邱頎博士,幫我處理赴美前後的許多複雜手續並且安頓我在美國的生活。邵博士去國會圖書館任職後,她担任代理館長一职。當發現原來掃描書影多爲JPG格式而非出版社要求的TIF格式時,邱女士隨即著手解決,加派人手重新掃描符合出版要求的書影。

感謝薛昭慧女士和方查理(Charles Fosselman)先生一起幫助聯繫斯坦福特藏部和藝術圖書館,爲看書提供很大方便。

感謝翟翔先生,他在選書後期做了不少工作。

感謝爲本書志掃描書影的徐海燕和陳富美女士。兩位女士十分細心,爲防止透字,掃描時在各葉背面襯以白紙。

感謝郭愷淳先生,除了前面提及的撰寫工作外,他還做了很多基礎工作,如:將各記録按照年代排列成表格格式,協助我取書,又去斯坦福藝術圖書館和特藏部具體溝通調書並拍照,我回國後又幾次義務前往斯坦福幫我復查原書。

感謝王曉文和趙蓓女士，深謝她們在生活上對我的無私照顧，與她們在一起的愉快經歷使我短暫的美國之行更爲充實。

感謝廣西師範大學出版社同仁爲本書出版所作的努力。廣西師範大學出版社已經出版《加拿大多倫多大學東亞圖書館藏中文古籍善本提要》、《美國哈佛大學哈佛燕京圖書館藏中文善本書志》，擁有豐富的書志出版經驗，相信他們的專業素養一定會爲本書增加不少亮色。

由於時間精力和書志的體例所限，書中有些問題未能深入探討。加上我們的整理水平有限，書中肯定存在着不少錯誤或疏漏，敬請大家批評指正。

馬月華 2013 年 3 月記於北京大學